集团）有限公司
Group)CO.,LTD.
为中国和世界石油工业
提供一流石油装备和服务
通井车
连续油管作业机
水下连接器
1000~4 000m 车装钻机
洗井车
地址：河南省南阳市中州西路869号
邮编：473006
电话：0377-63577535　63577390
传真：0377-63552942
E-mail：ejc@ejpetro.com
法人代表：杨汉立

直驱泵

连续管钻机

柔性水罐

海洋钻井包

直驱顶驱

宏华集团是专业从事石油钻机、海洋工程及石油勘探开发装备的研究、设计、制造、总装成套的大型设备制造及钻井工程服务企业，是中国大型的石油钻机成套出口企业和全球大型的陆地石油钻机制造商之一。

創意大智造

DBS钻机安装调试

车载钻机

宏华集团
HONGHUA GROUP
沙漠快移钻机
车载钻机
直驱泵
www.hh-gltd.com
工程服务人员
主营业务
●提供各种型号的陆地及海洋钻井设备及配套部件。
●提供全套的陆地钻机及海洋钻井设备成套解决方案，根据客户的特殊需求定制产品。
●提供钻机操作培训，钻井现场安装、维护及保养服务。
●提供油田设备、零部件、消耗件的服务。
高寒钻机
地址：中国四川省成都市金牛区信息园东路99号
电话：+86 28 8297 1600
传真：+86 28 8297 1793
邮箱：hhic@hhcp.com.cn

通化石油化工机械制造有限责任公司
通石
Tonghua Petro-chemical Machinery Manufacture Co.,Ltd
客户的需求
大庆油田需求的二类底盘无绷绳修井机
大庆油田需求的自走无绷绳修井机
出口哈萨克斯坦的组合冲砂修井机（激励车）
地址：吉林省通化市建设大街2607号
电话：0435-3946866 3946898
传真：0435-3616476

石油钻采设备

钻采公司厂区

钻杆钳系列

修井钳、套管钳系列

行星爪式开口型液压动力钳
发明专利号：01101342.7

地址：江苏省建湖县高新产业园
邮编：224763
电话：0515-86582548
传真：0515-86582080
E-mail：td@chinateda.com
http: //www.chinateda.com

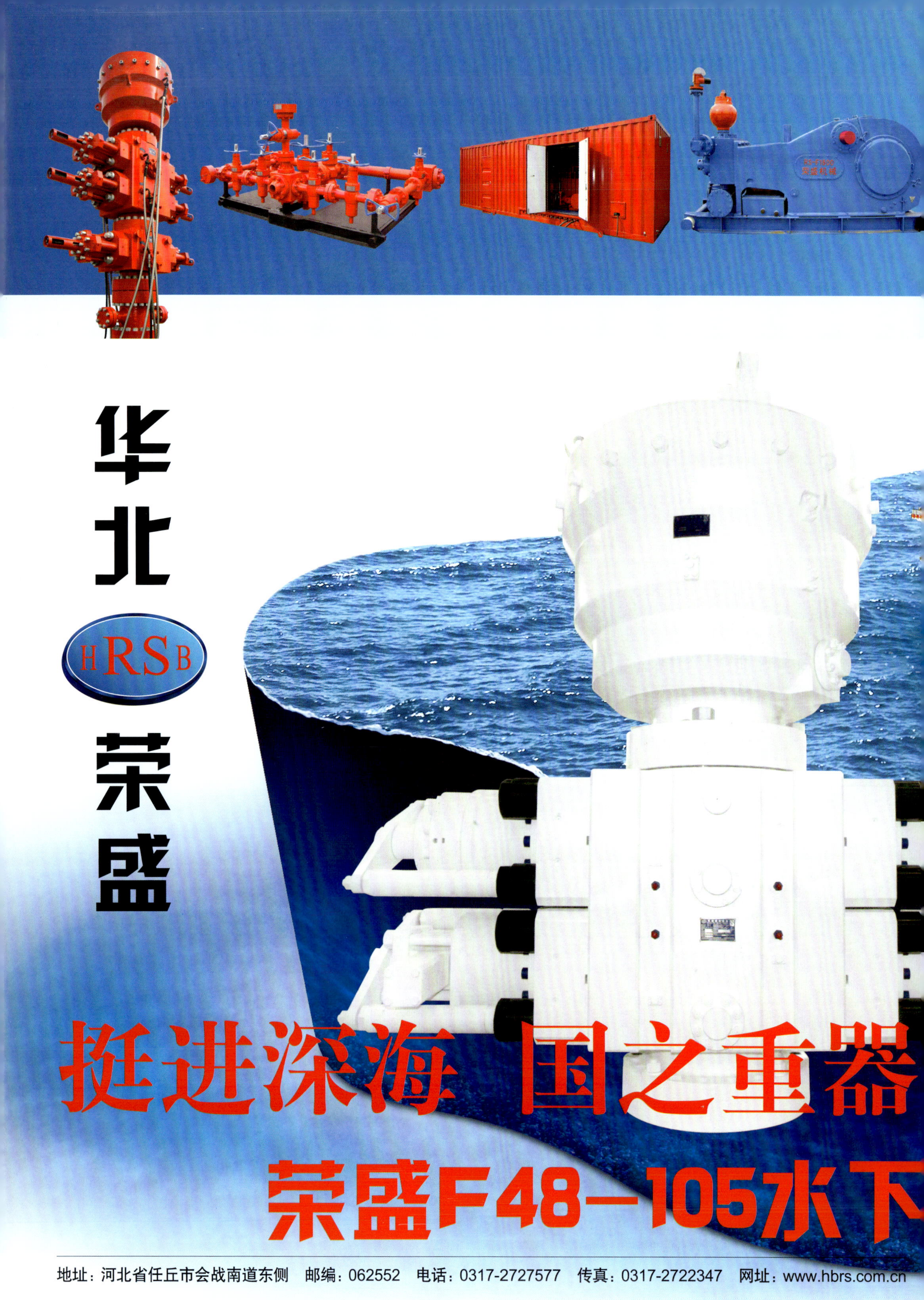
华北
HRSB
荣盛
挺进深海 国之重器
荣盛F48—105水下

油气并举
水陆并进
钻采并重

陆地防喷器及井控装备配套
海洋平台及水下井控装备
钻井泵、修井泵及泵组成套
HH、FF级井口设备和采气树
油水井及气井带压作业装置
防喷器控制装置
压井节流管汇
抽油机

大型成套设备

DZ100撬装式底装发油台

YQTL油气回收系统

防爆工业车辆

CPDYJ-FB系列防爆全液压交流电动叉车

CPDB50防爆电动叉车

DSJYB0.3~4防爆电动液压升降台

BDB2~3系列防爆蓄电池固定平台搬运车

CPCDB系列内燃平衡重式防爆叉车

地址：中国浙江省杭州市萧山区瓜沥镇
Add: Guali Town Xiaoshan, Hangzhou, Zhejiang, China 邮编(P.C.): 311241

电话(Tel): +86-571-82565018/82565028
82565038/82565068
传真(Fax): +86-571-82565028

网址(Web site): www.jlkj.com.cn
邮箱(E-mail): jlkjxsb@163.com
xsb@jlkj.com.cn

如需样本及详细资料，欢迎垂询或来电来函索取。

中国机械工业年鉴系列

中国石油石化设备工业年鉴

2013

中国机械工业年鉴编辑委员会
中国石油和石油化工设备工业协会 编

机械工业出版社
China Machine Press

《中国石油石化设备工业年鉴》2013年刊设置综述、专文、行业概况、地区和市场概况、50强企业和名牌产品、统计资料、标准和认证、政策法规和大事记9个栏目，集中反映了2012—2013年上半年石油石化装备制造行业的经济运行状况，提供了石油化工设备市场和地区发展现状，系统地公布了石油石化设备行业的各项经济指标和进出口统计数据，以及相关政策法规和行业大事记。

《中国石油石化设备工业年鉴》主要发行对象为政府决策机构、与石油化工装备相关的产业决策者、石油化工行业企业决策者和从事市场分析、规划的中高层管理人员及国内外投资机构、贸易公司、银行、证券、咨询服务部门和科研单位的工程项目管理人员等。

图书在版编目（CIP）数据

中国石油石化设备工业年鉴.2013/中国石油和石油化工设备工业协会编.—北京：机械工业出版社，2014.4

（中国机械工业年鉴系列）

ISBN 978-7-111-46021-3

Ⅰ.①中… Ⅱ.①中… Ⅲ.①石油化学工业—化工设备—经济发展—中国—2013—年鉴 Ⅳ.①F426.22-54

中国版本图书馆CIP数据核字（2014）第037834号

机械工业出版社（北京市西城区百万庄大街22号　邮政编码 100037）

责任编辑：赵　敏

北京宝昌彩色印刷有限公司印制

2014年3月第1版第1次印刷

210mm×285mm・19.75印张・34插页・514.5千字

定价：300.00元

凡购买此书，如有缺页、倒页、脱页，由本社发行部调换

购书热线电话（010）68326643、88379830

http://www.cmpbook.com　http://weibo.com/cmp1952

中国机械工业年鉴系列

作为『工业发展报告』
记录企业成长的每一阶段

中国机械工业年鉴

编辑委员会

中国石油石化设备工业年鉴

精鉴石油石化设备工业
服务能源供给

中国石油石化设备工业年鉴
执行编辑委员会

中国石油石化设备工业年鉴

精鉴石油石化设备工业
服务能源供给

中国石油石化设备工业年鉴编辑出版工作人员

总　编　辑　郭　锐
主　　　编　李卫玲
副　主　编　刘世博　肖新军
执 行 主 编　赵　敏
责 任 编 辑　赵　敏
市 场 编 辑　李雪松　娄　强　王海臣
图 文 设 计　张慕原

地　　　址　北京市西城区百万庄大街 22 号（邮编 100037）
编　辑　部　电话（010）88379830　传真（010）88379812
发　行　部　电话（010）68326643　传真（010）68326017
E-mail:cmiy@vip.163.com
http: // www.cmiy.com　　www.mepfair.com

中国石油石化设备工业年鉴

精鉴石油石化设备工业

服务能源供给

中国石油石化设备工业年鉴
理事单位及特约顾问

理 事 长 单 位　中国石油和石油化工设备工业协会

副理事长单位　中国石油天然气集团公司

中国石油化工股份有限公司

中国海洋石油总公司

理 事 单 位（排名不分先后）	**特约顾问**
中国石油集团渤海石油装备制造有限公司	赵　国
宝鸡石油机械有限责任公司	郭孟齐
南阳二机石油装备（集团）有限公司	杨汉立
中石化石油工程机械有限公司第四机械厂	王庆群
四川宏华石油设备有限公司	张　弭
河北华北石油荣盛机械制造有限公司	顾和元
大连金州重型机器集团有限公司	王治勇
贵州高峰石油机械股份有限公司	唐　红
海洋石油工程股份有限公司	周学仲
番禺珠江钢管有限公司	陈　昌
沧州市鑫达钢管集团股份有限公司	刘　圣
江汉石油钻头股份有限公司	谷玉洪
通化石油化工机械制造有限责任公司	韩一泉
通化石油机械制造有限责任公司	秦连志
任丘市博科机电新技术有限公司	邹　刚
河南信宇石油机械制造股份有限公司	杜振宇
海城市石油机械制造有限公司	王政权
郑州万达管件制造有限公司	何　清
温州一宇密封材料有限公司	方德银
中国通用机械工程总公司	马长春
温州市华海密封件有限公司	张　勇
山东省金圣隆机械有限公司	陈汝林
江苏特达能源装备（集团）有限公司	吴征胜
江苏如通石油机械股份有限公司	曹彩红
兰州兰石集团有限公司	张金明
中国石油勘探开发研究院采油采气装备研究所	裴晓晗
浙江佳力科技股份有限公司	龚政尧
内蒙古一机集团大地石油机械有限责任公司	潘俊淇
机械工业第六设计研究院有限公司	黄国甫
中核苏阀科技实业股份有限公司	吴　辉

中国石油石化设备工业年鉴

精鉴石油石化设备工业
服务能源供给

中国石油石化设备工业年鉴
理事单位及特约编辑

前　言

2012年是国家“十二五”规划实施的关键之年，我国经济发展面临结构调整不断深化，宏观经济呈平稳减速态势。2012年，中国石油和石油化工装备制造业以实现持续发展和由大变强为目标，以转型升级和结构调整为主线，着力打造高端智能、节能绿色和国际化的装备制造业，产业结构着力向高端升级、向海洋进军、向海外拓展，努力向服务型制造业发展。在不断发展传统陆上勘探开发装备的基础上，积极推进海洋工程装备、天然气应用装备、非常规油气和页岩气开采装备以及特色石油炼化装备等的发展。全行业经济运行基本保持平稳快速增长态势，实现了“稳中求进”的总体目标，总体经济效益向好。

2012年全行业规模以上企业1 604家，比上年增长7.87%，大型企业从上年的8家增加到30家，同比增长275%，企业结构调整有所成效。全行业累计完成工业总产值3 349.90亿元，比上年增长21.62%；工业销售产值3 215.69亿元，比上年增长21.95%；累计完成出口交货值271.39亿元，比上年增长21.61%；全行业产销率为95.99%，高于上年同期0.71个百分点。全行业规模以上企业资产总额为2 926.40亿元，比上年增长19.77%；主营业务收入累计完成2 788.98亿元，比上年增长19.44%；主营业务成本累计为2 371.13亿元，比上年增长19.08%；规模以上企业利润总额累计实现157.70亿元，同比增长35.28%，显示全行业在整体上保持了较高的盈利水平，这也是行业整体经济运行中的一个亮点。

2013年，面对外部市场低迷、经济下行压力加大的复杂局面，全行业以提高质量和增长效益为中心，贯彻落实政府出台的一系列“稳增长、调结构、促改革”宏观调控政策，大力推进结构调整、技术创新和节能减排，取得了积极进展。行业经济保持稳定增长，结构调整初显成效。一批核心技术取得突破，高技术含量、高附加值产品产量增速加快，高端产业对全行业利润贡献率稳步提高，传统产业转型升级成效明显。行业投资结构继续优化，实现利润同比增速加快，扭转了上年下滑趋势。行业出口逆势增长，区域经济结构继续改善，经济效益实现恢复性增长，为进一步实现持续健康发展奠定了坚实基础。

党的十八届三中全会描绘了我国社会主义经济两个100年的宏伟发展蓝图。随着全面改革的不断深化，保持行业经济平稳运行的有利因素将不断增加。国家创新驱动战略的实施，行业投资的优化增长，都将为我国石油和石油化工装备制造业提供新的需求，创造新的经济增长点。

中国石油和石油化工设备工业协会常务副理事长：林钢

广告索引

精鉴石油石化设备工业
服务能源供给

中国工业年鉴出版基地

■全国五一劳动奖状
■全国质量管理优秀企业
■全国用户满意服务单位
■国家制造业信息化科技工程应用示范企业
■全国实施卓越绩效模式先进企业、并获特别
■全国行业信用评价AAA级信用企业
■全国国际质量信用5A级企业
■系列钻机获“中国名牌”产品
■全国模范职工之家
■全国绿化工作先进集体
■中国石油钻采设备制造专业“十强企业”

打造具备较强国际竞争实力的品牌老店

- 机械工业管理进步示范企业
- 全国质量管理小组活动优秀企业
- 中国机械500强
- 中国制造业500强
- 中国机电行业影响力100强
- 全国信息化支撑管理创新实践单位
- 世界市场中国行业十大年度品牌
- 中国石油石化装备制造业卓越贡献奖
- 全国机械工业现代化管理企业
- 机械工业企业管理基础工作规范化达标企业

为者常成
行者常至

SJPETRO 石油四机®

SXJ550修井机在伊拉克作业

SZJ40D页岩气丛式井钻机

SZJ30DBT钻机在阿曼作业

无绳/自紧绷绳修井机

油电混驱修井机

山地修井机

出口委内瑞拉不压井和连续油管作业设备

2500型压裂机组重庆涪陵涪页2-2HF井压裂作业现场

大功率固井车在大庆油田作业

3000型压裂车在重庆涪陵页岩气井压裂作业

地址：湖北省荆州市荆州区四机路1号　邮编：434024
电话：0716-8429150　传真：0716-8429152
http://www.sjpetro.com

追求卓越
创新领先

CERTIFICATE OF GOLDEN CUP PRIZE FOR ACTUAL QUALITY OF METALLURGICAL PRODUCTS
中国冶金产品实物质量金杯奖

KEY HIGH-TECH ENTERPRISES OF NATIONAL TORCH PLAN
国家火炬计划重点高新技术企业

番禺珠江钢管有限公司（简称珠江钢管）是我国大型直缝焊管制造商和出口商，2010 年于香港联合交易所主板上市（股份代号：01938.HK)，拥有分别位于广州番禺、珠海、江苏江阴、连云港、南京、沙特和迪拜 7 个生产基地。公司现有 UOE、JCOE(4 条)、HFW、COE、SAWH（2 条）等 9 条焊管生产线，配有内外防腐和水泥配重生产线，年产能达到 271 万 t。公司可批量供应 406~1 829mm(16~72in) 的大直缝双面埋弧焊管 (SAWL)、114~762mm(4~30in) 的直缝高频焊管 (HFW)、406~3 000mm(16~118in) 的螺旋埋弧焊管 (SAWH)、711~6 000mm(28~236in) 的三辊成型焊管、406~1 219mm(16~48in) 的耐蚀合金 (CRA) 内履 / 衬里复合钢管以及 406~1 524mm(16~60in) 的不锈钢焊管、螺纹钢，可批量供应 114 ~ 1 829mm (4~72in) 的直缝焊管，406 ~ 3 000mm（16~118in）的螺旋焊管以及 711 ~ 6 000mm（28~236in）的三辊成型焊管，并配套供应 FBE、3LPE/3LPP、水泥配重、沥青、水泥等各种形式的防腐钢管以及各类弯管、弯头、异径管等管件产品，产品广泛应用于陆地及海洋的石油、天然气、石油化工、采矿、电力、基建工程、钢结构和供水等领域。

番禺珠江钢管有限公司

PCK

PANYU CHU KONG STEEL PIPE CO.,LTD.

NATIONAL-RECOGNIZED ENTERPRISE TECHNOLOGY CENTER

国家认定企业技术中心

自 1993 年成立以来，珠江钢管业务持续稳健增长。目前，珠江钢管的直缝埋弧焊管产量已连续十年名列行业前茅，居行业龙头地位此外，珠江钢管是目前中国同时拥有“中国冶金产品实物质量金杯奖”“国家火炬计划重点高新技术企业”和“国家认定企业技术中心”三项国家荣誉的焊管制造商，是国家直缝焊接输送钢管标准的主要起草单位。同时，珠江钢管还设有博士后科研工作站和院士工作站，为不断提升产品的质量和拓展产品的适用领域提供技术支撑。

公司以其先进技术、设备、管理和良好的信誉，为客户提供高质量的产品和服务，保证客户满意。

公司总部

番禺珠江钢管有限公司

地址：中国广东省广州市番禺区清河东路石基路段　　邮编：511450

电话：86-20-84558888-2262、2189、2310　　传真：86-20-84850688

网址：www.pck.com.cn　　邮箱：pipe@pck.com.cn

番禺珠江钢管（连云港）有限公司

地址：江苏省连云港市徐圩新区 226 省道南段（纵七路至中通道段）东侧

邮编：222006

电话：0518-80868603、80868592

传真：0518-80687779

番禺珠江钢管（珠海）有限公司

地址：珠海高栏港经济区装备制造区南水大道

邮编：519050

电话：0756-6250888

传真：0756-6250880

番禺珠江钢管有限公司江苏分公司

地址：江苏省江阴市申港镇海港路六号

邮编：214443

电话：0510-86683068

传真：0510-86683068

Production Bases

做世界优质的钢管，引领行业发展

产品应用

为满足不同行业的多样化需要，实现可持续发展，珠江钢管致力于生产优质产品，并不断进行研发，积极拓展陆上、海上石油、天然气管道，化工、采矿、城市燃气、基建工程以及输水等产品应用领域。公司产品远销中东、欧美、东南亚、非洲等五十多个国家和地区，“PCK”商标在美国、巴西等 20 多个国家和地区注册，是中国直缝焊管领域在国外的代表性品牌，在国际市场上享有极高的知名度。

质量管理

珠江钢管产品质量可满足众多国际标准要求。在 API 标准内，珠江钢管同时具备 API 5L/5CT/2B/5LD 资质认证。

珠江钢管严格执行 ISO9001 质量体系，采用先进检测设备，通过在线和离线检测以及机械和化学性能测试等手段，严格按优质产品质量要求检验每个生产过程的产品质量，通过钢板超声波检测、焊缝超声波检测、焊缝 X 光检测系统、水压试验和压扁试验等检测。在取得检测数据后，还会对产品质量作严格的分析，确保每件产品均符合客户的要求。

公司总部 地址：广东省广州市番禺区清河东路石基路段 邮编：511450
电话：86-20-84558888-2262、2189、2310 传真：86-20-84850688
http://www.pck.com.cn E-mail:pipe@pck.com.cn 股份代号：01938.HK

管理占先 技术抢先

①	②	③
④	⑤	⑥

①为陕西蒲城70万t煤制烯烃项目制造的单喷嘴水煤浆气化炉
②为兖矿榆林100万t煤间接液化项目制造的大型对置式四喷嘴水煤浆气化炉
③壳牌煤气化关键设备气化炉部分
④出口国外的壳牌煤气化关键设备飞灰过滤器
⑤鲁奇碎煤加压气化炉炉体部分
⑥为内蒙古图克制造的BGL碎煤加压气化炉
⑦科林改进型水冷壁式气化炉

品质领先 用户优先

①大型甲醇合成塔
②大型碳洗塔
③大型洗涤塔
④大型异种钢焊接设备吸收塔（中段）
⑤大型加氢反应器
⑥废锅反应器

①	②	③
④	⑤	⑥

中核苏阀科技实业股份有限公司
CNNC SUFA TECHNOLOGY INDUSTRY CO.,LTD.

中核苏阀科技实业股份有限公司（简称中核科技）成立于1997年，是一家集工业阀门研发、设计、制造及销售为一体的科技型制造企业，也是中国阀门行业和中国核工业集团所属的率先上市企业。

公司产品广泛应用于国内外石油、石油天然气、炼油、核电、电力、水务、化工、煤化工、造船等十几个行业及国家有关科研部门，所使用的“H”及“SUFA”商标是阀门行业的知名品牌，在国际阀门市场也具有良好的声誉和一定的影响力。

目前，公司已发展成为国内阀门行业中产品品种多、规格齐全、技术含量高的专业化工业阀门生产基地。同时，公司拥有一系列质量体系证书、产品认证证书以及检测资质证书，是国内同行业中认证证书齐全，质量管理和检测手段先进的企业。

近年来，公司在各级政府部门和中核集团的关心和支持下，不断加大科技投入，依托江苏省工程技术研发中心，提升企业科技创新能力，坚持走“产学研用”相结合的自主创新道路，得到了市场的认可。公司先后被相关部门指定为第三代核电关键阀门技术支持单位，被江苏省科技部门认定为江苏省特种阀门工程技术研究中心，进一步体现了企业在中国阀门行业的技术研发实力。近年来公司研制出百余台新品，获得专利十多项，积极推进了我国核电、石油及石化领域高端阀门的国产化进程，填补了多项阀门技术空白，为公司向高端阀门领域进军搭建了一个崭新的技术平台。2010年7月，公司作为国家能源部门批准立项的百万千瓦级核电站泵阀国产化重点项目的第三完成单位，获得国家能源科技进步奖一等奖。

2009年度，中核科技被指定为国家核电阀“以国代进”定点研发、制造单位。

▲ 全球墨铸铁DN3600双偏心软密封蝶阀

▲ 用于高硫化氢工况的不锈钢28“900Lb”平板闸阀

▲ 加氢阀

地址：江苏省苏州市新区珠江路501号　邮编：215129　邮箱：sales2@chinasufa.cor

中核科技倾力打造中国阀门民族品牌企业

中核苏阀

填补了国内阀门空白

硬密封开关球阀特殊要求：

使用温度高：最高 550° C

阀座密封等级高：密封等级达到 ANSI B16.104 CL Ⅵ级 \API 598

动作要求快：动作时间 5 ～ 10s（气动装置）

高强度：阀门频繁动作，要求采用高强度轴承以及高性能的执行机构

密封性要求：硬密封的球体和阀座都进行表面硬化处理

腐损性强：介质为飞灰或煤渣 $+N_2$，有很强的腐蚀性

腐蚀性强：用于渣水介质的阀门，既要耐磨，同时也要耐强腐蚀性介质的侵蚀

酸性服务：阀门材料符合 NACE MR-01-75 要求

阀门零部件禁铜

现场仪表及附件防护等级达到 IP65 ～ 68 ，防暴等级达到 EEX dIICT4

防喷出阀杆设计：所有球阀都可以进行在线维修

煤化工装置用阀门业绩

1. 2003 年，为神华集团煤液化中试基地、中国石油天然气股份有限公司克拉玛依石化分公司 、中石化镇海炼化提供了大批临氢阀门
2. 2003 年，120 万 t/a 催化柴油加氢装置工程项目，提供了 2in、4in、6in、8in 等规格的 900lb、1500lb 金属硬密封球阀
3. 2004 年，煤直液化 6t/d 实验装置工程项目，为陕西永坪炼油厂提供了 600lb、900lbl、500lb 金属硬密封球阀
4. 2005 年，公司为中石化岳阳壳牌煤气化工程、中石化湖北枝江化肥分公司煤代油工程、中石化安庆分公司煤改油工程等煤化工项目提供了大批金属硬密封球阀
5. 2006 年，苏阀煤气化金属硬密封球阀成为永城煤气化工程项目最主要供应产品
6. 2007 年，为内蒙古伊泰煤制油工程（Ⅰ期）提供 3/4 ～ 6in 等规格的 600lb、900lbInconel 氧气硬密封球阀
7. 2007 年，苏阀为河南濮阳煤气化工程提供 1/2 ～ 12in 等 600lb 手动、气动 20 多种硬密封球阀
8. 2009 年，为中国神华煤制油化工有限公司包头煤化工分公司提供 1/2in ～ 24in 闸阀、截止阀、止回阀等共计 300 万多元。
9. 2009 年，为中国环球工程公司—宁煤集团项目提供 1/2 ～ 24in 闸阀、截止阀、止回阀、蝶阀、球阀、氧气阀等，共计 3000 万多元。

球阀

tp://www.chinasufa.com　电话：86-512-67533655/66672570　传真：86-512-67532587/67511301

贵州高峰石油机械股份有限公司

贵州高峰石油机械股份有限公司是中国兵器装备集团公司的直属大型企业，是中国石油和石油化工设备工业协会常务理事单位，1985 年至今被评为中国石油天然气集团公司石油钻采配件一级供应网络成员单位和中国石化装备产品配件资源市场成员专业厂家。2004—2013 年连续荣获中国石油石化装备制造业“五十强”企业。

2008—2013 年震击器、减震器、全机械式和液压式随钻连续荣获贵州省名牌产品称号，2011—2013 年“高峰牌”震击器、打捞工具、可退式打捞筒、划眼器、减震器荣获中国石油石化装备制造业“行业名牌产品”称号。高峰公司先后通过了由 DNV（挪威船级社）按照 ISO9002 标准对公司质量体系进行的国际认证和美国石油学会颁发的 ISO9001 质量体系认证，获得 API 会标使用权证书并顺利通过后续年度审核。2012 年高峰公司又通过了 GB/T24001-2004idt ISO1400:2004 环境管理体系、职业健康安全管理体系认证，获得了环境管理、职业健康安全管理体系认证证书。2014 年又获得 N S— 1 质量体系认证证书。

目前公司生产的产品包括钻井震击、打捞、固井修井、钻采地面试验等近 120 个品种、600 个规格的产品，从打捞工具、震击工具到固井修井工具的配套，在国内外同行业中是产品品种多、规格全的企业。产品行销国内所有陆地油田及部分海洋油田，国内市场占有率已达 80%，高峰公司的井下工具配套综合能力在全国名列前茅。同时，高峰公司生产的产品还远销到南美、中东等多个国家和地区。

地址：贵州省贵阳市金阳新区长岭南路 8 号
邮编：550081
电话：0853-4668339
传真：0853-4668503
E-mail:fzjhb@gaofengoil.com
http://www.gaofengpm.com

董事长、党委书记

万德平

总经理

唐　红

河南信宇石油机械制造股份有限公司系中原油田率先从国有企业规范改制的独立法人企业，主要产品有抽油机、抽油泵、井口装置采油树、钻机、油管、套管、射孔枪总成、石油专用工具、油田化工设备配件等。公司自1998年8月创建以来，始终坚持科学发展观，通过艰苦创业，奋力拼搏，把企业打造成为成长型、创新型、发展型企业。

公司现有工程技术人员183人，专职研发人员36人，已申报国家专利120项，每年开发新产品3~5个，其中，W型曳引抽油机被评为濮阳市科技进步奖一等奖，河南省工业信息化科技成果奖二等奖，河南省、中华全国工商联科技进步奖二等奖。

公司1999年通过了ISO9002质量体系认证，2003年通过了ISO9001质量体系认证，2006年通过了抽油机等5个主导产品的API认证，电器产品3C认证，ISO14001环境管理体系认证和GB/T 28001职业健康安全管理体系认证。

创造高质量
享受高品质

河南信宇石油机械制造股份有限公司

Henan Xinyu Petroleum Machinery Manufacturing Co., Ltd.

公司拥有省级企业技术中心，河南省石油钻采机械工程技术研究中心，河南省博士后研发基地，公司的经济实力和技术实力在同类企业中名列前茅，2013年7月26日公司在天交所挂牌上市。公司连续多年被评为濮阳市优秀民营企业，河南省创新型企业，河南省信息化示范企业，河南省制造业信息化科技工程数字化企业培育单位，河南省科技创新十佳单位，河南省优秀民营企业，河南省知识产权优势企业，中国节能抽油机制造先进单位，中部地区突出贡献单位，中国石油石化装备制造企业“五十强”，国家知识产权优势企业，国家高新技术企业。

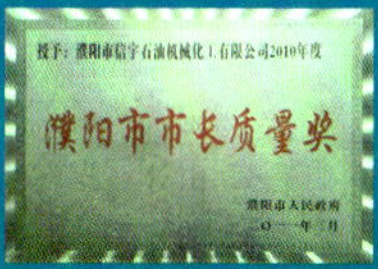

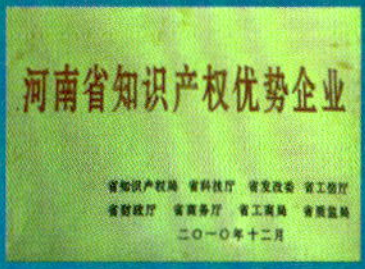

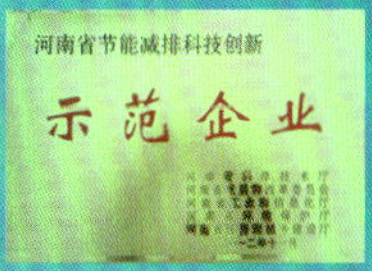

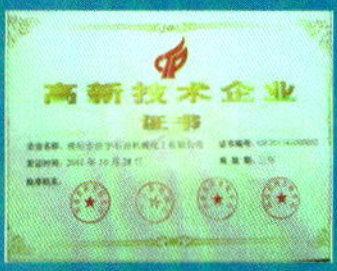

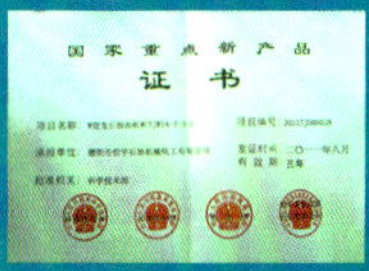

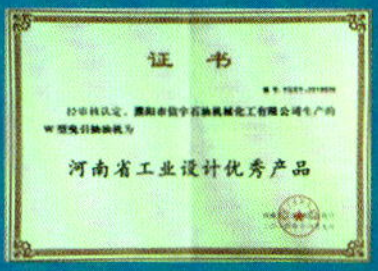

河南信宇石油机械制造股份有限公司

地址：河南省濮阳市华龙区106国道与锦田路交叉口东100m路南　邮编：457006

电话：0393-8751796　8751755　传真：0393-8751707

http://www.chinaxinyv.com　E-mail:liaodalin26sina.com

山东三田临朐

Shandong Santian Linqu

山东三田临朐石油机械有限公司始建于 1952 年，2005 年完成改制组建有限公司，注册资本金 1 800 万元，是国内专业从事石油钻采、磁电设备、生产用自动化设备的设计、研究、加工制造、售后服务和出口贸易为一体的骨干企业。是中国石油石化装备制造企业五十强企业、中国石油石化装备制造行业 AAA 级信用企业、中石油和中石化一级网络成员单位、中国石油和石油化工设备工业协会理事单位。

公司拥有主要生产设备 286 台，中高级工程技术人员 128 人，通过 ISO9001 质量管理体系认证、ISO10012 计量保证、API（4F、7K）认证，产品广泛应用于油田、水泥、建材、冶金、电力、煤炭、矿山、非矿、磨料、陶瓷、电池材料、造纸、化工等 10 多个行业，并远销美国、加拿大、哈萨克斯坦、伊朗、科威特、阿拉伯联合酋长国、印度尼西亚、巴基斯坦、韩国、菲律宾等国家和地区。

公司主要产品有石油机械和磁电设备两大系列，涉及修井机、洗井修井作业机、无绷绳修井机、带压作业修井机、带压作业装置、采油作业机、捞沙作业机、轮式通井机、修井动力钳、钻杆动力钳、磁选设备、除铁设备、给料设备、筛分设备、输送设备、计量设备等 40 多个品种，200 多种规格型号。

公司先后被评为中石油、中石化优秀供应商，山东省机械工业十大自主创新品牌企业，山东省重合同守信用企业，省级文明单位，潍坊市企业技术中心，潍坊市工程技术研究中心，山东省企业技术中心。自主研发的 XJ 系列修井机荣获中国石油石化装备品牌产品和山东省技术创新优秀新产品称号；LTJ-10 轮式通井机被国家相关部委认定为国家新产品，被中国石油天然气总公司列为十大科研项目之一；QK300YB 动力钳荣获国家优质产品质量金奖和第四十届布鲁塞尔尤里卡世界发明金奖；新研发的 XJ700-4L 修井机、XJ700Z-3W 无绷绳修井机和 XJ700-DY 带压作业修井机三种新产品通过省级鉴定，达到国内先进水平。

“产品先进可靠，服务一流回报”，公司总经理张宏磊携全体员工热忱欢迎各界朋友、同仁莅临山东三田机械参观指导。

■ XJ700-DY 带压作业修井机

■ DY18-21/35 带压作业装置

■ XJ900Z-4 修井机

三田机械
SANTIAN MACHINERY

地址：山东省临朐县城文化路 10 号　电话：0536-3212927 3219661
传真：0536-3113948　E-mail:slsyjx@tom.com　http://www.sdstjx.com

石油机械有限公司

Petroleum Machinery Co.,Ltd.

■ XJ700-L 修井机

■ XJ700Z-2BL 洗井修井机

■ XJ700Z-3W 无绷绳修井机

■ CTQ 系列高强提纯磁选机

■ CTT 系列磁场可调式磁选机

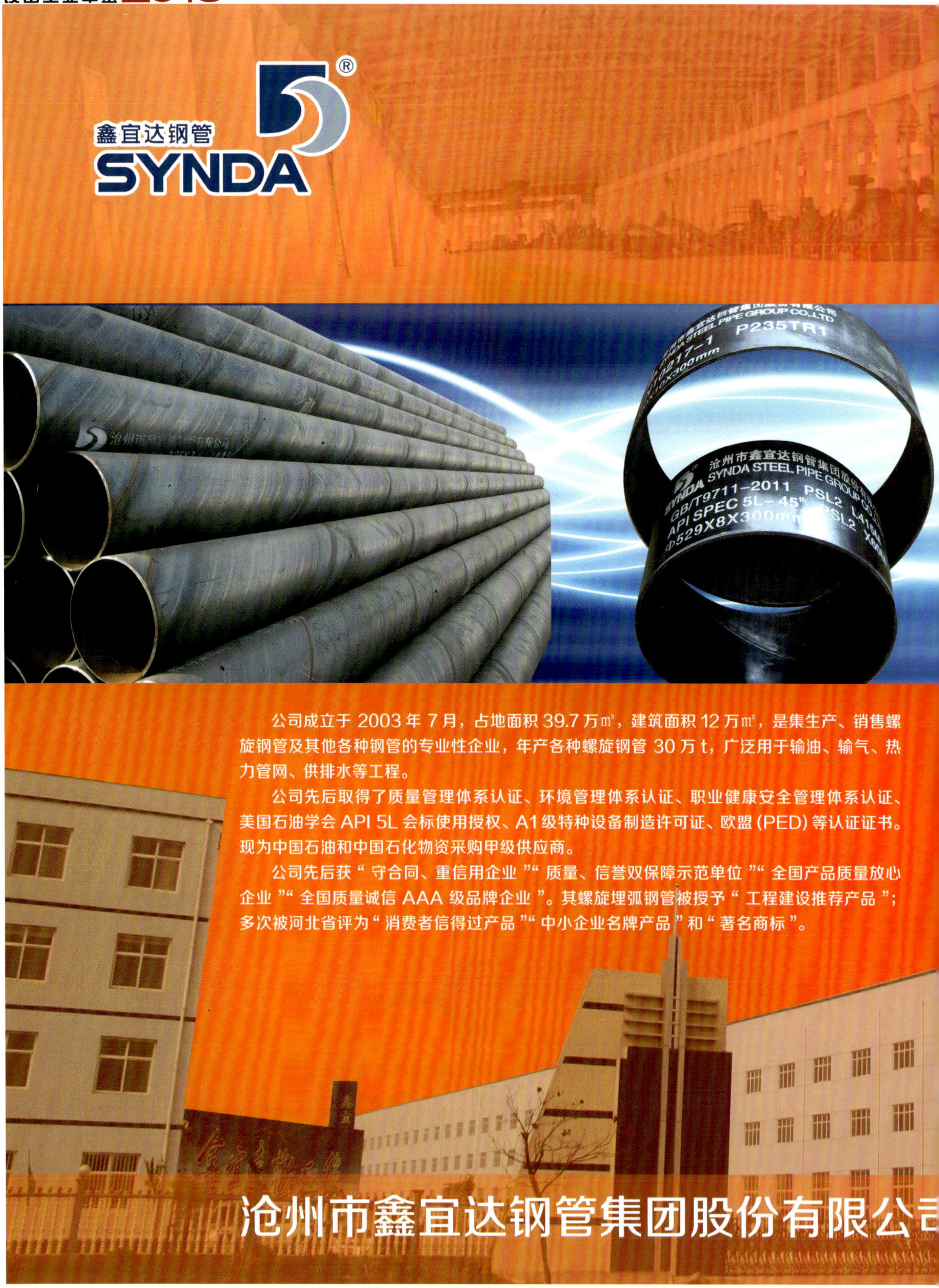
鑫宜达钢管
SYNDA
P235TR1
沧州市鑫宜达钢管集团股份有限公司
SYNDA STEEL PIPE GROUP CO.,LTD
GB/T9711-2011 PSL2
API SPEC 5L-45th
Φ529X8X300mm
公司成立于 2003 年 7 月，占地面积 39.7 万㎡，建筑面积 12 万㎡，是集生产、销售螺旋钢管及其他各种钢管的专业性企业，年产各种螺旋钢管 30 万 t，广泛用于输油、输气、热力管网、供排水等工程。
公司先后取得了质量管理体系认证、环境管理体系认证、职业健康安全管理体系认证、美国石油学会 API 5L 会标使用授权、A1 级特种设备制造许可证、欧盟 (PED) 等认证证书。现为中国石油和中国石化物资采购甲级供应商。
公司先后获“守合同、重信用企业”“质量、信誉双保障示范单位”“全国产品质量放心企业”“全国质量诚信 AAA 级品牌企业”。其螺旋埋弧钢管被授予“工程建设推荐产品”；多次被河北省评为“消费者信得过产品”“中小企业名牌产品”和“著名商标”。
沧州市鑫宜达钢管集团股份有限公司

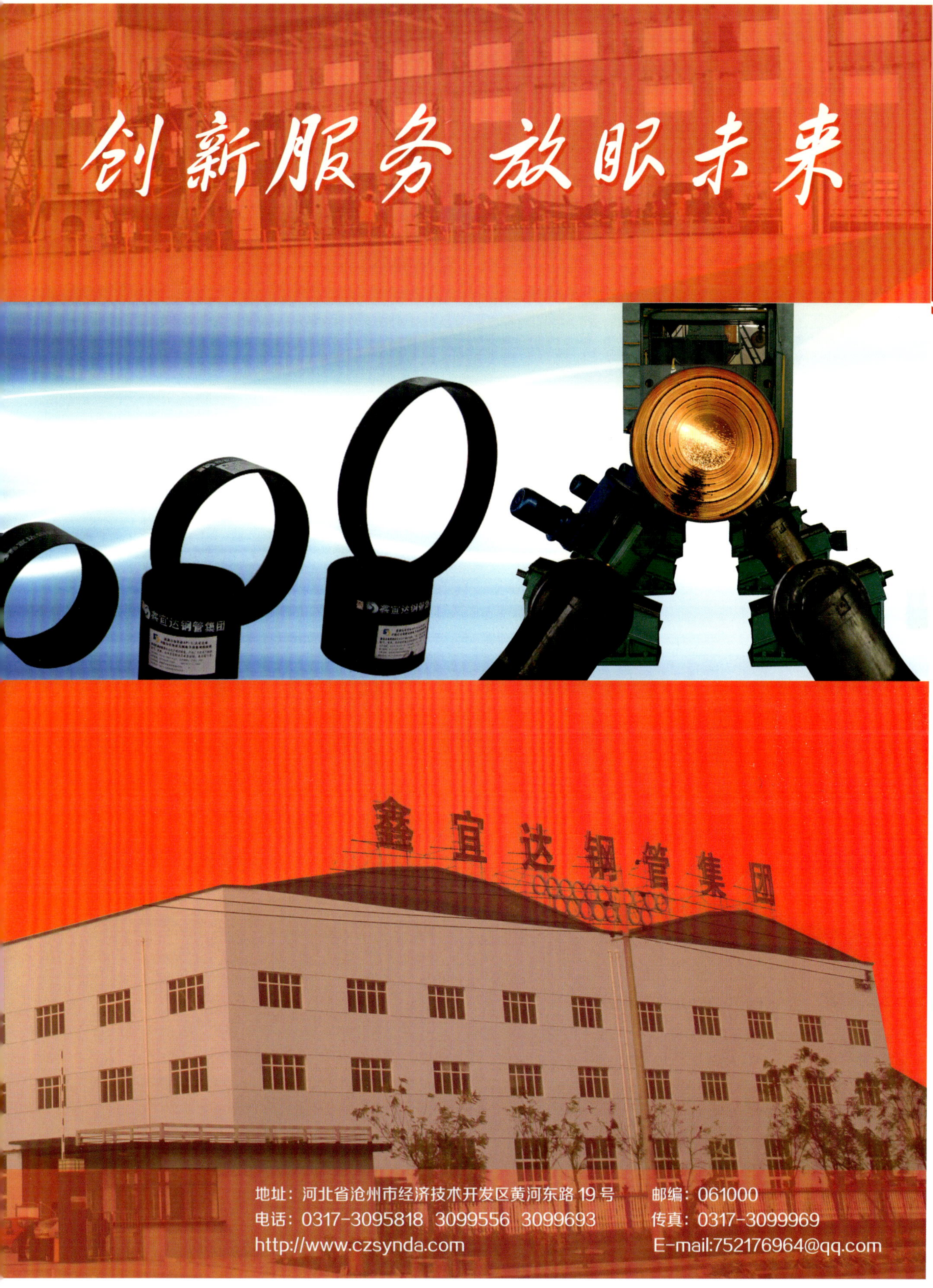
创新服务 放眼未来
鑫宜达钢管集团
地址：河北省沧州市经济技术开发区黄河东路 19 号
邮编：061000
电话：0317-3095818 3099556 3099693
传真：0317-3099969
http://www.czsynda.com
E-mail:752176964@qq.com

环垫专业制造商！
Specialized Ring Joint Gasket Manufacturer
CHNSEA 华海
Ring Joint Gasket
Oval Gasket
Octagonal Gasket
R Series Gasket
Rx Series Gasket
Bx Series Gasket
Metallic Gaskets
ISO9001
TS27106 65-2011
API-6A
中国阀协
CPEIA
中石协
CFSMA
Mazak
机器人密封环垫生产线
The First Robot Sealing Ring Pad Production Line
NEW CNC LATHE
温州市华海密封件有限公司
地址：浙江省温州市龙湾高新工业区永青路口
电话：+86-577-86927988 86926988
传真：+86-577-86936871
E-mail：sale@zjhhmf.com
http://www.rtj.cc www.zjhhmf.com
http://hhmf.preview.alibaba.com

第四届中国(北京)国际海洋石油天然气技术大会暨展览会

OFFSHORE OIL & GAS TECHNOLOGY CONFERENCE CHINA

CIOTC 2014

11月9—11日

2014年 中国·北京国际会议中心

CIOTC2014 将于 2014 年 11 月 9—11 日在北京国际会议中心举办。历经三年历练与跨越式发展，伴随着我国海洋油气大开发和全球深水油气投资持续增长所带来的巨大的市场需求，CIOTC 已发展成为我国专业性，亚洲具有很大潜力的海洋油气展，被业界称之为“中国的 OTC”，于每年下半年在北京举办。

大会暨展览会活动设置

- 2+ 主题论坛 免费
- 16+ 技术分论坛
- 1+ 培训课程 中海油采办系统培训 免费
- 60+ 权威发言人
- 1 000+ 参会代表
- 4+ 大主题展区
- 260+ 展位
- 19 000+ 观众
- 300+ 采购商

展出前沿海洋技术

推进海洋技术革新

增强国际海洋合作

引领海洋油气产业发展

战略协作

中国海洋石油总公司
中国石油天然气集团公司
中国石油化工集团公司

主办单位

中国石油学会
中国船舶工业行业协会
中国石油和化学工业联合会
德国易能集团

承　办

北京美沙会展有限公司

www.bmc-china.cn

主办方微博　微信扫一扫

BMC Business Media China

北京美沙会展有限公司

BMC China Exhibition Co., Ltd.

电话(Tel): 86-10-6273 0706 | Email: ciotc@bmc-china.cn | www.ciotc-top.com

30感恩
热烈祝贺中国机械工业年鉴系列
出版三十周年（1984-2013）
2011
中国机械工业年鉴
China Machinery Industry Yearbook
2012
中国机械工业年鉴
China Machinery Industry Yearbook

综合索引

精鉴石油石化设备工业

服务能源供给

中国工业年鉴出版基地

中国机械工业年鉴系列

《中国机械工业年鉴》

《中国电器工业年鉴》

《中国工程机械工业年鉴》

《中国机床工具工业年鉴》

《中国通用机械工业年鉴》

《中国机械通用零部件工业年鉴》

《中国模具工业年鉴》

《中国液压气动密封工业年鉴》

《中国重型机械工业年鉴》

《中国农业机械工业年鉴》

《中国石油石化设备工业年鉴》

《中国塑料机械工业年鉴》

《中国齿轮工业年鉴》

《中国磨料磨具工业年鉴》

《中国热处理行业年鉴》

《中国机电产品市场年鉴》

中国工业年鉴出版基地

编辑说明

一、《中国机械工业年鉴》是由中国机械工业联合会主管、机械工业信息研究院主办、机械工业出版社出版的大型资料性、工具性年刊，创刊于 1984 年。

二、根据行业需要，1998 年中国机械工业年鉴编辑委员会开始出版分行业年鉴，逐步形成了中国机械工业年鉴系列。该系列现已出版了《中国电器工业年鉴》《中国工程机械工业年鉴》《中国机床工具工业年鉴》《中国通用机械工业年鉴》《中国机械通用零部件工业年鉴》《中国模具工业年鉴》《中国液压气动密封工业年鉴》《中国重型机械工业年鉴》《中国农业机械工业年鉴》《中国石油石化设备工业年鉴》《中国塑料机械工业年鉴》《中国齿轮工业年鉴》《中国磨料磨具工业年鉴》《中国热处理行业年鉴》和《中国机电产品市场年鉴》。

三、《中国石油石化设备工业年鉴》作为该年鉴系列之一，2007 年创刊，每年出版，2013 年为第 7 期。该年鉴集中反映了石油石化装备制造业的发展情况，全面系统地提供了石油石化设备行业各分行业的主要经济技术指标以及地区和市场发展状况。

四、2013 年《中国石油石化设备工业年鉴》的内容由综述、专文、行业概况、地区和市场概况、50 强企业和名牌产品、统计资料、标准和认证、政策法规和大事记 9 个栏目构成，统计数据由中国石油和石油化工设备工业协会提供，数据截至 2013 年 7 月。

五、本年鉴在编撰过程中得到了中国石油和石油化工设备工业协会及所属分会、相关行业协会、研究院所和企业的大力支持和帮助，在此深表谢意。

七、由于水平有限，难免出现错误及疏漏，敬请批评指正。

中国机械工业年鉴编辑部

2014 年 2 月

目　　录

综　　述

专　　文

行业概况

地区和市场概况

50强企业和名牌产品

统计资料

标准和认证

政 策 法 规

大　事　记

Contents

Overview

Article

General Situation of the Industry

General Situation of Related Areas and the Market

"Top 50" Enterprises & Famous Brand Products

Statistics Data

Standard & Certification

Policies and regulations

Important Events

记录2012年我国石油和石油化工装备制造行业以及石油和化工行业的经济运行状况；分析2013年我国石化通用机械进出口情况；介绍2013年上半年我国石油和石油化工设备制造行业的经济运行情况

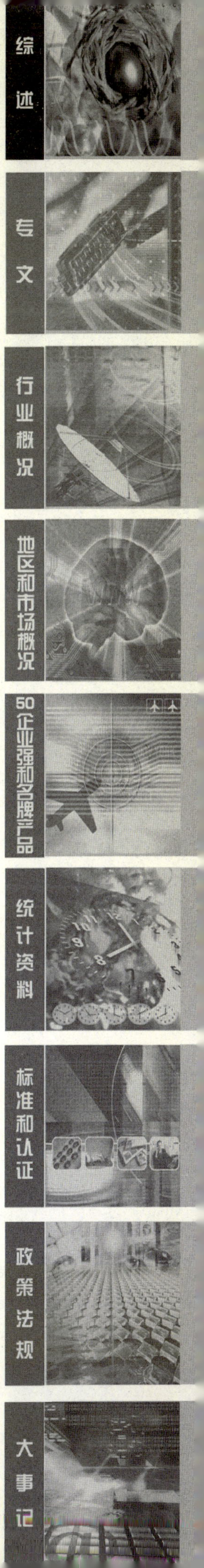

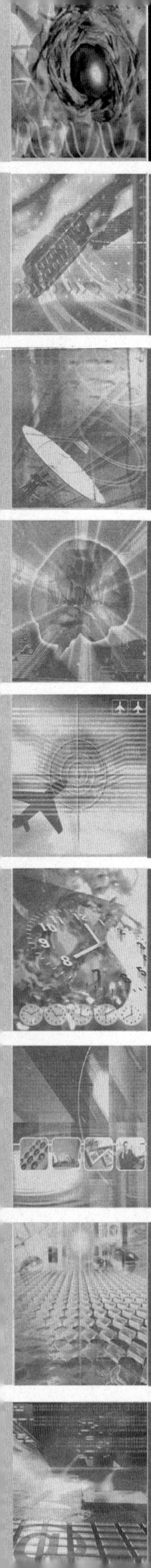

综述

2012年我国石油和石油化工装备制造行业经济运行情况

2012年是国家“十二五”规划实施的关键之年，我国经济发展面临结构调整不断深化，宏观经济呈平稳运行的态势。根据国家发改委公布的2012年石油及天然气行业运行简况，我国全年生产原油20 459万t，同比增长1.6%；加工原油41 526万t，同比增长2.1%；生产成品油25 726万t，同比增长4.1%。其中：汽油8 175万t，同比增长8.2%；柴油15 444万t，同比增长0.9%。成品油表观消费量25 080万t，同比增长3.3%。其中：汽油7 773万t，同比增长7.8%；柴油15 334万t，同比增长0.6%；截至2012年年底成品油库存同比上升100万t，保持正常水平。

2012年，全年国内天然气产量1 077亿m^3，同比增长6.5%；天然气进口量（含液化天然气）425亿m^3，同比增长31.1%；表观消费量1 471亿m^3，同比增长13.0%。

据海关监测数据公布显示：2012年1—12月，我国累计进口原油2.71亿t，与去年同期相比增长了6.8%；累计进口金额达2 206.65亿美元，同比增长12.1%。2012年12月，我国原油进口量为2 367万t，进口金额为186.4亿美元。

2012年1—12月，我国累计出口原油243万t，与去年同期相比减少了3.3%；累计出口金额达22.26亿美元，同比增长16.8%。2012年12月，我国原油出口量为8万t，出口金额为7 913万美元。

一、2012年我国石油和石油化工装备制造行业经济运行概况

2012年我国石油和石油化工设备制造业受国内和国外市场萎缩的不利影响，经济运行呈增速大幅下降并趋于稳定的态势。

1.行业规模以上企业数量及其分布

根据国家统计局提供的数据（下同，另有说明除外），截至2012年12月，我国石油和石油化工装备制造行业（以下简称行业）规模以上企业从2011年的1 487家增加到1604家，同比增长7.87%。海洋工程专用设备制造〔按新版《国民经济行业分类》（GB/T 4754—2011）增加的小类分行业，原石油钻采设备制造中的海上石油、天然气勘探开采平台及相关漂浮设备的制造被调整到“海洋工程专用设备制造”中〕。调整后“海洋工程专用设备制造”分行业规模以上企业有29家。从企业规模看，大型企业从2011年的8家增加到30家，同比增加275%，表明企业结构调整有所成效。2012年行业规模以上企业分布情况见表1。

表1　2012年行业规模以上企业分布情况

项　目	企业数（家）	占总数（%）	同比增长（%）
合　计	1 604	100.00	7.87
按分行业统计			
石油钻采设备制造业	718	44.76	5.12
炼油化工设备制造业	433	27.00	12.76
海洋工程专用设备制造业	29	1.81	
金属压力容器制造业	424	26.43	0.95
按企业规模统计			
大型企业	30	1.87	275.00
中型企业	231	14.40	16.08
小型企业	1 343	83.73	4.97

2.行业主要经济指标分析

截至2012年12月，行业规模以上企业（下同）

累计工业总产值、工业销售产值和出口交货值同比增速以较大幅度下滑后保持高于20%的水平，趋于平稳快速增长态势，产销率略高于上年同期。

（1）工业总产值实现3 739.15亿元，同比增长21.25%，增幅同比下降12.04个百分点。

按分行业统计：石油钻采设备制造业实现1 990.02亿元，同比增长25.19%，增幅同比下降了7.82个百分点；炼油化工设备制造业740.20亿元，同比增长14.45%，增幅同比下降了16.03个百分点；海洋工程专用设备制造业281.66亿元，同比增长19.11%；金属压力容器制造业727.27亿元，同比增长19.04%，增幅同比下降了17.77个百分点。

按企业规模统计：大型企业718.96亿元，同比增长16.21%；中型企业1 075.90亿元，同比增长14.84%；小型企业1 944.29亿元，同比增长27.23%，远远高于大、中型企业的16.21%和14.84%。

（2）工业销售产值实现3 618.12亿元，同比增长21.16%，同比下降12.58个百分点。

按分行业统计：石油钻采设备制造业1 919.82亿元，同比增长24.33%，增幅同比下降了10.20个百分点；炼油化工设备制造业711.14亿元，同比增长16.20%，增幅同比下降了11.58个百分点；海洋工程专用设备制造业279.50亿元，同比增长20.37%；金属压力容器制造业707.66亿元，同比增长18.36%，增幅同比下降了19.20个百分点。

按企业规模统计：大型企业687.45亿元，同比增长16.70%；中型企业1 040.26亿元，同比增长15.16%；小型企业1 890.41亿元，同比增长26.55%。

（3）出口交货值实现303.06亿元，同比增长23.38%，增幅同比下降5.08个百分点。

按分行业统计：石油钻采设备制造业实现219.11亿元，同比增长30.71%，增幅同比下降了3.50个百分点；炼油化工设备制造业实现27.73亿元，同比增长17.04%，增幅同比提高了11.14个百分点；海洋工程专用设备制造业实现17.58亿元，同比增长32.74%；金属压力容器制造业实现38.64亿元，同比减少5.92%。

按企业规模统计：大型企业93.27亿元，同比增长15.44%；中型企业126.04亿元，同比增长21.39%；小型企业83.75亿元，同比增长37.28%。

（4）产销率及产销同比增幅的比较。行业全年产销率为96.76%，高于上年同期(96.36%)0.4个百分点；销售产值同比增幅略低于工业总产值同比增幅。从分行业看，海洋工程专用设备制造业产销率达到99.23%的高水平；从企业规模看，大型企业产销率不到96%，低于中型和小型企业的96.69%和97.23%。

2012年行业主要经济指标见表2。

表2　2012年行业主要经济指标

项　目	工业总产值		工业销售产值		出口交货值		产销率（%）
	金额（亿元）	同比增长（%）	金额（亿元）	同比增长（%）	金额（亿元）	同比增长（%）	
合　计	3 739.15	21.25	3 618.12	21.16	303.06	23.38	96.76
按小行业统计							
石油钻采设备制造业	1 990.02	25.19	1 919.82	24.33	219.11	30.71	96.47
炼油化工设备制造业	740.20	14.45	711.14	16.20	27.73	17.04	96.07
海洋工程专用设备制造业	281.66	19.11	279.50	20.37	17.58	32.74	99.23
金属压力容器制造业	727.27	19.04	707.66	18.36	38.64	−5.92	97.30
按企业规模统计							
大型企业	718.96	16.21	687.45	16.70	93.27	15.44	95.62

（续）

项　　目	工业总产值		工业销售产值		出口交货值		产销率（%）
	金额（亿元）	同比增长（%）	金额（亿元）	同比增长（%）	金额（亿元）	同比增长（%）	
中型企业	1 075.90	14.84	1 040.26	15.16	126.04	21.39	96.69
小型企业	1 944.29	27.23	1 890.41	26.55	83.75	37.28	97.23

3.行业主要经济效益指标分析

截至2012年12月，全行业主营业务收入以19.13%的同比增长率稳步快速增长，但增幅下滑高达近14个百分点；利润总额同比增长率高达37.80%，增幅提高近10个百分点；亏损额同比增加幅度下降近14个百分点，经济效益总体向好。

（1）资产总额3 130.92亿元，同比增长22.69%，增幅同比下降3.91个百分点。

按分行业统计：石油钻采设备制造业资产总额为1 589.99亿元，同比增长26.26%，增幅同比上升5.22个百分点；炼油化工设备制造业661.92亿元，同比增长13.19%，增幅同比下降22.16个百分点；海洋工程专用设备制造业299.37亿元，同比增长35.01%；金属压力容器制造业579.64亿元，同比增长19.29%，增幅同比下降13.19个百分点。

按企业规模统计：大型企业资产总额为783.31亿元，同比增长24.17%；中型企业1 053.02亿元，同比增长14.77%；小型企业1 294.59亿元，同比增长29.01%。

（2）主营业务收入3 565.73亿元，同比增长19.13%，增幅同比下降13.91个百分点。

按分行业统计：石油钻采设备制造业主营业务收入1 919.89亿元，同比增长23.10%，增幅同比降低12.41个百分点；炼油化工设备制造业710.19亿元，同比增长14.76%，增幅同比降低10.30个百分点；海洋工程专用设备制造业238.26亿元，同比增长8.57%；金属压力容器制造业697.39亿元，同比增长17.18%，增幅同比减少17.55个百分点。

按企业规模统计：大型企业主营业务收入668.24亿元，同比增长13.12%；中型企业1 029.63亿元，同比增长12.69%；小型企业1 867.86亿元，同比增长25.47%。

（3）主营业务成本2 980.61亿元，增幅同比增加18.56%，增幅同比降低15.30个百分点。

按分行业统计：石油钻采设备制造业主营业务成本为1 597.60亿元，同比增长21.32%，增幅同比降低15.70个百分点；炼油化工设备制造业591.28亿元，同比增长15.57%，增幅同比降低9.67个百分点；海洋工程专用设备制造业为208.59亿元，同比增长15.19%；金属压力容器制造业583.14亿元，同比增长15.61%，增幅同比降低18.74个百分点。

按企业规模统计：大型企业主营业务成本565.23亿元，同比增长14.25%；中型企业851.13亿元，同比增长11.78%；小型企业1 564.25亿元，同比增长24.37%。

（4）利润总额252.43亿元，同比增长37.80%，增幅同比上升9.71个百分点。

按分行业统计：石油钻采设备制造业利润总额158.91亿元，同比增长56.93%，增幅同比上升了22.38个百分点；炼油化工设备制造业47.12亿元，同比增长7.44%，增幅同比降低了3.79个百分点；海洋工程专用设备制造业3.10亿元，同比增长5.06%；金属压力容器制造业43.30亿元，同比增长23.31%，增幅同比降低了8.47个百分点。

按企业规模统计：大型企业利润总额为42.12亿元，同比增长54.01%；中型企业75.31亿元，同比增长19.66%；小型企业135.00亿元，同比增长45.32%。

2012年行业主要经济效益指标见表3。

表3　2012年行业主要经济效益指标

项目	资产总额		主营业务收入		主营业务成本		利润总额	
	金额（亿元）	同比增长（%）	金额（亿元）	同比增长（%）	金额（亿元）	同比增长（%）	金额（亿元）	同比增长（%）
合　计	3 130.92	22.69	3 565.73	19.13	2 980.61	18.56	252.43	37.80
按小行业统计								
石油钻采设备制造业	1 589.99	26.26	1 919.89	23.10	1 597.60	21.32	158.91	56.93
炼油化工设备制造业	661.92	13.19	710.19	14.76	591.28	15.57	47.12	7.44
海洋工程专用设备制造业	299.37	35.01	238.26	8.57	208.59	15.19	3.10	5.06
金属压力容器制造业	579.64	19.29	697.39	17.18	583.14	15.61	43.30	23.31
按企业规模统计								
大型企业	783.31	24.17	668.24	13.12	565.23	14.25	42.12	54.01
中型企业	1 053.02	14.77	1 029.63	12.69	851.13	11.78	75.31	19.66
小型企业	1 294.59	29.01	1 867.86	25.47	1 564.25	24.37	135.00	45.32

（5）亏损额和亏损企业分布情况

1）亏损额14.03亿元，同比增长13.97%，与上年同期相比增幅降低13.83个百分点。

按分行业统计：石油钻采设备制造业亏损5.10亿元，同比减少10.08%，增幅同比增加5.32个百分点；炼油化工设备制造业亏损3.03亿元，同比增长125.47%，增幅同比降低67.75个百分点；海洋工程专用设备制造业亏损3.24亿元，同比增长43.86%；金属压力容器制造业亏损2.66亿元，同比减少12.58%，增幅同比降低了108.88个百分点。

按企业规模统计：大型企业亏损3.16亿元，同比增长954.29%；中型企业亏损4.87亿元，同比下降30.50%；小型企业亏损6.00亿元，同比增长19.77%。

2）亏损企业数量及其分布。2012年12月统计的全行业规模以上企业总数1 604家，亏损企业为154家，占企业总数的9.6%，与上年同期相比亏损企业数增长了9.22%。

按分行业统计亏损企业的分布：石油钻采设备制造业亏损企业47家，占该分行业总数的6.55%，同比下降11.32%；炼油化工设备制造业亏损企业40家，占该分行业总数的9.24%，同比增长了14.29%；海洋工程专用设备制造业亏损企业4家，占该分行业总数的13.79%，同比下降20%；金属压力容器制造业亏损企业63家，占该分行业总数的14.86%，与上年同期相比亏损企业增长了31.25%。

按企业规模统计亏损企业的分布：大型亏损企业1家，占大型企业总数的3.33%，与上年持平；中型企业30家，占中型企业总数的12.99%，同比增加了3.45%；小型企业123家，占小型企业总数的9.19%，同比增加了9.22%。

2012年行业亏损企业分布和亏损额见表4。

表4　2012年行业亏损企业分布和亏损额

分行业名称	亏损企业分布				亏损额	
	企业总数（家）	亏损企业数（家）	亏损企业比率（%）	同比增长（%）	金额（亿元）	同比增长（%）
合　计	1 604	154	9.6	9.22	14.03	13.97
按小行业统计						
石油钻采设备制造业	718	47	6.55	-11.32	5.10	-10.08

（续）

分行业名称	亏损企业分布				亏损额	
	企业总数（家）	亏损企业数（家）	亏损企业比率（%）	同比增加（%）	金额（亿元）	同比增加（%）
炼油化工设备制造业	433	40	9.24	14.29	3.03	125.47
海洋工程专用设备制造业	29	4	13.79	-20.00	3.24	43.86
金属压力容器制造业	424	63	14.86	31.25	2.66	-12.58
按企业规模统计						
大型企业	30	1	3.33	0.00	3.16	954.29
中型企业	231	30	12.99	3.45	4.87	-30.50
小型企业	1 343	123	9.19	10.81	6.00	19.77

4.行业进出口贸易情况

根据海关总署提供的数据，2012 年 1—12 月我国石油和石油化工设备（统计范围为 60 种主要产品）进出口总额为 2 628 752.92 万美元，同比增长 0.41%，与上年相比增幅下滑高达 17.54 个百分点。其中：进口 671 159.79 万美元，同比增长 2.32%，与上年相比增幅下滑 7.71 个百分点；出口 1 957 593.13万美元，同比下降 0.23%，与上年增长 20.85%相比相差近 21 个百分点。2012 年进出口贸易顺差为 1 286 433.34 万美元，比 2011 年减少了 19 836 万美元。

其中，石油钻采设备进出口总额同比增长 19.22%，好于其他几大类产品；炼油化工设备进口增长比出口增长高 16.21 个百分点，使其贸易逆差进一步缩小；金属压力容器进口和出口向两个相反方向增长，相差超过 23 个百分点，使其贸易顺差进一步加大，达到 394 568.7 万美元；海洋油气工程专用装备的船类产品进出口同比大幅下降，这是影响全行业进出口增长的重要原因，但因原来属于钻采设备的浮动或潜水式钻探或生产平台被调整到海洋工程专用装备分行业后使得其进口额有了很大的增长。

2012 年进出口总额仅保持了 2011 年的水平，总体表现不佳，增长乏力。

2012 年主要大类产品进出口情况见表 5。

表 5　2012 年主要大类产品进出口情况

产品大类名称	进出口总额		进口额		出口额		贸易差（万美元）
	金额（万美元）	同比增长（%）	金额（万美元）	同比增长（%）	金额（万美元）	同比增长（%）	
合　计	2 628 752.92	0.41	671 159.79	2.32	1 957 593.13	-0.23	1 286 433.34
石油钻采设备	507 759.95	19.22	93 817.10	9.62	413 942.85	12.83	320 125.75
炼油化工设备	939 200.74	10.14	485 515.48	2.86	453 685.26	19.17	-31 830.22
海洋油气专用装备	623 804.37	-21.28	10 117.63	78.14	613 686.74	-22.00	603 569.11
金属压力容器	557 987.86	7.2	81 709.58	-11.81	476 278.28	11.31	394 568.70

5.行业主要产品产量完成情况

截至 2012 年 12 月，石油钻井设备（成套设备和部件）89 个企业的累计产量为 594 061 台（套），同比下降 37.32%；炼油化工设备 129 个企业的累计产量为 2 018 873t，同比增长 12.60%；石油化工用加氢反应器 5 个生产企业累计产量为 199 台，同比增长 116.3%。三种主要产品的产量变化很不平衡，加氢反应器产量大幅增加，石油钻井设备大幅减少。2012 年主要产品产量见表 6。

表6　2012年主要产品产量

产品类别	单位	企业数（家）	产量	同比增长（%）
石油钻井设备	台(套)	89	594 061	-37.32
炼油化工设备	t	129	2 018 873	12.60
石油化工用加氢反应器	台	5	199	116.30

6.行业运行质量评价

质量评价指标值　根据2012年经济运行的相关指标原始数值，应用中国机械工业联合会最新推出的《机械工业运行质量评价指标体系及实施方案（试行）》（简称《评价体系》）对质量评价指标进行统计计算，得到表7所示的2012年经济运行质量评价指标值。工业增加值和万元产值综合能耗因缺少相关原始数据没有进行评价指标数据计算。

表7　2012年经济运行质量评价指标值

评价指标＼分行业	石油钻采设备制造	炼油化工设备制造	海洋工程专用设备制造	金属压力容器设备制造	全行业
工业产品销售率(%)	96.47	96.07	99.23	97.30	96.76
总资产贡献率(%)	16.07	14.05	6.39	13.02	13.71
成本费用利润率(%)	9.03	7.13	1.32	6.67	7.64
主营业务收入利润率(%)	8.28	6.63	1.30	6.21	7.08
资本保值增值率(%)	125.75	115.32	134.36	116.46	122.37
净资产收益率(%)	24.82	16.83	2.87	20.00	20.28
资产负债率(%)	55.14	54.69	58.64	59.81	56.24
流动资产周转率(次)	2.07	1.79	1.53	2.09	1.97
人均主营业务收入(万元/人)	119.99	85.55	103.97	80.24	101.05

质量评价指标得分及综合指数　根据评价体系给出的每项评价指标的权数和得分计算方法计算全行业和四个分行业的每项评价指标的得分，最终得到行业运行质量综合指数。工业增加值和万元产值综合能耗因缺少实际指标值，其单项指标得分按该指标权数的90%估算，因该两项指标权数较低，估算误差对最终的综合指数影响不大。2012年经济运行质量评价指标得分见表8。

表8　2012年经济运行质量评价指标得分

评价指标＼分行业	权数	石油钻采设备制造		炼油化工设备制造		海洋工程专用设备制造②		金属压力容器设备制造		全行业③	
		标准值	得分	标准值	得分	标准值	得分	标准值	得分	标准值	得分
工业产品销售率(%)	15	95.60	15.14	95.90	15.03	95.60	15.57	96.55	15.12	95.85	15.14
总资产贡献率(%)	10	12	13.39	12	11.70	12	5.33	12	10.85	12	11.43
成本费用利润率(%)	10	9.0	10.03	7.5	9.51	9.0	1.47	6.0	11.12	8.1	9.43
主营业务收入利润率(%)	8	7.0	9.46	7.5	7.07	7.0	1.49	7.0	7.10	7.1	7.98
资本保值增值率(%)	8	130	7.74	130	7.10	130	8.27	130	7.17	131	7.47
净资产收益率(%)	7	25	6.95	25	4.71	25	0.80	25	5.60	25	5.68
资产负债率(%)	15	60	13.79	60	13.67	60	14.65	60	14.95	60	14.06

（续）

评价指标＼分行业	权数	石油钻采设备制造		炼油化工设备制造		海洋工程专用设备制造②		金属压力容器设备制造		全行业③	
		标准值	得分	标准值	得分	标准值	得分	标准值	得分	标准值	得分
流动资产周转率(次)	12	1.60	15.53	1.55	13.86	1.60	11.48	2.00	12.54	1.67	14.15
人均主营业务收入(万元/人)	5	65.25	9.19	55.33	7.73	65.25	7.97	55.29	7.26	61.27	8.25
工业增加值①	5	30.00	4.5	28.20	4.5	28.00	4.5	26.85	4.5	29.01	4.5
万元产值综合能耗①(tec/万元)	5		4.5		4.5		4.5		4.5	0.055	4.5
运行质量综合指数	100	110.22		99.38		76.03		100.71		102.59	

注：1.1tec＝29.307 6GJ。

① 工业增加值和万元产值综合能耗因缺少实际数据，其得分按该指标权数的90%估算。

② 海洋工程装备的标准值在《评价体系》中没有提供，此处参照石油钻采设备的标准值。

③ 全行业的标准值不采用《评价体系》提供的“石油化工通用机械工业”标准值，而取4个分行业工业总产值所占比重及其标准值的加权平均数。

结果分析：

1）全行业运行质量综合指数102.59，总体表现健康优异。其中石油钻采设备制造业综合指数达110.22为全行业最高，炼油化工设备和金属压力容器制造业综合指数为100左右，海洋工程专用设备制造业综合指数较低，仅为76.03。

2）从全行业看，在11项指标中，得分等于或高于权数的指标有：工业产品销售率、总资产贡献率、流动资产周转率和人均主营业务收入项，尤其人均主营业务收入得分比权数高出60%。资产负债率为逆向指标，全行业和4个分行业实际指标值均低于标准值。表现较差的是净资产收益率，得分仅略高于权数的80%。总资产贡献率较高，但净资产收益率偏低，这与负债总额同时偏低有关。因此，就全行业来说，适当提高资产负债率尚有一定空间。

3）从分行业看，石油钻采设备制造业有6项指标得分高于其权数，其中人均主营业务收入最为突出，得分是权数的184%。海洋工程专用装备制造业综合指数较低的原因在于与资产和利润有关的几项指标表现欠佳，即资产对利润的贡献偏低。

7.2012年行业经济运行的突出特点

综合以上的统计分析，2012年度行业总体经济运行情况有以下突出特点：

（1）在产销和出口交货值方面。①全行业工业总产值、工业销售产值和出口交货值同比增速均高于20%，保持高速稳定增长态势，但涨幅均减少超过10个百分点。②从分行业看：石油钻采设备制造业总体表现好于其他三个分行业；石油钻采设备和海洋工程设备制造业出口交货值表现突出，同比增长分别高达30.71%和32.74%，金属压力容器出口交货值表现较差，同比下降5.91%。③从企业规模看：小型企业表现好于大中型企业，其生产、销售和出口三项指标同比增长率均高于26%，出口交货值同比增长高达37.28%，远远高于大型和中型企业。大型和中型企业产销增速为15%左右，增长平稳，但增幅低于小型企业约10个百分点。

（2）在经济效益方面。①主营业务收入同比增速下降近14个百分点，下滑幅度较大，但仍保持19.13%的同比增长。②主营业务成本为逆向指标，其增长幅度低于主营业务收入增长幅度，这是成本控制好的一面。③利润总额252.43亿元，同比增长高达37.80%，增幅同比提高了9.71个百分点，这是全行业经济运行中的最大亮点。从分行业看，石油钻采设备制造业创利成绩好于其他分行业，同比增长高达56.93%，从而拉高了整个行业利润增长；从企业规模看，大型企业和小型企业利润总额增速高于中型企业。④亏损额为逆向指标，同比增长幅度减少13.83个百分点，表明扭亏有较大成效。在全行业整体亏损额增幅下降的同时，行业内部表现很不平衡，石油钻采设备制造业（从分行业角度看）和大型企业（从企业规模角度看）亏损幅度加大。⑤有9.6%的企业处于亏损状态，同比增长9.22%。⑥比较利润总额和亏损额两个指标，从整体上看，利润总额增速加快而亏损额增速降低，表明经济效益向好，其负相关特性也得到了很好的体现；但从分行业和企业规模看，石油钻采设备制造业和大型企业创利成绩优良，增速大幅提高，但亏损额增速也随之加快，没有体现出其负相关特性。

(3)在进出口方面。根据海关总署提供的数据，所统计的60种主要产品全年进出口总额同比增长0.41%，与上年基本持平；进出口贸易顺差占进出口总额的48.9%，与上年相比有所下降；进出口总体表现不佳，增长乏力，这反映了国际市场的低迷不振。

(4)在主要产品产量方面。3种主要产品的产量变化不平衡，加氢反应器产量大幅增加，而石油钻井设备大幅减少。

二、行业结构调整、科技创新等方面的发展情况

在国家“十二五”规划宏观调控发展战略指导下，全行业在结构调整、科技创新方面表现出了较大的活力，经济运行保持快速稳定增长态势。

1.石油和石油化工装备制造行业总体发展情况

2012年，全行业规模以上企业数量从2011年的1 487家增加到2012年的1 604家，同比增长7.87%。其中大型企业由2011年的8家增加到30家，同比增长275%，表明企业结构调整取得成效。

在企业机构重组方面。中石油集团的装备制造体系在过去“6+1”（宝鸡石油机械、宝鸡石油钢管、济柴动力、渤海石油装备制造、大庆油田装备制造、辽河石油装备制造6家制造企业和中国石油技术开发公司1家贸易公司）的基础上，2012年，辽河石油装备制造并入渤海石油装备制造，现变成“5+1”装备制造体系格局；中石化集团已就“十二五”期间重大石油工程装备确立了十大发展方向：即重大钻井成套设备研发、大型压裂成套设备研发、重大作业成套设备研发、关键随钻测控仪器研发、高端测井仪器装备研制、高端钻井录井仪器研制、钻完井提速关键配套工具研制、井下特殊作业关键配套工具研发、重大海洋石油成套设备研发和油气集输重大装备研发。中石化集团最大的装备制造基地——江汉石油管理局所属的江钻股份、四机厂、三机厂、四机塞瓦和钢管厂2012年紧锣密鼓地进行战略重组，2013年合并成立为中石化石油装备公司。

在产业结构调整方面。一是通过提高产品质量和可靠性来稳定和占有国内外市场；二是通过提升产品的科技含量和适应性来开发和扩大市场；三是越来越多的企业开始进入海洋工程、智能装备制造、非常规油气等高科技、高风险、高投入、高回报的高端装备制造领域，取得了初步成效。

在石油钻采专用装备方面。通过消化吸收国际先进技术和自主创新，研制成功了一大批具有国际先进水平、技术含量高的大型技术装备。如江汉四机厂研制的3000型压裂成套设备（包括24台压裂泵车、2台混砂车在内的40多台设备），单机输出功率3 000hp（1hp = 745.700W），最高工作压力140 MPa，最大工作流量20m^3/min，能满足页岩气高压力、大排量、长时间作业的工况要求；江汉机械所、烟台杰瑞、四川宏华等研制的连续油管作业设备（含连续油管钻机）已填补国内空白，并已出口北美；渤海石油装备制造研制成功了煤层气氮气泡沫压裂泵车，取得11项专利；宝鸡石油机械获批组建国家油气钻井装备工程技术研究中心，成功研制了500hp五缸柱塞泵、E级旋转式隔水管、海洋深水勘察船钻井包及不压井作业机等新产品，国家“863”计划课题“深水钻井隔水管系统技术研究”也通过了国家科技部组织的专家组验收；南阳二机研制的适用于非常规油气勘探开发的工厂化智能斜直井

装备填补了国内空白;济柴自主研制成功的钻井用柴油/天然气双燃料发动机,特别是以非常规气发动机为主的移动分布式电站成套设备,可大大促进我国非常规油气资源的开发。

在制造基地建设方面。各级地方政府越来越重视本地石油石化装备产业集群的培育、招商和建设工作,通过政策引导、产业规划、强化服务、平台搭建及活动支持等措施,做大做强富有地方特色的地方产业集群。目前具备较大规模的石油装备制造基地有:山东东营、江苏建湖、黑龙江大庆、河北沧州、辽宁盘锦、四川广汉、湖北江汉等十多个。

2012 年,中国石油和石油化工装备制造业以实现持续发展和由大变强为目标,以转型升级和结构调整为主线,着力打造高端智能、节能绿色和国际化的装备制造业,产业结构着力向高端升级、向海洋进军、向海外拓展,努力向服务型制造业发展。在不断发展传统陆上勘探开发装备的基础上,积极推进海洋工程装备、天然气应用装备、非常规油气和页岩气开采装备以及特色石油炼化装备等的发展。

2.海洋油气工程装备制造业的发展情况

我国有着极其丰富的海洋资源,特别是海洋油气资源。国家在实施"十二五"计划期间将加大海洋油气的开发,在"十二五"期间乃至今后很长的一段时间内,我国海洋油气的开发将成为热点,这给我国海洋油气工程装备制造业提供了很大的发展空间;同时,由于海洋油气开发需要高端的技术和装备,又给我国海洋工程装备制造业提出了更高的要求。因此,我国海洋油气的开发,对我国海洋工程装备的发展既是机遇又是挑战。

2012 年,是海洋油气工程装备制造业发展极具标志性的一年。

(1)2012 年起执行新版《国民经济行业分类》(GB/T 4754—2011)标准。新版《国民经济行业分类》标准在机械制造的"专用设备制造业"中增加了"海洋工程专用设备制造"小类行业。原"石油钻采专用设备制造"小类中的海上石油、天然气勘探开采平台及相关漂浮设备的制造被调整到新增加的"海洋工程专用设备制造"小类中,这充分表明国家对海洋工程专用设备发展的高度重视,也是适应结构调整的一项举措。

(2)中国石油和石油化工设备工业协会筹备并经国资委批准和民政部登记,于 2012 年 3 月成立了"中石协海洋油气工程装备专业委员会"。该专业委员会将致力于海洋油气工程装备制造业的发展,为提高海洋油气工程装备国产化而贡献力量。

(3)2012 年 5 月 9 日,我国第一座深水钻井平台"海洋石油 981"在中国南海水域距离香港地区东南 320km 处成功开钻。"海洋石油 981"深水半潜式钻井平台于 2008 年 4 月 28 日开工建造,这是我国首座自主设计、建造的第六代深水半潜式钻井平台,由中国海洋石油总公司全额投资建造。"海洋石油 981"的建成,标志着我国在海洋工程装备领域已经具备了自主研发能力和国际竞争能力,开启了我国海洋油气开发的新历程。

(4)2012 年 5 月 15 日,我国首艘 3 000m 深水铺管起重船"海洋石油 201"开赴南海投入试铺管作业和荔湾 3-1 气田 1 500m 深水铺管施工作业,这也是继"海洋石油 981"成功开钻后我国海洋石油工业"深水战略"取得的又一实质性成果。"海洋石油 201"是世界上第一艘同时具备 3000 米级深水铺管能力、4000 吨级重型起重能力和 DP-3 级动力定位能力的船型深水铺管起重船,能在除北极外的全球无限航区作业。

三、行业运行中存在的主要问题

我国石油和石油化工设备制造业受国际原油价格高位运行的影响,近 10 年来得到了飞速的发展,企业的数量、规模、效益都得到了大幅度提高,每年都吸引了一大批行业外的企业参与竞争,造成了石油钻机及其配套设备、三抽设备、油井管和集输管道、井口装置、大型压裂设备等产品的产能过剩,带来了一系列问题,主要包括:

①行业企业数量多、规模小,重制造、轻服务,整体实力不强,缺乏有国际竞争力的知名企业和

品牌。行业最大的企业——中石油渤海石油装备公司,经中石油集团的多轮整合后,其工业产值仅有120亿元。绝大多数企业在微笑曲线两端的比重严重偏低,由传统的制造型企业向现代化的制造服务型企业转化道路漫长,国际知名的企业更是凤毛麟角。

②企业研发资源分散,研发投入比例低,研发费用占销售收入的比例平均不到2%,最好的企业也不超过6%,自主创新能力弱,核心技术差距大。

③产品结构趋同,低水平重复建设严重,一般产品产能过剩,高端产品(如海洋油气装备、非常规油气关键装备、井下智能工具等)稀缺,市场竞争激烈,保障能力不强。

④企业经济资源分散,赢利能力偏低,激烈竞争往往以牺牲企业的利润和质量为代价,持续发展能力不强。

⑤行业发展不平衡,中石油已形成"5+1"制造体系,其他集团化制造企业大多已经改制,竞争往往不在一个层次。

⑥产业集群蓬勃兴起,既缺乏行业层面上的有效调控和政策引导,又缺乏集群内部的结构调整、布局优化、产业升级和研发共享,亟待引导和规范。

⑦节能减排、绿色制造对企业发展的压力仍然很大,仍需在节能减排方面下大工夫。

〔撰稿人:中国石油和石油化工设备工业协会 何正〕

2012年我国石油和化工行业经济运行情况和2013年分析

2012年,中国石油和化工行业面对复杂严峻的宏观经济形势,以科学发展观为指导,以加快转变经济发展方式为主线,大力推进结构调整、技术创新和节能减排工作,取得了积极成效,行业经济发展实现了"稳中求进"的总体目标。

一、2012年发展情况

(一)行业总体情况

1.主要经济指标基本实现增长

国家统计局数据显示,截至2012年12月底,石油和化工行业规模以上企业27 208家(主营收入2 000万元以上企业),同比增加376家,全年总产值12.24万亿元,同比增长12.2%,增速较上年回落19个百分点,占全国规模工业总产值的13.3%;完成固定资产投资1.76万亿元,增长23.1%;进出口总额6 375.9亿美元,增长5.1%,占全国进出口总额的16.5%。

2012年,全行业实现利润总额8 176.1亿元,与上年基本持平,占同期全国规模工业利润总额的14.7%;主营业务收入12.14万亿元,增长10.9%,占全国规模工业主营业务收入的13.3%;主营业务收入利润率6.74%,同比下降0.75个百分点;每100元主营业务收入成本为82.76元,同比提高0.97元。2012年,全行业上缴税金8 631.47亿元,同比增长5.9%;资产总计9.13万亿元,增长13.0%;从业人数707.48万人,增长2.5%。2012年,石油和化工行业增加值同比增长8.3%,占全国规模工业增加值的13.9%。2012年石油和化工行业主要经济指标增长情况见表1。

表 1 2012 年石油和化工行业主要经济指标增长情况

项目	总产值	固定资产投资	进出口（亿美元）	利润	主营业务收入	资产总计
总额(亿元)	122 416.9	17 604.4	6 375.9	8 176.1	121 361.4	91 302.0
增长(%)	12.2	23.1	5.1	0.0	10.9	13.0

2.主要产品产量基本保持较快增长

2012 年,全国原油天然气产量约 3.04 亿吨油当量,同比增长 3.4%,增速比上年增加 1.1 个百分点;主要化学品总量约 4.6 亿 t,增长 8.1%,同比回落约 4 个百分点。

其中:原油产量 2.07 亿 t,同比增长 1.9%;天然气产量 1 067.1 亿 m^3,增长 6.9%;原油加工量 4.68 亿 t,同比增长 3.7%;成品油产量(汽、煤、柴油合计,下同)2.82 亿 t,同比增长 5.5%。主要化学品中,化肥产量(折纯,下同)7 432.4 万 t,同比增长 10.9%;农药原药产量(折 100%)354.9 万 t,增长 19.0%;乙烯产量 1 486.8 万 t,下降 2.5%;甲醇产量 2 640.5 万 t,增长 15.1%;硫酸产量 7 636.6 万 t,增长 4.8%;烧碱产量 2 698.8 万 t,增长 3.8%;电石产量 1 869.2 万 t,增长 9.3%;化学试剂 1 094.5 万 t,增长 17.9%;合成树脂 5 213.3 万 t,增长 5.5%;合成纤维单体产量 2 208.1 万 t,增长 10.8%;轮胎外胎产量 8.92 亿条,增长 4.2%。2012 年主要石油和化工产品产量见表 2。

表 2 2012 年主要石油和化工产品产量 （单位:万 t）

项目	企业数（家）	2012 年	增长（%）
天然原油	91	20 747.7	1.9
天然气(亿 m^3)	50	1 067.1	6.7
原油加工量	166	46 791.1	3.7
成品油	298	28 171.0	5.5
汽油	128	8 975.9	10.3
煤油	41	2 131.5	13.7
柴油	129	17 063.6	2.3
润滑油	302	845.0	0.4
燃料油	163	1 929.1	6.6
石脑油	58	2 779.8	-2.4
溶剂油	60	273.9	-0.8
润滑脂	32	44.5	-7.8
液化石油气	133	2 262.3	3.1
石油焦	51	1 941.6	-1.9
石油沥青	136	2 880.2	17.9
硫铁矿(折含 S 35%)	92	1 547.2	-0.8
磷矿石(折含 P_2O_5 30%)	153	9 529.5	16.0
合成氨(无水氨)	366	5 458.9	8.3
化肥总计(折纯)	763	7 432.4	10.9
氮肥(折含 N100%)	504	4 946.6	11.3

（续）

项　　目	企业数（家）	2012 年	增幅（%）
尿素（折含 N100%）	172	3 003.8	13.9
磷肥（折含 P_2O_5 100%）	306	1 955.9	10.7
钾肥（折含 K_2O 100%）	67	529.9	7.8
磷酸一铵（实物量）	91	1 454.8	15.1
磷酸二铵（实物量）	54	1 570.8	19.2
化学农药原药（折有效成分 100%）	312	354.9	19.0
杀虫剂原药（折 100%）	142	81.3	-12.0
杀菌剂原药（折 100%）	65	14.4	-7.1
除草剂原药（折 100%）	98	164.8	42.5
橡胶轮胎外胎（万条）	291	89 166.6	4.2
子午线轮胎外胎（万条）	101	46 050.1	11.4
摩托车充气橡胶轮胎外胎（万条）	8	2 070.4	44.3
石油钻井设备〔万台（套）〕	89	59.4	-37.3
炼油、化工专用设备	129	201.9	12.6
塑料加工设备（万台）	158	30.3	-26.4
硫酸（折 100%）	438	7 636.6	4.8
盐酸（含 HCl 31%以上）	187	876.4	4.4
浓硝酸（折 100%）	29	262.5	6.3
氢氧化钠（烧碱）（折 100%）	203	2 698.6	3.8
离子膜法烧碱（折 100%）	152	2 297.0	8.9
纯碱（碳酸钠）	54	2 403.9	6.6
单晶硅	119	3.89	-8.7
多晶硅	66	11.56	-2.3
碳化钙（电石）（折 300L/kg）	311	1 869.2	9.3
乙烯	28	1 486.8	-2.5
纯苯	103	662.6	-4.1
精甲醇	192	2 640.5	15.1
冰乙酸（冰醋酸）	25	430.3	1.4
涂料	1 034	1 271.9	11.8
化学试剂	519	1 094.5	17.9
合成树脂及共聚物	733	5 213.3	5.5
聚乙烯树脂	83	1 030.0	1.5
聚丙烯树脂	117	1 121.6	12.7
聚氯乙烯树脂	102	1 317.8	0.5
聚苯乙烯树脂	23	210.1	2.3

（续）

项　　目	企业数（家）	2012 年	增幅（%）
ABS 树脂	25	105.7	3.0
合成橡胶	121	378.6	7.1
合成纤维单体	51	2 208.1	10.8
合成纤维聚合物	129	1 561.5	8.3
聚酯	75	1 140.1	2.7

3.能源需求增长总体平稳

2012 年，我国石油天然气表观消费量 6.22 亿 t（油当量），同比增长 6.5%。其中，石油表观消费量 4.92 亿 t，同比增长 5.0%，对外依存度为 57.8%；天然气表观消费量 1 445.7 亿 m^3，同比增长 12.8%，占石油天然气表观消费总当量的 20.9%，净进口天然气 378.6 亿 m^3，同比增长 34.4%，对外依存度 26.2%。2012 年，全国原油表观消费量 4.76 亿 t，同比增长 5.0%，净进口原油 2.69 亿 t，增长 7.5%，对外依存度 56.4%，同比增加 1.3 个百分点。2012 年，全国主要化学品表观消费总量约 4.34 亿 t，增长约 7%，较上年回落 3 个百分点。

4.价格总水平涨势缓中趋稳

2012 年，石油和化工行业市场总体疲弱，价格涨幅持续回落，第四季度后开始企稳，全年价格总水平涨幅为 1.0%，同比回落 11.7 个百分点。分行业看，石油天然气开采业下降 0.4%；炼油业增长 3.5%；化学工业下降 1.0%；专用设备制造业增长 1.7%。其中，合成材料制造业跌幅最大，达 9.1%；其次是基础化学原料制造业，为 5.4%；专用化学品制造业跌幅达 4.8%。

2012 年，石油和化工行业产品销售率为 98.2%，较上年回落 0.7 个百分点。其中：石油天然气开采业销售率为 99.16%，炼油业 99.22%，化学工业 97.66%，专用设备制造业 96.48%。2012 年 1—12 月石油和化工行业生产者出厂价格累计涨幅走势见图 1。

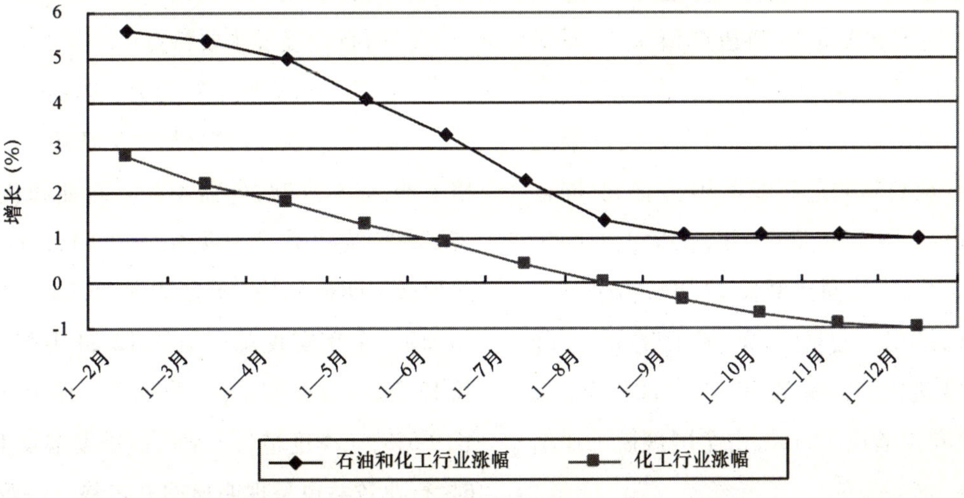

图 1　2012 年 1—12 月石油和化工行业生产者出厂价格累计涨幅走势

（二）主要子行业经济增长概况

1.石油天然气开采业

截至 2012 年 12 月底，石油和天然气开采业规模以上企业 275 家，全年总产值 1.38 万亿元，同比增长 6.6%，占全行业总产值的 11.3%；固定资产投资 2 854.0亿元，增长 4.9%，占全行业投资总额的16.2%；

进出口总额2 400.37亿美元，增长15.1%，占全行业进出口总额的37.6%。2012年，油气开采业利润总额4 127.45亿元，同比下降1.5%，占全行业利润总额的50.5%；上缴税金2 420.25亿元，增长2.8%，占全行业税金总额的28.0%；主营业务收入1.39万亿元，增长7.3%；资产总计2.06万亿元，增长10.7%；从业人数116.42万人，同比增长8.2%。

2.石油加工(炼油)业

截至2012年12月底，全国石油加工业规模以上企业1 296家，全年总产值3.36万亿元，同比增长9.7%，占全行业总产值的27.4%；固定资产投资1 671.81亿元，增长13.6%，占全行业投资总额的9.5%；进出口总额643.26亿美元，增长3.2%，占全行业进出口总额的10.1%。2012年，石油加工业实现扭亏为盈，利润总额3.59亿元，上年亏损165亿元；上缴税金3 865.01亿元，同比增长4.5%，占全行业税金总额的44.8%；主营业务收入3.38万亿元，增长8.6%；资产总计1.39万亿元，增长11.5%；从业人数51.82万人，增长2.1%。

3.化学工业

截至2012年12月底，全国化学工业规模以上企业24 347家，同比增加218家，全年总产值7.20万亿元，同比增长14.2%，占全行业总产值的58.8%。其中：基础化学原料制造产值1.93万亿元，同比增长13.4%，占化学工业产值的26.7%；专用化学品制造产值1.56万亿元，同比增长12.2%，占比21.6%；合成材料制造产值1.30万亿元，同比增长12.8%，占比18.1%。2012年，化学工业固定资产投资1.23万亿元，同比增长27.9%，占全行业投资的69.8%；进出口总额3 206.60亿美元，下降1.0%，占全行业进出口总额的50.3%。2012年，化学工业增加值同比增长12.1%，占全国规模工业增加值的7.0%。

2012年，化工行业实现利润总额3 828.53亿元，同比下降4.5%，占石油和化工行业利润总额的46.8%。其中：专用化学品制造业利润1 121.5亿元，占化工行业利润的26.7%；基础化学原料制造业利润763.5亿元，占比19.9%；橡胶制品业利润510.4亿元，占比13.3%。2012年，化工行业主营业务收入7.08万亿元，增长12.5%；主营收入利润率为5.41%，同比下降1个百分点；每100元主营收入成本86.53元，同比上升1.03元。全年上缴税金2 249.80亿元，同比增长11.4%，占全行业税金总额的26.1%；资产总计5.44万亿元，增长13.9%；从业人数512.48万人，同比增长1.2%。

4.专用设备制造业

截至2012年12月底，专用设备制造业规模以上企业1 290家，全年总产值2 988.7亿元，同比增长21.7%，占全行业总产值的2.4%；完成固定资产投799.89亿元，增长57.5%；进出口总额125.71亿美元，同比增长2.6%，占全行业进出口总额的2.0%。

2012年，专用设备制造业利润总额216.52亿元，同比增长39.4%，较上年增加13.6个百分点，占石油和化工行业利润总额的2.7%，同比增加0.8个百分点。其中：石油钻采设备利润158.91亿元，增长56.9%，占专用设备利润总额的73.4%。2012年，专用设备制造业上缴税金96.41亿元，同比增长33.0%；主营业务收入2 859.05亿元，增长20.2%；资产总计2 471.26亿元，增长22.0%；行业从业人数26.76万人，增长4.0%。

(三)行业发展主要特点

1.经济运行克服下行压力，实现企稳回升

2012年年初，经济环境骤然严峻，需求放缓，价格下挫，成本高起，外需不振。石油和化工行业经济增速持续减缓，7月见底(4.2%)，8月见稳，9月之后增速明显加快，11月达到16.1%，12月增幅达15.8%。全年实现总产值约12.24万亿元，同比增长12.2%。分季度看，一季度增长16.1%，二季度增长9.5%，三季度增长7.4%，四季度增长15.3%。同时，行业效益也呈现明显回升走势。一季度利润同比下降15.0%，二季度降幅达15.8%，三季度收窄至5.5%，四季度实现正增长25.6%，行业经济呈现企稳回升态势。2012年1—12月石油和化学工业产值累计增长走势见图2。

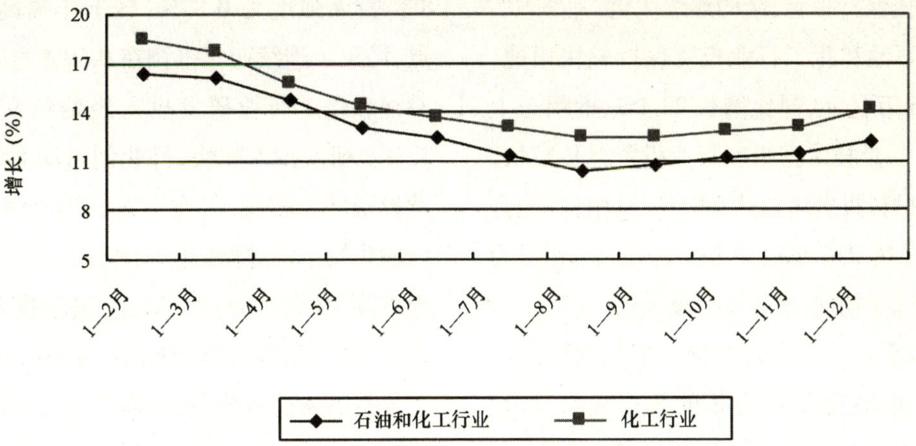

图2　2012年1—12月石油和化学工业产值累计增长走势

2.经济结构调整、转型升级有新进展

2012年，石油和化工行业继续大力推进产业结构调整和传统产业转型升级，取得了积极进展。一是产业结构进一步优化。2012年，天然气开采业产值增速高出石油开采业8.5个百分点，产值比重达到石油天然气开采业的9.9%，同比提高了0.7个百分点；合成材料和有机化学原料制造业产值占化工行业比重分别达到18.2%和16.3%，比上年同期提高1.6和1.1个百分点。主要产品中，全钢子午线轮胎产量超过7 000万条，子午化率达到87.4%，比上年提高0.5个百分点；离子膜烧碱占烧碱产量比重为85.1%，同比提高4个百分点。二是经济增长格局继续演变，非公和其他经济比重持续上升。2012年，公有控股经济比重继续下降，为45%，再创历史新低，较上年回落2.5个百分点；非公控股经济占比51%，同比提高1个百分点；其他经济占比约4%，同比提高2个百分点。三是行业抗风险能力增强。2012年，石油和化工行业经济增长处于减速通道，企业经营面临较大困难，但全年企业亏损面保持较低水平，为12%，仅比经济效益较好的2011年提高约2个百分点。四是核心竞争力逐步提高。石油和化工产品质量比以往更高，环保更好，能耗也更低；油气开采和原油加工技术正向世界先进水平接近；化学工业创新能力也在稳步提高。目前，我国橡胶制品、农用化学品、无机化学原料等产品在国际市场具有很强竞争力。2006—2012年公有控股经济和非公有控股经济产值占行业比重变化情况见图3。

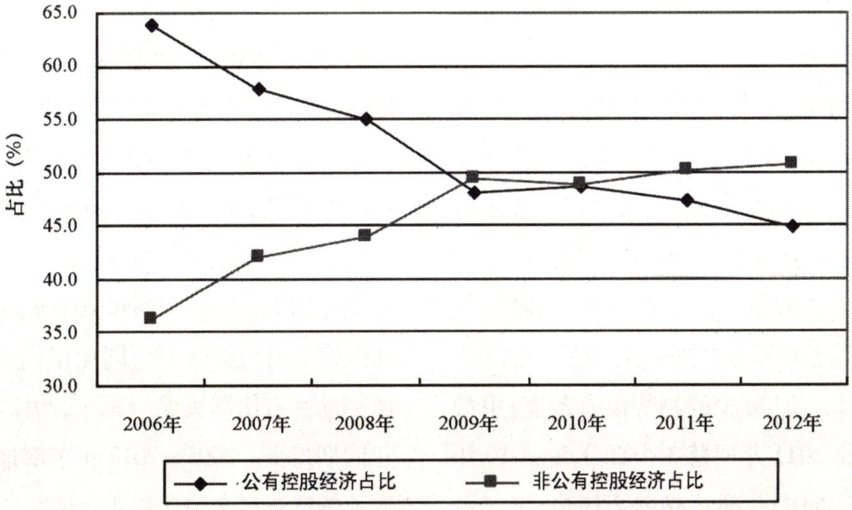

图3　2006—2012年公有控股经济和非公有控股经济产值占行业比重变化情况

3.投资增长保持平稳,结构继续优化

2012年,石油和化工行业投资保持较快增速,投资总额1.76万亿元,同比增长23.1%,增幅与上年基本持平。一是技术密集型行业投资增长较快。2012年,合成材料投资增幅达54.5%,其中:其他合成材料增幅更达256.4%;有机化学原料增幅为60.1%;专用设备制造业增长57.5%,均大大高于全行业投资平均增幅。二是研发投入增长加快。统计局、科技部、财政部最新公布的数据显示,2011年,石油和化工行业研发投入经费为667.6亿元,同比增长56.9%,为有记录以来最大增速,投入强度(占收入比重)0.61%,较上年提高0.12个百分点。其中,化工行业研发经费533.0亿元,同比增长77.8%,投入强度为0.82%,较上年提高0.23个百分点,结束了连续四年徘徊在0.59%的局面。2012年石油和化工行业研发投入经费约930亿元,增长37%。研发投入加快,行业创新动力增强。三是民营投资增长较快,占比上升。2012年,国有及国有控股投资下降,降幅达7.2%,占比31.0%,较上年大幅下降10个百分点。但是,民营投资保持较快增长。其中:私营投资增幅达46.3%,占比25.4%,较上年提高4个百分点;个体经营投资增幅更是高达112.0%,占比稳步上升。行业投资活力继续增强。2005—2012年石油和化学工业投资增长变化情况见图4。

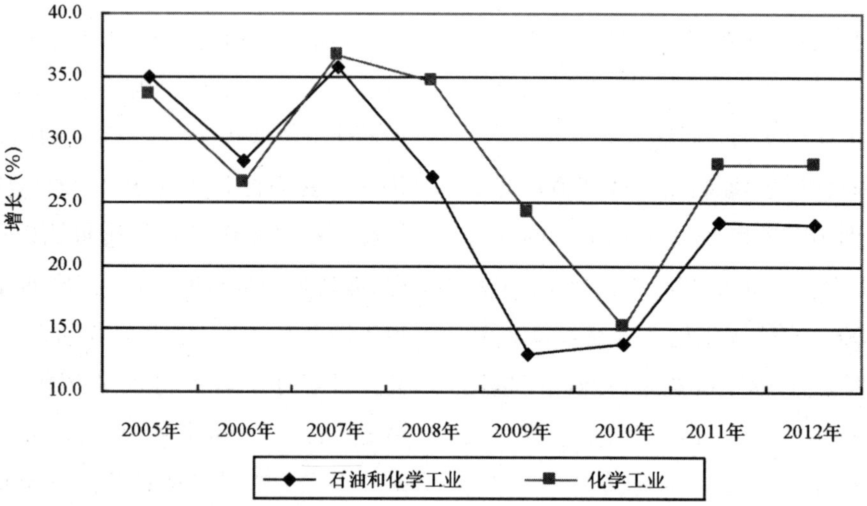

图4　2005—2012年石油和化学工业投资增长变化情况

4.传统产业继续向中西部转移,区域发展更趋协调

部分产业向中西部地区转移继续加快。监测显示,2012年,东部地区电石产量占全国比重降至1.3%,比2011年下降0.5个百分点,电石产业基本退出东部地区;纯碱产量占比48.7%,历史首次下降50%以下,较上年回落1.5个百分点;烧碱产量比重约为53%,与上年基本持平,但比最高的2007年回落逾10个百分点,减少的趋势没有改变;甲醇产量占比31%,比2011年回落3个百分点、2010年回落7个百分点,向中西部转移继续加快;聚氯乙烯比重也降至历史新低,为31.3%,较上年回落3.7个百分点、2009年回落逾16个百分点。此外,轮胎、化肥等产业也在加快向中西部地区转移。

区域发展更趋协调。中西部地区经济增长较快。2012年,东、中、西部地区产值分别增长11.7%、11.8%、14.4%。其中:宁夏、广西和内蒙古产值增速分别达到62.0%、31.1%和20.0%;中西部地区产值占比继续上升,达38.4%,同比提高0.3个百分点。中西部地区占比继续保持领先,2012年达51.6%,与上年同期持平。2005—2012年东部地区纯碱、甲醇、聚氯乙烯产量占全国比重变化情况见图5。

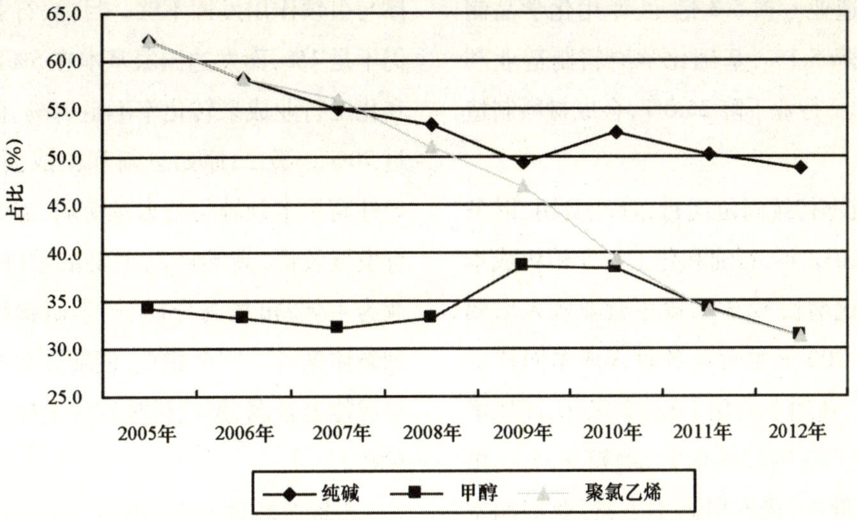

图 5　2005—2012 年东部地区纯碱、甲醇、聚氯乙烯产量占全国比重变化情况

5.对外贸易实现增长，出口较上年基本持平

出口较上年基本持平。海关数据显示，2012 年，全行业进出口总额 6375.9 亿美元。其中，进口总额 4 640.1亿美元，同比增长 6.7%，占全国进口总额的 25.5%；出口总额 1 735.9 亿美元，微幅增长0.8%，占全国出口总额的 8.5%，较上年下降 0.6 个百分点；累计逆差 2 904.2 亿美元，同比扩大 10.6%。

橡胶制品出口保持增长，化肥出口下降。2012 年，橡胶制品出口金额 438.7 亿美元，同比增长 7.2%，占石油和化工行业出口总额的 25.3%，继续保持最大出口比重。2012 年，化肥出口 1 814.1 万 t（实物量），同比下降 3.3%。

中西部地区进口快速增长，出口下降。2012 年，东部地区进出口总额 5 534.87 亿美元，同比增长 4.1%；其中，出口 1 450.94 亿美元，同比增长1.8%；进口 4 083.93 亿美元，同比增长 4.9%。中部地区进出口总额 346.14 亿美元，同比增长 7.7%。其中：出口 154.32 亿美元，下降 2.9%；进口 191.82 亿美元，增长 17.8%。西部地区进出口总额 494.92 亿美元，同比增长 14.5%。其中：出口 130.62 亿美元，下降 5.9%，进口 364.30 亿美元，增长 24.2%。2005—2012 年石油和化工行业出口额增长情况见图 6。

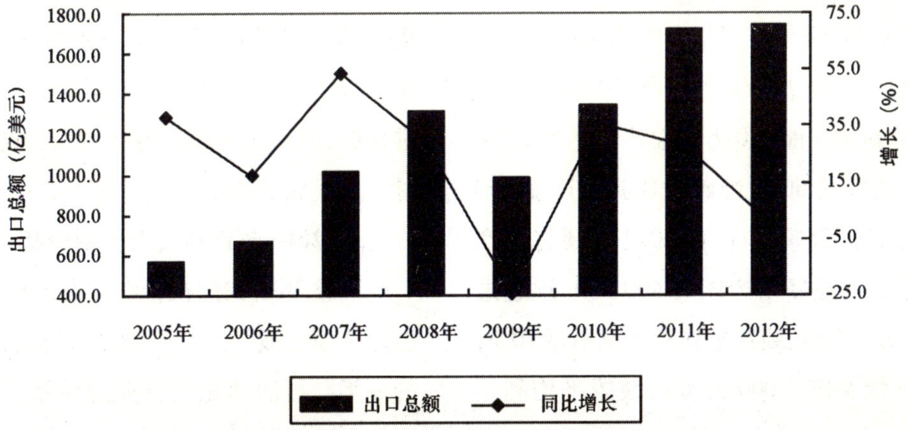

图 6　2005—2012 年石油和化工行业出口总额增长情况

（四）当前行业发展面临的主要问题

1.效益下滑，成本居高不下

2012 年，石油和化工行业利润总额同比下降 0.1%，而上年为增长 19.0%。其中：化学工业利润总额同比下降 4.5%，石油天然气开采业下降1.5%，石油加工业处于盈亏边沿。数据还显示，2012 年，

合成纤维单体制造业亏损5.3亿元，专用化学品制造业利润同比下降5.1%，基础化学原料制造业利润下降22.5%，磷肥行业下降25.0%，合成材料制造业下降25.4%。

同时，行业成本持续高位运行，管理费用、财务费用大幅增长。2012年，石油和化工行业销售成本10.04万亿元，同比增长12.3%，高于营业收入增幅1.4个百分点，每100元主营业务收入成本同比提高了0.97元；全行业财务费用1 328.2亿元，同比增长37.2%；管理费用3 945.06亿元，增幅9.5%。由于市场价格长期低迷，成本居高不下，行业利润空间不断缩小。

2.化工行业产能结构性过剩

目前，我国原油天然气供应不足，缺口较大；成品油供给略显宽裕。化学品供需总体大致平衡，但局部过剩；高端产品严重不足，低端过剩；有机原料总体不足，无机原料过剩。2012年，我国净进口有机化学品2 463.1万t，同比增长4.3%；净进口合成树脂达2 761.1万t，同比增长3.7%；合成纤维单体市场40%依赖进口。值得关注的是，一些过剩的行业，产能还在继续扩张。据专业协会统计，到2012年年底，我国合成氨、尿素产能（实物量）分别达到6 730万t/a和7 130万t/a；磷肥行业2012年年底产能（折纯）达到2 360万t/a；均大大超过当前需求。2012年，氯碱行业烧碱新增产能达420万t，年底总产能突破3 800万t/a，全年装置利用率约70%；聚氯乙烯新增产能330万t，总产能达到2 236万t/a，装置利用率约60%；纯碱行业新增产能190万t，装置利用率在75%左右，且2013年还将增产能340万t；电石行业新增产能约400万t，远超过全年淘汰127万t产能，装置平均利用率不足70%；2012年甲醇产能突破5 000万t/a，装置平均利用率在50%左右。

3.行业创新能力较弱

尽管行业创新能力近年来稳步提高，但与发达国家相比差距仍很大。第一，企业研发投入不足，技术创新能力较弱，成果转化率不高，对产业的支撑与引领作用发挥不够。目前，行业研发投入强度仍不足1%，而发达国家基本在5%以上。我国石油和化工行业成果转化率不足30%，而发达国家则超过70%。第二，原始创新和集成创新能力不强，先导性高技术领域科技力量薄弱，战略性新兴产业培育发展较慢，高端产品主要依赖进口。第三，以企业为主体、市场为导向、产学研相结合的行业技术创新体系尚未完全建立，创新资源高效配置和综合集成能力较弱，影响科技发展的体制机制障碍依然存在。

4.资源环境约束加大

2012年，我国石油对外依存度达到57.8%，天然气对外依存度接近30%。预计未来两年内，我国石油对外依存度可能达到或突破60%，天然气将接近40%。目前，我国硫、钾、天然橡胶等资源非常短缺。2011年，我国石油和化学工业单位能耗虽然持续下降，但随着经济规模的快速扩大，总能耗增长8.9%，为近年来最大增幅，占全国规模工业总能耗的19.9%。其中：化学工业增长11.1%，占全国能耗的11.9%。面对日益紧张的资源、能源压力，环境约束力也在不断加大。“十二五”石油和化工行业节能减排目标：单位工业增加值用水量（比2010年）降低30%、能源消耗降低20%、二氧化碳排放降低17%，化学需氧量（COD）、二氧化硫、氨氮、氮氧化物等污染物排放总量分别减少8%、8%、10%、10%，挥发性有机物得到有效控制。为实现节能减排目标，国家正采取日益严厉的经济、行政等措施，对行业发展的约束力越来越大。

二、2013年行业经济发展分析

2013年是我国社会经济发展承上启下的一年，也是全面完成“十二五”规划目标具有决定性意义的一年。石油和化工行业经济运行总体保持平稳态势，“稳中趋好”，但上半年下行压力仍较大。

（一）行业发展基本趋势

一是行业经济增速将趋势性减缓。过去10余年间，石油和化工行业总产值年平均增长率逾21%，其中化学工业超过25%。随着宏观经济放缓和增长阶段的转换，石油和化工行业经济增速也将趋势性减缓，根据国家权威机构对宏观经济发展走势的预测，未来5年，预计石油和化工行业总产值年均增幅在13%左右，较过去10年明显回落，但增长的质量将显著提高。总体而言，我国仍处在对石油和化工产品需求增长较快的阶段。

二是传统产业向中西部转移将进一步加快。过去5年，中西部地区化学工业总产值占全国比重上升了2.5个百分点，年均提高0.5个百分点。2006—2012年，中西部地区投资年均增长26.5%，比东部地区高出4.5个百分点。随着中西部开发的深入发展，承接产业转移能力的增强，预计未来在化肥、甲醇、烧碱、橡胶制品、基础合成材料等领域将进一步加快向中西部地区转移。

三是节能减排成为行业发展主旋律。2012年11月，我国政府在卡塔尔多哈会议表示，2012年中国单位国内生产总值(GDP)二氧化碳排放(碳强度)有望下降5%，2013年单位GDP能耗计划下降3.7%。党的第十八次全国代表大会首次提出，要建设山青水绿的“美丽中国”。降低单位GDP能耗、降低单位GDP二氧化碳排放，是“美丽中国”必不可少的课题。节能减排不仅是客观需要，更是石油和化工行业可持续发展的内在要求和必由之路。行业技术创新、产业结构调整和转变发展方式都将围绕节能减排展开。节能减排的理念日益深入企业规划、生产、销售、消费等环节和领域，甚至改变人们的生活方式。节能减排将成为经济增长的一种新的模式。

四是全球石化需求重心加快向亚太地区转移。据BP“2012年能源报告”显示，2011年亚太地区原油消费占世界比重达32.4%，比上年提高0.6个百分点、2009年提高1.4个百分点。其中：我国占亚太地区消费比重达35.1%，同比提高0.9个百分点。2011年，亚太地区天然气消费占世界比重为18.3%，较上年提高0.6个百分点、2009年提高1.3个百分点。其中，我国占亚太地区消费比重为22.1%，同比提高2.9个百分点，呈快速上升趋势。著名能源咨询公司IHS化学公司2012年11月在第46届欧洲石化协会年会上指出，未来7年，全球石化市场需求重心继续从西欧和北美向亚太地区加快转移，到2020年，全球基础化学品和塑料的消费量将达10亿t。其中，中国占全球基础化学品和塑料市场的需求份额将快速增加，预计由2010年的约25%上升至2020年的30%以上。

(二)影响行业经济运行的主要因素

一是宏观经济总体向好。首先，世界经济复苏加快。2013年，尽管全球经济仍处于危机后的调整期，国际环境充满复杂性和不确定性；但是，世界经济运行中也出现了一些明显的积极变化，发达国家重整制造业战略加快推进，新兴经济体成为全球经济增长的主要动力。2013年，世界经济将呈现继续复苏态势，国际货币基金组织预计增幅为3.6%，较2012年加快0.3个百分点。其次，我国经济增速有望重返8%以上。2012年第四季度，中国经济连续7个季度同比减缓之后，开始趋稳。面对复杂的经济形势，2012年12月16日，中央经济工作会议在京闭幕。会议提出：“做好明年经济工作，要继续把握好稳中求进的工作总基调，立足全局，突出重点，扎扎实实开好局。”会议还具体明确了2013年经济工作的六大主要任务，强调要着力扩大国内需求，加快培育一批拉动力强的消费新增长点，促进投资稳定增长和结构优化，继续严格控制“两高”和产能过剩行业盲目扩张。多数机构预测，2013年我国经济增速将回升至8%以上。

二是投资保持较快增长。2012年，石油和化工行业投资增速达23.1%，与上年持平。根据行业投资周期和增长特点，2013年行业投资仍将保持较快增速，预计增幅在20%以上。2012年11月1日，国家出台了对页岩气开发利用予以补贴的政策，未来页岩油、页岩气将成为行业投资的重点领域之一。随着天然气“十二五”规划的落实，天然气管网和储气库的投资也将进一步加大。2013年，“两高”和过剩行业的产能扩张会受到更严格的控制，但传统产业的技术改造和升级、战略性新兴产业投资继续较快增长。

三是消费增长平稳。2013年,国内消费市场总体将继续平稳增长,能源和主要大宗化工产品市场需求将有所加快。2013年,估计原油表观消费量约5.02亿t,增长5.3%;天然气表观消费量1 690亿m^3,增长15.5%;成品油表观消费量2.92亿t,增长6.2%;主要化学品表观消费量约4.6亿t,增长8.0%。其中,无机化学原料增长约9%,有机化学原料增长12%,合成材料增长8%。在需求加快的同时,市场价格也将稳中有所上升。估计2013年全行业价格总水平涨幅约4.3%。其中,化学工业涨幅约为3.5%。

四是国际油价大体持平。国际石油价格是影响行业经济运行最重要因素之一。2013年,世界经济呈继续缓慢复苏态势,全球石油需求也相应放缓,对石油市场的支撑有限。全球石油供需继续保持基本平衡,供给略显宽松。2012年12月中旬,国际能源机构发布的石油市场报告预测,2012年全球石油日均需求量为8 970万桶,2013年将达9 050万桶,同比增长约为0.9%。但是,地区局势动荡,美元走势,投机基金炒作等不确定因素将会加大油价的波动。总体看,2013年国际原油价格将继续高位运行,波动幅度会较大,均价与上年持平或略有上升。预计WTI现货年均价格在95~105美元/桶,布伦特年均价在110~115美元/桶。国际油价保持相对平稳,对石油和化工行业整体上有利。

(三)行业发展目标和主要经济增长指标预测

行业发展总体目标。按照党的“十八大”精神和2013年经济工作指导方针,坚持稳中求进的总基调,紧紧抓住新的战略发展机遇期,以提高经济增长质量和效益为中心,发力国内市场、开拓国际市场,坚持创新驱动,推动稳中求进,力争在产业结构战略性调整上取得突破性进展,在经济增长质量和效益上跨上一个新台阶,在技术创新上抢占一批新的制高点,在节能减排和责任关怀工作上开创一个新局面,为全面建成小康社会作出新的贡献。

2013年主要经济指标预测。根据我国宏观经济增长情况和行业经济运行内在特点和趋势,初步测算,2013年石油和化工行业总产值14.2万亿元左右,增长约16%。其中:化工行业产值约为8.5万亿元,增幅17.5%。全年利润总额约9 000亿元,增长18%;主营收入约14.0万亿元,增长15.5%。

2013年,预计原油产量约2.1亿t,同比增长1.5%;天然气产量约1 145亿m^3,增长9%;原油加工量约4.84亿t,增长4.5%;主要化学品产量约4.85亿t,增长8.2%。

〔撰稿人:中国石油和化学工业联合会赵志平〕

2013年1—7月我国石油和石油化工装备制造行业经济运行概况

据国家统计局发布的统计数据分析,截至2012年年底,我国石油和石油化工装备制造行业规模以上企业1 604家,同比增长7.87%;实现工业总产值3 739.15亿元,同比增长21.25%;工业销售产值3 618.12亿元,同比增长21.16%;出口交货值303.06亿元,同比增长23.38%;产销率为96.76%,略高于2011年同期(96.36%)。

2012年规模以上企业资产总额1 590亿元,各类设备总产能达450万套,实现销售收入1 920亿元,利润159亿元,出口交货值219亿元。

截至2012年年底，ASME持证企业有663家(计22类1 018张ASME证书)，API取证企业1 826家，分别占全球总数的9.8%和39%，均位居世界前列。

1.2013年1—7月主要经济效益指标分析

截至2013年7月，全行业主营业务收入和利润总额同比保持两位数的平稳增长，分别为12.98%和20.29%，相比于上年同期的高速增长分别下滑了6.52和8.88个百分点。2013年1—7月，亏损企业占比仍高达17.93%，但同比增速缩小至0.97%，比上年同期下降了8.79个百分点；亏损额为14.67亿元，占主营业务收入的0.57%，同比增加了3.48%。

(1)经济效益分析

2013年1—7月，全行业实现利润总额为149.45亿元，同比增长20.29%。从分行业看，石油钻采设备制造业明显好于其他分行业，同比增长高达31.36%；海洋工程专用设备制造业利润总额同比降低28.96%。从企业规模看，大、中、小型企业都有不同程度的增长，但大型企业增速不到两位数，远远低于中、小型企业。从企业性质看，国营企业同比下降26.05%，表现欠佳；民营企业和三资企业增长强劲，同比增速分别高达29.22%和48.34%。2013年1—7月主要经济效益指标见表1。

表1　2013年1—7月主要经济效益指标

分行业名称	资产总额		主营业务收入		主营业务成本		利润总额	
	数额（亿元）	同比增长（%）	数额（亿元）	同比增长（%）	数额（亿元）	同比增长（%）	数额（亿元）	同比增长（%）
全行业	4 627.86	21.39	2 671.63	12.98	2 294.84	12.80	149.45	20.29
其中：(按小行业)								
石油钻采设备制造业	2 177.44	20.45	1 471.50	17.67	1 274.46	17.76	90.71	31.36
炼油化工设备制造业	840.66	26.96	434.98	8.39	363.40	8.31	27.09	17.87
海洋工程专用设备制造业	983.77	22.44	345.14	4.22	296.28	2.14	10.26	-28.96
金属压力容器制造业	625.99	16.15	420.01	10.02	360.70	10.44	21.38	20.47
其中：(按规模)								
大型企业	2 023.56	21.39	923.58	10.37	804.92	9.31	46.09	8.24
中型企业	1 262.62	17.16	675.84	9.32	568.68	8.71	38.69	20.76
小型企业	1 341.68	25.65	1 072.21	17.86	921.24	18.88	64.66	30.34
其中：(按性质)								
国有企业	1 885.84	19.75	696.65	6.59	614.57	7.04	18.85	-26.05
民营企业	1 912.67	22.63	1 563.45	16.20	2 331.86	16.50	103.44	29.22
三资企业	647.95	16.05	328.08	12.63	276.06	9.34	23.25	48.34
其他	181.40	51.83	83.45	12.31	72.35	12.17	3.91	29.30

(2)亏损指标分析

2013年1—7月，全行业亏损企业为311家，占全部规模以上企业的17.93%，亏损企业占比同比增速缩小到0.97%；亏损额为14.67亿元，同比增加3.48%。从分行业看，石油钻采设备制造业亏损企业占比下降5.04%，但亏损额同比增加19.90%，为全行业最高；海洋工程专用设备制造业在减亏方面有较好表现，亏损额同比下降39.32%。从企业规模看，中型企业亏损企业占比增长高于大型和小型企业，但亏损额同比下降了16.04%；小型企业亏损额同比增长高达27.20%，为全行业之最。从企业性质看，国营企业亏损加剧，亏损企业占比增长8.33%，亏损额增长高达70.40%；相比，民营企业和三资企业表现较好，不但亏损企业占比没有增长，亏损额还分别下降了11.98%和18.40%。2013年1—7月亏损额和亏损企业分布情况见表2。

表2　2013年1—7月亏损额和亏损企业分布情况

分行业名称	企业数量		亏损企业			亏损额	
	数量（家）	占全行业比例（%）	数量（家）	占行业比例（%）	同比增长（%）	金额（亿元）	同比增长（%）
全行业	1 735		311	17.93	0.97	14.67	3.48
其中:(按小行业)							
石油钻采设备制造业	780	44.96	132	16.92	−5.04	8.77	19.90
炼油化工设备制造业	455	26.22	69	15.16	4.55	2.55	8.06
海洋工程专用设备制造业	41	2.36	7	17.07	0.00	0.94	−39.32
金属压力容器制造业	459	26.46	103	22.44	7.29	2.41	−18.42
其中:(按企业规模)							
大型企业	49	2.82	4	8.16	0.00	1.61	4.70
中型企业	244	14.06	60	24.59	3.45	5.86	−16.04
小型企业	1 442	83.11	247	17.13	0.41	7.20	27.20
其中:(按企业性质)							
国有企业	116	6.59	39	33.62	8.33	3.93	70.40
民营企业	1 414	81.50	215	15.21	−1.83	5.83	−11.98
三资企业	126	7.26	34	26.98	0.00	3.69	−18.40
其他	79	4.55	23	29.11	21.05	1.22	67.47

2.出口交货值分析

2013年1—7月石油和石油化工装备制造业出口交货值累计完成357.94亿元，同比增长2.86%，与上年同期相比增幅降低了19.73个百分点，增速同比回落严重，显示国际贸易面临严峻形势。

(1)2013年1—7月出口交货值累计完成情况

从分行业看，海洋工程专用设备和金属压力容器制造业出口交货值呈现负增长，同比下降分别为0.12%和19.61%，增幅下滑高达43.93和23.73个百分点。其中，海洋工程专用设备制造业数据出现异常情况，后面对此有详细的分析。从企业规模看，大型企业同比增长3.58%，增幅较上年同期提高了1.21个百分点。从企业性质看，国有企业同比下降5.4%，增长乏力，民营企业和三资企业同比增幅比国有企业分别高出27.5和20.5个百分点。2013年1—7月出口交货值累计完成情况见表3。

表3　2013年1—7月出口交货值累计完成情况

分行业名称	企业数量（家）	出口交货值（亿元）	同比增长（%）
合　计	1 735	357.94	2.86
其中:(按小行业)			
石油钻采设备制造业	780	145.45	9.84
炼油化工设备制造业	455	18.45	11.10
海洋工程专用设备制造业	41	174.77	−0.12
金属压力容器制造业	459	19.26	−19.61

（续）

分行业	企业数量（家）	出口交货值（亿元）	同比增长（%）
其中：（按企业规模）			
大型企业	49	216.87	3.58
中型企业	244	101.55	0.62
小型企业	1 442	39.51	4.85
其中：（按企业性质）			
国有企业	116	171.23	-5.4
民营企业	1 414	88.65	22.10
三资企业	126	93.39	15.11
其他	79	46.66	-64.75

（2）2013 年 2—7 月各月累计出口交货值增速变化分析

比较 2—7 月份各月累计出口交货值同比和环比增速发现，同比增速 5 月份有一个 10.56%的小高峰值，但整体呈下滑态势，表明出口交货值仍受各种复杂因素，尤其是国际市场疲软的影响，增长乏力。

从各分行业 2—7 月份累计出口交货值增速看，各分行业情况与整体趋势基本一致，即呈下滑态势，但行业之间表现很不平衡。其中：金属压力容器 5 个月同比均为负增长，并持续走低，环比呈下滑走向；海洋工程专用设备同比和环比均呈大幅波动状态，可能是因造船行业加入引起震荡。

（3）行业出口交货值数据异常情况分析

对 2013 年 1—7 月与 2012 年 1—7 月行业出口交货值数据进行比较，发现海洋工程专用设备制造业的出口交货值有几点异常变化情况：①2013 年 7 月全行业规模以上企业数量同比增长了 10.23%。其中：海洋工程专用设备制造企业数量增长了 51.85%。②在 2012 年、2013 年全行业在不同的企业数量的统计口径下，1—7 月出口交货值分别为 357.93 亿元和 166.82 亿元，相差一倍以上，其中一部分原因企业数量增加后的增加值。③2012 年海洋工程专用设备制造业出口交货值占石油钻采设备制造业不到的 10%，但 2013 年猛增至 120%，是因为类别重新划分致使不少出口额较大的产品被划入海洋工程专用设备制造业的统计范围内。2013 年 1—7 月与 2012 年 1—7 月出口交货值对比见表 4：

表 4　2013 年 1—7 月与 2012 年 1—7 月出口交货值对比

分行业名称	2013 年 1—7 月				2012 年 1—7 月			
	企业数量（家）	出口交货值（亿元）		同比增长（%）	企业数量（家）	出口交货值（亿元）		同比增长（%）
		1—7 月累计	上年同期			1—7 月累计	上年同期	
石油钻采设备制造业	780	145.45	132.42	9.84	703	116.54	93.69	24.40
炼油化工设备制造业	455	18.45	16.61	11.10	429	16.33	12.64	29.15
海洋工程专用设备制造业	41	174.77	174.99	-0.12	27	10.78	7.50	43.81
金属压力容器制造业	459	19.26	23.96	-19.61	415	23.17	22.25	4.12
合　计	1 735	357.93	347.98	2.86	1 574	166.82	136.08	22.59

值得一提的是，船舶制造是五个产能过剩较严重的行业之一，出口交货增长下行的情况也相对严重。由于船舶出口的量比较大，其被划归到海洋工程专用设备制造业后，使海洋工程专用设备制造业出口交货额由2012年1—7月的10.78亿元猛增加到2013年1-7月的174.77亿元，增加了15倍多，也由占全行业四个分行业总和的6.46%变为48.83%。这样，船舶制造行业数据的波动，对整个行业也会造成很大影响。

由于海洋工程装备被列入新兴产业和高端设备制造，有较多优惠政策和措施，如金融贷款的优惠利率、进口关键零部件可以减免税等，导致部分企业将其他产品列入海洋工程专用装备制造业中。

3.2013年1—6月行业主要大类产品进出口情况

根据海关总署提供的数据，我国石油和石油化工装备备制造业2013年1—6月（统计范围为60种主要产品）进出口总额为117.898 9亿美元，同比下降8.67%。其中：进口33.408 5亿美元，同比增长3.86%；出口84.490 5亿美元，同比下降12.83%。2013年1—6月进出口贸易顺差仍然高达51.082 0亿美元，但比2012年同期下降了21.12%。

从分行业看：

（1）石油钻采设备制造业进出口总额保持低速增长，但进口和出口增长情况出现了逆转性变化，即进口由上年的负增长变为2013年的正增长，且增速高达65.31%，出口由上年的高速增长变为2013年的负增长；其他三个小行业进出口总额均呈负增长状态。

（2）海洋工程专用设备制造业进口变化巨大，同比增长高达2 670.67%，主要原因在于浮式或潜水式钻探或生产平台进口额高达2.4亿多美元，而上年同期该类产品进口不到1 000万美元。

（3）在全行业贸易顺差大幅降低的情况下，炼油化工设备由上年同期的逆差1.74亿美元变为2013年的顺差2.09亿美元，这是在全行业出口低迷状况下的一个小亮点；2013年1—6月主要大类产品进出口统计见表5。

表5　2013年1—6月主要大类产品进出口统计

分行业名称	进出口总额		进口额		出口额		贸易顺差（万美元）
	金额（万美元）	同比增长（%）	金额（万美元）	同比增长（%）	金额（万美元）	同比增长（%）	
石油钻采设备制造业	251 653.42	5.75	60 718.40	65.31	190 935.02	−5.12	130 216.62
炼油化工设备制造业	435 355.93	−7.22	207 220.58	−14.83	228 135.35	0.98	20 914.77
金属压力容器制造业	263 722.54	−4.57	41 909.48	2.88	221 813.06	−5.85	179 903.58
海洋工程专用设备制造业	228 257.39	−25.74	24 236.14	2 670.67	204 021.25	−33.43	179 785.11
合　计	1 178 989.28	−8.67	334 084.61	3.86	844 904.68	−12.83	510 820.07

注：已将原列入石油钻采设备的“浮式或潜水式钻探或生产平台”调整到海洋油气工程设备中。

4.2013年1—7月行业经济运行主要下特点

（1）出口交货值同比增长回落至2.86%，增幅下滑了19.73个百分点。增幅大幅下降，一方面与海洋工程专用设备的统计口径中增加了船舶制造行业的数据有关，因为这部分新增加的数据量很大而增速较低，对全行业的增速有一定稀释作用。另一方面，除海洋工程专用设备制造业外，其他分行业增幅下降15个百分点左右，尤其是金属压力容器同比下降了近20%。全行业出口交货总体表现为出口增长乏力。

（2）在经济效益方面，利润总额保持较高的增长水平，增速超过20%。其中：石油钻采设备制造和金属压力容器制造（从分行业看）、中型和小型企业（从企业规模看）、民营企业和三资企业（从企业性质看）利润总额增速均超过20%；海洋工程专用设备制造、国营企业均为负增长，同比减少均超过 25%。

(3)在控制亏损方面,行业亏损面仍高达 17.93%,但增速下降至 0.97%,亏损额同比增长 3.48%。其中:石油钻采设备制造行业亏损面下降,但亏损额大幅增长;中型企业亏损面增长,亏损额大幅下降;国有企业亏损面和亏损额都大幅增长,尤其亏损额增长高达 70.4%,相比,民营企业和三资企业很好地控制了亏损,亏损面和亏损额保持不变或不同程度下降。

(4)根据海关数据,行业中 60 种大类产品的进出口总额、出口额以及贸易顺差呈下降态势,进一步表明国际市场的低迷不振。炼油化工设备进出口增长出现好转现象,在全部产品出口同比下降 12.83%的情况下保持增长 0.98%,并由上年同期贸易逆差 1.74 亿美元变为顺差 2.09 亿美元,这是进出口贸易中的一个小亮点。

(5)尽管整个行业增速明显下降,但民营企业和三资企业出口交货值和利润总额均保持较高增长水平,在控制亏损方面也卓有成效。这是今年行业经济运行中的一大亮点。这与民营企业和三资企业注重结构调整,根据市场需求进行创新、研发高新产品不无有关。

5.行业经济运行中存在的问题

(1)出口交货仍然面临很大困难,增长乏力。

(2)国营企业利润总额增长情况严重落后于民营企业和三资企业,在民营企业和三资企业高速增长的同时,国营企业反向大幅下降。

(3)亏损是一项逆向指标,国营企业在控制亏损方面令人堪忧。在民营企业和三资企业在保持亏损面和亏损额大幅降低的情况下,国营企业亏损面和亏损额都大幅增长。另外,其他性质的企业数量不大,但亏损同样严重。

(4)小型企业数量很大,他们的健康发展是一个值得关注的问题。小型企业利润总额增速很高,但亏损同样严重,表面上看,利润和亏损的表现正负相抵,但亏损对企业的伤害不可低估。

(5)国营企业在创利和遏制亏损方面的不良表现应引起足够重视。而民营企业和三资企业在整体经济发展回调企稳的情况下仍然创下高速发展的成绩显示了企业结构调整取得了好的效果。

〔撰稿人:中国石油和石油化工设备工业协会 何正〕

2013 年 1—9 月我国石化通用机械行业进出口分析

一、石化通用机械行业 2013 年 1—9 月进出口情况与特点

据海关统计,2013 年 1—9 月石化通用机械行业进出口总额 693.09 亿美元,比 2012 年 1—9 月(以下简称同比)增长 2.22%。其中:进口 228.47亿美元,同比增长 3.38%;出口 464.62 亿美元,同比增长 1.65%,进出口顺差 236.15 亿美元。

1.多数产品进口增长,石油钻采设备零件高速增长

2013 年 1—9 月全行业 10 种主要产品中,进口同比增长的有 6 种,下降的有 4 种。进口增长的产品中,石油钻采设备零件高速增长,进口 4.45 亿美元,同比增长 54.73%;气体分离设备进口 6 811.78

万美元,同比增长227.63%。进口增长的还有:液体泵增长4.95%,制冷空调机械增长11.73%,制冷设备用压缩机增长10.06%,真空泵增长27.8%。

进口下降幅度最大的是石油化工设备,进口9.4亿美元,同比下降21.75%。其次是塑料机械,进口13.92亿美元,同比下降20.69%;气体压缩机下降2.34%;工业用除尘器下降1.4%。

2.出口全面增长，工业用除尘器出口猛增

2013年1—9月全行业10种主要产品出口全面增长,增长最快的是工业用除尘器,出口4.64亿美元,同比增长50.52%;其次是气体分离设备出口1.91亿美元,同比增长19.3%;再次是真空泵出口1.23亿美元,同比增长18.34%。其他产品出口增长情况依次是:石油化工设备同比增长2.95%,制冷空调机械同比增长3.92%,液体泵同比增长6.48%,制冷设备用压缩机同比增长17.26%,气体压缩机同比增长8.88%,石油钻采设备零件同比增长5.82%,塑料机械同比增长2.58%。

总体看,全行业进出口处于平稳发展,低速增长态势。应当引起全行业重视,需要采取积极措施。

二、2014年进出口形势展望

据国际货币基金组织发布的《2013年世界经济展望》报告预测,全球经济增长将从2013年的3.1%恢复到2014年的3.75%。其中:美国的增长将从2013年的1.75%加快到2014年的2.75%。欧元区2013年仍将处于衰退状态,经济活动将收缩0.5%以上,2014年增长率将略低于1%,弱于先前的预测。日本2013年的平均增长率将为2%,2014年将减缓到1.25%左右。

报告预测,新兴市场和发展中经济体2013年将增长5%,2014年将增长约5.5%。我国2013—2014年的增长平均将为7.75%。“金砖五国”中的几个国家经济增长预期也被下调,幅度在0.25~0.75个百分点之间。

我国对外贸易发展面临的外部环境虽有所好转,但形势依然严峻。随着各国宏观政策力度加大,欧债危机略有缓和,美国经济复苏态势趋于稳定,市场信心和发展预期有所提振。但是,发达国家主权债务问题削弱经济增长潜力,美国、日本等实行量化宽松货币政策措施的副作用日益凸显,新兴经济体面临的困难较多,各国反倾销、反补贴等贸易保护主义频繁发生,对外来投资抵制加剧。

我国石化通用机械中许多产品具有比较优势,新的竞争优势也在逐步形成,特别是通过调整结构,转型升级,以及政府的政策支持,企业抵御风险、拓展市场和创新发展能力明显增强，国际竞争力不断提高。但是,国内经济企稳的基础还不稳固,部分产品产能严重过剩,企业生产经营仍然面临较多困难。同时,也由于人民币汇率升值预期和我国劳动力成本上升、一些原材料进口价格上涨等因素,造成出口成本增加,为进一步扩大出口带来众多困难。

石化通用机械的发展,一靠投资拉动,二靠出口推动,少部分产品还靠消费带动。据有关资料显示,我国全国固定资产投资增速,2010年为24.14%,2011年为23.8%,2012年为20.6%,2013年1—9月为20.2%,已连续4年增速下降,必将影响对石化通用机械的需求。石化通用机械出口同比增速,2010年为29.89%,2011年为23.94%,2012年为9.89%,2013年1—9月为1.65%,说明国际市场需求近两年明显减少,对石化通用机械的需求由高速增长转为低速增长。

根据上述情况,预计2014年全国固定资产投资增速和国际市场需求将好于2013年,石化通用机械出口继续保持平稳发展、低速增长;进口增速将继续放缓,但也可能比2013年有所增加。

三、几点建议

1.积极推进与周边国家和其他发展中国家双边贸易

欧盟及美国、日本是我国机械产品传统出口国家,近年来由于欧盟、日本经济衰退,我国对其出口不断下降。对美国出口稍有好转,但仍增长乏力。因此,要重视开拓新兴经济体和发展中国家市场,尤其是周边国家市场。

2013年10月,中央召开的周边国家外交工作座谈会上提出,要努力使周边国家同我国政治关系更加友好,经济纽带更加牢固。要同有关国家共同努力,加快基础设施互联互通,建设好丝绸之路经济带,21世纪海上丝绸之路。要以周边国家为基础加快实施自由贸易区战略,扩大贸易、投资合作空间,构建区域经济一体化新格局。

从石化通用机械贸易来说,首先是东盟10国和印度、俄罗斯以及中亚五国。重视对东盟双边贸易发展。2013年9月,李克强总理在南宁举办的第十届中国-东盟博览会开幕式上提出“中国-东盟自贸区升级版”的倡议,并表示中国将积极扩大从东盟进口在中国有市场有竞争力的商品,力争到2020年双边贸易额达到1万亿美元(2012年为4 001亿美元),今后8年新增双向投资1 500亿美元。这个目标如能实现,东盟有可能成为我国第一大贸易伙伴(2012年我国与欧盟双边贸易额为5 460.4亿美元,与美国为4 846.8亿美元,与日本为3 294.5亿美元)。东盟10国中,尤其要重视发展与印尼、马来西亚和泰国的双边贸易。

积极开拓印尼市场。印尼经济总量居东盟诸国之首,2012年我国机械产品向印尼出口83.38亿美元,同比增长18.39%;2013年1—9月出口66.81亿美元,同比增长8.75%,发展势头很好。按照该国发展规划,大规模的基础设施、发电站、机场、港口、机械制造等项目要相继开工建设,对机械产品需求较多。

印度从2006年起已连续6年是我国最大海外工程承包市场,该国“十二五”计划期间,拟在基础设施领域投资1万亿~1.2万亿美元,发展公路、铁路、电力、电信及供水等项目,为我国企业创造了贸易和投资机会。

俄罗斯于2012年8月22日正式成为世贸组织第156个成员。按照入世协议,俄罗斯承诺总体进口关税水平将从2011年的10%降至7.8%。机电产品关税从8.4%降至6.2%。

俄罗斯宣布今后将以东部地区为开发重点。中俄两国元首商定,到2015年双边贸易额将从2012年的881亿美元达到1 000亿美元,到2020年达到2 000亿美元。2012年我国向俄罗斯出口机械产品107.22亿美元,同比增长16.15%;2013年1—9月出口82.8亿美元。随着中俄全面战略伙伴关系不断巩固,俄罗斯远东大开发规划启动,将为两国经贸合作提供新的契机。

中亚五国中以哈萨克斯坦和土库曼斯坦与我国双边贸易额较大,据世界银行统计,这两个国家已列入中上等收入国家,哈萨克斯坦2012年人均GDP超过1.2万美元。随着丝绸之路经济带的开发,基础设施建设的发展,必将为我国石化通用机械出口带来商机。

为促进双边贸易的发展,在质量、价格等基本接近的条件下,要优先进口周边国家的产品。

与此同时,仍要重视巴西、沙特阿拉伯、土耳其、阿拉伯联合酋长国、墨西哥及智利等发展中国家市场,充分发挥我国石化通用机械的优势,扩大出口。

石化通用机械中的石油化工设备及其零部件、泵、压缩机、风机、气体分离设备、制冷空调机械、工业用除尘器以及塑料机械等都具有一定优势,要努力扩大出口。

2.用好财政、金融政策对进出口的支持

2013年以来,国务院发布了多项财政、金融政策,尤其对小微企业提供了多项优惠。如暂免征收部分小微企业增值税和营业税;整顿进出口经营性收费,暂免出口商品法检费用,减少法检商品种类;做好对中小民营企业出口的融资、通关、退税服务等。国务院办公厅2013年7月1日发布《关于金融支持经济结构调整和转型升级的指导意见》中指出:要支持金融机构向小微企业提供融资、结算、理财、咨询等综合性金融服务;增加小微企业等薄弱环节的信贷资金来源;鼓励政策性银行、商业银行等金融机构大力支持企业“走出去”;在我国实行转型升级,化解部分行业产能严重过剩的过程中，对合理向境外转移产能的企业，要通过内保外贷、外汇及人民币贷款、债权融资、股权融资等方式，积极支持增强跨境投资经营能力；以推进贸易投资便利化为重点，进一步推动人民币跨境使用，推进外汇管理简政放权，完善货物贸易和服务贸易外汇管理制度；大力发展出口信用保险，鼓励为企业开展对外贸易和“走出去”提供投资、运营、劳动用工等方面的一揽子保险服务。有关企业要熟悉并用好这些政策，发展进出口贸易。

3.努力规避汇率风险，推广人民币结算

人民币汇率仍是升值预期，要重视如何规避汇率风险。近期人民币对美元汇率升值较快，特别要重视日本实行超货币量化宽松政策，日本希望通过日元贬值来刺激出口，由于日元贬值必将带来人民币的被动升值，这将直接影响我国对日本的出口。

要规避汇率风险，当前主要采取锁定汇率和人民币结算等方式。在锁定汇率方面，远期结售汇成为企业普遍采用的方法，客户与银行约定未来结汇或售汇的外汇币种、金额、期限及汇率，到期时按照该协议办理结售汇业务。

跨境贸易人民币结算自2009年7月试点以来，相关政策不断完善，业务量稳步增长，得到了社会各界的欢迎和支持，取得了积极成效。据了解，截至2013年9月，全国累计办理跨境贸易人民币结算业务约8.6万亿元，发展势头很好，要进一步推广。当前仍需要进一步完善配套措施，增加避险工具，放宽企业的避险条件，让企业避险的需求得到真正满足。

〔撰稿人：中国机械工业联合会专家委员会 郑国伟〕

我国石油石化装备制造行业发展综述

一、行业整体概述

工业化国家对油气资源的高度依赖，发展中国家对油气资源的强劲需求，投机资本对油气资源的疯狂炒作，美国对中东地区的武装干涉等，极大地刺激了原油价格的快速增长和高位运行。Brent原油每桶价格从1978年的14美元上涨至2000年的28.5美元，2008年达到97.26美元(2008年7月11日创147美元的最高点)，2011年高达101美元。原油价格的高位运行，促进了油气装备制造业的迅猛发展。

据美国巴克莱银行预测：全球油气勘探开发投资从2005年的1 846亿美元增长到2012年创纪录的5 950亿美元，除2009年因受国际金融危机的直接冲击降至13%的负增长外，2008年前4年的年增长速度超过24%，2010年以后的年增长速度也超过了12%，远高于世界经济增长速度。2005—2012年全球油气勘探开发投资情况见图1。

国内外对油气资源开发及石化产业的高投入，极大地促进了我国石油石化装备制造业的快速发展。我国石油和化学工业固定资产年投资额从2005年的4 048亿元增长到2012年的18 000亿元。2005—2012年我国石油和化学工业投资情况见图2。按装备投资占固定资产总投资的30%计算，则我国石油、石化及化学工业设备的投资从2005年的1 214亿元，增长到2012年的5 400亿元。

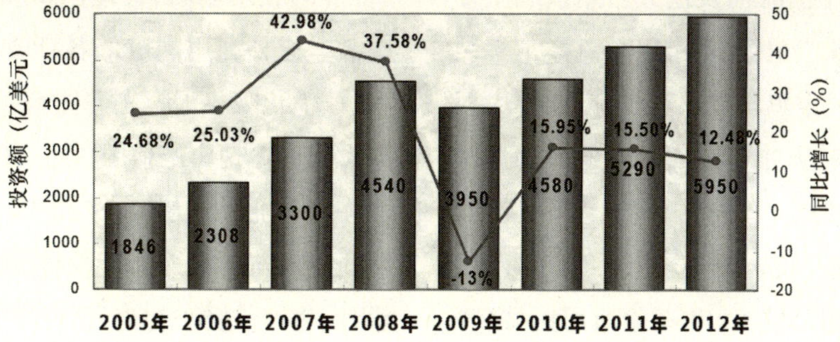

图 1　2005—2012 年全球油气勘探开发投资情况

石油石化装备主要包括石油勘探开发装备和石油化工装备。石油勘探开发装备主要包括物探装备、测井录井装备、钻井装备、采油采气装备、油气集输装备、动力装备、海洋工程装备及其相关配件和工具等，因海陆地域的不同而对装备的要求差异较大，故具体分为陆地油气装备和海洋油气装备两大类；石油化工装备主要包括炼油装备、炼油化工装备、煤化工装备、化肥装备、油气储备装备等。

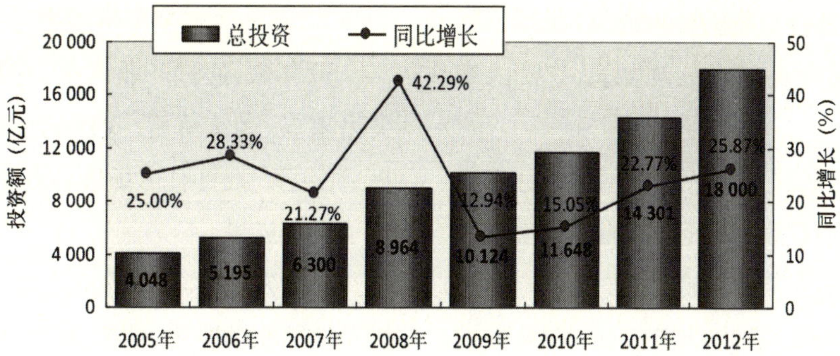

图 2　2005—2012 年我国石油和化学工业投资情况

截至 2012 年年底，我国石油石化装备制造行业规模以上企业（主营业务收入超过 2 000 万元）1 604家，实现工业总产值 3 739.15 亿元，工业销售产值 3 618.12 亿元，出口交货值 303.06 亿元。实际企业过万家，工业总产值超过 6 000 亿元，规模位列全球前四位。2011 年全国压力容器、气瓶和压力管道制造企业 7 700 多家，压力容器制造许可生产企业超过 3 900 家，生产压力容器 251.54 万台，压力管道 83.68 万 km；油气管道总里程 9.3 万 km，其中干、支线天然气管道总长度超过 5 万 km。2012 年底的 ASME 持证企业有 663 家（计 22 类 1 018 张 ASME 证书），API 取证企业 1 826 家，分别占全球总数量的 9.8%和 39%，均位居世界前列。

30 年来，通过多种形式的引进和消化吸收国外先进设计、制造技术和自主创新，我国石油石化装备制造能力和水平有了很大提高，有部分大型设备和关键产品跻身世界前列，形成了比较完整的、以中低端产品为主的石油石化装备制造体系。

在陆地油气装备方面：形成了以宝鸡、广汉、东营、兰州、江汉、南阳、天津、盘锦为主的油气钻井装备制造基地，以各大油田所在地（13 个省市的 27 座城市）为主的采油采气设备制造基地，以上海、江苏、河北、四川为主的石油工具和井口设备制造基地，以江汉、成都、宜春、天津为主的石油钻头制造基地，以宝鸡、沧州、番禺、东营、江汉为主的石油管线制造基地，以徐水、上海、西安、北京为主的物探、录测井设备制造基地，以济南、永济、东营为主的动力设备制造基地。山东东营、辽宁盘锦、江苏建湖、黑龙江大庆、河北沧州、四川广汉、陕西宝鸡、湖北江汉、山东寿光、河南濮阳等各具特色的地方石油装备产业集群超过 10 个。

在海洋油气装备方面：形成了以中船工业、中船重工、中国远洋、中国海油及地方船舶系统主导的环渤海、长三角、珠三角等17个以上海洋工程装备制造基地，以兰州、宝鸡、广汉、江汉、南阳等中西部地区和北京、上海、天津等东部沿海地区的海洋油气钻采装备制造基地。

在石化专用设备（反应器、换热设备、工业炉、塔器、储运设备、专用机械等）和石化通用机械（压缩机、泵、阀）方面，形成了兰石、一重、二重、上锅、哈锅、金重、南化机、锦西化机、张化机、蓝科高新、茂名重力、沈鼓、陕鼓、杭氧、杭汽、开封空分、哈空调、大橡塑等为代表的一大批骨干企业和众多石化设备制造企业。

为加快我国石油石化装备制造行业的发展，中国石油和石油化工设备工业协会制定了《我国石油石化装备制造行业中长期发展规划》，主要内容如下：

（1）行业实现平稳快速增长。按国家统计局数据，行业（石油钻采专用设备制造、炼油化工生产专用设备制造、金属压力容器制造、海洋工程专用设备制造）规模以上企业工业总产值从2011年的3 200亿元增长到2013年的4 600亿元，年均增速20%；再增长到2015年的6 400亿元，年均增速18%；2020年达到13 000亿元，年均增速15%。并分别按照以上年均增长速度，出口交货值从2011年的222亿元分别增长到2013年的320亿元、2015年的450亿元和2020年的900亿元。

（2）抓住战略机遇期，结构调整和转型升级取得实质性成效。以提高质量和拓宽服务为重点，认真做好当前石油石化装备和产品的生产销售和出口工作；以国家战略性新兴产业为导向，在海洋油气工程、非常规油气资源开发和智能制造等领域取得突破性进展，2020年30%以上的主要产品基本与国际先进水平同步；以调整行业产业和企业产品结构为手段，实现企业转型和产品升级，提高高端产品的比重，减少对进口产品的依赖程度；积极开展节能减排、绿色制造和两化融合，满足石油化学工业节能减排任务的要求和资源的有效利用。

（3）技术创新、管理创新和机制创新取得重大突破。充分利用国家的各项支持政策，积极收购、引进、消化吸收国际先进技术，加大技术创新力度，研发投入占销售产值的比重，2020年行业重点企业和一般企业分别超过4%和3%，重大技术装备自主化研制取得一批成果；重视管理创新，加快在科研、设计、生产、销售、物流、管理等方面的信息化，学习和探索进一步提高企业效率和效益的管理手段和方法；加强行业企业先进经验的交流和推广，创新企业运作机制，积极探索企业并购、联合、做强做大、专精特新等运行新模式，并在2020年内实现行业50%以上的企业迈入现代化制造服务型企业行列。

二、陆地油气装备发展综述

30年来，通过产业调整、资源优化、自主创新、突出重点、淘汰落后，我国陆地油气装备制造行业打造出了一批具有市场核心竞争力的拳头产品，取得了丰硕成果。

已开发出世界先进水平的12 000m特深井钻机及顶部驱动装置、钻头、螺杆钻具等产品；钻机实现了标准化和系列化，可基本满足高压喷射、定向、丛式、水平等先进钻井工艺的需要，钻机的设计制造水平已跻身世界前沿；目前国内87%的大中型钻机，90%的修井机和全部抽油机已立足国内制造；除常规机械采油设备外，还开发了稠油热采和强采设备及三次采油注聚合物装置、注氮装置等，技术国际领先，可满足原油稳产增产的需要；成功研制了随钻录井仪（LWD）、随钻自然伽马测量仪、随钻感应电阻率测量仪以及配套应用软件，形成了地质导向双参数随钻测井仪器设计制造技术和地质导向钻井工艺配套技术；修井机、水泥车、固井车、压裂车组、液氮车等均已实现系列化生产，世界首台3000型压裂机组已投入使用，6000型压裂撬已研制成功；封隔器、滑套、水力喷射压裂喷嘴等井下工具以及连续油管作业设备已初步实现国产化；油气集输用地面设备和X42~X80高钢级大直径直缝和螺旋焊管、ERW管、CT80等级连续油管等已能立足国内生产，在西气东输一期和二期中广泛使用，并有大量出口；大型长输管线全焊式锻钢球阀和天然气管道20MW电驱压缩机组、30MW燃驱压缩机组实现了国产化。

按照石油天然气的开采流程（见图3），现将30年来我国陆地油气装备发展情况介绍如下。

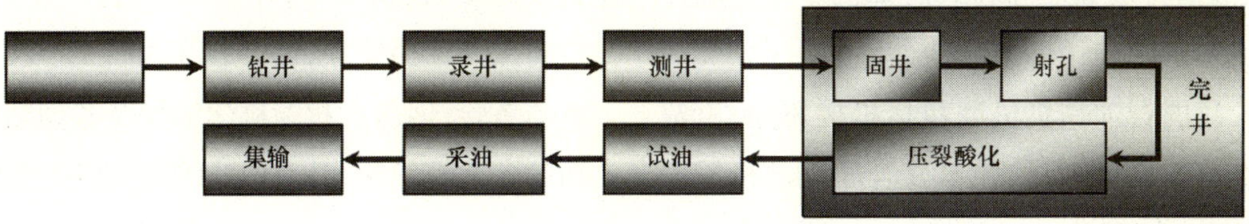

图3　石油天然气的开采流程

1.勘探装备

勘探装备主要包括地震服务、地震软件、数据分析、勘探设备、物探装备（可控震源、地震钻机、工程地震仪、检波器和辅助设备）等。由于技术壁垒显著，目前被少数油服巨头所垄断，前5大服务商的市场份额已稳定在80%左右，分别是CGG VIERITAS、WESTERN GECO、PGS、东方物探、FUGRO。国内公司主要有北京钻井院、北石厂、恒泰艾普、潜能恒信等。

我国的勘探装备从无到有，以中石油为主体，通过加大资金和人员投入，突出核心装备研发，立足陆上、发展海上物探装备，以物探采集、激发设备为主线，取得了一批重大科技新成果，地震仪器、可控震源、物探钻机、检波器、特种运载设备、辅助仪器设备六个系列产品的研发能力和部分产品的制造能力已初具规模。

地震仪器、可控震源、电磁装备技术和性能，地震数据处理解释软件功能，前陆冲断带、油气富集区、岩性地层、碳酸盐岩及火成岩地球物理配套技术达到或保持国际先进水平；形成具有从平原到山地、从陆地到海洋、从勘探到油藏等作业特色的技术优势；东方物探先后开发了技术先进的地震采集工程软件KLSeis、ES109全数字万道地震数据采集系统、地震数据处理解释一体化软件GeoEast；研制了28吨位可控震源、轻便山地钻机、沙漠深井螺旋钻机等先进装备。

2.钻井装备

钻井装备主要包括石油钻机（由井架、天车、绞车、游动滑车、大钩、转盘、水龙头、钻井泵八大件以及顶部驱动装置组成）、修井机，钻机配套设备（如猫道装置、排管装置、铁钻工等、带压作业设备等），动力设备（包括发动机、压缩机组集成、液力传动装置、燃气动力集成、动力电气控制等设备和部件）、旋转导向系统、空压钻井设备等，钻井工具（吊钳、吊卡、吊环、卡瓦等），钻井马达、钻头（PDC钻头和牙轮钻头）、螺杆钻具、钢丝绳以及固相控制设备和井口装置等。

（1）石油钻机

太原矿山机器厂于1956年仿制我国首台1 200m轻型石油钻机后，兰州石油化工机器厂于1959年制造成功了3 200m石油钻机，至1978年共造钻机239台，为我国成套石油钻机的制造奠定了基础。

改革开放后，通过许可贸易、合作合资生产等形式，引进了一批世界先进的石油钻机制造技术，如美国ACT车装钻机技术、美国EMSCO泥浆泵技术、意大利SONIEMEC钩载井架和底座技术、美国国民油井6 000m和8 000m石油钻机技术、美国ROSS HILL电驱动钻机电控系统技术等，使我国的石油钻机技术迈上了一个新台阶。

我国石油钻机已由过去的仿制、引进、消化、吸收发展到了以自主开发为主的阶段，适用于陆地、沙漠和海洋环境，钻深能力由1 000～7 000m发展到9 000m甚至12 000m，传动技术已发展到机械传动、直流电传动、交流变频电传动及机、电复合驱动等多种形式。我国石油钻机基本满足了国内油气勘探开发的需要，主要石油钻机生产厂商有20多家，其中骨干企业有10家，如宝石机械、宏华集团、兰石国民油井、南阳二机、中石化石油工程机械（江汉四机）、山东科瑞、胜利高原等，钻机年生产能力近1 000台。

目前，我国石油钻机机型包括机械驱动、直流电驱动、交流变频电驱动、机电复合驱动。机械驱动钻机已形成钻深从1 000~7 000m的系列化产品，3 000m井深以下基本上是绞车和转盘联合驱动、钻井泵组独立驱动；3 000m以上基本为多机组并车（皮带和链条两种方式）；直流电驱动钻机已形成了2 000~7 000m多规格产品，是钻机出口和出国技术服务的主力机型，其传动及控制技术已达到世界先进水平；交流变频电驱动钻机自1997年从宝石机械首次问世以来，已形成1 000~12 000m系列产品，达到国际一流水平，并已批量出口；机电复合驱动钻机可根据绞车、转盘、钻井泵的工作特点和性能要求，灵活选配驱动方式，有效组合在一台钻机上，能以最经济的动力配置获得最佳的工作性能；低温钻机可满足-45℃低温钻井作业要求，已出口到俄罗斯等高寒国家。

此外，还针对不同环境、地域及特种钻井工艺而开发出了特种钻机，如适应沙漠环境的沙漠钻机、适应低温环境的极地钻机、适应于快速搬家要求的高移运拖挂钻机、适应于沼泽地、丛林的沼泽钻机和直升机吊装钻机、适应页岩气开发的全液压钻机以及连续管钻机、煤层气钻机、斜直井钻机、全液压单根拖挂钻机等。特种钻机的研制成功，打破了完全依赖进口的被动局面，整体技术达到国际先进水平，对节能减排和安全生产具有重大促进作用；捷联式自动垂直钻井系统的研制成功，打破了国外垄断，突破了高陡构造防斜打快技术瓶颈，为加快西部复杂深层油气资源勘探开发进程提供了一种有效的技术手段。

由宝石机械生产的1 000~12 000m全系列石油钻机和F800~2200HL泥浆泵产量近几年来位居全球前列。全数字交流变频电驱动钻机实现了1 000~12 000m全天候、全地貌、全井深无缝覆盖，并成功从陆地迈向海洋高端领域。特别是首台12 000m钻机（绞车功率4 400kW）已完成包括我国第一口海相超深科探井——“川科一井”在内的多口超深井钻探任务，经受住了“5·12”汶川特大地震的考验，创造了我国科学钻探及我国陆上石油钻探的多项新纪录，是全球技术最先进的特深井陆地石油钻机。

四川宏华是我国石油钻机出口量最多的制造商，具备年产150台（套）石油钻机的能力，产品涵盖1 000~12 000m各类陆地钻机；江汉四机开发了1 000~7 000m车装钻机、拖挂钻机、模块钻机、快移快装钻机和低温式钻机，其中车装钻机、直升飞机吊装钻机和快移快装钻机等多项产品填补了国内外空白，达到国际先进或领先水平；南阳二机可生产1 000~7 000m橇装钻机、车装钻机和低温极地钻机等，能够满足陆地、海洋、沙漠、滩涂、低温等不同环境下油田的钻井修井作业需求，出口30多个国家和地区；渤海辽河与长城钻探联合研制的3 000m全液压钻机已进行试生产，为国内首创。

（2）钻机主要配套设备

我国石油钻机配套用泥浆泵的年生产能力4 000台，主要生产企业集中在宝石机械、兰石国民油井、华北荣盛、四川宏华、南阳二机、山东荣利等公司；宝石机械的500~2 200马力（1马力=735.499W）F系列钻井泵的大功率、轻型化技术达到国际领先水平；四川宏华最新研制的5N2400GZ新型五缸泥浆泵组排量大、质量轻、体积小，钢材成品耗材率仅为16.59kg/kW，重量只有美国发明钻井泵的1/2，处于国际领先水平。

顶驱装置年产能超过400台，主要生产企业有北京石油机械厂、大庆景宏、辽宁天意、天津瑞灵、四川宏华、宝石机械等近10家。北石厂、宝石机械、辽宁天意的顶驱制造技术达到了国际先进水平，已出口40多个国家和地区。其中北石厂目前拥有190~1 000t的十余个型号的顶驱产品，已生产顶驱400余台，其中60%在国外应用，产品遍布国内 18 个省市区和海外 28 个国家和地区。

(3)动力装备

动力装备生产企业主要有济柴动力、胜利动力、东风康明斯等。济柴动力现有四大系列产品 200 多种，功率覆盖范围从 150kW 到 9 000kW，可使用包括柴油、重油、天然气、沼气、瓦斯等各种燃料产品达到国际水平。特别是使用页岩气为燃料的分布式能源项目的开发，集新型发动机、页岩气移动式压缩站和页岩气燃气发电机组等技术，为我国非常规油气的开发开拓了新领域。

(4)钻头及螺杆钻具

石油钻头一般分为牙轮钻头和金刚石钻头。牙轮钻头按牙齿类型可分为铣齿、镶齿牙轮钻头；按牙轮数目可分为单牙轮、双牙轮、三牙轮和多牙轮钻头，其中以三牙轮钻头使用最多和最普遍。金刚石钻头分为 PDC 钻头、TSP 钻头和天然金刚石钻头，PDC 钻头是近年来发展最为迅猛的油气井钻头，目前总进尺量已超过牙轮钻头。

我国钻头生产企业主要有江钻股份、上海神开、渤海石装、天津林立、宝石机械、百施特、宝锐、亿斯达、新速通等 20 家，产能过 10 万只。江钻股份引进世界先进水平的加工中心、柔性生产线以及热处理新技术，其牙轮钻头和金刚石钻头的制造技术达到世界领先水平，是亚洲最大、世界第三的石油钻头研发制造基地，年产能 5 万只以上，国际市场占有率达到 10%，产品远销 31 个国家和地区。

螺杆钻具也称钻井动力马达，是一种以钻井液为动力，把液体压力能转为机械能的容积式井下动力钻具。螺杆钻具主要生产企业有德州联合、天津立林、北石厂、渤海装备(中成机械)以及廊坊奥瑞拓、邹城东远、潍坊生建、胜利高原、盐城等 10 多家钻具生产厂，产能超过 3 万套，其中前四家的产能超过 18 000 套。

德州联合经过 30 多年的持续研究，已开发应用了多项新材料、新工艺、新技术，研制了数控螺杆转子铣床、抛光机、整机试验台等技术装备，开发了定转子线性设计、定子橡胶配方、转子表面涂层等多项关键核心技术，形成国家专利 100 余项，拥有完全自主知识产权。现在螺杆钻具整机寿命达到 300h 以上，规格从直径 43~ 286mm 近 200 个品种，主要技术指标达到国际先进水平。近年又成功开发了等壁厚螺杆钻具、耐高温钻具、耐盐水钻具，质量达到国内领先水平。

北石厂从 1978 年最早开展螺杆钻具研制开始，到 1983 年形成我国第一条螺杆钻具生产线，再到 1999 年中国螺杆钻具首次出口北美，2008 年研制成功了世界领先水平的 210℃ 的超高温螺杆钻具，2009 年又研制成功了与连续油管配合使用的 43mm 微井眼螺杆钻具，屡次创造中国企业新纪录。

(5)井口装置

华北荣盛、上海神开、江苏金石、江苏建湖石油装备制造基地等生产的防喷器、采油树等井控设备，在产品的数量、质量和压力等级等方面均有较大的提高。华北荣盛的陆地防喷器年生产能力 2 000台(套)以上，位居全球前例，形成了钻井防喷器和修井、作业防喷器两大系列产品，成功研制了国内压力等级最高的 F28-140 防喷器；上海神开生产的环形和闸板防喷器具有优良的性价比，防喷器远程控制系统的综合技术接近国际先进水平；江苏金石年产井口采油树设备 8 000 套，自主研发了具有国际先进技术的 HH 级井口和海底井口。

(6)其他

此外，$2^{7}/_{8}$in(1in = 0.025 4m)连续管钻机、高移性钻机、井口管柱自动化处理系统，高可靠性钻机动力系统等重大装备软件达了国际先进水平；随钻测量与控制、控压钻井等 8 项关键技术取得了重大突破，部分达到国际先进水平；复杂深井优快钻井、欠平衡/气体钻井、全过程欠平衡钻井等技术通过完善拓展，已进入国际先进行列。

3.录井测井装备

录井装备主要包括综合录井仪、计算机及网络、色谱设备、传感器和数据传输设备等，主要生产企业有上海神开、东方物探、中石油测井、北京海蓝、中天启明、西部钻探等；测井装备主要包括测井车、随钻测量仪(MWD)、随钻测井仪(LWD)、电缆测井、成像测井系统、近钻头地质导向钻井系统等,主要生产企业有中油测井、吉艾科技、胜利伟业、长城钻探、环鼎科技、中电22所、中海油服、中天启明等。

中油测井公司研制成功了EILog快速与成像测井系统和随钻测井地层评价仪器FELWD,实现了测井单项技术向成套装备产业化的升级,推出了“三电二声一核磁”成像测井技术系列;中石油勘探院开发出了具有国际先进水平的新一代测井软件CIFLog1.0,实现了国内众多先进数据处理和解释评价方法的优势集成和创新发展。

中石油钻井院、北石厂和中油测井共同研制的CGDS-I近钻头地质导向钻井系统,掌握了国外用近20年时间才趋成熟并高度垄断的重大关键技术,使我国成为国际上掌握地质导向钻井技术的第三个国家。它用近钻头地质、工程参数测量和随钻控制手段来保证实际井眼穿过储层并取得最佳位置,根据随钻监测到的地层特性信息实时调整和控制井眼轨道,使钻头闻着“油味”走,具有随钻识别油气层、导向功能强等特点。还研制了与之配套的CGMDW无线随钻测量系统、CGDS172随钻测井系统等设备。

长城钻探研制的GW-LWD随钻测井系统、LEAP800测井系统、GW-MLE综合录井仪等科技成果,实现了“研发、制造、服务”一体化,打入了国内外高端市场;上海神开研制的综合录井仪、钻井参数仪等产品填补了国内空白;长城钻探研制的GW-LWD随钻测井系统、LEAP800测井系统、GW-MLE综合录井仪等科技成果,实现了“研发、制造、服务”一体化,打入了国内外高端市场;此外吉艾科技研发的GILEE成像测井系统、胜利伟业研制的SL-6000系列成像测井地面系统都已广泛被油田服务商所使用,产品性能优异。

4.完井装备

完井装备主要包括固井设备、射孔设备、压裂酸化设备以及连续油管作业设备、压裂井下工具等。

(1)固井设备

固井装备包括固井车、固井辅助设备、泵送设备、油井管、油套管等,分为单泵、双泵固井设备,有车装、橇装、拖挂三种不同形式;目前国内固井装备压力级别35~105MPa,工作温度-25~50℃;固井装备技术包括整机集成设计技术、固井泵设计制造技术、自动混浆技术、自动控制技术等。主要生产厂商有江汉四机、烟台杰瑞、四机赛瓦、兰州通用、中油特车等,产能超过300台(套)。

目前我国的固井装备打破了国外技术垄断,整体已达到国际先进水平。低温固井成套设备、大功率固井拖挂车等已批量出口国外;35~140MPa柱塞泵、20~35MPa活塞泵等核心部件已自主研发多系列泵产品;江汉四机、烟台杰瑞设计制造的大功率双机泵固井设备已具备国际先进水平。

(2)射孔设备

射孔设备包括射孔器材、射孔固井、探眼固井、封隔器、井下控制、专用装备等。我国传统射孔器材主要生产企业有大庆射孔弹厂(简称大庆射孔)、四川石油射孔器材有限责任公司(简称四川射孔)、营口市双龙射孔器材有限公司(简称辽河双龙)等10多家企业,这3家企业具备了年生产射孔弹600万发、射孔枪20万m的能力,占全部产能的70%;复合射孔器材主要生产企业有西安通源石油科技股份有限公司(简称通源石油,射孔器15万m/a)、西安近代化学研究所(简称204所)、中国兵器工业第213研究所(简称213所)等。我国年射孔米数约50万m。

我国已开发出常温、高温、超高温的深穿透系列、大孔径系列和高孔密系列聚能射孔器,形成了超深穿透射孔器、大孔径射孔器、无枪身射孔器、聚能切割器等系列射孔器产品,常温、高温、超高温、低收缩、高爆速等导爆索系列产品,最高爆速可达7 760m/s,达到国际一流产品水平。通源石油拥有多级复合射孔、水平井复合射孔、深穿透复合射孔、大孔径复合射孔、全通径高能复合射孔、高孔密复合射孔、过油管复合射孔、定方位射孔等高附加值、高效能的射孔产品已经在油田客户中得到广泛应用。

(3)压裂酸化设备

压裂酸化设备主要用于油气井的增产和注水井的增注,在页岩气开发中更是发挥着巨大作用。主要有压裂成套设备、液氮泵车,供液和输砂装置、压裂树、安全配套设备、撬装设备等。其中压裂成套设备主要包括压裂泵车、混砂车、控制仪表车、管汇车等。

1) 压裂装备。压裂设备从 20 世纪 80 年代我国引进国际先进技术以来,经过 30 多年的发展,先后研制出 300~1800 型不等的压裂成套设备,国产压裂机组的技术和制造能力已达到国际先进水平。进入 21 世纪后,在引进国外 2000 型基础上,研制了适合我国油气田作业工艺特点的 2000 型和 2500 型压裂成套设备。目前 1800 型以下的压裂成套设备国内有数十家生产厂家,2500 型、2800 型压裂成套设备主要生产厂家有江汉四机、烟台杰瑞、宝石机械、四川宏华、胜利高原、南阳二机、渤海石油装备、兰州通用、山东科瑞等,年产能超过 200 台(套)。

江汉四机、烟台杰瑞、胜利高原、四川宏华、辽宁华孚、华电重工等正在进行 3000 型以上大型压裂成套设备的研制,有的已出产品。其中辽宁华孚和华电重工采用最新透平驱动技术,采用一机(透平机)拖二泵形式研制的 4500 型以上大型压裂成套设备,具有广阔的市场发展前景。2013 年,江汉四机和烟台杰瑞先后研制出世界首创的 3000 型压裂车,已交付用户进行工业试验;四川宏华研制的全球最大马力 6000 型压裂橇也已问世,正在进行相关工业试验。

目前,车载式结构的 2 300~2 500hp 大型成套压裂装备是北美地区的主力机型,并已成为我国油田主力机型。

江汉四机是国内最先掌握大型成套压裂机组集成应用技术的专业厂家。完成了国家“863”项目“2 500hp(1hp = 745.700W)大型数控成套压裂装备”的研制;目前国内油气田压裂施工中使用的大型压裂成套设备主要是江汉四机制造的 SYL2000、SYL2300、SYL2500 三种机组单独或混搭使用;2500 型压裂成套设备已形成 18 套机组的销售,所生产的大功率柱塞泵已批量出口国外。特别是自主研制成功的世界首台 3000 型压裂成套设备包括 24 台压裂泵车、2 台混砂车以及压裂仪器装置、高低压管汇装置、供液和输砂装置、地面配套管汇以及安全配套设备等 40 多台设备,能满足页岩气高压力、大排量、长时间作业的工况要求。其单机输出功率 3 000hp,最高工作压力 140 MPa,最大工作流量 20m^3/min。

2000 型、2500 型和 3000 型压裂成套设备主要参数比较见表 1。

表 1 2000 型、2500 型和 3000 型压裂成套设备主要参数比较

机型	2000 型	2500 型	3000 型
单机输出水功率(hp)	2 000	2 500	3 000
压裂车总量(t)	26~28	45	
混砂车排量(m^3/min)	12~16	16	20
仪表控制数量(台)	8~10	10~30	20~40
高压管汇承压(MPa)	105	140	
辅助装备	无	部分辅助装备	系统配套

烟台杰瑞在收购 OFM 和进口 FMC 柱塞泵的基础上,自主研发了 3000 型压裂成套设备和管汇、化学添加、混配供液、连续输砂等配套设备。3000 型压裂成套设备由 12 压裂泵车、1 台混砂车、1 台

混配车、4台仪表车、6台运砂车、1台管汇车和6个储罐组成，总水马力30 000hp，混砂能力38m^3/min，最高工作压力140MPa。2011年开发了北美页岩气压裂成套设备，成为我国唯一为北美提供页岩气压裂成套设备的企业。

2）液氮泵车。液氮泵车主要应用于油气开采作业中与氮相关的特殊工艺作业要求，具体包括氮气压裂（硝化压裂、泡沫压裂、混合泡沫压裂）、氮气酸化、泡沫酸化、管线输送（冲洗、清洁、测试）、氮气与连续油管作业应用、氮气驱替、氮气排液等作业。液氮泵车主要有直燃式和非直燃式两种，基于安全性要求的越来越苛刻，大排量、高压力的非直燃式液氮泵车是今后的发展方向；液氮泵车有车载、半挂车、撬装等结构，适用于热带、温带、极寒冷条件下的工况。

我国引进美国液氮泵车以来，先后有兰州通用、江汉四机、四川空分等进行过试制，但因无法解决“高压低温”难题而放弃，目前仅有四机赛瓦、烟台杰瑞和山东科瑞能够生产。烟台杰瑞开发了系列液氮高压泵送设备，制造了国内首台直燃式液氮泵车（橇）和首台热回收式液氮泵车（橇），成为国内液氮设备的领航者和最大的制造商。

（4）连续油管设备

连续油管具有无接头、无变径、弯曲大、能连续起下、能动态密封和强度大、承压高、体积小等特点，具有“应用广泛，起下钻快速，节省时间，综合成本低廉”等优点，在石油勘探开发中应用非常广泛。

1）连续油管作业设备。连续油管作业设备在解决水平井、定向井等特殊工艺井的冲砂、洗井、测试、压裂和欠平衡钻井、小井眼钻井等方面发挥着重要作用，具有“万能作业机”的美誉。连续油管设备最著名的制造厂商主要集中在美国，如Hydra Rig、S&S、BOVEN工具、CVDD等。2011年世界在用连续油管作业机数量已达1 881台，其中大部分集中在北美地区。

国内引进和利用连续油管作业技术始于20世纪70年代，主要用于常规井下作业，其中冲砂堵、气举排液和清蜡占95%以上。近几年来，随着连续油管作业设备在油气田作业领域的拓宽和非常规油气应用的需要，连续油管作业已越来越受到重视，国内制造和服务企业也越来越多，产品技术水平得到了大幅提升。目前国内连续油管作业设备主要生产企业有：江汉机械所、烟台杰瑞、四川宏华、宝石机械、江汉四机、南阳二机、胜利高原、辽河石油装备等，产能超过30台（套）；连续油管生产企业有宝石钢管。

江汉机械所率先与宝石钢管联合研制了自主化连续管作业机，其主要性能指标和综合性能达到国际先进水平。品种规格国内最全（33种工具、15种工艺）；注入头与国外最新第6代产品水平相当，适用范围宽，管径3/8～3$^1/_2$in（1in＝0.025 4m），注入头拉力132～ 585kN；滚筒采用业界主流高速马达+减速器直接驱动方案；整车有车装、橇装、拖挂以及复合型，下沉式底盘车可满足我国道路条件。主要产品有LG360/50－4200、LG270/38Q、LG180/38和LG360/60T。

烟台杰瑞于2009年3月成功研制国内首台大型拖车式连续油管作业设备LGT360型连续油管作业车以来，已成为全球第二大连续油管设备制造商。所生产的连续油管作业设备配备2$^3/_8$in油管6 500m，最大注入头连续提升拉力55t，在东河20－4H井成功下深5 974m，创造了国内水平井连续下深纪录。还成功开发了适合北美工况的连续油管、液氮、泵注成套设备，成为中国唯一为北美提供该成套设备的公司。

江汉四机已生产出13t、23t、29t、38t系列连续油管作业机，均采用两车装车载方案；宝石机械正在研制的16 t LG450/73连续管作业机采用两车装车载方案，主机设备采用液压驱动、电液联合控制；南阳二机正在研制的LG360/38T连续油管作业设备滚筒容量为1$^1/_2$in连续管5 500m，适应温度－20～+45℃。

2）连续油管钻机。

连续油管钻机分为常规型和复合型，可适应不同作业用途、工况和道路条件的要求，并获得广泛应用。常规连续管钻机有拖车式、车装式、橇装式三种型式，前两种用于陆地，后者主要用于海洋；复合型连续管钻机将常规钻机和连续管作业设备集成在一起，既能用于常规钻井作业，又可用于连续管作业，具备表层钻井、下套管、处理井下事故的能力，连续管钻井和常规钻井模式能快速切换，不需花费额外时间和费用。

1991 年，美国、加拿大、法国相继成功地试用了连续油管钻井技术。连续油管钻井数量从 1991 年的 3 口、1993 年的 25 口，快速增长到 1997 年的 600 余口。目前全球使用连续油管钻井有 7 000 余口，且每年增加 750~850 口。

中石油钻井院江汉机械所生产的 LGZ580/73T 连续管钻机主机由注入头，滚筒，控制、液压动力、防喷系统，底座以及运载车等组成。控制室、滚筒、软管滚筒等由三轴半挂车运输，注入头、防喷器、防喷盒、底座等由 8×4 底盘车运输。注入头最大拉力 585kN，连续管径 2 ~ $3^1/_2$in，滚筒容量 $3^1/_2$in 管 2 100m、$2^5/_8$in 管 4 200m。

四川宏华 2010 年研发了国内首台 CTR120/300 型复合连续管钻机，钻机名义钻深（4in 钻杆）3 000m，最大钩载 1 350kN，卷筒容量 $2^7/_8$in 管 3 000m、$3^1/_2$in 管 2 000m，注入头提升力/注入力 533/267kN，绞车功率 450kW。

宝鸡石油正在进行 ZJ15/600CT 复合型连续管钻机的研制，钻机动力采用柴油机直接驱动液压油泵提供，控制系统采用电液联合控制，主机模式为拖挂式，适用管径 $2^3/_8$ ~ $3^1/_2$in；钻深范围 800 ~ 1 500m；江汉四机已完成连续管注入头、油管滚筒、鹅颈管等核心部件国产化系列自主开发，掌握了相关核心技术。正在开发适用于长水平井段完井钻桥塞的大直径连续管钻机。

宝石钢管 2010 年建成了世界第三、亚洲第一条连续油管生产线。通过攻克 5 项核心技术，生产出了 CT80 级 ϕ 31.8mm×3.18mm、长度 7 000m 连续油管。拉低了连续油管进口价格，国内价格仅为进口的 60%，且能迅速交货。

5.试油和采油采气装备

试油的主要目的在于确定所试层位有无工业油气流，并取得代表目的层原始面貌的各项数据和参数。但在不同的勘探阶段，试油有着不同的目的和任务。其设备主要包括修井机、管道、计量设备、井口装置以及其他辅助设备。

采油采气装备主要包括抽油机、抽油杆、抽油泵、潜油电泵、螺杆泵、稠油热采设备等。我国三抽设备（抽油机、抽油杆、抽油泵）持证企业近 200 家，其中抽油机生产企业近 100 家，主要集中在各油田的周边地区，主要有渤海石油装备、大庆油田装备制造、长庆油田总机厂、濮阳信宇、新疆三机床等十多家，年生产能力 2 万台；抽油杆主要生产企业有山东九环、内蒙古一机大地、淄博弘扬、渤海石油装备等，年产能力 8 000 万 ~ 9 000 万 m；抽油泵主要生产企业有中南装备（388 厂）、渤海石油装备、大庆装备制造、濮阳信宇等，年产能 11 万台；电潜泵约有十多家主要生产企业，年产能超过 2 000 套。

我国是三抽设备的制造和使用大国。2012 年全国有各类油井、注水井约 26 万口（其中中石油超过 18 万口），每年新增油气井约 2 万口（其中 2010 年中石油油气开发钻井 17 553 口），其中 87%的油井采用抽油机有杆泵机械采油系统。

以节能为重点，渤海石油装备、大庆石油装备、新疆三机床等生产的游梁式节能型抽油机得到了广泛的使用，其质量和可靠性得到了稳步提升，并大批量出口国外。渤海石油装备为满足国内外深井、大负荷、高产井的开发需求而研制的特大型抽油机，填补了国内相关技术空白；大庆石油装备研制成功了国内首台全平衡抽油机，从设计结构上完全打破了传统抽油机的举升平衡模式，有效降低了抽油机能耗。随着油田大力推广长冲程、低冲次采油工艺，立式抽油机（如皮带式抽油机、直线电机抽油机、链条式抽油机、电机换向塔架式抽油机、永磁电机塔架式抽油机等）应运而生并得到了快速发展，如胜利高原的皮带式抽油机、濮阳信宇的 W 型曳引抽油机等都具有较好的节能效果。

抽油杆是有杆泵抽油装置的重要部件,起着连接抽油机、螺杆泵或抽油泵并传递动力的作用。胜利高原研制成功的连续抽油杆具有高强度、高柔韧性和良好的可焊性,在胜利油田中得到了广泛采用。此外胜岛石油机械研制的液压反馈式抽稠油泵、长柱塞防砂泵、高效旋流泵等抽油泵达到了国际先进水平。

6.油气集输装备

油气集输装备主要包括输油输气管道、油气集输专用设备和油气增压计量设备。输油输气管道包括长距离输送管(螺旋埋弧焊接钢管、直缝埋弧焊钢管、高频直缝电阻焊(ERW)管等),用于支线和末端输送的钢管、塑料管等;油气集输专用设备包括油气分离器、原油电脱水器、加热炉、塔器及组合装置等;油气增压计量设备包括燃气轮机、天然气压缩机、阀门、集油阀组和单井油气计量分离器、缓冲罐、输油泵、储油罐等。

目前国内大型油气输送管生产企业 70 多家,年生产能力近 1 000 万 t。其中螺旋埋弧焊钢管年产能 400 万 t,年产量约 200 万 t;LSAW(直缝埋弧焊)钢管年产能 335 万 t,年产量约 100 万 t。螺旋埋弧焊钢管生产厂家主要有宝鸡石油钢管、渤海石油装备、江汉沙市钢管、胜利石油钢管等;直缝埋弧焊钢管生产厂家主要有渤海石油装备、宝鸡石油钢管、宝钢集团、江汉沙市钢管、番禺珠江钢管等。石油专用管主要生产企业有渤海石油装备、胜利高原、山东孚瑞特等。

钢管实物质量达到国际先进水平,已能基本满足国内需要并有出口;可生产管径 2 200mm 以下、壁厚 6~32mm、符合 API 要求、材质为 X70~X100 的钢管,并有钢管内涂层、钢管外耐腐蚀等成熟技术和装备。

宝鸡钢管、渤海石油装备、番禺珠江钢管、沙市钢管等均可生产 X70、X80 级 ERW 或 LSAW 管、螺旋焊接钢管已被西气东输 I、II 期工程所采用,X100 钢级螺旋埋弧焊接钢管也研制成功。

渤海石油装备研制的 ϕ 1 219mm×32mm 感应加热弯管是目前世界上钢级最高、壁厚最厚的感应加热弯管,是唯一为西气东输二线工程提供全系列产品的供货厂家,在 X90、X100 和 X120 高强度管线钢管开发,深海管线用钢管、低温环境用钢管、高应变钢管等产品研制方面取得了突破性进展,还承担了苏丹输油管线钢管订货。宝鸡钢管现拥有 13 条螺旋埋弧焊钢管生产线,年产钢管 240 万 t、钢管防腐 2 000 万 m^2、焊剂 4 000t、焊丝 5 000t、防腐涂料 6 000t、弯管 2 000 件;参与了西气东输一线(ϕ1 016mm × 14.6mm, X70, 压力 10MPa)和二线(ϕ1 219mm×18.4mm, X80, 压力 12MPa)的供货,产品在中石油市场占有率达 45%以上,在国内中、高端螺旋埋弧焊管市场占有率达 20%以上;成功中标了印度“东气西送”管道 1 300km 60 多万 t,创造了国际上一次性中标钢管制造合同和中国石油装备制造企业产品出口的两项最高纪录,还生产了 X52~X70 的厚度 13~44mm 海底管线;并已成功生产出 CT55~110 连续油管,摆脱了全部依赖于进口的局面;淄博制管在西气东输 I 期工程中,提供了 X70 钢管约 2.5 万 t。

国内油套管生产企业 227 家,年生产能力1 358 万 t,天钢(120 万 t)、宝钢(70 万 t)、西姆莱斯(66 万 t)、衡钢(54 万 t)等主要厂家的产能 310 万 t,东营石油装备基地 124 万 t,中油集团约 54 万 t;国内钻杆生产企业有 27 家,总产能 20 万~25 万 t,其中格兰特(5 万 t)、渤海能克(3.8 万 t)、宝钢(4.5 万 t)三家企业占据国内市场 80%以上。2015 年中石油天然气管网布局图见图 4。

中石油管道局研制的大口径管道焊接施工装备整体技术性能达到国外同类产品的先进水平;研制的 40in 和 48in 高清晰度管道漏磁检测器已在西气东输管道生产系统、西部管道和陕京线运行中得到工业性应用,提高了管道缺陷与损伤检测能力。中油管道机械制造公司为西气东输二线设计生产的旋风分离器创国内同行业之最;大口径高压快开盲板的研制成功,标志着国内高压管道设备国产化取得重大突破。

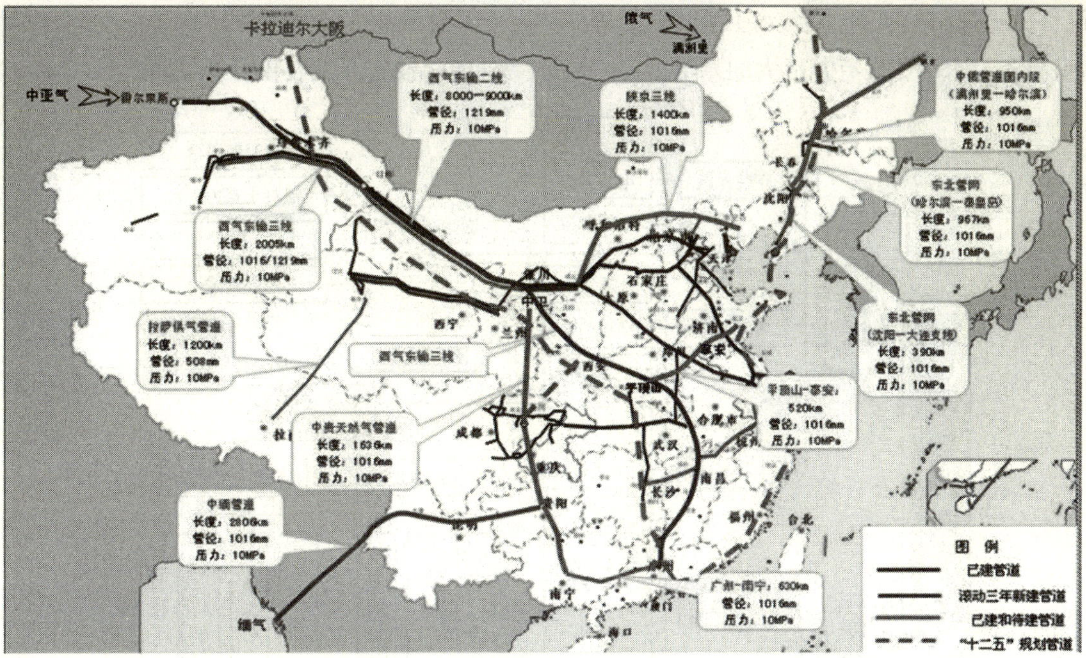

图 4　2015 年中石油天然气管网布局图

特别是沈鼓集团和上海电机、上海广电电气成功研制的 20MW 电驱天然气压缩机组，中船重工 703 所与哈汽轮机、沈鼓集团研制成功的 30 兆瓦级燃驱压缩机组，以及成高阀门、上海耐莱斯阀门和浙江五洲阀门研制的 48in 900 磅级高压大口径全焊接球阀在西气东输二线的应用，具有里程碑意义。沈鼓集团通过与 GE 公司合作制造，在西气东输 I 期定远压气站中成功提供了一台 PCL803 型备选压缩机，填补了长输管线大型压缩机国产空白；宁波鲍斯能源装备研制的煤层气螺杆压缩机走在国内的前列。

三、海洋油气装备发展综述

我国海洋油气资源丰富，海洋石油资源量为 246 亿 t，占全国石油资源总量的 23%；海洋天然气资源量为 16 万亿 m^3，占全国天然气资源总量的 30%。主要分布在渤海、琼东南盆地、珠江口盆地、莺歌海盆地、北部湾盆地、东海盆地以及南海区域。

海洋工程装备制造业是国家战略性新兴产业的重要组成部分，具有先导性、成长性、带动性的鲜明特征，以及技术门槛高、资金密集度高、国际化程度高的基本特点，是高科技、高投入、高风险产品，是高端制造业的典型代表。

海洋油气开发与陆地相比有很大不同，主要体现在：海洋油气钻采平台工作空间有限，自然条件恶劣，要求平台上设备体积小、重量轻、免修期长、适用范围宽，采用模块化设计；生产井口、油气处理与集输系统等差异较大。而井口以下部分从工艺到设备都与陆上基本类似，包括完井技术，油水气管柱，采油工艺、注水工艺、增产措施等。

我国海洋油气开发装备的研制走过了从无到有、从小到大、从近海到远海，从海况良好到海况恶劣的发展过程；我国部分海洋工程设备，如浅水钻采平台、海底管线、FPSO 等，从设计、制造到海上安装一条龙服务已可独立完成；“全海式”“半海半陆式”、单腿平台、多腿平台、无人作业平台、海底基盘及水下井口、早期试生产系统、单点系泊浮式生产系统等可自行建造，并形成了自我特色；我国 FPSO 的数量与研制技术和水平已走向世界前列；工作水深不超过 150m 的导管架平台及其他固定平台，可自行设计与建造。我国在海洋油气资源勘探开发技术领域实现了重大突破，实现了从 500m 浅海到 3 000m 深海的重大跨越，海工装备实现了跨越式发展，除总包和设计能力较弱外，制造能力和水平与世界先进水平差距不大；但海洋油气钻采装备和海工配套设备仍是我国的弱项，深海水下装备几乎是空白，与世界先进水平相比有着巨大的差距。

1.海洋油气开发装备分类

海洋油气开发装备分类见图5。

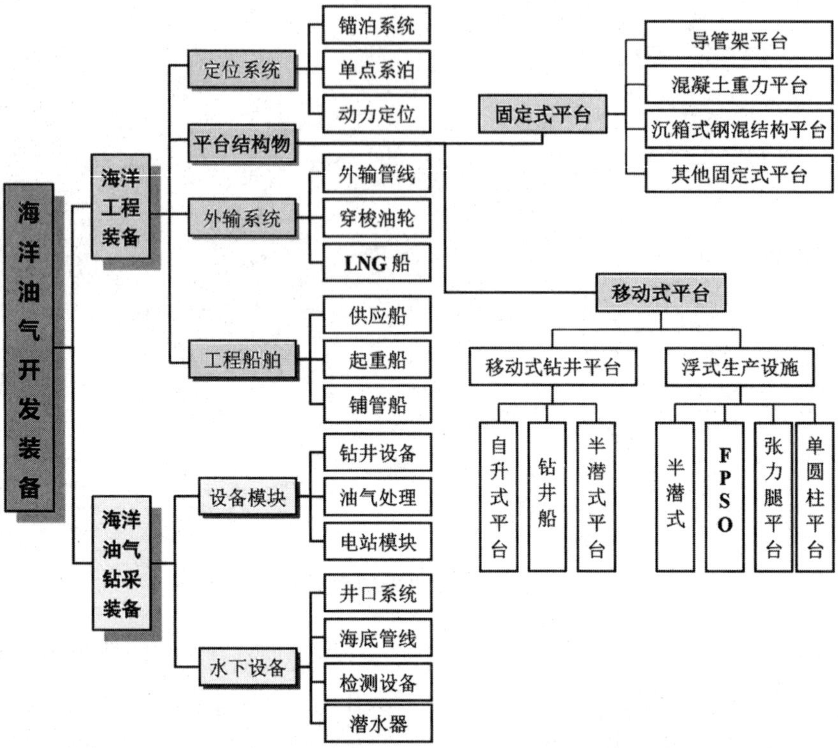

图5　海洋油气开发装备分类

2、海洋工程装备

我国海洋工程装备制造能力迅猛发展，形成了环渤海、长三角、珠三角等海洋工程装备制造基地，拥有海工装备制造企业20余家。我国海洋油气装备制造基地分布见图6。

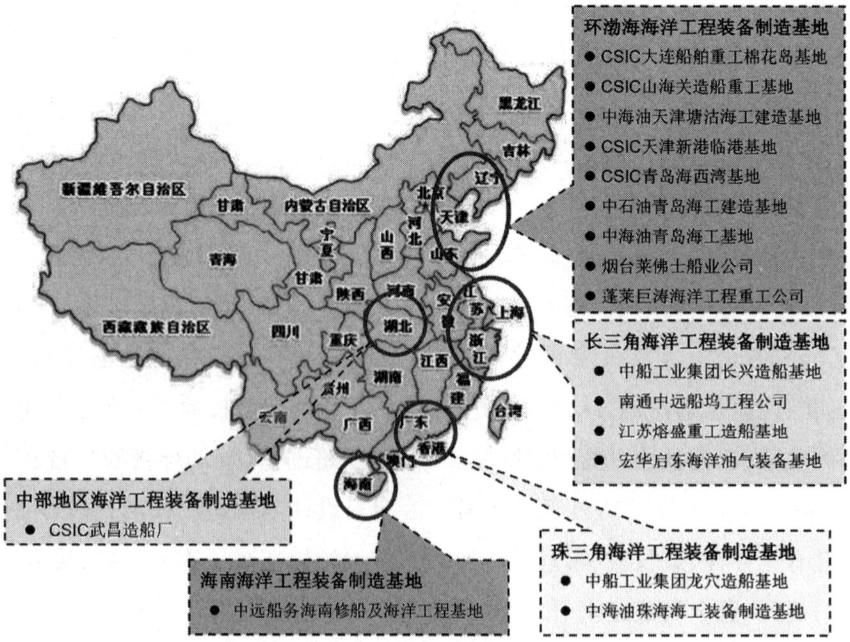

图6　我国海洋工程装备制造基地分布

我国自行建造了30万t世界级FPSO“海洋石油117”，世界先进、亚洲第一的“海洋石油941/942”120m自升式钻井平台，亚洲最先进的八缆地球物理勘探船“海洋石油719”，单吊起重能力居世界第一的7 500t起重浮吊船“蓝鲸”号，自主研制的1 200t浅水铺管船“海洋石油202”，亚洲最大、世界第二的3万t导管架下水驳船“海洋石油229”；自升式钻井平台实现了批量生产，多项海洋工程作业船和辅助船实现批量建造，并占据了一半以上的国际市场份额；具有国际先进水平的14.7万m^3LNG运输船、CJ46型356tf(1ft=0.304 8m)自升式钻井平台已研制成功；特别是世界最先进第六代3 000m超深水半潜式钻井平台“海洋石油981”、同时具备3 000m级深水铺管能力和4 000t级重型起重能力的“海洋石油201”深水铺管起重船的研制成功，总体技术水平和综合作业能力在国际同类工程船舶中处于领先地位，标志着我国已跻身世界3 000m深水油气开发俱乐部。“海洋石油981”3 000m半潜式钻井平台见图7；“海洋石油201” 3 000m深水铺管起重船见图8。近几年建成的主要海工装备见表2。

图7 “海洋石油981”3 000m半潜式钻井平台

图8 “海洋石油201”3 000m深水铺管起重船

表2 近几年建成的主要海工装备

交付年份	装备名称	建造单位	产品水平	订购单位
2007	中油海3号	山海关船厂	全球最大坐底式钻井平台	中石油
2007	海洋石油117	外高桥造船	世界先进、国内最大的30万t FPSO	中海油
2008	海洋石油941/942	大连船舶重工	亚洲最先进400ft(121.92m)自升式钻井平台	中海油
2008	LNG运输船	沪东中华造船	147 000m^3的LNG运输船2艘	广东LNG
2008	蓝鲸号起重船	振华港机	世界最大单臂起重船	中海油
2008	中油海262/282	中船黄埔造船	6 500/8 000hp(4 847.05/5 965.6kW)三用工作船	中石油
2008	导管架下水驳船	青岛北船重工	30 000t，亚洲最大、世界第三	中海油
2009	塞旺钻井号	南通中远船务	世界首座圆筒型超深水钻探储油平台	巴西石油
2009	半潜式钻井平台	大船重工	第六代、水深3 048m，钻井深12 000m	美国Noble
2009	斯达帝德·桑托斯MV20	大连中远船务	全球日处理燃气能力最强的FPSO	巴西石油
2009	希望钻探号圆筒型深水钻探储油平台	南通中远船务	世界先进，首座，作业深度3 000m，钻井深度12 000m，存储15万桶原油	挪威SEVEN MARINE

（续）

交付年份	装备名称	建造单位	产品水平	订购单位
2010	海洋石油981深水半潜式钻井平台	外高桥造船	世界先进水平，第六代，作业水深3 000m，钻井深度12 000m，填补国内空白	中海油
2010	瑞美蒂号多功能自升式平台	南通中远船务	世界首座，填补国内空白	美国Remedial Offshore
2010	Frigstad D90超深水半潜式钻井平台	中集来福士	第六代、作业水深3 600m，钻井深度15 240m	意大利Saipen
2004-2011	CJ46、DSI300、JU2000等自升式平台	大船重工	国内或世界首座，300、350、400ft（1ft = 0.304 8m）	
2004-2011	23万t、30万t浮式生产储油轮（FPSO）	上海外高桥、大船重工、南通中远川崎等	世界水平	美国等
2011	八角型半潜式钻井平台	南通中远船务	世界首座	美国ATP Oil & Gas
2011	探险号自升式风车安装船	南通中远船务	世界先进	荷兰Vroon
2011	F&G Millennium型深水半潜式钻井平台	中集来福士	世界水平，作业水深2 400m，钻井深度7 500m	巴西Schahin
2011	海洋石油201深水铺管船	江苏熔盛重工	亚洲首艘，3 000m级深水铺管能力，4 000t级重型起重能力	中海油
2012	GM4000中深水半潜式钻井平台	中集来福士	世界先进，作业水深750m，钻井深度7 500m	中海油
2012	GM4000深水半潜式钻井平台	南通中远船务	世界先进，第六代，作业水深3 000m，钻井深度11 000m	挪威Maracc

3.海洋油气钻采装备

目前以宝鸡石油、兰石国民油井、四川宏华、南阳二机、江汉四机、渤海石油装备、华北荣盛、上海神开、亚星锚链等为代表的国内主要石油装备制造企业，为国内用户成套提供了1 000~ 9 000m系列钻机模块及泥浆泵等配件、2 000~6 500m修井机、平台采油树、最高等级69MPa防喷器等海洋油气钻采装备；固定式平台钻机和海洋修井机已经完全摆脱了进口的局面，全面实现国产化；船舶锚链世界领先，全球份额接近50%。但我国海洋油气钻采装备的整体水平依然很低，落后国际先进水平10年。

宝石机械在海洋石油钻井平台及钻机方面，已生产固定式钻井平台钻井系统17套，坐底式（驳船）式平台钻井系统3套，自升式钻井平台钻机24台（套），深水勘察船钻机1套，人工岛钻机7套；在海洋油气钻井装备方面，可生产海洋塔形（动态）井架，6 000hp（1hp = 745.7W）大功率绞车，升沉补偿装置，3 000hp钻井泵，TZG140伸缩式和轨道式铁钻工，管柱自动化处理设备；在平台甲板非钻井设备方面，完成AR-100DB和AR-250DB海洋铺管绞车，120t铺管张紧器、平台吊机、250t钢丝绳式锚机、平台升降及锁紧装置等的研制工作；在海洋立管方面，开展了深水钻井隔水管系统和采油立管的研制；在水下井口井控及采油设备方面，开展了水下井口设备、套管泥线悬挂装置、水下防喷器、水下生产系统、1 500m卧式水下采油树的研制。按照EPC总承包方式，自行承建了我国第一套300ft自升式海洋钻井平台（图9），并与钻井系统集成已出口迪拜。

图9　出口迪拜的300ft自升式钻井平台

四川宏华在江苏启东建设了海工基地，装备了2.2万t“宏海号”吊机，主体跨度124m，可起吊65m高的重物，是全球最大的超重级移动式组合吊机。该基地可年产自升式钻井平台10座、半浅式钻井平台3座，产量约20万t/a，正在研制3 000m第六代半潜式平台和122m自升式钻井平台。已为上海振华公司300ft自升式钻井平台提供了3套9 000m钻井包，为上海船厂提供了TIGER系列钻井船2套深水钻井包，打破了深水钻井包一直被国际巨头垄断的局面。还可生产135~225t海洋修井机、转盘和井架，DQ450DBZ直驱顶驱及节能型五缸泥浆泵等。

江汉四机2009年为中海油天津公司研制的5 000m海洋钻机整机性能达到国际先进水平，已累计为国内用户提供了4 000~5 000m海洋钻机2台，60~180t海洋修井机40多台，固井机组50多台，防砂压裂机撬块3套；2010年为海洋工程制造了国内首套2000型海洋酸化压裂机组，并设计生产了2000型及600型海洋酸化压裂撬装设备。此外还可提供海洋橇装循环设备，各种节流、压井管汇、固井管汇；正在进行全液压海洋修井机、海洋钻井固井一体化泵组和自升式海洋平台钻井包研制。

南阳二机研制开发出第一台国产化海洋修井设备以来，结束了海洋钻修井装备完全依赖进口或利用钻井平台进行修井作业的历史，陆续开发出填补国内空白的600~3 150 kN海洋钻修井装备系列产品，技术经济性能达到国际先进水平，并进入国际市场。

海洋石油工程股份有限公司主要从事海洋油气工程及其陆地终端、海底管道、平台导管架和组块等的设计、建造、安装、维修等业务。已成为亚洲最大的海洋石油工程制造基地，具备每年40万t以上的钢材加工能力。完成了中国海域内40余座油气田的总体设计、建造、海上安装与调试，包括参与或组织实施了渤海海域全部油气田工程；南海300m水深流花11-1油田复产项目，突破了FPSO系泊软管修复等制约瓶颈，打破了西方公司的深水技术垄断。

兰石国民油井曾为番禺4-2/5-1、旅大5-2平台提供了3台国内领先的7 000m钻井模块，为西江23-1平台提供了5 000m交流变频钻机；蓝科高新公司研发的油气水分离装置设备，已为中国海上石油的几十个油田、近百座海上石油钻采平台、生产平台和FPSO提供了近千台（套）油气水处理工艺设备；胜利高原为中石化提供了浅水海洋钻机、修井机以及平台液压采油设备；山东科瑞已生产30~375ft的自升式海洋钻井平台5座，还可提供海洋钻修井模块以及海洋撬装固井泵、起重机及甲板装备；中石油辽河装备自主研发了自升式钻井平台CP-3001/2号和CP-400，国内首创具有自航能力的座底式风电安装平台等。

四机赛瓦石油钻采设备有限公司自主研制的海洋平台钻井系统固井设备（包括大功率双机双泵固井橇1个、远程控制系统1套、连续液体添加系统1套），已用于14个平台项目，达到国际先进水平。

华北荣盛成功研制出了3 000m深水2FZ48-105双闸板防喷器、112路水下控制箱等关键单元设备的工程样机，基本建成了水下防喷器组及控制系统科研生产能力；江苏双鑫减速机械有限公司在年产海洋平台高压管汇、采油树等海洋工程装备产品300台（套）的基础上，引进美国CAMERON公司技术，正在开展水下防喷器组（单闸、双闸和环型）的研制；江苏金石正在进行100～1 800m、压力69MPa的中心孔水下采油树装备的研制工作，届时可形成年产140套水下采油树的能力。

我国海底管线自主化工作从2000年的胜利油田海底管线（X52，壁厚12.7mm）开始，先后为春晓气田（X60，壁厚15.9mm）、番禺/惠州气田（X65，壁厚23～44mm）、海南乐东气田（X65，壁厚13～15mm）和南海荔湾（X65、X70，壁厚22～31.8mm）提供了最深300m以上的国产海底管道；其中东海"春晓"油气田的开发，通过472km的海底管道每年可向浙江省和上海地区输送25亿m^3的天然气。

宝钢、武钢、鞍钢研制的海洋平台结构用钢和石油专用钻杆、油管、套管、板材与型钢；宝鸡钢管、渤海石油装备、珠江钢管、沙市钢管等生产的符合API 5L的X70、X80级ERW、LSAW、螺旋焊接钢管及大尺寸无缝管、焊缝管、高强度钢等已在国内海洋工程广泛使用，并部分出口国外。

海底电缆、潜油电泵、分离器、大型加热器、钢丝绳、海上吊机、锚链、大型装备的整合、阀门、控制柜、变频器、各种高压设备、管件等产品的技术含量得到快速提升，陆续被海洋石油用户所采用；电潜泵自主化率已达80%，小部分采油树产品实现了自主化。特别是亚星锚链公司开发的世界最高R5级船舶锚链，已达到国际先进水平，产品80%出口到世界50多个国家，全球市场份额达40%～50%。

四、石油化工装备发展综述

石油化工装备一般分为动设备（机、泵、阀）和静设备（塔、罐、反应器、釜等压力容器），也可分为通用设备和炼油化工专用设备。随着我国炼油化工、煤化工、化肥等工业单体装置的大型化，为了节省单位投资和生产运行成本，实现节能减排和增效的目标，石化装置呈现大型化发展趋势。重点是向年产千万吨级炼油装置、百万吨级乙烯装置、百万吨级尿素装置等发展。

石化生产规模的大型化，促进了装备的大型化，超大、超重设备逐渐增多。300t以上的重型设备在石化专用设备中的比重由过去的10%增加到现在的30%以上，不少单台设备质量超过1 000t以上。如千万吨级炼厂常减压蒸馏装置常压塔直径10m，减压塔直径16m，重量均过1 000t；加氢裂化装置的加氢反应器直径5m，重量1 500t；煤制油装置加氢反应器重量2 040t；芳烃装置的二甲苯塔直径7.6m，重量1 264t；百万吨级乙烯裂解装置的乙烯精馏塔直径10.65m，高度53m；丙烯精馏塔直径9m，高度10.7m，重量都在1 000t以上；乙二醇装置中的环氧乙烷反应器直径7.77m，重量1 150t；乙烯冷箱单元尺寸7m×1.3m×1.3m；裂解气压缩机总功率60 000kW。设备大型化不是简单的放大，在设计计算、材料选用、设备制造、设备检测和运输安装等方面都出现了新的难题，过去已经国产化的装备需要重新进行国产化攻关研制。

按照"积极稳妥、先进可靠"的方针，依托我国炼油化工、煤化工等领域的重点工程项目，通过产学研用相结合，自主开发与技贸合作相结合，我国石化重大装备国产化成绩斐然。形成了一套行之有效的联合攻关体系，一支实力较强、专业配套的攻关研发人才队伍和一批专业制造骨干企业；通过国产化攻关研制，为石化行业节省了大量投资（仅中石化一家在"十一五"期间就节省投资21亿元）；掌握了一批有自主知识产权的石化装备设计制造核心技术；部分研制成果达到或接近国际先进水平。

目前我国石化装备国产化率按投资计算，炼油装备已在90%以上，百万吨级乙烯及下游装置的国产化率在70%以上；以煤为原料的大型合成氨、尿素装置的国产化率达85%以上。大型石化装置重大技术装备的国产化取得了重大突破。

1.反应器

反应器是石化生产装置的心脏。按照结构形式不同分为管式反应器、带搅拌反应釜、固定床反应器和流化床反应器等。反应器往往同生产工艺技术一起形成专利技术或专有技术设备，因此开发具有自主知识产权的各种反应器尤为重要。石化生产常用的反应器有催化裂化装置的提升管反应器、催化重整装置的四合一反应器、加氢精制和加氢裂化装置的固定床反应器、聚丙烯装置的环管反应器、聚乙烯装置的气相反应器、环氧乙烷/乙二醇装置的列管式环氧乙烷反应器、丙烯腈装置的流化床反应器等。目前石化装置中的主要反应器已经可立足国内。

（1）加氢反应器

加氢反应器应用于炼油厂加氢精制和加氢裂化、乙烯裂解装置汽油加氢、PTA 装置对苯二甲酸加氢精制、煤制油装置的加氢反应。加氢精制反应器采用 Cr-Mo 钢板卷焊制成，常用材料为 2.25Cr-1Mo，内径 3～4m，壁厚为 80～150mm，内壁堆焊 2 层 309L 和 347 不锈钢，以防止硫化氢腐蚀，操作温度 380～410℃，重量 300～500t；加氢裂化反应器属于厚壁高压反应器，内径 4～5m，壁厚 200～300mm，重量 500～1 500t，一般采用 2.25Cr-1Mo-0.25V 钢，操作压力为 18～20MPa，操作温度 450～480℃。

目前一重集团、二重集团、上海锅炉、兰石重装、大连金重、南化机械厂等企业经过技术攻关，基本掌握了加氢设备的制造技术，材质从 2.25Cr-1Mo 发展到 3Cr-lMo 和 2.25Cr-1Mo-0.25V。在齐鲁石化 140 万 t/a 加氢裂化装置中，研制成功了首台千吨级加氢反应器，直径 8m，切线长度 27m、重量 937t，标志我国已跻身国际上少数可以制造大型反应器的国家行列。我国高压加氢反应器设计制造技术已与国外同步，一重在神华煤制油项目中研制的锻焊加氢反应器，外径 5.5m，壁厚 340mm，质量 2 040t，是世界上最重的加氢反应器。兰石重装为中石化洛阳分公司生产了直径 4m、单体产品重 648t、壁厚最厚 183mm 的板焊式加氢反应器，为中石油四川石化公司完成国内最大直径板焊式加氢反应器（直径 4.8m）。

（2）聚丙烯反应器

聚丙烯反应器从带搅拌的釜式反应器发展到环管反应器，再发展到目前的管式反应器和塔式反应器相组合的多循环反应器。北京石化工程公司与茂名重力合作，先后开发了 7 万 t/a、20 万 t/a、30 万 t/a 规模的环管反应器。其中 30 万 t/a 聚丙烯环管反应器反应管 ϕ609mm，夹套管 ϕ690mm，高度 39m，反应管/夹套设计压力 5.5/0.9MPa，反应管/夹套设计温度 -45～150/90℃；北京石化工程公司与宁波天翼合作开发的 30 万 t/a 聚乙烯气相反应器，尺寸 ϕ5 160mm/ ϕ8 060mm×25 000mm，设计压力2.8MPa，设计温度 -19.4/170℃；45 万 t/a 聚丙烯装置的复合式环管反应器已经成功应用天津百万吨乙烯。

（3）环氧乙烷反应器

环氧乙烷/乙二醇装置的列管式环氧乙烷反应器，为立式列管式反应器。40 万 t/a 环氧乙烷反应器外径 7 772mm，管程/壳程操作压力 2.55/5MPa，管程/壳程操作温度 315/ 287℃，管板厚度 380mm，总重 1 150t。该设备国内还不具备制造条件，仍然进口，但南化机械厂已成功为扬子石化 30 万 t/a 环氧乙烷/乙二醇装置设计制造一台环氧乙烷反应器，实现了历史性突破；威海化机正进行技术改造，也具备环氧乙烷反应器的制造能力。

（4）连续重整反应器

此外，兰石重装采用美国 UOP 专利技术的四合一连续重整反应器和采用法国 IFP 专利技术的分置式连续重整反应器，制造安装超过 50 台。其中为大连石化研制的 220 万 t/a 连续重整反应器，是国内该反应器中直径最大、重量最重、总体高度最高、板料最厚的产品。兰石重装的四合一连续重整反应器国内市场占有率达几乎到 100%，制造安装水平达到世界先进水平。

（5）管式反应器

北京燕化机械开发的 20 万 t/a 高压聚乙烯超高压管式反应器，设计压力 345MPa，设计温度

315℃,已经投入运行;南京宝色为蓬威石化百万吨级PTA项目研制了氧化反应器,其性能领先国际同类产品,价格是同类进口产品的一半;南化机械开发的10万t/a聚酯装置反应器和PTA氧化反应器、齐鲁石化机械开发的20万t/a苯乙烯装置苯乙烯脱氢反应器、北京燕华工程开发的4.5万t丁基橡胶聚合釜等都填补了国内空白,结束了进口的历史。

2.裂解炉

由中石化工程建设、中国化工天华化工研究设计院等单位研制的首台单台2万t乙烯裂解炉CBL-Ⅰ,4万tCBL-Ⅱ和CBL-Ⅲ、6万t CBL-Ⅳ型炉,在我国第一轮乙烯改扩建中得到普遍应用,改变了完全依靠进口的局面;随后中石化与ABB、鲁姆斯公司合作开发的10万t/a SL型裂解炉,在我国第二轮乙烯改扩建中得到普遍应用。

2007年茂名重力石化机械为新疆独山子百万吨乙烯工程研制成功了15万t乙烯裂解炉,达到国际先进水平。8台裂解炉单台重量450t,并建成了从焊接、组装、热处理到试压年产乙烯裂解炉30台套的生产线,占国内八成以上市场份额。

天华化工研究院是我国第一台国产化裂解炉-CBL的3家开发单位之一。在1987年成功开发我国首台CBL-I~IV型乙烯裂解炉的基础上,2010年开发设计了具有自主知识产权的裂解炉急冷锅炉系统和燃烧系统的工艺包,以及裂解炉所采用的线性急冷锅炉和一台裂解炉用低NOx底部燃烧器,并成功应用于天津百万吨乙烯工程。

2011年,依托大庆石化年120万t乙烯改扩建工程,中国寰球工程公司开发了大型裂解炉工艺包,在“裂解炉辐射段炉管、新型螺旋板空气预热器和裂解气急冷换热器”等方面具有较强创新性,达到世界先进水平。

3.气体压缩机

石化生产中各种气体压缩机是耗能最高的设备,主要包括离心压缩机、往复压缩机和螺杆压缩机。离心压缩机常用汽轮机驱动,百万吨乙烯装置裂解气压缩机功率已经达到60 000kW;往复压缩机和螺杆压缩机常用电动机驱动,驱动电机功率最大已经达到6 000kW。当前压缩机在向大型化、系列化、运行高效化、低噪声化方向发展。据估算一台大型压缩机组,机械效率提高1%,一年可节能200万元。

(1)乙烯三机

“乙烯三机”即裂解气压缩机、丙烯压缩机、乙烯压缩机,是乙烯装置的心脏设备。目前具有设计和制造能力的仅有西门子、三菱、通用电气等少数几家国外大公司。1999年,大庆48万t/a乙烯改扩建投产,揭开了沈鼓集团为我国乙烯“三机”国产化的序幕;2006年,沈鼓集团为茂名64万t/a乙烯研制的裂解气压缩机组,是我国自主开发的功率最大的同类压缩机,与引进相比节约投资30%以上;“十一五”期间又为天津石化、镇海炼化和抚顺石化分别研制成功了裂解气压缩机(入口流量达到341 000Nm^3/h,总功率达到60 000kW)、丙烯制冷压缩机(入口流量287 000 Nm^3/h,总功率30 000kW)和乙烯压缩机(入口流量21 400Nm^3/h,总功率7 000kW),采用了先进的高效三元流叶轮技术,使压缩机效率达到86%以上,机组主要技术指标达到国际同类机组的先进水平。

(2)其他压缩机

沈鼓集团研制的4M125大型往复压缩机,进口流量50 000Nm^3/h,活塞力125t,轴功率4 885kW,已成功应用到茂名石化240万t/a加氢裂化装置。这种大型压缩机进口价5 000万~6 000万元,国内制造相当于国外的$^1/_2$;天华化工研究院和无锡压缩机厂合作研制的4列迷宫密封压缩机,在大型4列迷宫密封压缩机结构技术、迷宫密封和活塞材料研究上有创新,压缩机排气量3 580 Nm^3/h,综合活塞力75kN,电机功率800kW,价格只有国外的50%;陕鼓集团研制的大型PTA装置的工艺空气压缩机组是由压缩机、透平膨胀机、汽轮机所组成,其中又分为由单轴压缩机和多轴压缩机组。百万吨级PTA装置由2台空气压缩机(设计流量176 000 Nm^3/h,轴功率22 400kW)组成,采用静叶可调轴流压缩机+离心压缩机、中间进气双分流冷凝式汽轮机和尾气膨胀机的单轴布置的设计方案,目前已为重庆涪陵90万t/a PTA项目研制成功了第一套国产的工艺空气压缩机组;中船重工711研究所研制的10万t/a丁二烯螺杆压缩机等都实现了新的突破。

4.换热设备

石化生产中的换热设备很多,换热效率高低对企业能耗影响很大。目前大量采用的列管式换热器耗费钢材多,换热效果差,占地面积大,设备寿命短,因此研制新型高效换热设备成为发展趋势,板式换热器的开发就是一条新路。板式换热器包括螺旋板换热器、板翅式换热器、板壳式换热器等,这些新型换热器过去一直由国外发达国家垄断,"十一五"期间,国内制造企业在消化吸收国外技术的基础上有了重大突破。

(1)乙烯冷箱(板翅式换热器)

杭氧集团是国内最大乙烯冷箱国产化基地。在引进美国S-W公司技术和关键加工设备——大型真空钎焊炉基础上,具备制造80万~100万t/a大型乙烯冷箱条件,其设计水平、制造能力基本达到国际先进水平。

杭氧制造的冷箱广泛应用于第二轮乙烯改扩建中;在燕山石化66万t/a乙烯改扩率先实现了冷箱的国产化后,在扬子、上海、天津、广州、齐鲁等乙烯改扩建项目又得到了应用;为茂名石化百万吨乙烯制造的乙烯冷箱,最高压力3.96MPa,是世界最大一套采用三元制冷流程生产乙烯冷箱;为福建炼化新建80万t/a乙烯装置冷箱,最高压力5.4MPa,外型尺寸6 250mm×4 000mm×3 000mm,总质量约280t,满足14股流体同时换热。为天津、镇海百万吨乙烯工程开发的大型乙烯冷箱,在大流量、多组分、有相变的情况下,进出冷箱换热总物流达30股流,单元体最多换热流道数达20股流,最高设计压力6MPa,设计温度-200/200℃,最大单元尺寸7 000mm×1 300mm×1 300mm。

(2)其他大型高效换热设备

蓝科高新(兰石所)研制的大型板壳式换热器,主要尺寸 ϕ3 500mm × 19 300mm,换热面积9 000m^2,板片规格10 000mm×2 000mm×1.2mm,热端/冷端设计温度555/288℃。板程/壳程设计压力0.95/0.6MPa,设计压差0.57MPa,已应用到炼油厂大型连续重整和PX装置中;山东汉特研制的大型螺旋板换热器,换热面积336m^2,螺旋板宽度2 000mm,螺旋体直径2 200mm,设计流量460 m^3/h,介质/冷却水设计压力1.3/ 0.7MPa,已经应用到45万t/aPTA装置中。

天华化工研究院开发的乙烯裂解炉线性急冷锅炉(急冷换热器),外管、内管(进/出)操作温度为328.4、838~889/406℃,外管、内管操作压力12.5MPa、80/96MPa。百万吨乙烯有11台乙烯裂解炉,共配66台急冷锅炉,在天津和镇海百万吨乙烯建设中,他们开发的线形性急冷锅炉已经应用到50%;北京石化工程公司开发的隔膜密封式高压换热器、无锡化工装备开发的内表面烧结型高通量换热器、一重集团开发的乙二醇装置大型换热器等都已经应用到大型石化生产装置中。

兰石重装生产的螺纹锁紧环式高压换热器最大直径1 700mm,具有世界先进水平,广泛应用于大型炼油装置的加氢裂化和重油加氢脱硫装置,具有结构紧凑、泄漏点少、密封可靠、占地面积小、节省材料等特点。

5.石化流程泵

沈鼓集团开发的连体热机热泵机组,将高效离心压缩机和离心膨胀机组合,利用生产装置中的低压蒸汽驱动膨胀机,利用膨胀机驱动压缩机完成压缩过程,从而可以节约能源;天华化工机械院和沈阳太平洋泵业开发的能量吸收透平,流量60m^3/h,进出口压力9/2MPa,功率266kW,回收效率80%,

已经应用到加氢裂化装置中。

6.石化专用机械

大型石化专用机械包括干燥设备、分离设备、包装设备、造粒设备、输送设备等。

(1)大型挤压造粒机组

大型挤压造粒机组,在国际上只有一直由德国、日本、美国的少数几家垄断设计制造,我国引进一套35万t/a生产能力的双螺杆挤压造粒机组需1 200万美元。

大连橡塑机械公司为燕山石化20万t/a聚丙烯/研制的同向双螺杆挤压造粒机组,电机功率7 100kW,螺杆直径 ϕ 320mm,螺杆长径比24,螺杆转速≥224/185r/min,年运行时间≥8 000h,于2010年5月通过了中石化组织的现场验收,结束了我国大型挤压造粒机组长期依赖进口的历史。同年又承担了国内首台中石化齐鲁分公司25万t/a聚乙烯装置挤压造粒机研制任务。

(2)其他大型石化专用机械

回转干燥机应用于聚乙烯装置和PTA装置,主要是将聚乙烯和PTA粉料进行干燥。天华化工机械院、南京化机厂、锦西化机自主研发了我国首台大型PTA干燥机,已在重庆蓬威石化90万t/a PTA装置中得到应用,出厂制造精度达到国际先进水平。标志着我国大型PTA装置干燥机长期依赖进口的历史宣告终结;哈尔滨博实开发的1 800~2 000袋/时包装码垛机组、天华化工机械院开发的45万t/a聚丙烯D502干燥器等大型石化专用设备也在大型石化生产中得到应用。

7.公用工程和单元设备

(1)石化仪器仪表

浙江中控集团开发的DCS(集散控制系统)系统,成功应用于500万t/a常减压装置、190万t/a加氢精制装置、120万t/a延迟焦化装置及6万t/a硫磺回收装置等,在武汉石化改造项目中投入运行,实现了国内石化生产DCS系统研制的重大突破。

(2)低温乙烯球罐

合肥通用院通过材料攻关,研制了国产化10万 m^3 和15万 m^3 大型原油储罐,为我国油气商业储备库建设创造了条件;自主开发了使用－50℃低温钢制造压力容器的成套应用技术,成功研制了我国首台2 000 m^3 低温乙烯球罐,打破了我国大型低温乙烯球罐依赖进口的局面,填补了国内空白,已向独山子石化、九江石化、天津石化以及辽宁华锦化工提供了60多台乙烯球罐。

(3)石化单元设备

哈尔滨博实开发的合成橡胶后处理成套工艺设备,包括挤压脱水机、合料破碎机、干燥箱、电子定量秤、压块机、检测机等生产线,价格是进口的1/3;佛山水泵厂开发的苯乙烯装置真空系统,包括乙苯塔真空系统、浓缩塔真空系统、MBA塔真空系统等,设备包括液环真空泵、塔器、换热器、液位变送器、温度变送器、压力变送器、数字信号控制流量计、调节阀等;天华化工研究院开发的14万t/a聚丙烯装置催化剂储存与计量预处理系统,是集设备、管道、阀门、仪表及控制为一体的成套设备,包括催化剂分散罐、预接触罐、搅拌器、计量泵等。这些单元设备开发不仅仅只是硬件设备开发,还有化工流程工艺技术开发或系统工程开发,代表着未来发展的一个方向。

8.大型尿素装置

在20世纪90年代成功实现30万t/a合成氨、52万t/a尿素装置的国产化率达到80%以上的基础上,45万t/a合成氨、80万t/a尿素装置的国产化率达到了85%以上,其关键设备合成塔、高压冷凝器、CO_2 汽提塔、高压洗涤器、大型煤制气压缩机组等关键设备实现了国产化,产品达到国际先进水平。

大连金重研制成功的百万吨级尿素系列关键设备填补了国内空白,达到了国际先进水平,国内市场占有率超过90%。其中尿素合成塔(ϕ 3 200mm×188mm×41 000mm):设计压力16.1MPa,设计温度

198℃，重 637t；高压冷凝器（ϕ2 500mm×16mm×18 000mm）：壳程/管程设计压力 0.8MPa/16.2MPa，设计温度 165℃/193℃，重量 175t；CO_2 汽提塔（ϕ2 700mm×42mm×13 000mm）：壳程/管程设计压力 3.0MPa/16.5MPa，设计温度 225℃/ 225℃，设备重量约 180t；高压洗涤器（ϕ2 830mm × 110mm/ϕ1 050mm×12mm×12 000mm）：壳程/管程设计压力 1.4MPa/16.0MPa，设计温度 193℃/193℃，重量 179t；氨汽提塔：ϕ990mm×24mm/ϕ1 200mm×100mm×11 000mm，换热管：X2CrNiMo25-22-2 衬锆（Zr702）；氨合成塔（单层、多层），ϕ2 400mm × 220mm × 25 000mm，重 222t，设计压力 9.7MPa，设计温度 240℃。

9.煤化工核心装备

我国缺油、少气、富煤的资源特点，决定了现代煤化工产业的大力发展和广阔的发展前景。目前我国已成为世界上最大的煤制合成氨、煤制甲醇、电石和焦炭等煤化工产品生产国，也是唯一大规模采用电石法生产聚氯乙烯的国家。

煤化工的核心技术是煤气化技术装备。长期以来，我国建设大型合成氨、尿素、煤制甲醇装置时，煤气化炉等核心设备都依赖进口。德士古水煤浆加压气化炉、鲁奇加压气化炉、壳牌粉煤加压气化炉等国外主流煤气化炉产品，在我国大行其道。我国在煤气化技术方面加大了研制攻关力度，先后自主开发成功四喷嘴水煤浆加压气化炉、多原料浆气化炉、航天粉煤加压气化炉、五环粉煤加压气化炉、清华非熔渣-熔渣两段加压气化炉、灰熔聚气化炉等，使我国煤气化技术装备达到世界领先水平，标志着我国现代煤化工产业已基本具备了独立自主的技术装备支撑体系。

由兖矿集团和华东理工大学共同研究开发的“多喷嘴对置式水煤浆气化技术”实现了大规模应用的新跨越，标志着我国自主水煤浆气化装置走向大型化。目前单炉日处理 2 000t 煤的多喷嘴对置式水煤浆气化装置已在兖矿鲁南化肥厂建设项目中成功运行，将为我国发展煤制烯烃、煤制天然气等新型煤化工产业提供强大技术支撑。

大连金重研制了世界最大的壳牌干粉煤气化炉、高压飞灰过滤器、新型鲁奇煤气化炉、世界最大的镍基材料气气换热器等，产品综合水平进入国际先进行列。

兰石重装完成了首套神华集团直接液化整套实验装置和间接液化高压分离器的制造；为神华集团宁煤烯烃项目制造完成原料分离罐、锁斗、渣收集槽和缓冲罐等煤化工产品 70 多台；完成甘肃华亭中煦煤化工气化炉的试制工作，成为煤化工核心装备制造领域的主要供应商；2010 年与西安交通大学共同合作，顺利完成了新产品煤焦油超临界溶剂加氢质化技术产业化开发项目，获合作方好评。

华东理工大学、杭州林达化工、南京国昌化工等单位在甲醇大型合成塔设计方面做了大量的创新工作；我国自主开发的大型低压合成甲醇技术工艺和装备日臻完善，已经走向成熟；泽楷实业集团选定杭州林达拥有自主知识产权的大型卧式水冷甲醇合成反应器、均温高效节能甲醇合成技术以及煤制原料气甲醇合成工艺包，应用于内蒙古赤峰 100 万 t/a 煤化工项目，标志着国产化超大型甲醇合成技术装备已具备装备中国化学工业的信心与实力。

为支持国内煤制油、煤制烯烃等新兴产业的发展，一重集团全力推进加氢反应器等重型压力容器的研制攻关，2006 年为神华煤制油工程研制出重达 2 040t 加氢反应器，并成功在鄂尔多斯完成吊装。这台反应器的成功制造，标志着中国加氢反应器的材料开发、设备设计、制造工艺技术已经位于世界前列，为中国发展高端煤化工产业注入了强大动力。

2009 年 7 月，华能集团主导推进的我国首座自主开发、设计、制造并建设的 IGCC 示范工程项目——华能天津“绿色煤电”IGCC 示范电站，在天津临港工业区开工建设。上海电气是该电站IGCC机组主要设备的供应商。2010年,我国具有自主知识产权的首台2 000t/d干煤粉加压气化炉在上海电气上海锅炉厂制造完成,这是华能天津IGCC示范电站项目的关键设备。它的制造完成,标志着西安热工院开发的两段式干煤粉加压气化技术在大规模工业化的道路上又迈出了重要一步,为"绿色煤电"和新型煤化工产业的发展提供了可靠装备支持。

2012年,我国煤化工装置用离心压缩机设计制造难题已被沈鼓全面攻克,煤气化装置用循环气压缩机摆脱了全部依赖进口的局面,实现了完全自主研制。甲醇装置用合成气压缩机能力从10万t/a升级到60万t/a,空分装置用空压机组完成了从2.8万m^3/h、4万m^3/h到5.2万m^3/h的"三级跳",我国大型煤制甲醇全部工艺环节中所用的压缩机组都实现了自主化设计。此前,国内在该装备关键零部件制造和装备长周期安全平稳运行等核心技术方面一直受到美国、日本、德国、瑞士等国外公司的封锁,国内的大型原料空气压缩机组、循环气压缩机、甲醇合成气压缩机全部依赖进口。

〔撰稿人:中国石油和石油化工设备工业协会秘书长杨双全〕

2014年环球钻采展望,及我国渤海边际油田开发、LNG工程建设标准体系建设和石油压裂液配液技术发展历程

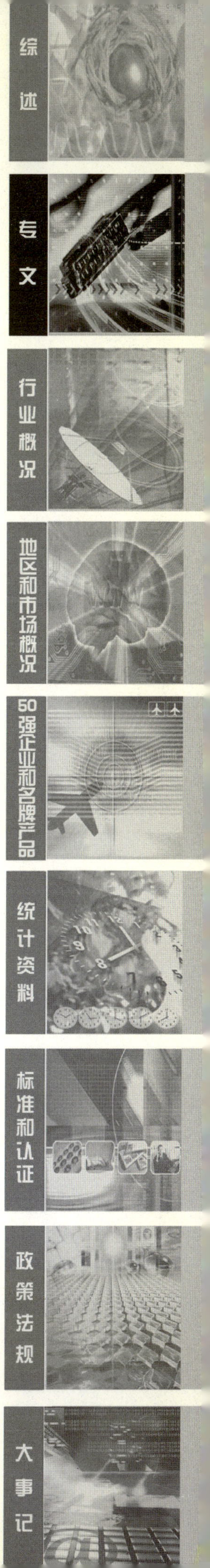

专文

2014年环球钻井展望

一、海洋钻井保持上升趋势

供需不平衡以及成本上扬成为全球海洋市场挺进2014年的潜在障碍。

1.美国的原油与天然气产量保持强劲增长——年增长150万桶/天（1桶=158.987 3dm^3）全球石油需求量的增加（70万~90万桶/天）仅为北美供给量增长的一半。供给量的增加需持续保持为需求量增加的两倍，否则油价就会下跌。分析显示，今后三到四年油价将会下跌约25美元。2013年9月份报告称，估计2013年WTI油均价为100美元，布兰特油均价为109美元。2014年WTI价格指数为83美元，布兰特油为95美元，钻井成本不断上涨，部分原因是政府增加税收引起的。这会给世界深水项目增加不少负担。到2017年，全球的海洋投资中深水项目所占比例估计会由2012年的38%增加到53%。由于世界浅水海域的产量逐渐减少，因此海洋石油工程将进入更加具有挑战性的海域，这些海域的油藏还没被开发过，地质特性、上覆盐层、储层、高温高压和更深的负载能力等更加复杂的情况会产生结构性成本问题。在遥远与超深海域还面临保护硬件与人员安全的高成本问题。成本问题导致很多项目推迟执行。截至2013年9月份，两年多时间总投资减少了14%，股价却上涨了15%，2013年总投资为280亿美元。

2.金三角区域是指西非、巴西和美国墨西哥湾，该区域的预测是正面的，钻井工业的投资也很可观，未来五年内，全球深水海域的总投资估计为2 230亿美元，其中的780亿美元将用于水下井的钻井与完井。所谓深水领域定义为深于500m（1 600ft）的水域。在2 230亿美元中金三角区域分得1 740美元。

西非。2012年中东与非洲地区的海洋钻井投资为140亿美元，估计到2016年将攀升到170亿美元。

巴西。巴西提出的十年规划，要将石油产量在2021年提高到500桶/天，同年出口量将达到225万桶/天。

墨西哥湾。深海市场持续繁荣，但不如上述两个地区发展速度快，该地区2013年原油产量估计为130万桶/天，2014年增至140万桶/天。

二、陆地钻井的增长

随着非常规钻井在世界范围内趋热，尽管美国钻机数量有所下降，钻井进尺数仍然增加，压裂层段数也明显增加。

2013年钻机数量呈下降趋势，估计下降6%。但对于石油行业的潜在能力来说，这只是一个假象，因为据分析称，钻成井的数量，进尺数和压裂层段数都是增加的。钻机数量已不是分析和预测石油服务公司所得和总收入的关键因素，而且似乎不再与油价有紧密的联系。市场研究注意到，世界对天然气需求的增长，要比对原油的需求高出近一倍。估计天然气的消耗量在2012年为113亿立方英尺（10亿立方英尺=2 831.7万m^3），在2040年会达到185亿立方英尺，差不多要增长64%；全球对石油及液体燃料的消耗量估计会增长约32%——从2010年的8 700万桶/天到2014年的11 500万桶/天。

三、数字展望

1.勘探及生产（E&P）耗资。尽管石油工业处于能源价格平稳环境，但勘探生产公司的总收入及现金流量在2012年还是上升超过10%,这将支持更多的油田服务活动。据报道,2014年勘探及生产公司在美国的现金流量会下降10%,但支出要增加5%~10%,支出的上升可能不会体现在钻机数量的增加上,而应该体现在钻井进尺数和压裂层段数的增加上(与2013年相比)。

2.井数和钻机数

2012年美国陆地钻井数约为48 100口,2013年约46 400口,减少了4%,2014年估计会稍微好一点,约为46 500口,比2013年多0.2%。该预测集团乐观地估计,美国的耗资与总进尺都将将增加5%,钻机数会减少3%(在用钻机由1 762台降到1 717台)。对于天然气来讲,由于两年前价格降到2美元/mcf〔1千立方英尺(mcf)=28.317m^3〕,故天然气的发展一直处于低迷状态。估计近期的天然气价格也不会有太大的涨势。9月份报导称,未来18个月天然气价格可能达到3.75美元/mcf。由于价格因素钻油井钻机多于钻天然气钻机。

3.高效钻机。

由于需要水平段不断延长,和适应垫板多井钻井技术,因此对于像AC移动钻机这类具有先进技术的"灵活"钻机的需求不断增加。这类钻机使钻头更具进攻性,井底马达额定功能更高,钻井泵压力更高。垫板上的移动系统可以迅速地将钻机从一个井位移动到另一个井位,可大大缩短钻机的非生产时间。因此,石油工业将继续淘汰老的SCR钻机与机械钻机。过去一年,AC钻机的销售已经占到整个市场的10%,H&P公司由150多台"灵活"3S钻机,75台4S钻机,还有18台专门为多井垫板钻井和钻更长水平段而设计的最新一代"灵活"5S型钻机。

4.利用率与日成本

美国陆地钻井所用的钻机中AS钻机利用率占到86%,机械钻机的利用率不到50%,SCR钻机不到60%,上述利用率就可以解释为什么美国钻井承包商正在建造更多的AC钻机了。据称,目前的钻机换新已不是改造旧钻机,而是新的钻机更换。2013年在美国钻机日成本为23 850美元,比2012年同期的23 145美元略有增加,在加拿大,则是从20 469美元升到22 276美元,日成本增加的部分原因是使用了新型钻机。

四、北美热点

据道格拉斯——weswood分析,德克萨斯西部Permain盆地和新墨西哥东南部钻井活动持续强劲,大约占到美国陆地钻井总量的22%,自1999年以来,该地区钻机数量从51台飙升到442台。目前的产油量为100万桶/天,而美国能源部报导,截至2013年10月4日,美国国内的平均产量为780万桶/天。在加拿大,液化天然气出口会促进天然气钻井大幅增加。估计该出口项目将于2017年到2018年开始,钻井将从2014年到2015年开始。该出口项目涉及下述公司,LNG Canada(与Shell Canada的合资企业),Kover Gas Corp.,Mitsubishi Corp. ,PetroChina Canpamy和Kibimat LNG(Apache Canada与Chavon Canada的合资企业)。美国也想从中渔利,因为天然气可以解决供需之间不平衡的问题,从而使天然气价格在2014年会有所上涨。

五、北美之外

全球非常规钻井的增加,虽然赶不上北美早些时候激增的页岩钻井,但是趋势还是持续上升的。Adkins先生说:"世界上其他地方都没有北美钻的井多,他们不知道页岩层在哪儿,也没有我们了解美国页岩特性那样清楚。我们对过去经济性不好的页岩钻了50多年了,对它们的岩石物性和确切位置了如指掌。在世界其他地方可不是如此。更重要的是,美国已经拥有很多的基础设施可以将页岩油气传输到终端市场。对于世界上别的地区来说,还需时日。"在欧洲,国际机构数据,非常规油气到2035年能满足欧盟需要的10%。主要参与者是Chevron公司,他在东欧地区启动了一系列页岩项目,主要手段是地震测量,并在波兰立陶宛进行了勘探钻井,还计划在2013年第四季度在罗马尼亚进行勘探钻井。今后在欧洲钻井作业量取决于刚开始进行的勘探作业所获得的地震数据与地质资料。

获取支持。据美国 EIA 预测，中国是世界上具有页岩气资源最多的国家，技术可采量为 1 115 万亿立方英尺〔1 万亿立方英尺(tcf) = 283.17 亿(m^3)〕，位居 2013 年调查的 41 个国家之首。中国政府的社会经济发展五年计划已将页岩气作为一个进取性任务，希望在五年内获得美国同期产量的 20%——美国页岩气年产量在 10 万亿立方英尺。中国力争每年生产 2 亿立方英尺。不过，现在就断定能否到此目标还为时过早，主要挑战是中国基础设施有限，以及页岩地质特性的不确定性。但是政府已经下决心开发页岩气，并向中国 NOCS 与外国公司的合资企业进行投资。2013 年 3 月份，CNPC 和壳牌签订了勘探开发生产四川盆地内富顺到永川区块页岩气产量分成(PSC)合同。7 月，Hess 公司也与中石油勘探开发中国西北地区三塘湖盆地 800km^2 Malang 页岩油区块的 PSC 合同。与中国相同，阿根廷在 2014 年也加大对页岩投资，为了激励常规钻井与页岩钻井，阿根廷政府还宣布要将天然气价格提高近三倍，达到 7.5 美元/Btu(1Btu = 1 055.06J)。但是，南美和欧洲一些政府却想限制页岩的开发，其能源政策不大欢迎更多投资，也不允许更多的各类活动。不过，英国已经提出减税的建议。

〔撰稿人：中国石油勘探院马家骥　摘译自“国际钻井承包商”2013.11—12 月〕

我国渤海边际油田开发的生产设施浅见

目前世界上已发现的海上油气田共 1 600 多个，其中，已投产 600 多个，年产量已达到 12 亿 t 以上，约占世界石油总产量的三分之一，海上油气田的开发日益受到业界的关注。我国海上油气田的开发已建成“一个大庆(5 000 万吨油气当量)”，目前还正在进一步加大勘探开发力度。其中，大量海上的中小边际油气田的开发，就是主攻方向之一。“工欲善其事，必先利其器”，要想使沉睡在海底的大量边际油田得到开发，就必须首先要有适合开发边际油田用的设施装备。本文拟针对我国边际油田较多的渤海，围绕其开发时所需要的设施装备，提出一些肤浅的看法。

一、渤海边际油田开发的重要意义

边际油田通常是指从赢利角度出发，处于开发时临近可获利边界的油气田，它一般是需要采取创新驱动，采用先进的工艺技术与装备，才能够达到赢利。也就是说：边际油田是在现有开发技术和经济条件下，经济性相对差，但经过努力有可能达到预定最低经济指标的油气田。在经济学上，则把边际油田定义为：利用常规技术开发，其内部收益率(Internal rte of return)低于作业的基准收益率，而大于行业的成本折现率的油气田。

我国边际油田较多，据相关报道，我国边际油田的油气资源量约占全国油气总资源量的 50%。从我国渤海来看，已发现的中小油田近 50 个，他们的总地质储量约 43 亿 t，但大多数是边际油田，其中，大约有 2/3 以上是属于难开采的稠油和重油的油田。渤海油气田是我国海上油气田中的主力油田之一，显见其边际油田的开发，对我国海洋石油再上新台阶，具有重要战略意义。一方面我国石油的对外依存度很高，2012 年对外依存度已达到了 58.7%，进口原油 2.85 亿 t；另一方面又有大量的边际油气田的油气资源得不到利用。因此，使这些边际油田得到开发，对于充分挖掘我国油气资源潜力，具有极为重要的现实意义。

二、开发渤海边际油田生产设施的总体思路

渤海边际油田大体上可以分为两类，一类是储量小、丰度低、产量不大，但成群成带分布，且离岸近、水浅，相对来说依托条件较好，这一类占多数；另一类是不仅离现有生产设施远，而且不成群、不成带，属于孤立的小油气田。因此，笔者认为：对于前一类边际油气田开发的生产设施的总体思路应是尽量利用可依托的生产设施，将成群成带的小油气田进行联合开发；而对于后一类边际油气田的开发，则应尽量采用简易的生产设施，进行开发。

为了在开发渤海边际油气田时，能实现生产设施的简易化，具体在工艺技术与装备方面的思路应该是：在创新驱动指引下，尽量简化开发工程模式（如实施“三一开发模式”，即一座井口平台，一条海底管道，一条海底电缆的边际油田的开发工程模式等）；采用先进生产工艺（如对于难开采的稠油油田采用注水驱与聚合物驱两者结合的先进采油工艺等）；优化井口平台工艺设施（如主要生产工艺设施采用井口控制盘及发球阀等）；加速装备的模块化、国产化（如采用成模块的国产可移动式的修井设备等）以及减少生产期间的操作费用（如采取无人驻守的井口平台等）等五个方面，进行创新。

三、渤海边际油田开发的井口生产设施

为了尽量减少渤海边际油田在生产期间的操作费用，笔者认为：一般在其生产井口均宜采用无人驻守平台的生产方式。这样，由于无人驻守井口平台具有的优点，与之相适应的井口平台上的生产设施，就能得以大大简化。

总体来说，无人驻守井口平台上的生产设施，比较简单。如对于有数口生产井及注水井的井口平台来说，则不需要设置油气水处理设施，只要配备多路阀+多相流量计的计量系统即可；公用系统也很简单，它只设化学药剂注入系统以及排放系统等设施即可。

从无人驻守井口平台上的计量仪表与自动控制设施来看，它极其简化。不再采用传统的管汇加测试分离器的计量系统，而是代之以由可依托的有人平台上进行远程遥控开关井及单井计量和在有人平台上的质量流量计进行总量计量系统。

从无人驻守井口平台上的供水及消防系统设施来看，它更加简单。它不设消防泵，不设海水提升泵，不设淡水系统（“三不设”）。而是采用注水管道与混输管道的闭环循环系统，来提供注水井用水；设置干式环形喷淋管网，对井口区及油气工艺作业区提供保护；尤其是它设置有国际通岸接头，可将其与可依托的钻井船（平台）或其他船舶的消防设施相连接，从而保证消防作业的需要。

从无人驻守井口平台上的电气系统设施来看，它也很简单。它不再设置常规的变压器房间，而是将主变压器和混输用的泵的变压器，均采用油浸式的而安放在室外。这样，井口平台上则可仅设配电间和蓄电池间即可，大大简化电气系统设置。

自上述可看出，由于采用无人驻守平台的生产方式简单，不仅使渤海边际油田的井口生产设施大为简化、投资大量节省，而且在生产期间的操作费用也节约很多，因此，油气生产的成本大大降低，从而促使渤海边际油气田的开发成为可能。

四、渤海边际油田开发的简易井口平台

井口平台是海上油气田开发时的核心生产设施，边际油田要求采用简易的井口平台，而且是无人驻守的简易平台。目前我国无人驻守的简易井口平台已有多座，型式不完全相同。如辽东湾的锦州20-2油田的NW独腿平台、曹妃甸11-3/5油田的WHPC四腿平台、北部湾的围洲11-4油田的WHPA两腿三桩平台、围洲6-1油田的WHPA独腿平台等。最近，中海油研究总院新设计的一种独腿三个筒型基础的简易平台（其结构示意如图1示），适合用于渤海边际油田，该平台只有一层甲板，2口气井（其中预留1口）。是专门为渤海的BZ29-4油田的WHPB而设计的无人驻守简易井口平台。

BZ29-4 WHPB平台为独腿，即用一根腿柱来支撑甲板。这根主腿柱是中空的，其内部锤入1根隔水套管，采用1筒双井采油技术，即隔水管内有两口井的油管通过。腿柱单桩直径 2 134mm(84 英寸)、单桩壁厚 50.8mm，隔水套管直径 914.4mm(36 英寸)，隔水套管壁厚 25.4mm(1 英寸)，预计入泥深度为 50m。

平台甲板尺寸为：10m × 10m，标高为 EL.+11.5m。平台甲板上的设备主要有：1 口气井的采气树、清管发球阀(为清扫油管用)、TEG 发电装置及气体减压系统。此外，在平台一侧设有一台手动葫芦(起重用)。平台设有简易靠船设施和固定直梯，以便人员上下平台。

由于 WHPB 为无人驻守井口平台，因此其主要生产工艺设施比较简单，只有井口控制盘及发球阀等；而其主要公用系统也很简单，仅包括有：供电系统的控制系统、吊机、通信系统、化学药剂注入系统以及安全和救生系统。

WHPB 独腿简易井口平台的基础由三个筒型基础组成，如图 1 示。3 个筒型基础的直径均为 6m，高度为 8m。每一个圆筒均为顶端封闭，下部开口。这样，即可通过在筒腔内产生一个比其周围小的压强，而使其自主插入海底，实现插桩。而在作业期间，又可因在其筒腔内形成的负压而使其增强抗拔的能力，起一个吸力锚的作用，实现平台结构的锚固，故又可将其称为简易井口平台的负压锚。采用筒型基础来锚固平台，它与重力式锚相比，可以降低海上吊重的能力；它与船用锚相比，受力后位移小，可全方位锚固，可承受较大的抗拔力，因而适合作为边际油田的井口简易平台的锚固方式。

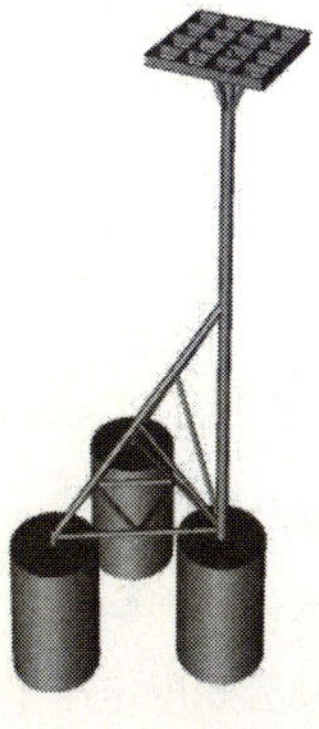

图 1　独腿三个筒型基础的简易平台

上述独腿三筒型基础的简易平台适用于渤海边际油田，主要是基于：

(1)满足经济效益要求。此种单桩筒型基础平台不仅结构简单、建造简便，而且运输容易、安装方便，再加上采用无人驻守的生产方式，因而大大降低了投资以及生产期间的操作费用，提高了经济效益，致使渤海的边际油田得以开发。

(2)满足构件强度要求。通过运用 SACS 软件对杆件的名义应力校核及对节点的冲剪应力校核，表明在渤海海域的极端风暴及极端海冰条件下，平台的构件的强度均能满足 API 规范的要求，构件强度可靠。

(3)满足结构刚度要求。通过运用 SACS 软件对平台结构各水平层最大位移的计算表明：虽然在泥面处及有些节点处的位移较大，但是其位移值与围洲岛油田的 W6-1 简易井口平台的位移值相比，处于同一个数量级，而 W6-1 简易井口平台已在生产实践中经过了考验。因此，WHPB 平台结构的刚度是满足要求的。

(4)满足桩腿承载要求。通过运用 ABAQUS 有限元分析软件对单桩腿的桩身应力计算和桩土位移计算表明：无论是单桩的极限承载能力，还是桩腿的横向承载能力，均能满足作业要求。

(5)满足渤海抗冰要求。我国渤海每年冬季结冰，因此，对渤海边际油田的开发，必须要满足抗冰要求。WHPB 井口简易平台在构件强度、结构刚度、单桩腿的承载能力的校核计算过程中，除冰激振动之外，均考虑了极端条件下的静冰力，表明 WHPB 井口简易平台能够满足抗冰要求。

综合上述，为了挖掘我国油气能源潜力，必须尽快大力开发沉睡在海底的大量边际油田。采用无人驻守简易井口平台的生产设施，应为首选。针对渤海的特点，独腿三个筒型基础的无人驻守简易平台为核心的生产设施及技术装备，可供参考。

〔撰稿人：中国石油大学(北京)方华灿〕

构建中国LNG工程建设标准体系的若干问题思考

一、技术标准的作用和意义

1.技术标准的作用

(1)工程建设领域为获得最佳秩序需共同遵守的技术依据和准则。

(2)约束指导工程建设期间及工程生命周期内各主体的行为,包括政府监督行为。

(3)以保证工程建设的安全、质量、环境和公众利益为核心。

(4)直接框定先进的工艺技术,先进的设备材料,使工程项目达到最佳社会效益、环境效益、经济效益和最佳效率。

(5)国际合作的桥梁和标尺。

(6)强制性条文就是技术法规,类似美国的联邦安全标准,将直接涉及到人民生命、人体健康、环境保护等重大事项,以法规形式强制要求。

2.技术标准的意义

(1)促进产业健康、有序、持续发展。

(2)抓住经济社会发展的机遇,为政府提供科学决策依据和技术保障,促进经济快速发展。

(3)体现一个国家产业化发展的水平,彰显拥有自主知识产权的科技创新成果和技术实力。

(4)通过技术标准化的国际战略,提升国际竞争力,抢占国际市场制高点。

(5)体现社会最基本的公平公正的价值原则。

二、我国LNG工程技术标准建设概况

1.产业蓬勃发展,标准规范滞后

(1)与发达国家相比存在40年的差距,产业经验不足,自主知识产权的创新技术欠缺。

(2)对标准建设的重视程度不够。2001年国内第一座LNG工厂建成,10余年时间仍未见建设部门制订权威性LNG工程建设标准。

2.标准空缺带来的问题

(1)制约产业发展:选址难、审批难、验收难。

(2)各地采用的专家评审方法,取决于与会专家的认知水平,“一事一议”的方式可能留下质量安全隐患。

(3)LNG加气站的企业、行业、国家标准混用,对以后的改造扩建带来诸多问题。

(4)难以与国际接轨,难以走出国门。

3.国内目前有关LNG工程建设标准现状及存在问题

(1)国内LNG工程建设标准的现状

国内现行LNG工程建设标准见表1。

表1 国内现行LNG工程建设标准

序号	标准号	标准名称	适用范围	特点
1	GB50183	石油天然气工程设计防火规范	第10章液化天然气站场	1.基本照搬NFPA59A 2.储罐总容积3万m^3以上,对村庄、居住区防火间距500m
2	GB50028	城镇燃气设计规范	第9章液化天然气供应	储存总容积限定压2 000m^3以下

（续）

序号	标准号	标准名称	适用范围	特点
3	GB50156	汽车加油气站设计与施工规范	第 9 章 LNG.L-CNG 加气站	1.小型储罐，单罐容积限定压 $6m^3$ 以下 2.一级站总容积不超过 $180m^3$
4	GB/T20368	液化天然气（LNG）生产、储存和装运	液化天然气站场	等同采用 NFPA59A
5	GB/T 22724	液化天然气设备与安装陆上装置设计	陆上液化天然气装置	等同采用 EN1473

（2）现行标准存在问题

1）GB50183 关于 LNG 工程的规定照搬 NFPA 59A 不适合国情。该标准主要采用 LNG 燃烧热辐射模型和重气扩散模型计算安全间距，而我国则无公认的数学模型；总储存容积 3 万 m^3，距离居住区 500m 无依据。

2）GB/T20368 及 GB/T22724 等同采用国外标准的问题。该推荐性标准权威性不够，各地主管部门不太愿意采用；等同标准在国内执行时无配套标准：如 GB/T20368 等同采用美国 NFPA59A，但 NFPA59A 引用了美国、加拿大，包括 NFPA 其他通用标准共计 73 项，这些标准互相配合互相补充，是一个有机整体。国内目前尚无其他配套标准。

（3）国内正在编制的标准

国内正在编制的 LNG 标准见表 2。

表 2　国内正在编制的 LNG 标准

序号	标准号	标准名称	主管部门	主编部门	主编单位	备注
1	GB50×××	天然气液化工厂设计规范	住房和城乡建设部	住房和城乡建设部	陕西省燃气设计院、中原油田设计院	2010 年立项
2	GB50×××	液化天然气站场（陆上装置设计防火规范）	住房和城乡建设部	公安部	陕西省燃气设计院、中海油气电集团	2012 年立项
3	GB50×××	船舶液化天然气加注码头设计规范	住房和城乡建设部	交通运输部	陕西省燃气设计院、中交第四航务院	2012 年立项

三、国际先进 LNG 技术标准概况

1.技术法规、标准概况

（1）美国

1）联邦法规 49CFR193《联邦安全标准：液化天然气设施》，美国交通运输部（DOT）管道安全办公室。

2）国家标准 ANSI/NFPA59A《液化天然气（LNG）生产，储存和装运》，美国消防协会。

3）国家标准 ANSI/NFPA52《车载燃料系统规范》，美国消防协会。

4）联邦法规 33CFR127《联邦安全标准：装卸 LNG 和液化危险气体的码头设施》，美国国土安全部海岸警卫队。

5）联邦法规 33CFR165《联邦安全标准：安全区航海控制区》，美国国土安全部海岸警卫队。

（2）欧洲

EN1473《液化天然气设备与安装 陆上装置设计》，欧洲标准学会。

2.美欧标准的特点及先进性

（1）美欧标准的特点

1）关注工程整个生命周期，涵盖从选址、设计、建造、运行、管理终止等整个生命周期。

2）关注操作者的行为和工作程序，操作者是标准规范的执行者，可以说是直接责任人，操作者的行为正确、程序正确是实现安全的根本保证。

3)关注重点部位的原则,以危险源储存设施,如储罐、拦蓄区为重点关注部位。从流体扩散、LNG火灾、耐低温、抗震等方面作了详尽的规定,拦蓄区的规定有一定的科学性。

4)关注标准体系的建设,标准体系配套完善,体系是一个有机关联的整体。

(2)美欧标准的先进性

1)本质化安全的原则:在系统搭建的初始,如系统流程的设计,构成系统每一组件的设计贯彻本质化的原则,通过自我约束、自我控制来实现安全。

2)科学合理的原则:针对LNG两相流的特点,对于一个流程中的设备、建筑物之间合理确定防火间距,尽量缩短防火间距。如NPA59A规定的工艺设备间距,装卸设施间距几乎是我国规范的一半,且在装卸设施之间对同一转运作业有直接联系设施之间不规定间距。

3)定量计算和风险评估的原则:特别对站外社区的安全,通过热辐射强度和气体扩散浓度的计算确定防火间距。

4)主动灵活的人性化管理原则:对有些防火间距不能达到规定时,允许采用其他安全措施。

5)工艺流程危险与可操作性分析的原则:对可预见的风险全面评估、提出防范措施,HAZOP评价国内无此要求。

四、国际标准对我国标准建立的建议

(1)建立标准的原则

1)立足国外先进标准,学习国外先进理念,借鉴适当条款。

2)强化本质性安全设计,尽量减少防火间距,有利工艺安全运行,合理利用土地资源。

3)结合中国国情,做到清晰明了,操作性强。

4)体现中国LNG大国地位,标准与产业相称。

(2)建立标准的启示

1)建议有关部门建立LNG火灾科学实验基地,通过科学实验研究LNG抢修、火灾扑救技术。

2)建议有关部门立项研究LNG基础理论,如LNG火灾热辐射强度计算,LNG蒸气扩散数学模型,HAZOP评价导则。

3)建议有关部门立项攻克LNG装备技术,如大型储罐、船用装卸臂、海水气化器、LNG装车泵、冷箱、冷剂离心式压缩机等。

五、LNG工程建设标准建标的思考

1.LNG安全性认识不足、企业干预、LNG加气站标准混乱

(1)行业国际标准编制组会议的两个实例。

1)国内LNG技术交流会上常见一个例子,国外有人做实验,量杯中盛半杯LNG,火柴扔进后不着火,以此说明LNG很安全。这是因为火柴直接扔进的一瞬间,浓度太大,无氧化剂,不在爆炸危险范围内,当然不着火,但以此说明LNG点都点不着缺乏基本的火灾常识。

2)在国家标准的编制会议上,有企业提供案例,LNG槽车翻车泄漏后着火两小时,无任何危险性,以此证明LNG储罐着火后很安全,无需冷却水。

(2)有些企业自己制定LNG加气站设计标准,企业标准是四堵墙内的标准,可认为是设备厂家用于设备制造、承揽安装施工或者是业主单位用于自律的标准,要严于国家、行业标准,但不能用于危及社会公众利益的地方。

(3)地方、行业标准多为企业出钱制订有些企业干预行业、国家标准。

(4)关于LNG危险性主要有以下几个方面:1)热膨胀危害;2)冷脆裂、冷收缩危害;3)冷冻伤使人员不能接近事故点;4)喷溅、射流及液体良好的流动性使事故范围扩大;5)LNG喷射火灾和LNG池火施救难度大。

2.重气扩散距离不能认定为防火间距,应合理减小防火间距

(1)LNG重气扩散范围,数学模型计算出的距离是重点防护区域,对这个区域的安全措施,一是事故一瞬间不受伤害,二是制定抢险预案,明确疏散逃生路线,扩散距离不能作为防火间距的依据。

（2）设备、建筑物之间的防火间距是考虑事故发生时的一瞬间不互相波及（当然考虑要考虑操作、维修，逃生空间），不考虑事故的延续、扩大、积累，不考虑爆炸灾难性等事故。

（3）防火间距应重点关注人员集中地点的生命安全而不是设备或者工业设施。

3.危险性评价原则的应用

（1）在我国目前政出多门、权力交叉、无评价导则、无第三方机构的国情下靠危险性评价的方法选址、规划、设计，可能耗时耗力太大。

（2）在储存容量超出限制，或者不能满足规范规定的刚性防火间距的情况下再评价。评价中指出设计中通过强化本质化安全措施，自己控制安全，弥补其他缺陷。

（3）我国目前 LNG 工程建设安全标准，只能做到刚性的、简单的、清晰的规定。

〔撰稿人：陕西省燃气设计院郭宗华〕

全球油气钻采动向展望

2013 年 3 月，美国石油技术服务咨询公司 Spears & Assocaites（以下简称 S & A 公司）公布了全球油气钻采活动的展望报告。根据该公司预测，2013 年除北美地区钻井业务小幅下降外，其他地区都将出现不同程度的增长；非常规油气资源及深海钻井业务受到世界各国的普遍重视；各国政府普遍制定了优惠政策支持钻井业务的发展。

一、世界油气市场的基本分析

S & A 公司对全球钻井和油气开采活动的预测，是以美国能源情报署（E I A）2013 年年初对世界能源市场走势判断为基础的。S & A 公司对 2013 年世界油气市场的基本分析是：

1. 全球石油需求总量将小幅增长

2013 年全球石油总需求量将增长 1.2%（即增加 100 万 bbl/d 1bbl = 0.159m^3），达到 9 020 万 bbl/d；到 2014 年总需求量将增长 1.4%（即增加 140 万 bbl/d,），达到 9 160 万 bbl/d。非经合组织的亚洲国家是世界石油需求增长的主要动力，2013 年石油需求将增长 3%。其中，中国表现最为抢眼，预计 2013 年石油消费量将增长 4.4%。经合组织的石油需求受欧洲国家消费减弱影响将持续下降，预计 2013 年将减少 0.6%。但是，受到经合组织国家经济缓慢回升的作用，未来石油需求量下降的幅度将会缩小，与 2012 年需求减少 40 万 bbl/d 相比，2013 年将仅减少 30 万 bbl/d，到了 2014 年石油需求量将与 2013 年基本持平。

2. 全球石油产量的增长将主要来自非欧佩克国家

为了维持高油价，欧佩克组织将减少原油产量，预计 2013 年原油产量将减少 35 万 bbl/d（同比减少 1.1%）。但是，随着伊拉克、尼日利亚和安哥拉新油田的陆续投产，这三个国家的石油产量将持续增加，从而会使欧佩克组织的原油产量在 2014 年有小幅增长。2013 年，非欧佩克国家原油产量将增加 120 万 bbl/d，其中 90% 以上的增长量来自美国（致密油）和加拿大（油砂）。欧佩克和非欧佩克组织原油产量变化趋势见图 1。

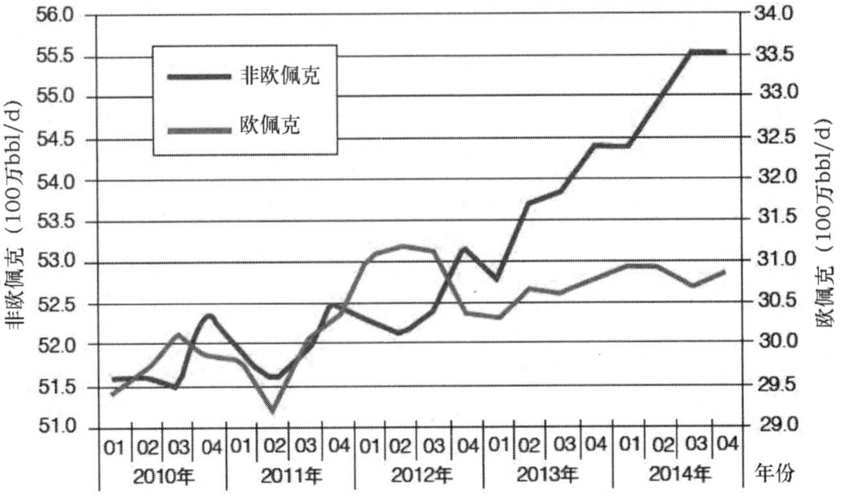

图1　欧佩克和非欧佩克组织原油产量变化趋势

资料来源:EIA

这主要是受到美国非常规油气资源开发迅猛发展的影响。预计未来北美地区的原油产量将实现快速增长。2013 年美国原油产量将达到 725 万 bbl/d,大幅提升 13%;2014 年原油产量将达到 782 万 bbl/d,提升 8%。

3. 欧佩克组织的剩余产能将增加

基于以上全球石油供给与需求在总量和结构上的变化趋势,可以进一步预测,未来 2~3 年内,全球石油供应量将大于需求量,并将导致欧佩克组织的剩余产能大幅增加,生产能力利用率将会小幅下降。2013 年,欧佩克的剩余产能(主要来自沙特阿拉伯、科威特和伊朗)将达到 290 万 bbl/d,较 2012 年大幅增长 29%;生产能力利用率将由 2012 年的 92% 下降到 2013 年的 91%,到 2014 年将持续下降 1~2 个百分点。

4. 国际油价将小幅下降

2013 年一季度国际油价因欧佩克减产而小幅提升,但随着下半年非欧佩克国家产量的增长,世界石油供给和需求的基本面将持续 2012 年的宽松态势,预计 2013 年国际油价将小幅下降。2013 年,美国 WTI 平均油价将下降 3%,为 91.25 美元/bbl,布伦特平均油价将下降 3.6%,为 108 美元/bbl。

二、全球钻井和油气开采活动的变化趋势

根据 2013 年世界石油供需结构和油气价格变化的基本判断,S & A 公司对 2012—2013 年全球钻井和油气开采活动变化的趋势预测见表 1 并认为有以下几个特点:

表1　2012—2013 年全球钻井和油气开采活动变化趋势预测

国家或地区	年份	钻机数(台)			钻井数(口)			钻井深度(100 万 ft)			费用(100 万美元)		
		陆上	海上	总计	陆上	海上	总计	陆上	海上	总计	陆上	海上	总计
全球	2012	4 097	352	4 449	102 313	3 378	105 691	765.8	34.8	800.7	278 298	107 805	386 103
	2013	4 055	373	4 428	100 028	3 607	103 635	763.0	37.3	800.4	283 379	123 847	407 227
美国	2012	1 871	47	1 919	47 751	417	48 168	372.1	4.8	376.9	156 900	12 900	169 700
	2013	1 787	53	1 840	45 125	469	45 594	365.1	5.4	370.5	154 600	13 500	168 100
加拿大	2012	363	1	364	10 150	5	10 155	63.6	0.2	63.8	19 709	751	20 460
	2013	349	2	351	9 851	7	9 858	61.6	0.2	61.8	19 504	1 160	20 663

（续）

国家或地区	年份	钻机数（台）			钻井数（口）			钻井深度（100 万 ft）			费用（100 万美元）		
		陆上	海上	总计	陆上	海上	总计	陆上	海上	总计	陆上	海上	总计
中南美	2012	353	82	434	5 754	325	6 079	35.6	3.4	38.9	24 458	15 126	39 584
	2013	358	84	442	5 698	349	6 047	36.1	3.6	39.8	26 040	16 921	42 959
欧洲	2012	89	54	143	744	473	1 216	5.8	5.7	11.5	2 782	21 420	24 203
	2013	93	60	153	765	526	1 291	5.9	6.4	12.2	3 150	26 232	29 382
非洲	2012	132	56	189	1 365	683	2 048	10.2	5.9	16.2	6 335	20 640	26 975
	2013	136	54	190	1 412	664	2 075	10.7	5.6	16.3	6 954	22 536	29 490
中东	2012	293	38	330	2 690	307	2 998	20.7	2.8	23.4	12 116	16 346	28 463
	2013	316	41	355	2 808	324	3 132	21.4	2.9	24.3	13 372	18 998	32 369
远东	2012	171	83	254	1 539	1 112	2 651	8.5	10.9	19.3	9 111	24 982	34 093
	2013	181	89	270	1 551	1 177	2 726	8.9	11.6	20.4	9 924	29 092	39 016
中国	2012	932	17	948	24 575	240	24 815	184.3	2.6	186.9	42 343	4 458	46 800
	2013	941	20	961	24 821	288	25 109	186.2	3.1	189.2	44 904	5 606	50 510
俄罗斯	2012				7 802	24	7 826	65.9	0.2	66.2	9 208	555	9 763
	2013				8 036	25	8 061	67.9	0.2	68.2	9 958	600	10 559
中亚	2012				1 112	88	1 200	7.3	0.9	8.2	1 025	2 047	3 072
	2013				1 129	89	1 218	7.4	0.9	8.3	1 092	2 182	3 274

注：1ft＝0.304 8m

1. 全球钻井业务小幅下降，陆上和海上钻井业务发展差距加大

2013 年，全球动用钻机总数 4 428 台，比 2012 年减少 0.5%，其中，陆上钻机减少 1%、海上钻机增长 6%。全球钻井总数 103 635 口，比 2012 年减少 2%，其中，陆上钻井数减少 2.2%、海上钻井数增长 6.8%，2012—2014 年全球钻机数变化见图 2，2012—2014 年全球钻井数变化见图 3。海上钻井业务的快速增长，主要是因为随着陆上油田开发日趋成熟，各个国家开始向勘探前景好、回报丰厚的深海领域扩展，普遍制定并实施了深海钻井计划和项目。

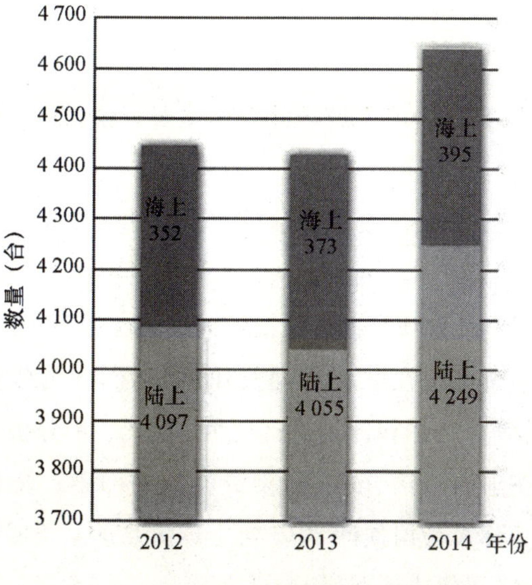

图 2　2012—2014 年全球钻机数变化

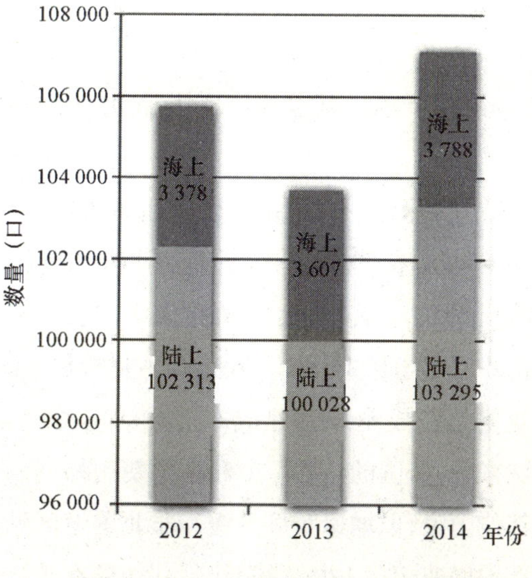

图 3　2012—2014 年全球钻井数变化

2. 全球钻井业务除北美市场出现小幅下降外，北美以外地区都出现不同程度的增长

受到过去 3 年北美页岩油气开发使钻井活动趋于饱和的影响，2013 年北美市场钻井业务将出现小幅下降，其中，钻机总数和钻井总数将分别下降 4% 和 5%。而北美以外地区由于竞相效仿勘探页岩油气资源，特别是在各国政府的积极推动下，钻机和钻井数量均出现了不同程度的增长，其中，钻井总数增长排名前 3 位的是欧洲（增长 6.2%）、中东（增长 4.5%）和远东（增长 2.8%）。另外，以上地区未包括的中国、俄罗斯和中亚地区钻井数也分别增长 1%、3% 和 1.5% 本报告中地区划分是北美地区（包括美国和加拿大），中南美（阿根廷、巴西、哥伦比亚、厄瓜多尔、墨西哥、秘鲁、特立尼达和多巴哥、委内瑞拉、玻利维亚和其他国家），欧洲（丹麦、德国、匈牙利、意大利、荷兰、挪威、波兰、罗马尼亚、英国和其他国家），非洲（阿尔及利亚、安哥拉、刚果、埃及、加蓬、利比亚、尼日利亚、突尼斯和其他国家），中东（阿拉伯联合酋长国的阿布扎比和迪拜、伊拉克、科威特、阿曼、卡塔尔、沙特阿拉伯、叙利亚、土耳其、也门和其他国家），远东（澳大利亚、文莱、印度、印度尼西亚、日本、马来西亚、缅甸、新西兰、巴基斯坦、巴布亚新几内亚、菲律宾、泰国、越南和其他国家），中国，俄罗斯和中亚（哈萨克斯坦和土库曼斯坦）。2013 年全球钻井数增长率见图 4。

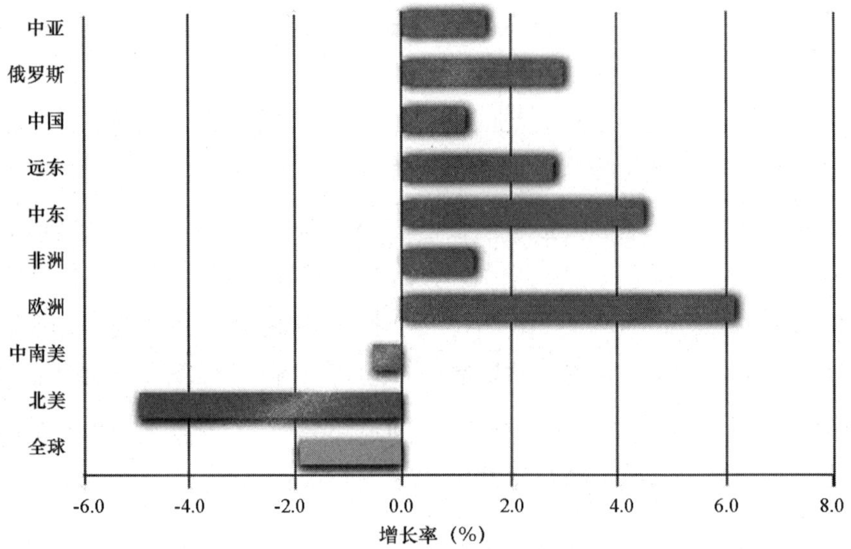

图 4　2013 年全球钻井数增长率

3.全球钻井深度基本维持现状，钻井费用持续增长

2013 年，全球平均钻井深度达到 80 040 万 ft，与 2012 年基本持平。全球钻井费用 4 072 亿美元，同比增长 5.5%。其中，陆上钻井费用增长 1.8%，海上钻井费用增长 14.9%。人工及主材价格上涨、工艺变化是造成全球钻井成本上升的主要因素。从区域来看，美国的钻井深度和钻井费用都远高于世界其他国家，但增速明显放缓。非北美地区钻井费用平均增速超过 12%。可见，钻井业务在美国处于高水平维持阶段，在非北美国家和地区处于快速发展阶段，2012—2013 年全球主要国家和地区钻探费用变化见图 5。

三、世界主要钻探项目的国别分布情况

S&A 公司在报告中还对全球主要国家的钻井和油气开采项目进行了较为详细的介绍，重点包括钻采项目所在区块或油气田的位置、参与作业公司、项目钻井和计划投产时间，并进一步分析项目所在国的政治、政策和投资计划等因素产生的影响。S&A 公司预计 2013 年全球主要国家重要钻井项目（在建或计划）情况见表 2。

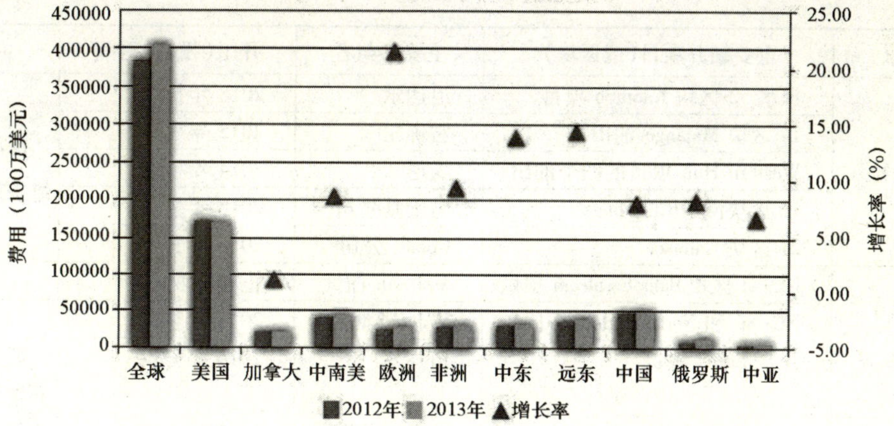

图5　2012—2013年全球主要国家和地区钻探费用变化

表2　2013年全球主要国家重要钻井项目（在建或计划）情况

地区	国家	重要钻井项目（或区块）	主要参与者	开工（投产）时间	主要影响因素
北美	美国	Utica 和 DJ/Niobrara 油层	未知	正在开发	
		鹰滩和Cana 天然气凝析液富集层	未知	正在开发	天然气价偏低
中南美	巴西	Campos 和 Santos 盆地的盐下层新增12个钻井平台	巴西国油	2013—2016年间开始生产	政府计划加快发放许可证
		在圣弗朗西斯科盆地勘探非常规资源	壳牌、巴西国油和Petra Energia	正在钻井阶段	
	阿根廷	Vaca Meurta 页岩油项目	YPF 与 Bridas 集团、雪佛龙	试验性开采	政府改善油气定价政策
		Sierras Blancas 区块页岩油钻井项目	壳牌	正在开发	
	哥伦比亚	马格达雷那中部地区勘探页岩油和致密气项目	哥伦比亚国油与壳牌、埃克森美孚及其他公司	正在开发	哥国油加大了上游勘探开发投资力度
		Sierras Blancas 区块页岩油项目	壳牌	正在开发	
欧洲	挪威	HTHP Gudrun 项目	挪威国油	2014年投产	政府的税赋较高，在一定程度上抑制了钻井活动
		挪威海上的 Aasta Hanseen 气田	挪威国油	2017年开发	
		Martin Linge 油田	道达尔	2016年投产	
		再次开发 Hod 油田	BP	2015年开始钻井	
		Edvard Grieg-Draupne 油田	Lundin	2016年开发	政府对难开发项目给予税收优惠
	英国	Bressay 重油项目	挪威国油	2018年投产	
		Rosebank 油气项目	雪佛龙	2017 或 2018 年	
		Clair 油田	BP	2016年投产	
		英国北海金鹰滩	尼克森	2013年开始钻井	
		Mon-Arb 和 Auk 联合油田	塔里斯曼能源	2016年开工	
	丹麦	高压 Hejre 油气田	Dong 能源	未来2年开始生产	
非洲	阿尔及利亚	Bir Seba 油田和 Timimoun 油田	阿尔及利亚国油	2014年开发	恐怖袭击影响基础设施安全
		Ain Tsila 油田	Petroceltic 公司	2018年开发	
	安哥拉	31区块的一些油田	BP	2013年开发	深海油田的技术和维护问题
		0区块 Mafumeira Sul 浅水区	雪佛龙	计划未来2年生产	

（续）

地区	国家	重要钻井项目(或区块)	主要参与者	开工(投产)时间	主要影响因素
非洲	安哥拉	深水 32 区块 Kaombo 项目	道达尔	2018 年投产	深海油田的技术和维护问题
		14 区块 Malange 油田	雪佛龙	2015 年底投产	
		Western Hub 项目的四个油田	埃尼	2014 年生产	
		16 区块深水 Chissonga	马士基公司	2018 年生产	
		21 区块 Camisea	Cobalt 公司	2015 年开发	
	利比亚	NC-41 区块 Bahr Essaleam 项目	Mellitah 油气	正在开发	
		NC-89 和 North Gialo 油田	Waha 石油公司	2013 年获批	
	尼日利亚	深水 Egina 项目	道达尔	2016 年开发	延迟修改国家基本石油法
	苏丹	Uper Nile 油田	苏丹/ 南苏丹	2013 年生产	边界问题
	莫桑比克	深水 Properidade 油田	阿纳达科	2018 年投产	
	乌干达	Albertine Graben 油田	图洛石油公司	2015 年投产	
中东	伊拉克	库尔德斯坦 Tawke 油田	DNO	2014 年产量翻倍	
		Shaikan 区块	Gulf Keystone	2012 年开发	
	科威特	酸性气田	壳牌	2013 投产	政治因素
	沙特阿拉伯	瓦西特气田	沙特阿美	2014 年投产	
	约旦	Risha 致密气田	BP	2016 年投产	
远东	澳大利亚	Prelude 天然气项目	壳牌	2013 年开始钻井	
		Cooper 盆地	桑托斯	2015 年开发	
		深海 Equus 天然气项目	Hess	2013 年生产	
	印度	D6 区块深水	BP 和信赖公司	计划 3-5 年开发	
	印度尼西亚	MadureBD 海上气田	Husky	2015 年生产	
		Jankrik 油田	埃尼	2016 年投产	
		Mahakam 区块	道达尔	2013 下半年生产	
		Ande Ande Lumut 重油田	AWE	2013 年生产	
		Cepu 油田	埃克森美孚	2015 年投产	
	马来西亚	Kasawari 气田	马来西亚国油	2017 年投产	天然气短缺，消费量上涨
		Malikai 油田	壳牌	2015 年生产	
		Bertam 油田	Lundin	2014 年投产	
		浅水 SB302 区块	Hess	2014 年投产	
		Guntong 近海采油项目	埃克森美孚	2017 年投产	
	泰国	Manora 油田和 Nongyao 油田	Mubadala 石油	2014 年生产	
		Nongyao 油田和 Wassana 油田	Pearl 能源	2014 年投产	
		海上 Ubon 气田和凝析气田	雪佛龙	2017 年投产	
	越南	浅水 Ham Rond 油田	马来西亚国油	2014 年生产	
		15-1 区块 Su Tu Nau 油田	Cuu Long 公司	2015 年投产	
	菲律宾	Malampaya 气田	壳牌	2015 年生产	
	文莱	Champion 油田二次开采项目	壳牌	2013 年启动	
中国		海上 Liwan3-1 气田	中海油	2013 年生产	页岩资源开发成本和技术等缺乏
		鄂尔多斯盆地页岩气	延长石油	2015 年生产	
		四川 Yuanba 气田	中国石化	2013 年生产	
俄罗斯		Siberia 西部	埃克森美孚和俄油合资企业	2013 年开始试点	
中亚	哈萨克斯坦	Aktoty 气田	喀什干财团	2015 年开发	
	土库曼斯坦	21 区块	Itera	2013 年钻井	

世界石油工业 World Petroleum Industry

未来5年内，全球钻采业务的发展趋势如下：

1. 深海成为各国钻井业务重点发展的前沿领域，沙特阿拉伯、伊朗等也有深海钻探计划

随着陆上油田开发日趋成熟，深海成为世界各国钻探的重点前沿领域，甚至油气资源丰富的国家，如沙特阿拉伯、伊朗和委内瑞拉，也将深海资源的开发列入勘探计划中。沙特阿拉伯的阿美2009年开始在红海深水区域进行油气勘探，2012年底首次在红海进行深水油田钻探，以确保沙特阿拉伯可持续拥有充足的剩余产能，满足国内发电的需要；委内瑞拉国家石油公司2012年开始在古巴西海岸海域约2 500m深的水域San Antonio探区开钻第一口井；尽管一直受美国以及西方国家制裁影响，伊朗仍重视开发海上资源，2012年5月，在位于里海水域的一个气田的钻井作业中的2 500m深处，首次发现重大石油储藏，约100亿bbl储量，相当于伊朗石油总储量的7%，9月又在里海Sardar e Jangal深水区发现轻质原油。

2. 以页岩油气为代表的非常规资源的钻采业务风起云涌，全球各地遍地开花

在美国页岩气革命的带动下，全球各地区纷纷效仿，探索开发本国非常规资源。从各国钻井项目开发资源分布情况以及本国政府的支持力度可以看出，非常规资源钻井活动发展最快的国家主要是沙特阿拉伯（主要发展页岩气和致密油）、阿根廷（主要发展页岩油和页岩气）和中国（主要发展页岩气）。

沙特阿拉伯的阿美致力于开发国内的致密油气储藏，并制定了长期开发计划，勘探本国北部气田和南部加瓦尔油田下致密油砂储藏，预计沙特阿拉伯可能拥有数百万亿立方英尺的非常规资源，其中页岩气超过了目前已探明280万亿立方英尺储量的一倍以上。阿根廷拥有丰富的非常规资源，仅在该国南部的VacaMuerta页岩区块估计储量约230亿bbl油当量。自2011年以来，阿根廷加大了对本国页岩油气资源的勘探开发力度，并积极邀请外国公司参与本国的页岩资源开发。中国页岩气储量丰富，约占全球总储量的20%，预计页岩气产量到2020年将占到国内天然气总产量的12%。目前中国的页岩井主要分布在四川盆地和鄂尔多斯盆地及其周缘，很多国际大石油公司也纷纷投身中国页岩资源开发中。

3. 各国政府为鼓励钻探业务改善了相关政策

部分发达国家对石油产业征收高赋税的态度有所转变，纷纷出台一系列激励措施鼓励勘探开发投资。如：英国政府对设得兰群岛地区开采难度高的项目，专门给予税收补贴优惠；对于北海大陆架上的一些老旧油气田，政府还将为淘汰旧钻机和生产平台的花费给予一定的税收减免；对于难度更大的深水作业可获得总额35亿英镑的新税收补贴等，这将带动一批此前停滞不前的油气勘探开发项目，并为英国北海油气勘探和开采吸引更多投资。2013年3月，政府与Premier石油公司和阿帕奇等公司签署合同，保证项目全程享受税收减免优惠。

资源国国家普遍制定了优惠的投资政策，吸引外国投资者参与本国油气资源的钻井和生产，特别是国内政治局势不稳定的中东和北非国家。如：阿尔及利亚政府2012年调整暴利税为多寡分级收取，区别对待石油收益税，以吸引页岩气领域的外资；南非可开采页岩气储量位于全球第五，2012年10月，南非政府解除了2011年实施的干旱台地高原Karoo地区页岩气勘探活动的开采禁令，鼓励国际大石油公司在该地区进行勘探活动，用水力压裂技术弥补Karoo地区环境干燥的不足。

〔供稿单位：《世界石油工业》〕

石油压裂液配液技术发展历程

目前，国内各油田压裂液使用分为两大步骤：第一步是配液，包括配制基液和交联液，基液配制是将稠化剂干粉和添加剂按一定比例溶解在水中，经过充分溶胀形成的具有一定黏度的原胶液混合物，交联液配制是将交联剂配制成一定浓度的稀释溶液；第二步是施工，现场通过混砂车，将基液和交联液按一定比例混合形成交联冻胶压裂液，同时加入支撑剂，进行压裂施工[1]。

在压裂液应用工艺技术上，从20世纪70年代以来，依据实际情况制订出两条龙现场施工工艺措施并延续至今，具体内容就是压裂液配制一条龙、拉运一条龙，根据这一原则进行后厂建设[2]。国内各油田压裂液的配液方法有固定站配液和现场移动式配液。大庆、吉林、辽河、胜利、中原、青海、新疆各油田，由于压裂现场距离比较近，通常采用固定站配液，然后将配制好的压裂液用罐车运至现场。四川油气田、延长油田、长庆油田以及大庆油田塔海区块，受到地理条件的限制，加之压裂现场距离比较远，通常采用移动配液装置进行现场配液。

一、发展历程

自20世纪70年代以来，我国水基压裂液配制工艺和技术经过不断发展和完善，经历了三个阶段：

1.粗放配液时期

时间跨度为1970—1980年，利用简单粗放的配液方法进行配液。普遍应用的有两种方式：一是直接向罐车中人工加入稠化剂和添加剂，利用罐车行驶过程中的摇摆震荡使稠化剂和添加剂溶解，配制成基液，到达作业现场直接使用；二是采用固定配液罐，人工加入稠化剂和添加剂，利用机械搅拌或者水泵循环，使稠化剂和添加剂溶解，配制基液，发放至拉液罐车，运到现场使用。以大庆油田为例，采用人工倒料方式。配液流程如下：向$10m^3$配制罐中加入半罐清水，然后将配制基液所需的2~3倍植物胶稠化剂加入配制罐，开动搅拌装置搅拌40~50min，待稠化剂溶解形成高浓度胶液后，打开罐底阀门，将胶液放至一个$70m^3$储液池中，储液池预先加入半池清水，高浓度胶液加入后，用储液池两个对角的喷射枪进行喷射，代替搅拌，使浓胶液与清水混合均匀。配制$70m^3$基液需要3~4h，每天配液能力100~$150m^3$，仅可满足一口井施工需求。

这个时期，压裂液的伤害机理、稠化剂的溶胀机理以及配制方式均处于初级认识阶段，添加剂种类少，甚至不加添加剂，基液黏度要求不高，配制工艺简单，配液和发液速度慢，工人劳动强度大，工作环境恶劣，基液中形成鱼眼型水包粉团的现象严重，压裂液质量难以保证。

2.射流配液时期

时间跨度为1980—2000年，这时多数油田已经掌握简易文丘里管射流原理，利用离心泵以一定排量泵注清水时，在文丘里管嘴处产生负压，将稠化剂胶粉和固体添加剂真空吸入，在射流器内水料混合，进入配液池，利用自吸泵泵入液添加，再通过水泵循环或叶轮搅拌混合，混合后的基液发至液罐车，由罐车在前往压裂现场途中，摇摆震荡来溶解增黏。

以大庆油田配液站为例，该站建于1987年。配制工艺是：在配液前，先把计算并称重好的稠化剂运到料斗前，依次起动水泵、配液泵、下料设备，打开所选择的配液池的相应阀门，把稠化剂逐袋倒入下料斗中，由射流器所产生的负压把料斗中的稠化剂吸入水中，实现水粉混合，进入配液池，起动搅拌设备搅拌、溶胀，检测黏度达到设计要求后，对罐车发液。在搅拌、溶胀期间，可使用另一配液池，配制其他施工井的压裂液，缩短全天压裂液配制时间。在1987—2000年期间，射流配液工艺发挥了重要作用，满足了该时期生产需要。这期间压裂液配方中新增加了液体、固体添加剂，靠人工加入到配液池。2000年随着施工井温的提高，压裂液的稠化剂配比从最高0.35%提高到0.55%，黏度增加到100~120mPa.s，配液难度逐步加大，既使采用负压射流方式，瞬间形成的鱼眼型水包粉团也较多，只有通过增大稠化剂配比保证最终黏度，配液站生产能力逐渐下降，生产工艺跟不上形势发展的需要。除上述固定站点配液外，大庆油田将射流器放置到货车上，使用简易配液车进行移动配液，用于边远地区现场配液，使配液效率提高2.5~3倍。

这个时期，油田压裂施工次数逐渐增多，压裂液稠化剂的种类也由田菁胶发展到香豆胶、瓜尔胶、羟丙基瓜尔胶、魔芋胶等品种，压裂液对储层的伤害逐步受到重视，添加剂种类增多，对压裂液的质量也有了新的要求。在压裂液的配制工艺方面，提出了高效混配、快速增黏的要求。这个时期的技术特征是借用其他行业的成熟设备来提高配液速度，典型设备是离心水泵和储罐，利用水泵和储罐反复循环，加速胶液黏度释放。实际运行中存在以下不足：在工艺方面，鱼眼型粉团不能完全消除，黏度释放时间较长（30~60min），纯碱、小苏打与高黏度基液混合不均匀；在设备上，水粉混合器容易堵料，需定期停机清洗，泵的叶轮磨损大，设备维护成本高，自动化程度不高，工人劳动强度仍较大。上述不足的根本原因是对植物胶稠化剂的溶胀机理缺乏系统研究，无专用的压裂液混配设备。在此背景下，以稠化剂溶胀机理为基础的智能配液技术呼之欲出。

3.智能配液时期

2000—2010年，国内各油田的压裂施工井型和压裂液种类开始多样化，压裂施工井数增多，施工规模增大，同时健康安全、节能环保、清洁加工成为油田配液施工的主导理念，配液作业进入了技术队伍专业化、技术设备专业化的崭新阶段，从而出现了多功能系统、机械化作业、全自动控制的最新配液技术——智能配液技术。

智能配液技术的特征是高效混合、快速释放、模块配置、智能管理。在细化速溶和剪切增黏等理论指导下，研制出一系列核心专利设备，保证了稠化剂和水的高效混合以及胶液的快速释放，针对稠化剂密度低、颗粒小、易结块的特性，研制出专门密封螺旋送料装置，针对碳酸钠、氯化钾等固体添加剂与高黏度胶液混合速度慢的难题，研制出高效固液混合装置，工艺上采取先快速释放黏度，再分段加入添加剂的方式，彻底解决了添加剂溶解和基液黏度释放之间相互影响的难题。在系统集成上，全系统采用模块化配置、智能化管理的方式，使配液车间的设备布置合理、结构紧凑，人、机、料、环、法线路清晰，扩展方便。实际应用表明，智能配液工艺和装备，彻底消除了鱼眼现象，基液黏度释放快，5~10min后就可添加各种添加剂，添加剂计量准确，压裂液质量得到显著提高。新研制的密封上料装置、收尘装置、气味处理装置、余液处理装置和自动控制系统，减轻了工人劳动强度、改善了工作环境，达到清洁加工、节能降耗和安全环保的要求。

智能配液技术的发展也经过了几个阶段，无论从技术和装备，还是实际应用，采取的是先单体，后集成；先局部，后全面的方式，从新疆油田的高效水粉混合装置、中原油田的密封螺旋上料系统和辽河油田的混配橇等单体设备应用开始，到大庆油田海拉尔和高平配液站功能齐全的整体工程建设成功，智能配液技术逐步得到推广和完善。并形成了以配液专用设备为主体，采用先释放后添加流程，配合高度智能化管理方式的一整套核心技术和装备。智能配液技术工艺流程、关键指标和系统组成见表1。

表1　智能配液技术工艺流程、关键指标和系统组成

<table>
<tr><th>项目</th><th>指标</th><th>项目</th><th>指标</th></tr>
<tr><td>配液速度/(m^3/min)</td><td>1.5~10.0</td><td>配液量/(m^3/d)</td><td>400~20 000</td></tr>
<tr><td>水粉配比(%)</td><td>0.2~1.0</td><td>数据管理</td><td>保存配液数据</td></tr>
<tr><td>配液精度(%)</td><td>±1</td><td>控制方式</td><td>自动和手动</td></tr>
<tr><td>固体、液体助剂种类/种</td><td>10~12</td><td>通信方式</td><td>有线和/或无线</td></tr>
<tr><td>系统组成</td><td colspan="3">基液配制发放系统、基液倒液系统、清洁压裂液配制发放系统、活性水配制发放系统、交联剂配制发放系统、稠化剂储存及供给系统、液体添加剂系统、固体添加剂系统、储液池清洗系统、返回液处理系统、余液处理系统、气味处理系统、自动化控制系统</td></tr>
<tr><td>工艺流程</td><td colspan="3">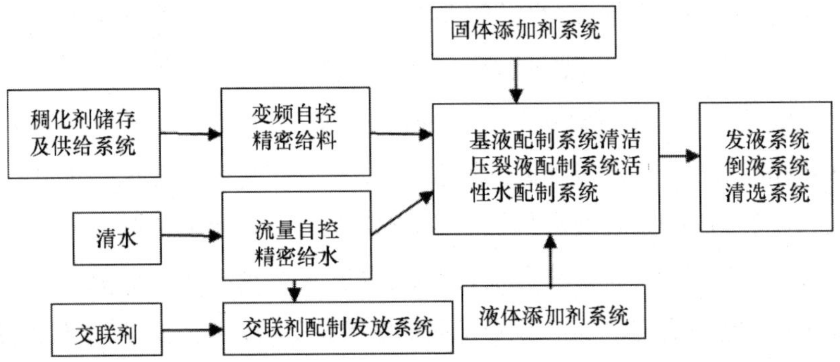</td></tr>
</table>

二、应用和前景

全自动智能配液技术获得多项部级科技进步奖,并申报多项专利。自2004年起,采用智能配液技术已经建成15座固定配液站和8套移动配液装置,遍布中石油、中石化、延长油矿下属的多个油田。各个固定配液站和移动配液装置投入生产使用后,运行情况良好。配液能力提高3~5倍,压裂液黏度释放快,无鱼眼型粉团,发液黏度可达实验室最高黏度。

2010年以后,随着常规石油资源的勘探程度不断提高,勘探难度越来越大,已开发的老油田主体进入了高含水、高采出程度的阶段,国内各油田均面临着原油稳产和上产的巨大难题,致密油气作为现实的石油接替资源,通过勘探开发力度的加大和新技术的应用,必将在保障油田稳产中发挥重要作用。致密油气只有通过工厂化施工才能经济有效动用,工厂化施工就是在固定的井场上,多井共用压裂车组和配液设备,实现连续供水、连续配液、连续泵注、连续加砂的大型压裂施工。压裂液的配制必须以提高时效和降低成本为主攻方向,其配制工艺难点在于:一是压裂液种类多,添加剂量大,要求液体之间无缝快速转换;二是配制速度快,12m^3/min以上连续配液;三是配液装置要方便灵活,流程简单,体积小,减少运输和施工前的准备时间。具备上述特点的移动配液装备和技术将是未来几年的发展方向。

参考文献

〔1〕李静群,孙虎,苏金柱,等.连续混配压裂工艺技术研究〔J〕.天然气工业,2005,25(11):48.

〔2〕胡博仲,兰中孝.大庆油田水力压裂工程〔M〕.北京:石油工业出版社,2008:8.

〔撰稿人:北京矿冶研究总院天然植物胶发展中心罗彤彤〕

〔供稿单位:中国石油和石油化工设备工业协会〕

行业概况

介绍我国石油和石油化工装备制造各分行业发展状况

综述
专文
行业概况
地区和市场概况
50强企业和名牌产品
统计资料
标准和认证
政策法规
大事记

行业概况

2012年我国锅炉压力容器制造行业发展情况

一、2011年中国特种设备发展现状

1.特种设备使用情况

特种设备是指涉及生命安全、危险性较大的承压和载人设备、设施。纳入国家质检总局安全监察范围的设备、设施包括锅炉、压力容器、压力管道、电梯、起重机械、客运索道、游乐设施、场(厂)内机动车辆等八类。

据国家质检总局统计,截至2011年底,全国在用特种设备729.15万台。其中:锅炉62.03万台,压力容器251.54万台,电梯201.06万台,起重机械171.74万台,场(厂)内专用机动车辆41.03万辆,客运索道863条,大型游乐设施1.64万台(套)。另有气瓶13 563.64万只,压力管道83.68万km。设备总量比2010年增加12.6%。2011年我国各类特种设备数量分布见图1。

全国现有持证的特种设备作业人员657.60万人,比2010年增加16.89%,其中2011年考核发证180.02万人。

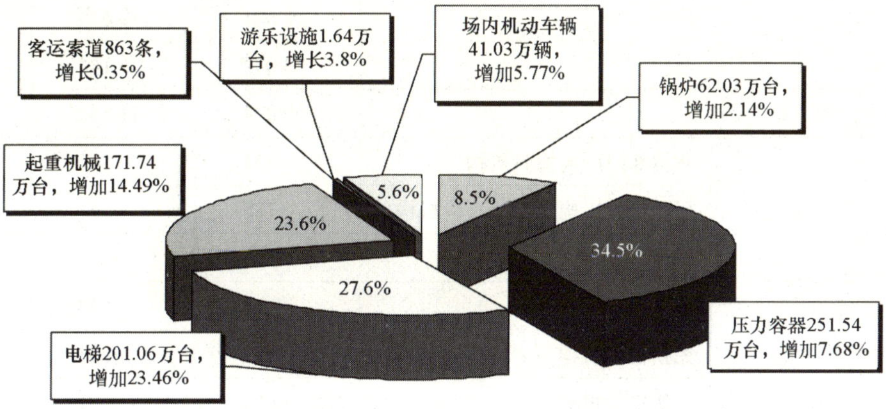

图1　2011年我国各类特种设备数量分布

2.特种设备生产情况

特种设备制造业在我国国民经济中占有相当比重。2011年我国现有特种设备生产(含设计、制造、安装、改造、维修、气瓶充装)单位53 899家,持有特种设备许可证54 514张。其中设计单位2 857家,制造单位15 257家,安装、改造、维修单位17 980家,气瓶充装单位17 805家。2011年我国特种设备生产单位数量分布见图2。

3.特种设备安全监察和检验检测情况

截至2011年底,全国质检系统共设置特种设备安全监察机构3 144个,其中国家级1个、省级32个、市级476个、县级2 635个。全国特种设备安全监察人员共11 542人。

全国现有特种设备综合性检验机构545个,其中质检部门所属检验机构347个,行业检验机构及企业自检机构198个。另外还有型式试验机构32个,无损检测机构273个,气瓶检验机构1 681个。检验机构人员共60 697人,其中质检部门所属检验机构25 993人。2011年特种设备安全监察和检验检测机构与人员统计见表1。

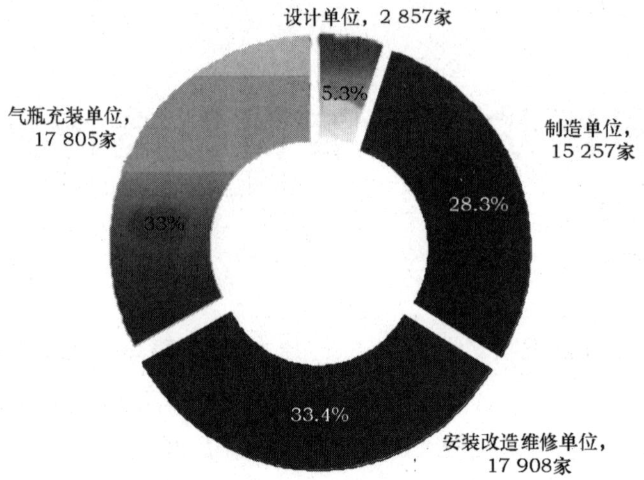

图 2 2011 年我国特种设备生产单位数量分布

表 1 2011 年特种设备安全监察和检验检测机构与人员统计

统计项目名称		2010 年	2011 年	年增长
特种设备安全监察机构(个)	国家级	1	1	
	省级	32	32	
	市级	458	476	3.93%
	县级	2 601	2 635	1.31%
	合计	3 092	3 144	1.68%
全国特种设备安全监察人员(人)		9 874	11 542	16.89%
特种设备综合性检验机构(个)	质检部门所属检验机构	331	347	4.83%
	行业检验机构及企业自检机构	185	198	7.03%
	合计	516	545	5.62%
其他检验机构(个)	型式试验机构	18	32	77.78%
	无损检测机构	257	273	6.23%
	气瓶检验机构	1 694	1 681	-0.77%
全国检验机构人员(人)		57 533	60 697	5.50%
其中:质检部门所属检验机构人员(人)		24 624	25 993	5.56%

2011 年全国各级质检部门开展特种设备执法监督检查 74.89 万次，比 2010 年增长 4.6%，责令整改各类问题 24.75 万个，同比增长 25%。特种设备检验机构对 382.05 万台特种设备及元部件的制造过程进行了监督检验，比 2010 年的检验数量增长 9.5%，发现并督促企业处理质量安全问题 4.54 万个，同比增长 13.8%；对 82.92 万台特种设备安装、改造、维修过程进行了监督检验，比 2010 年的检验数量增长 37.1%，发现并督促企业处理质量安全问题 22.98 万个，同比增长 30.5%；对 349.29 万台在用特种设备进行了定期检验，比 2010 年的检验数量增长 15%，发现并督促企业处理质量安全问题 399.29 万个，同比增长 35.9%。

全国在用特种设备完成定期检验 96%。其中：锅炉完成定期检验 33.88 万台，定检率 94%；压力容器 62.29 万台，定检率 94%；气瓶 2 515.69 万只，定检率 91%；工业压力管道 3.55 万 km，定检率 73%；电梯 158.99 万台，定检率 98%；起重机械 65.61万台，定检率 95%；场(厂)内专用机动车辆 27.30 万台，定检率 95%；客运索道 581 条，定检率

94%；游乐设施1.16万台(套)，定检率93%。

全国产品安全性能监督检验特种设备156.07万台。其中：锅炉12.3万台，压力容器122.05万台，起重机械21.69万台，游乐设施342台(套)。另有气瓶3 132万只，压力管道元件207.27万件，安全附件、安全装置18.71万套。

安装、改造维修安全性能监督检验特种设备80.47万台。其中：锅炉4.41万台，压力容器12.97万台，电梯33.5万台，起重机械27.51万台，客运索道27条，游乐设施1 524台(套)，场(厂)内专用机动车辆1.9万台。另有气瓶40.33万只，工业压力管道14.21万km。

4.特种设备安全状况

(1)总体情况

2011年全国共发生各类特种设备事故275起，死亡300人，受伤332人，直接经济损失5 880万元。与2010年同期相比，事故总起数减少21起，下降7.09%；死亡人数减少10人，下降3.23%；受伤人数增加85人，上升34.41%；直接经济损失同比减少780.86万元，减少11.72%。全年275起特种设备事故中，锅炉事故41起，压力容器事故21起，气瓶事故27起，压力管道事故6起，起重机械事故74起，电梯事故64起，场内专用机动车辆事故34起，大型游乐设施事故7起，客运索道事故1起。

2011年特种设备万台事故率为0.57，与2010年相比下降了10.9%；特种设备万台死亡人数为0.595，同比下降了11.2%，万台死亡人数控制在国务院安全生产委员会下达的特种设备安全生产控制指标之内，事故状况保持平稳态势。2001—2011年特种设备万台事故发生次数见图3；2004—2011年万台设备事故死亡人数见图4。

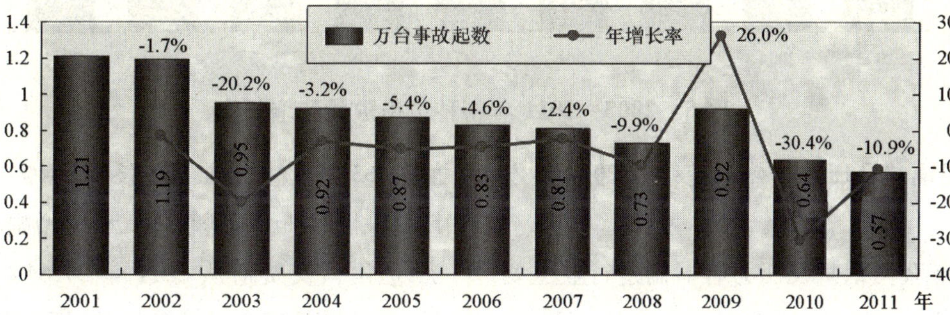

图3　2001—2011年特种设备万台事故发生次数

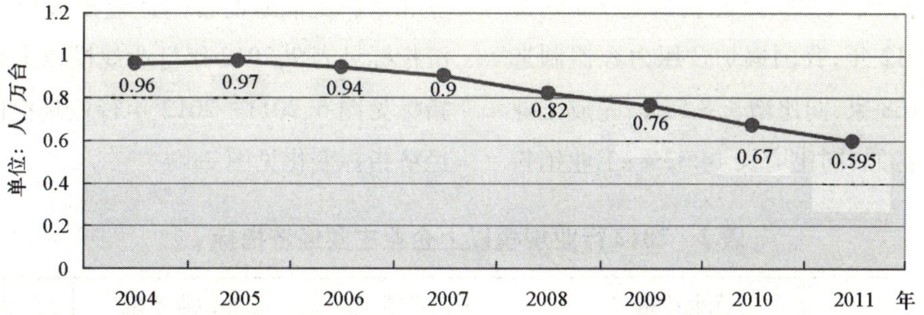

图4　2004—2011年万台设备事故死亡人数

(2)事故特点

锅炉、压力容器、压力管道等承压类的事故特征主要是爆炸或泄漏着火。起重机械、电梯等机电类事故的特征主要为倒塌、坠落、撞击和剪切等。

(3)事故原因

从事故发生环节来看，全年统计范围事故中，发生在使用环节的事故占79.62%；充装、储运环节的事故占6.64%；安装环节的事故占6.16%；维修改造环节的事故占7.11%；检验环节事故占0.5%。

从技术层面来看，锅炉事故主要发生在小型服务业，其原因主要是企业管理不善，操作人员操作不当；压力容器事故突出体现为快开门压力容器和造纸烘缸事故，其原因主要为快开门压力容器联锁保护装置失效或功能不全，造纸烘缸缺少系统压力控制；气瓶事故主要发生在气体充装环节，设备种类体现为氧气瓶和车载气瓶，其原因主要是企业管理不到位，充装前缺少检查；压力管道事故则主要在化肥合成氨企业的工艺管道，其原因主要是超负荷生产，检修维修不到位；电梯事故的主要原因是电梯使用单位管理缺失，电梯故障以及急救处置不当；起重机械事故原因主要是作业现场管理不到位；大型游乐设施事故主要原因是设备缺少维修维护，现场管理不到位。

5.特种设备发展状况

21世纪，我国特种设备得到了较快的发展，特种设备的数量从2003年的233.9万台增长到2011年的729.15万台，2008年以来的年增长率均超过10%。2003—2011年特种设备数量和增长率见图5。

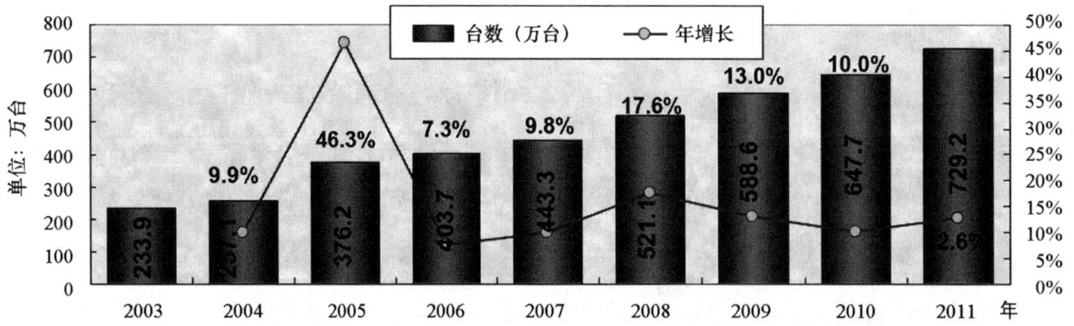

图5　2003—2011年特种设备数量和增长率

二、我国锅炉及压力容器制造行业2012年发展情况

1.2012年我国锅炉及压力容器制造行业主要经济指标分析

从2011年开始，国家统计局将规模以上企业标准从年主营业务收入500万元提高到2 000万元。按此口径，2012年，我国锅炉及压力容器制造规模以上企业1 168家，同比增长8.55%；完成工业总产值2 384.94亿元，同比增长14.32%；工业销售值2 363.72亿元，同比增长15.64%；出口交货值134.01亿元，同比下降15.07%。增幅与2011年相当，但出口交货值从2011年37.64%的大幅增长后，又回归至15.07%的负增长；压力容器制造业整体好于锅炉及辅机制造业。2012年压力容器制造业和锅炉及辅助设备制造业规模以上企业主要经济指标见表2，2012年行业规模以上企业主要经济指标见图6、2011—2012年行业规模以上企业主要经济指标变化见图7。

表2　2012行业规模以上企业主要经济指标

行业	企业数量		工业总产值		工业销售产值		出口交货值	
	数量（家）	同比增长（%）	金额（亿元）	同比增长（%）	金额（亿元）	同比增长（%）	金额（亿元）	同比增长（%）
锅炉及辅助设备制造业	744	13.41	1 657.67	12.37	1 656.06	14.51	95.37	-18.29
金属压力容器制造业	424	0.95	727.27	19.04	707.66	18.36	38.64	-5.92
合计	1 168	8.55	2 384.94	14.32	2 363.72	15.64	134.01	-15.07

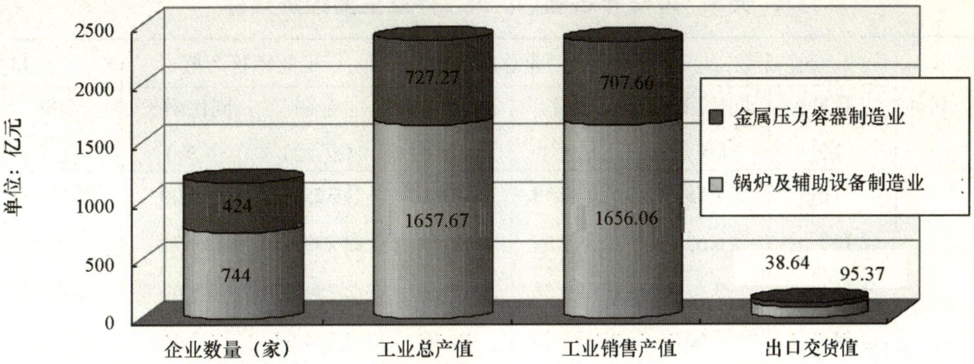

图 6　2012 年行业规模以上企业主要经济指标

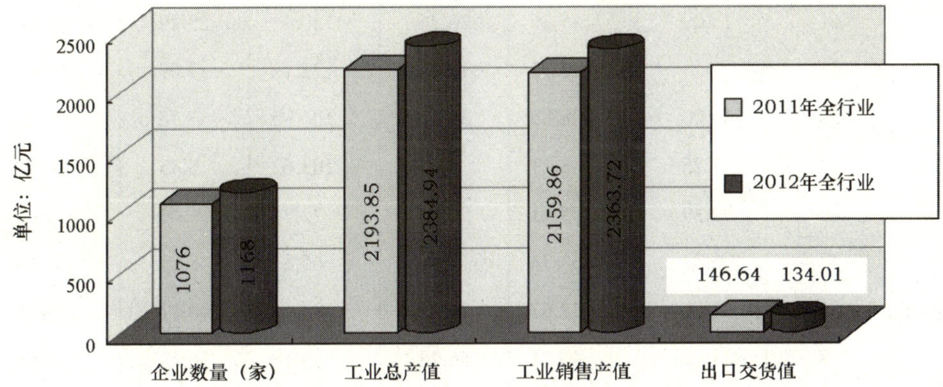

图 7　2011—2012 年行业规模以上企业主要经济指标变化图

2.2012 年各地区行业主要经济效益指标分析

按工业总产值排名，2012 年全国各省（市、区）行业主要经济指标见表 3，2012 年主要经济指标前 5 省市区之和占全国的比重见图 8。企业数量排名前五位是：江苏省 167 家，山东省 161 家，辽宁省 144 家，河南省 81 家，浙江省 74 家；工业总产值排名前五位是：四川省 329.48 亿元，山东省 303.59 亿元，江苏省 290.58 亿元，辽宁省 233.76 亿元，上海市166.81亿元，山东省上升一位，江苏省下降一位，辽宁省和上海市维持不变，黑龙江省从第六位继续滑落到第八位；工业销售产值排名前五位是：四川省 325.77 亿元，山东省 299.95 亿元，江苏省 284.27 亿元，辽宁省 224.94 亿元，上海市165.77亿元，排名与工业总产值相同；出口交货值排名前五位是：上海市 30.46 亿元，四川省 22.48 亿元，黑龙江省20.82 亿元，广东省 20.12 亿元，江苏省13.62亿元，上海市仍维持第一位，黑龙江与四川省的排位对调，广东省从第七位上升到第 4 位，江苏省下降一位。

2012 年的排名前五位中，除四川省位居西部地区外，其他 4 省市均处在沿海地区。江苏省的企业数量（是四川省的 2.35 倍）和 ASME 持证厂商数量全国最多，但发展速度放缓，企业数和出口指标出现了负增长；山东省的发展势头趋好，整体水平已超过江苏；四川省虽然在西部地区，但大企业（主要是国有企业）多，产业集中度相对较高，发展势头略差于山东省，但好于其他 3 省市。与以往的情况相似，各项指标前 5 名之和占全国的比重均超过 53%，但比重比 2011 年有所下降。

表3　2012年各省(市、区)行业主要经济指标

序号	省(市、区)	企业数		工业总产值		工业销售产值		出口交货值	
		数量(家)	同比增长(%)	金额(亿元)	同比增长(%)	金额(亿元)	同比增长(%)	金额(亿元)	同比增长(%)
1↑	四川	71	7.58	①329.48	13.62	①325.77	14.00	②22.48	-0.27
2↑	山东	②161	6.62	②303.59	19.43	②299.95	18.72	10.29	33.32
3↓	江苏	①167	-3.47	③290.58	11.73	③284.27	11.67	⑤13.62	-25.67
4	辽宁	③144	3.60	④233.76	34.46	④224.94	33.45	0.69	-12.95
5	上海	51	2.00	⑤166.81	0.52	⑤165.77	0.13	①30.46	-19.77
6↑	河南	④81	17.39	148.31	19.58	146.82	20.25	0.17	203.41
7↑	湖北	61	15.09	135.36	26.26	130.4	25.29	0.91	169.28
8↓	黑龙江	31		123.92	-10.85	122.72	-7.09	③20.82	-28.65
9↑	安徽	36	44.00	108.85	36.13	106.95	33.76	0.32	83.09
10↓	浙江	⑤74	7.25	108.11	6.87	103.62	5.45	4.63	-22.40
11↑	广东	46	39.39	73.21	8.00	72.34	6.03	④20.12	6.69
12↓	河北	47	6.82	68.74	7.97	65.82	8.85	0.43	-16.30
13↑	吉林	33	37.50	57.67	26.61	84.06	90.12	0.08	290.38
14	山西	8		40.21	56.28	39.18	56.44	0.18	577.24
15↓	北京	20	5.26	37.11	-33.86	36.58	-34.39	5.61	-62.05
16↑	湖南	31	3.33	27.12	15.29	26.04	13.12	0.08	-56.09
17↑	新疆	6		25.7	39.74	25.21	40.97	0.7	
18↑	江西	11	22.22	20.24	23.34	20.07	22.13	1.88	
19↑	宁夏	21	31.25	19.09	36.21	17.59	4	0	
20↓	内蒙古	11		18.98	7.57	18.05	4.39	0	
21↓	天津	18	-5.26	18.74	8.50	18.94	13.96	0.4	319
22	广西	18	38.46	10.91	14.12	10.5	12.28	0	
23	重庆	7		7.24	15.49	7.08	32.89	0.14	-46.08
24	福建	4		5.06	9.73	4.94	19.37	0	
25↓	陕西	3	200	2.35	220.41	2.51	216.19	0	
26↑	贵州	3	50	1.96	15.95	1.92	8.24	0	
27↑	云南	3		1.49	10.78	1.36	19.84	0	
28↓	甘肃	1		0.33	-18.65	0.33	-18.16	0	
全行业合计		1 168	8.55	2 384.92	14.32	2 363.73	15.64	134.01	-15.07

	数量(家)	占比(%)	金额(亿元)	占比(%)	金额(亿元)	占比(%)	金额(亿元)	占比(%)
前5省市合计	627	53.68	1 324.22	55.52	1 300.70	55.03	107.50	80.22
其他省市合计	541	46.32	1 060.70	44.48	1 063.03	44.97	26.51	19.78

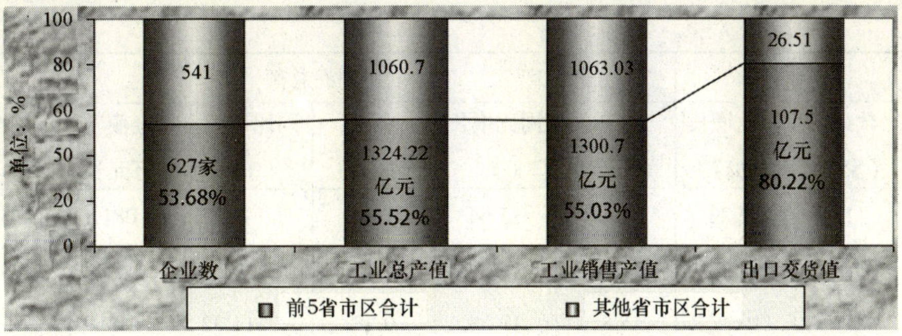

图 8　2012 年主要经济指标前 5 省市区之和占全国的比重

按总资产排名，2012 年全国各省（市、区）行业主要效益指标见表 4，2012 年主要经济效益指标前 5 省（市区）之和占全国的比重见图 9。总资产前五位是：四川 348.49 亿元，江苏 278.48 亿元，黑龙江 223.57 亿元，上海 204.84 亿元，山东 190.94 亿元。利润总额前五位是：四川 28.21 亿元，山东 19.04 亿元，上海 16.34 亿元，江苏 16.02 亿元，河南 13.65 亿元。亏损额最多的前五位是：湖北 16 490 万元，同比增长 24.94%，占总资产的 1.59%；江苏 14 590 万元，同比增加 201%，占总资产的 0.52%；上海11 521 万元，同比增长 131%，占总资产的 0.56%；湖南 5 065万元，同比增长 583%，占总资产的 2.89%；山东 4 854 万元，同比下降65.1%，占总资产的0.25%；亏损额占总资产比重最小的前五省市是：重庆（接近 0）、安徽（0.04%）、四川（0.06%）、广东和吉林（均为 0.08%）。

表 4　2012 年全国各省（市区）行业主要效益指标

序号	省市区	企业数		总资产		利润总额		亏损额		
		数量（家）	同比增长（%）	金额（亿元）	同比增长（%）	金额（亿元）	同比增长（%）	金额（万元）	同比增长（%）	占比总资产（%）
1	四川	71	7.58	①348.49	8.46	①28.21	44.98	2 146.4	15.88	0.06
2	江苏	①167	-3.47	②278.48	9.66	④16.02	0.90	②14 590.3	201	0.52
3	黑龙江	31		③223.57	11.44	12.95	5.02	4 035.9	79.45	0.18
4	上海	51	2.00	④204.84	-5.43	③16.34	0.23	③11 520.7	131	0.56
5	山东	②161	6.62	⑤190.94	16.77	②19.04	27.12	⑤4 854.0	-65.10	0.25
6	浙江	⑤74	7.25	140.31	7.55	7.04	0.73	1 672.5	-18.56	0.12
7	辽宁	③144	3.60	119.62	35.83	11.25	36.12	4 227.8	-32.75	0.35
8	湖北	61	15.09	103.72	10.36	5.64	10.65	①16 490.1	24.94	④1.59
9	北京	20	5.26	80.77	-2.04	2.65	-44.10	1 281.6	2.14	0.16
10	安徽	36	50.00	70.81	20.63	8.83	-0.64	289.7	9.07	0.04
11	河南	④81	17.39	68.23	28.08	⑤13.65	18.31	943.4	35.82	0.14
12	河北	47	6.82	55.74	13.21	4.37	-12.04	3 256.6	176	0.58
13	广东	46	39.39	45.2	18.06	4.1	27.24	357.4	-12.66	0.08
14	山西	8		39.55	19.64	3.43	48.16	1 043.5	-60.38	0.26
15	甘肃	6	50.00	38.38	40.16	1.3	225	336.3	-23.43	0.09
16	天津	18	-5.26	25.69	37.04	0.85	70.77	651.5	2313	0.25
17	吉林	33	37.50	25.13	10.08	3.56	21.62	204.7		0.08

（续）

序号	省市区	企业数		总资产		利润总额		亏损额		
		数量（家）	同比增长（%）	金额（亿元）	同比增长（%）	金额（亿元）	同比增长（%）	金额（万元）	同比增长（%）	占比总资产（%）
18	江西	11	22.22	23.87	15.64	1.12	41.27	1 081.1	−3.48	0.45
19	湖南	31	3.33	17.54	16.82	1.15	9.33	④5 065.4	583	②2.89
20	陕西	21	110	15.8	19.58	0.28	11.32	1 107.9	−59.76	0.70
21	内蒙古	11		14.08	39.68	2.02	7.90	364.0	2 789	0.26
22	广西	18	38.46	9.28	9.19	0.65	−11.39	1511.2	6.23	③1.63
23	重庆	7		6.37	6.33	0.41	−885	2.8	−99.86	0.00
24	贵州	3		4.44	57.37	0.06	−6.20	47.4		0.11
25	宁夏	3	−62.50	3.11	63.40	−0.1	−1 596	1 014.4	64.41	①3.26
26	新疆	3	−40.00	2.11	−8.22	0.02	−74.96	0		
27	福建	4		1.11	46.45	0.26	209	82.5		⑤0.74
28	云南	1		0.71	26.79	0.02	77.27	0		
全行业合计		1 168	8.85	2 157.91	11.56	165.09	14.91	78 179.1	20.28	0.36

	数量（家）	占比（%）	金额（亿元）	占比（%）	金额（亿元）	占比（%）	金额（万元）	占比（%）
前五省市合计	627	53.68	1 246.32	57.76	93.26	56.49	52 520.5	67.18
其他省市合计	541	46.32	911.59	42.24	71.83	43.51	25 658.6	32.82

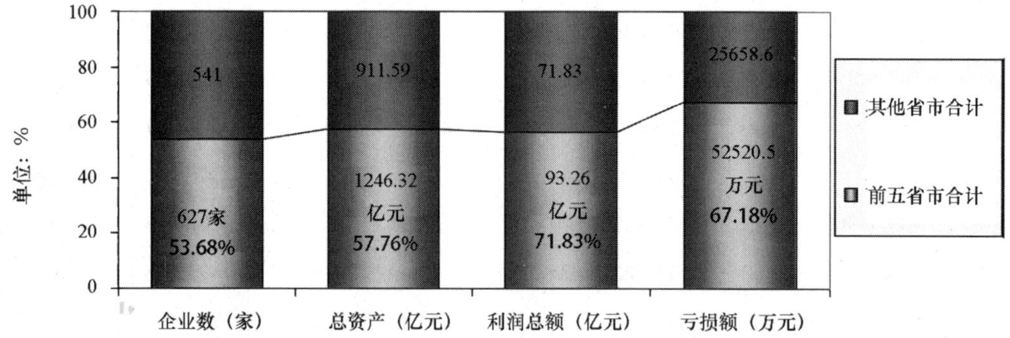

图 9　2012 年主要效益指标前 5 省(市区)之和占全国的比重

3.2012 年行业各种类型企业主要经济指标分析

根据国家统计局对企业属性的分类，企业可分为三类，即国有和国有控股企业、私营和其他内资企业、合资和外资企业。国有和国有控股企业包括：国有、集体、股份合作、集体联营、其他联营、国有独资公司、其他有限责任公司和股份有限公司等企业，私营和其他内资企业包括：私营独资、私营合伙、私营有限责任公司、私营股份有限公司和其他内资企业，合资和外资企业包括：与港澳台商合资经营、港澳台商独资、港澳台商投资股份有限公司、中外合资经营、外资企业和外商投资股份有限公司企业。2012 年行业各类规模以上企业的主要经济指标见表 5，2012 年行业三类规模以上企业主要经济指标比重见图 10。由此可以看出：国有和国有控股企业数量只占31.85%，但完成了42%～43%的工业总产值和工业销售产值，52%的出口交货值，比重虽比2011年有所下降，但仍是行业发展的中坚力量；私营和其他内资企业数量最多（占58.73%），工业总产值和工业销售产值与国有及控股企业相当，但出口贡献率最小（8%）；合资和外资企业数量占9.42%，贡献了14%左右产值和销售值，40%的出口额。

表5　2012年行业各类规模以上企业的主要经济指标

行业	企业数量		工业总产值		工业销售产值		出口交货值	
	数量（家）	同比增长（%）	金额（亿元）	同比增长（%）	金额（亿元）	同比增长（%）	金额（亿元）	同比增长（%）
国有	21	10.53	43.09	-1.78	41.51	-3.62	1.28	-31.48
集体	32	10.34	46.57	3.19	45.26	3.23	0.16	-41.76
股份合作	18	0.00	31.82	6.99	31.7	5.96	0.04	—
集体联营	1	0.00	0.23	-5.34	0.23	-5.34	0	—
其他联营	1	—	0.27	-42.36	0.27	-42.36	0	—
国有独资公司	5	0.00	6.2	-21.90	6.07	-20.06	0	-100
其他有限责任公司	249	14.22	611.53	10.85	597.28	11.61	41.48	-23.53
股份有限公司	45	-8.16	288.4	6.47	288.61	6.71	26.74	-13.76
私营独资	109	-6.03	160.36	30.97	156.21	31.63	0.82	79.42
私营合伙	13	-18.75	22.98	8.40	22.76	8.68	0	—
私营有限责任公司	500	10.38	701.59	24.58	709.37	28.86	8.63	6.37
私营股份有限公司	43	26.47	111.21	21.38	109.63	21.27	0.87	-69.48
其他内资	21	162.50	26.58	21.77	25.96	21.72	0.2	12.36
与港澳台商合资经营	9	-43.75	46.5	0.10	45.84	-1.26	3.98	-23.82
港澳台商独资	19	0.00	57.68	20.57	57.68	27.01	5.46	-7.22
港澳台商投资股份有限公司	1	0.00	5.17	-5.61	5.17	-5.61	3.88	73.08
中外合资经营	35	9.38	132.06	-4.47	129.19	-5.90	14.13	-26.05
中外合作经营	3	200.00	12.08	81.11	12.11	81.72	2.91	110
外资企业	40	2.56	72.76	8.33	71.07	7.51	22.73	-8.45
外商投资股份有限公司	3	50.00	7.85	91.71	7.8	92.26	0.7	9 816
国有和国有控股企业	372	9.73	1 028.11	8.23	1 010.93	8.61	69.70	-20.35
私营和其他内资企业	686	9.41	1 022.72	24.68	1 023.93	27.70	10.52	-9.36
合资和外资企业	110	0.00	334.11	5.75	328.87	5.59	53.78	-8.34
全行业合计	1 168	8.55	2 384.94	14.32	2 363.72	15.64	134.01	-15.07

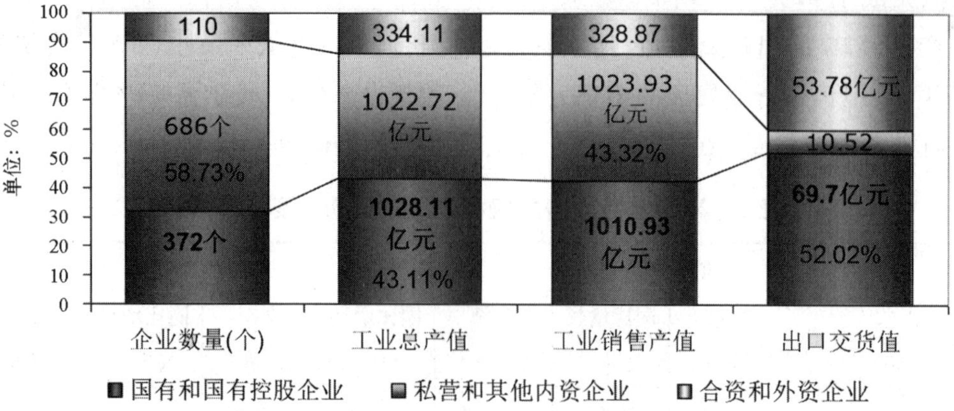

图10　2012年行业三类规模以上企业主要经济指标比重

4.2012年行业主要效益指标分析

根据国家统计局对1 168家行业规模以上企业的数据统计，2012年全行业企业总亏损额7.818亿元，同比增长20.28%，其中锅炉及辅助设备制造业亏损额5.159亿元，同比增长49.18%，压力容器制造业亏损2.659亿元，同比下降12.58%；总资产2 157.91亿元，同比增长11.56%；总负债1 388亿元，同比增长7.83%；实现产品销售收入2 305.36亿元，同比增长11.57%；产品销售成本1 899.52亿元，同比增长10.37%；利润总额165亿元，同比增长14.91%；安排就业人员24.63万人，同比增长5%。与2011年相比，全行业亏损额增幅下降了14个百分点，其他各项效益指标的增幅也有所回落；金属压力容器制造业的表现要好于锅炉及辅助设备制造业。2012年行业规模以上企业主要效益指标见表6和2012年行业规模以上企业主要效益指标比重见图11

表6　2012年行业规模以上企业主要效益指标

行　业	企业数		亏损额		资产总计		负债总计	
	数量（家）	同比增长（%）	金额（亿元）	同比增长（%）	金额（亿元）	同比增长（%）	金额（亿元）	同比增长（%）
锅炉及辅助设备制造业	744	13.41	5.159	49.18	1 578.27	8.97	1 041.29	4.00
金属压力容器制造业	424	1.19	2.659	-12.58	579.64	19.29	346.70	21.27
全行业合计	1 168	8.65	7.818	20.28	2 157.91	11.56	1 387.99	7.83

行　业	产品销售收入		产品销售成本		利润总额		从业人员	
	金额（亿元）	同比增长（%）	金额（亿元）	同比增长（%）	金额（亿元）	同比增长（%）	人数（人）	同比增长（%）
锅炉及辅助设备制造业	1 607.96	9.30	1 316.38	8.20	121.79	12.19	159 395	4.76
金属压力容器制造业	697.39	17.18	583.14	15.61	43.30	23.31	86 908	5.56
全行业合计	2 305.36	11.57	1 899.52	10.37	165.09	14.91	246 303	5.04

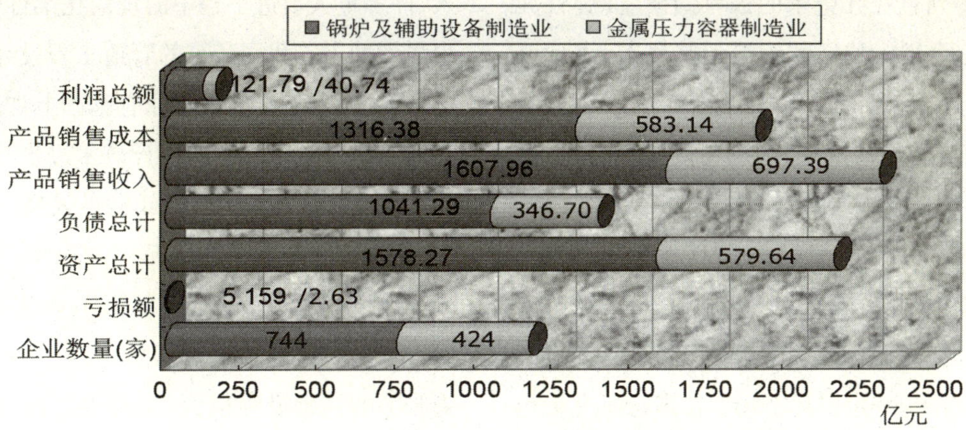

图11　2012年行业规模以上企业主要效益指标比重

〔撰稿人:中国石油和石油化工设备工业协会秘书长杨双全〕

膨胀节行业的现状和发展概况

膨胀节广泛用于炼油、石油、石油化工、化工、建筑、冶金、机械、电力、航空、航天、核动力、船舶、热力和煤气输送等工业部门。随着我国国民经济的高速发展,特别是城建、油、气、煤、热、通风等管道铺设量的迅猛增加,其需求量逐年上升。膨胀节除用于压力容器、换热器等设备及仪器仪表外,还用于管道的热位移补偿、动力隔振以及管道与管道、管道与设备及设备与设备的柔性连接。

一、膨胀节行业发展概述

膨胀节问世已有一百多年的历史,1885年德国威兹曼(Wittzemann)与勒互尔首次研制成功了世界上第一个"互相连接的金属管"(柔性金属管),并获得了专利。1929年用钢和黄铜制成了波纹管和波纹管式金属软管,世界上第一次有了波纹管。随着工业发展的需要,工业发达国家逐步研制开发生产出金属软管和膨胀节。实际上膨胀节是从第二次世界大战以后才开始逐渐引起工业领域重视的,1952年单层和双层不锈钢波纹管研制成功并获得专利,1955年多层波纹管膨胀节研制成功,也获得专利。此后世界工业发达国家波纹管膨胀节行业开始进入高速发展期。

美国膨胀节制造商协会(EJMA)是美国波纹管工业的骨干力量之一,成立于1955年,1958年该协会第一次制定发表了EJMA标准,几经修订,1980年版已基本成熟,并为各国膨胀节制造厂和各行业设计院采用;1985年出版了第5版;1993年出版了第6版,第6版汇集了美国膨胀节的有关研究成果,在材料、设计、结构和测试等方面比以前版本均有了较多的更新和补充,标志着EJMA标准进一步成熟与完善,成为世界权威性的膨胀节标准,是迄今全球最完整最系统的膨胀节标准。

德国威兹曼公司在100多年的发展中,在金属膨胀节制造上取得了世人瞩目的进展。该公司最大的膨胀节研制基地——威兹曼公司福兹海姆金属软管厂是当今世界上最大的膨胀节企业,产品包括弹性元件、软管、膨胀节及各类波纹管产品,品种规格很多，小到直径几毫米的铍青铜模盒（弹性元件），大到直径12m的不锈钢波形膨胀节，该厂既有传统工业设备，又有最先进的生产手段，可同时制成4波的自动滚压成形机，其精度极高，弹性元件由全自动线和机器人操作。德国的金属、非金属膨胀节制造厂达到20多家。

日本、意大利、英国、法国、比利时、俄罗斯等工业发达国家的膨胀节工业也相当发达，具有一定的生产规模，并占领一定国际市场。在理论研究上也做了大量工作，并建立了各自的膨胀节标准。除此之外，荷兰、瑞典、瑞士、奥地利、捷克、波兰、韩国等国家也都有若干专业或兼营的膨胀节制造厂家。波形膨胀节和金属软管普及程度也很高，但这些厂家产品大多只能满足或部分满足本国工业发展的需求，对国际市场涉足很少。

随着膨胀节工业的迅速发展，波形膨胀节从简单的热补偿挠性元件发展成为挠性元件及其附件组成的膨胀节装置，其设计先进、品种规格齐全、生产手段先进，膨胀节已发展成为一个新兴的行业，使用范围越来越广。

二、我国膨胀节行业发展现状

我国的波纹管膨胀节研制始于20世纪50年代，应用研究最早的是仪表行业，作为仪表中的弹性元件、敏感元件、测量元件、控制元件等尺寸相对也较小，波纹管的管坯主要用不锈钢、铍青铜板材压延成形；50年代末，为满足航天事业发展的需要，国防部五院一分院和首都航天机械厂研制成功了管道用金属波纹管；炼油、化工等行业换热器用波形膨胀节则由制造厂按设计图样单件生产。60年代初晨光机械厂开始研制金属软管和波形膨胀节。自60年代起，我国各工业领域为满足本系统产品配套的需要，也相继研制波形膨胀节，较长时间内停留在谁使用谁研制的“自给自足”阶段，直到1967年才建成国内第一条金属软管和小型波纹管膨胀节专用生产线。

20世纪70年代末、80年代初，随着国家工业现代化建设的迅速发展，改革开放政策的不断深入，许多重大引进工程中的现代化柔性管道系统工程强烈冲击着我国传统的管道工程设计，各工业部门有代表性的设计院，在原有基础上加速了现代化柔性管道系统工程中的设计技术进步与此相适应，我国的膨胀节行业开始了迅猛的发展。

三、膨胀节制造的情况

改革开放以来，随着国家工业建设的迅速发展，市场对膨胀节的需求不断增长；由于制造生产膨胀节的初始投资很少（主要设备仅为油压机、焊机等），而产品利润又甚丰厚，故我国膨胀节生产厂家呈急剧增长的趋势，产值在50万元以上的企业有200家左右，年销售产值达到6亿元左右，已发展成为一个新兴行业。该行业涉及的企业包含有国有企业、中外合资企业、集体企业和个体企业等多种所有制性质，从数量来说，其中集体企业和个体企业占多数。从企业生产规模来看，大到年产值几千万元、上亿元；小的年产值几百万元、几十万元，甚至十几万元、几万元。

制造工艺上大多采用整体成形法，直径较小时采用液压成形，当然也有不少厂家限于设备条件，生产直径大于1 000mm，ϕ2 000mm和ϕ3 000mm的波纹管仍采用液压成形工艺。

大直径的多采用滚压成形。我国约有数十家企业引进了工业发达国家的先进加工设备和先进技术，有的企业与外国同类厂家合作合资，引进国外生产线和高科技，也有专业研究机构或企业自己研制的具有国际先进水平的专用设备，有大规模自制设备和引进设备组成的专用自动化生产线，可以说我国骨干企业膨胀节生产水平并不落后，产品已达到或接近国外先进水平。

四、膨胀节产品品种规格情况

国内骨干厂家都形成产品系列，如晨光机器厂生产的波纹补偿器系统有通用型、轴向型、角向型、万向型、横向型、外压型、直管压力平衡型、曲管压力平衡型、矩形截面型及非金属型等类型。圆形截面口径ϕ40~7 000mm，矩形截面尺寸按用户需求，压力在7MPa范围内均可制造。金属软管系列产品的压力可达 32MPa,还研制成功高压(20MPa)、大直径、大流量的波纹金属软管。金属膨胀节的材料通常由低碳或超低碳不锈钢,也有蒙耐尔、因科镍、哈斯特罗依及铜、铝或其他合金材料制作的。非金属膨胀节采用橡胶、氟塑料及纤维制造。

五、膨胀节产品的标准情况

金属波形膨胀节标准主要分三大类:仪器仪表用、管道用、压力容器与换热器等设备用。这些标准基本上以美国制造商协会(EJMA)标准为依据,再根据各自的具体情况加以修正,也有的标准是参照日本 JIS 标准、前苏联 ГОСТ 标准制定的。

六、膨胀节的科研开发情况

在我国膨胀节行业发展过程中,国有机械企业根据需要投资研制开发的新产品,为膨胀节行业的开拓和发展奠定了物质基础;高等院校是膨胀节产品科研开发的技术后盾,为企业提供了领先的技术信息,推荐工程上采用新产品,协助企业解决有关技术问题,进行有关基础试验。有关厂家和科研设计单位一起开发出 Ω 形膨胀节、多层多波膨胀节、非金属波纹管膨胀节、大口径高压膨胀节、各种耐腐蚀膨胀节等新产品;不少企业采用计算机优化设计膨胀节,有的单位开发了膨胀节集成软件系统,该系统能够进行膨胀节的日常设计、绘图、管理、咨询等工作;有关研究单位结合产品开发工作进行了有关膨胀节的疲劳寿命、自振频率、位移、应力应变、刚度等基本性能试验研究,积累了大量数据,为新产品开发、标准制定提供了依据。目前不少研究单位和高等院校如合肥通用机械研究院、沈阳仪表所、洛阳 725 所、华南理工大学、南京化工学院、浙江化工学院、上海大学等都建立了一定的膨胀节实验研究手段。

六、膨胀节行业活动及组织情况

随着我国膨胀节行业的蓬勃发展,1985 年中国压力容器分会膨胀节专业委员会成立,在进行学术技术交流,开展人才培训,推动我国膨胀节的理论、应用技术研究和生产能力的发展方面起了很大的作用。《管道技术与设备》杂志编辑部吸收膨胀节行业部分专家为其编委,并进行过数次膨胀节行业情况的交流。1994 年中国力学学会又成立了膨胀节及管道力学专业委员会,对促进我国波纹管的实验研究、理论研究、应用研究和开发,提高我国波纹管力学的学术水平起到应有的作用。根据我国膨胀节广大企业的要求,从 1989 年开始酝酿成立行业组织,经过多方努力筹备,于 1994 年 9 月获国家民政部批复,同意在中国石油和石油化工设备工业协会(简称中石协)下设立膨胀节专业委员会(现已改为膨胀节分会),并于 1994 年 11 月在南京召开了成立大会。膨胀节分会根据技术进步和质量两项入会准则,截至 2013 年 6 月已吸收正式会员 63 个。膨胀节分会的宗旨是以制造企业为主体,以产品为中心,面向全行业,服务全行业,为企业和会员服务,为用户服务,协助政府开展行业管理工作。在政府和企业间起纽带和桥梁作用,推动会员单位之间横向联系,促进膨胀节行业技术进步和经济发展。

2011 年 5 月 23—25 日中石协膨胀节分会第五届会员代表大会在南京召开,41 个会员企业的 49 位代表出席了本次大会。会议审议并通过了《第四届理事会工作报告》以及《中石协膨胀节分会工作条例修改说明》《中石协膨胀节分会工作条例》《第五届理事会组成方案》《中石协膨胀节分会第四届理事会财务报告》《膨胀节行业自律公约》等有关文件。

中石协第七届理事会常务副理事长林钢宣读了中石协关于中石协膨胀节分会第五届理事长、副理事长、秘书长候选人推荐意见。经过充分协商,大会投票选举了由 21 位理事组成的膨胀节分会第五届理事会。

会议期间召开了五届一次理事会,选举南京晨光东螺波纹管有限公司董事长孙鹤为第五届常务理事长,选举王国玉、刘杰、韩杰、徐韦、刘玉斌、董振娴为副理事长,聘任董振娴为秘书长(兼),推举第三届理事会理事长刘艳江为名誉理事长;审议并通过了中石协膨胀节分会会员变动情况的报告。

随后召开的常务理事会，决定聘任陈立苏为副秘书长，决定新一届专家组由李建国任组长、李永生和段玫任副组长；通过了专家组正副组长提名的新一届专家组成员并按照膨胀节分会工作条例的规定由本届理事会理事长聘任。

七、中石协膨胀节分会理事长会员单位介绍

1.南京晨光东螺波纹管有限公司

中石协膨胀节分会理事长单位，是由航天晨光股份有限公司（AEROSUN CORPORATION）和日本科技富莱克斯东螺株式会社（TECHNOFLEX & TOLA, INC.）投资的中日合资公司。日本科技富莱克斯东螺株式会社是日本三家领先波纹管元件制造商合并后的公司，分别为科技富莱克斯株式会社（TECHNOFLEX）、东京螺旋管制作所（TORA）和东洋螺旋管工业株式会社（TOYO）。

航天晨光股份有限公司始创于1865年，2001年6月15日在上海证券交易所隆重上市，证券代码600501，股票名称"航天晨光"；公司自1966年起开始生产波纹管产品，是亚洲最大的波纹管元件制造商之一。

南京晨光东螺波纹管有限公司是中国市场领先的波纹补偿器制造商，现已成为国际市场重要补偿器制造商之一。公司生产的各类金属波纹补偿器和非金属补偿器已广泛地用于航空和航天、电力（火电、核电、水电、热电等）、钢铁、冶金、炼油、油品储运、化工（硫酸、制碱、化肥、乙烯等）、水泥、城市集中供热、高层建筑、食品、轻工、电子、制药等行业。

2008年12月23日南京晨光东螺波纹管有限公司获得了民用核安全膨胀节设计/制造许可证，成为同行中首家获此资质的制造商。

2009年1月16日南京晨光东螺波纹管有限公司正式加入世界膨胀节权威组织——美国膨胀节制造商协会（EJMA协会），正式成为其在亚洲的唯一会员，迈入了全球领先膨胀节设计制造商之列。

EJMA协会作为国际公认的膨胀节标准组织，其会员均为世界领先的著名波纹膨胀节制造商，加入EJMA协会是南京晨光东螺波纹管有限公司迈入全球领先膨胀节设计制造商之列的重要标志。公司加入EJMA协会为企业提供了高层次的技术交流平台，是扩大技术资源、提升技术层次、扩大国际知名度、巩固公司在国内领先地位的重要途径，同时是开辟营销渠道、拓展国内国际市场行之有效的资质资源。

南京晨光东螺波纹管有限公司全面考虑用户需求，一直努力提供优秀的补偿器产品和柔性管道解决方案。基于自身综合能力和长远发展规划，南京晨光东螺波纹管有限公司实现了从单一补偿器到压力容器、烟囱、管道支架以及压力管道设计等产品多元化的跨越。

公司的研发设计工作已全面实现了计算机化，从用于优化选型、管线应力分析CAESAR－Ⅱ软件，到用于产品各项性能综合评价的波纹管计算程序，直至最终绘图用的专用CAD软件，以及企业资源管理ERP软件（含PDM软件），形成了一个完整的计算机辅助设计、管理体系。

波纹补偿器设计按照EJMA、ASME、JIS B 8277—2008；GB 150—2011《压力容器》。GB/T 12777—2008《金属波纹管膨胀节通用技术条件》、Q/3201CT0001—2001《金属波纹补偿器》、Q/3201 CT0002—2001《非金属补偿器》等标准执行。

2013年4月，中国航天科工集团公司控股航天晨光股份有限公司（以下简称"航天晨光"）成功中标宁波海越丙烷脱氢热区膨胀节项目，该项目合同金额超4000万元，膨胀节数量达150余件，成为航天晨光膨胀节产品有史以来最大订单。

该项目在全球范围内首次批量使用国产膨胀节，目前建成的同等规模项目仅有一套。丙烷脱氢装置高温区域因其复杂多变的工况条件，对膨胀节设计、制造要求极高，加之工艺包专利商有意设置门槛，该装置用膨胀节尚无批量化国产的先例。该合同的签订，对航天晨光今后在石化行业开发此类市场具有重要的意义。

该项目的成功中标，标志着航天晨光膨胀节产品的技术水平更上一个台阶，也进一步夯实了航天晨光膨胀节产品在国内的龙头地位。

2.中船重工七二五所

中石协膨胀节分会副理事长单位。其波纹管膨胀节研制工作始于1969年，根据国防装备的需求，承担了艇用金属波纹管的研制，先后研制了DN550波纹管膨胀节、汽轮机进汽减振挠性接管、高温高压金属波纹管膨胀节等。目前，中船重工七二五所可制造无加强U形、加强U形和Ω形波纹管，波纹管材料为奥氏体不锈钢、耐蚀合金、白铜、工业纯钛等。圆型膨胀节尺寸规格为DN50～4 800mm，矩形膨胀节可为任意尺寸规格。

中船重工七二五所产品已经实现系列化标准化，已经形成YZM、CSRW、ZM、PC、MZ、YD、SN、CQ、CY、HR等10个系列的产品；同时，中船重工七二五所还可按用户要求提供特殊设计膨胀节。还可根据用户需求提供管线补偿设计、波纹管选材、膨胀节防腐、波纹管破损分析与寿命评估及波纹管性能试验等方面的技术咨询或技术服务，并可承担特殊用途膨胀节研制课题任务。产品销往除西藏、台湾、澳门外的国内所有省、市、自治区及海外苏丹、伊拉克等国家。

中船重工七二五所现已建成了具有完善配套的研制生产、试验测试能力，在国内首屈一指的金属波纹管膨胀节研制与开发中心，共完成研究开发课题20余项，发表论文近50篇。其波纹管膨胀节科研成果1978年荣获全国科学大会奖，一批成果先后获得省、部级奖励。在全国200多家膨胀节生产厂家中，该所产品的研发、设计、制造及应用技术均居于领先地位，市场占有率位居同行业前列。

中船重工七二五所同时还是中国机械工程学会压力容器分会膨胀节专业委员会副主任委员单位；主持编制了GB/T 12777《金属波纹管膨胀节通用技术条件》的国家标准。

3.沈阳晨光弗泰波纹管有限公司（简称晨光弗泰）

中石协膨胀节分会副理事长单位。晨光弗泰是专业生产金属波纹管系列产品的中外合资企业，是航天晨光（上海证券交易所股票代码600501）的控股子公司。公司占地面积3.5万m^2，建筑面积1.6万m^2。现有员工142人，其中：工程技术人员30人，年营业额5 000万～1亿元。

晨光弗泰主营金属波纹管、膨胀节（器）、薄壁管、压力软管及波纹管组件、配件制造，是航天晨光的高压开关行业补偿器产品生产基地和补偿器产品的东北地区生产基地。产品市场涵盖全国，出口美、欧、日及东南亚地区，应用遍及输变电、仪器仪表、冶金、石化、交通、造船、柴油机、集中供热、真空、制冷、核能及航空航天等各类工业领域。

公司秉承“质量第一”的宗旨，追求卓越品质，提供最佳服务，以严密的质量控制体系确保产品质量。公司取得ISO 9001：2008质量管理体系认证，并获得国家质量监督检验检疫总局颁发的特种设备（压力管道元件）的制造许可证。其产品设计、制造符合EJMA、GB 150、GB/T 12777、GB/T 14525、GB 16749、JB/T 10617等标准要求。产品通过原化工部、中国石化总公司、铁道部、中国船级社等的认证。

晨光弗泰以其优秀的技术团队、先进的工艺装备、完善的检测手段和不断进取的精神，依托航天晨光拥有的波纹补偿器新品研发优势和专有制造技术，以精益优质的产品、强大的现场服务能力和迅捷的产品服务响应，为国内外用户提供在质量、价格和服务方面具有国际市场竞争力的优质产品。

4.廊坊开发区首都航天波纹管厂

中石协膨胀节分会副理事长单位，中国压力容器协会膨胀节学会的委员单位，也是最早通过压力管道安全注册的企业之一。廊坊开发区首都航天波纹管厂隶属于中国航天科技集团公司中国运载火箭技术研究院，是我国最早研制、生产金属波纹管膨胀节和金属软管的专业厂家，是国内波纹管技术应用的引领者和推广者。

廊坊开发区首都航天波纹管厂具有悠久的波纹管制造历史和丰富的经验；自1961年将波纹管技术成功应用于我国第一枚弹道导弹上开始，40多年来，为我国航天航空工业做出了突出贡献，积累了丰富的设计生产、现场安装等经验。1996年通过了GJB/Z 9002和ISO 9001质量体系认证，1998年获得原中国航天工业总公司颁发的航天标志产品证书，2002年通过了中国船级社的产品认可（2006年通过复评），2007年取得国家质量监督检验检疫总局颁发的特种设备制造许可证。

廊坊开发区首都航天波纹管厂拥有一支研发能力一流的技术队伍，尤其擅长在特殊条件下应用的波纹管开发，通过长期与国内大型设计院进行技术合作与交流，技术水平逐步与国际接轨。该厂的优势项目包括：

航天专用特殊设计波纹管产品，多年来参与制造了多个系列航天波纹管产品，为长征系列火箭、神舟系列飞船的科研生产工作做出了重大贡献。

连续重整装置用特殊膨胀节，应用于UOP技术的连续重整装置已成功应用于上海高桥石化、兰州石化、天津石化、大连石化、锦西石化、锦州石化、海南炼化等企业，最长的已服役8年，从无更换；该厂是国内唯一取得美国UOP公司认可的连续重整装置用膨胀节供应商。

耐蚀合金特殊膨胀节，多采用INCOLOY、INCONEL系列材料，主要应用于催化裂化管道（这种管道可传输温度在700℃以上，有较强的氧化性和腐蚀性的介质）已成功应于多家炼油企业。

高温高压膨胀节，采用特殊设计和特种制造工艺，产品寿命长、运行安全可靠；广泛应用于各石油化工企业蒸汽动力管道，压力最高达4.5MPa，温度达450℃。

夹套式膨胀节，广泛应用于介质需要拌热的各种管道，已在天津石化公司、兰州化学工业公司、玉门油田等企业成功应用。

强防腐直埋膨胀节，适用于沿海城市地下管道补偿，具有极强的防腐能力，在天津近10年的应用中，没有发生泄漏等情况，效果良好。

紧凑型高压平衡膨胀节，应用于高压、尺寸紧凑、反力要求极其严格的泵出口或装置间的连接管道，是我国专利产品。成功应用于多家石化企业，可完全取代进口产品。

吹扫型特殊膨胀节，应用于需要吹扫的装置管道，多为催化剂管道，成功应用于胜利油田等多家用户。

大口径金属软管，广泛应用于5万m^3以上储罐的输入、输出口，用于解决储罐的地基沉降及抗震等问题，已在黄岛国家储备油库等多家重要企业连续应用10年，效果良好；最大口径800mm，压力1.6MPa。

高压开关用膨胀节，应用于110kV、220kV、500kV及800kV高压开关组合装置；为西开电气公司等企业连续供货10年，被评为常年优秀供货方。

廊房开发区首都航天波纹管厂以航天高科技为依托，将先进的设备及检测检验技术应用于民品生产，其设计开发的产品广泛应用于航天、石油、石化、化工、能源、冶金、建筑、交通运输、电力、热力等领域；受到用户的广泛好评。同时，该厂生产的产品远销日本、原南斯拉夫、土耳其、巴基斯坦、斯里兰卡等多个国家，得到了国外用户的高度认可。

以国为重、以人为本、以质取信、以新图强，是廊坊开发区首都航天波纹管厂的核心价值观。一直以来作为参与制定国家标准的单位，在上级领导的关怀与指导下，该厂始终以这十六个字为发展宗旨与信条，为波纹管技术的军转民进程做出了突出贡献。面对未来巨大的市场机会与挑战，该厂仍将以饱满的激情与自信，不断增强企业核心竞争力，力争在做好行业引领者的同时，确保在技术研发与工艺水平上，节节攀升，再创佳绩。

5.上海永鑫波纹管有限公司

中石协膨胀节分会副理事长单位。公司成立于1992年12月2日，由上海异型钢管有限公司和日本金属软管株式会社合资建成。公司有180余名员工(其中工程技术人员 30 多名),公司占地面积近 2 万 m^2,厂房建筑面积一万多平方米,是膨胀节专业生产厂家,公司机构设置为:六部二室(其中生产部包括若干生产班组)。

上海永鑫波纹管有限公司主要生产金属波纹管、波形膨胀节、金属软管等产品,产品质量稳定,价格合理,服务良好。产品远销到欧盟、美国、日本、巴西、印度和巴基斯坦等国。

公司先后取得了 GL 和 BV 船用波纹管型式认可证书、ABS 设计认可证书、CE 产品证书、特种设备制造可证、GB/T 19001/ISO 9001 质量管理体系、GB/T 24001—2004/ISO 14001 环境管理体系证书、GB/T 28001 职业健康管理体系证书等。主要服务于以下几个行业:

(1)电力行业。公司参与了许多重要项目(如国内第一批 125MW 汽轮发电机组小汽轮机排气管波纹膨胀节),尤其是近年为重型燃气轮发电机和超大型水力发电机组配套波纹膨胀节(例如向家坝水电站引水压力钢管直径 12 200mm 波纹膨胀节、三峡水电站直径 12 400mm 波纹管、贵州清水江白市水电站直径 9 000mm 波纹膨胀节、缅甸雅瓦水电站直径 6 800mm 波纹膨胀节等)及阳江核电一期百万千瓦电站工程配套。其中"水电站超大口径引水压力钢管伸缩装置"已于 2012 年 4 月由国家知识产权局授予"实用新型专利"证书。

(2)钢铁行业。公司为宝钢(包括上钢一厂)、武钢、首钢、包钢、重钢、马钢、邯钢、太钢、唐钢等钢铁企业提供了不同规格形式的膨胀节、金属软管,在热力管道、煤气管道、热风管道、冷风管道、氧气管道、环冷机、烧结机、除尘装置等不同的场合使用。

(3)机械制造和造船行业。公司为上海柴油机厂、广州柴油机厂、陕西柴油机厂、上海重型机器厂、武汉重型机器厂、东方锅炉厂、武汉锅炉厂、上海锅炉厂、东方汽轮机厂、上海汽轮机厂、杭州汽轮机厂、青岛汽轮机厂、上海江南造船厂、沪东造船厂、南通中远、上海中船三井等提供了配套波纹管、金属软管。

〔撰稿人:中国石油和石油化工设备工业协会 何正〕

2013 年我国海洋工程装备产业发展状况

2013 年,我国的海洋工程装备制造业走出了一条完全不同于传统造船业的道路,呈现出政策导向明显、投资火热、获得大量新装备订单、研发能力迅猛提升等特点,同时也存在市场占有率和价值量低、研发建造能力不足、产能过剩凸显等隐患。面对世界主要海洋工程装备制造国家加快发展的战略趋向,海洋工程装备向超深海技术、高可靠性、高性能水下生产系统的发展趋势及国际竞争日益激烈挑战,我国海洋工程装备要做大做强依然任重道远。

一、全球格局中的我国海洋工程装备业

随着世界造船中心向亚洲转移,我国顺利地承接了全球造船业的产业转移趋势,成长为全球造船大国,且逐步向全球造船强国挺进。世界海洋工程装备制造业的重心也逐渐向亚洲转移,韩国和新加坡凭借自身在造修船方面的优势,已经在自升式平台、半潜式平台、钻井船和浮式生产系统等主流海洋工程装备领域占据较大的市场份额,并具备部分产品的关键设计能力,成为世界海洋工程装备业的

强国。近年来我国部分船企开始向高技术、高附加值的海洋工程装备业务进行产业转型和升级,海洋工程装备制造市场影响力逐渐扩大。2012 年,我国部分具有代表性的龙头企业在钻井平台、钻井船等主流钻采设备总装方面开始挑战旧有格局,并取得了一定突破。

中国船舶工业行业协会秘书长王锦连说,按合同价值计算,我国是目前海上工程设计和建造服务的主力供应商。2013 年前 3 季度,我国海洋工程企业发展势头强劲,成交各类平台 40 座、海洋工程船 61 艘,海洋工程装备接单金额总价值达 110 亿美元,占全球合同总量的 24%,其中,9 家企业获 28 座自升式钻井平台订单,占全球的 60%,手持订单也接近全球的一半,我国一举超越新加坡成为自升式钻井平台方面表现最为突出的国家。目前,国内船厂持有 40 座海上钻井平台的订单(全球订单量大约是 96 座),包括 24 座自升式钻井平台,总价值达 369 亿美元。自升式钻井平台的市场份额超越新加坡和韩国,位列第一。半潜式钻井平台合同额是韩国的一半。在海上供应船市场,目前全球订单量是 183 艘,总价值 75 亿美元,其中我国船厂持有 61 个订单,价值 24 亿美元,居全球海洋工程船建造市场首位,接单类型主要为平台供应船和三用工作船。数量如此之大是由于近几年我国船厂纷纷从严重萧条的造船市场转向海洋工程装备制造市场。

从当前国际海洋工程装备的产业格局来看,在总承包和设计方面,美国、挪威、法国和其他西欧等国的海洋工程公司和设计公司依然占据总承包和设计市场的主导地位,掌握着大量的关键设计技术和专利技术,处于产业价值链的高端。韩国和新加坡以建造能力逐步推进总承包和设计能力,处于产业价值链的中端。我国海洋工程行业发展差异非常大,部分代表性龙头企业如大连重工、南通中远船务、中集来福士、上海外高桥、沪东中华和振华重工等已完全具备冲击世界海洋工程高端产业价值链的实力,但整个海洋工程装备行业还处于中等略偏上的发展进程中。

二、我国海洋工程装备业面临的机会和挑战

全球海洋工程装备发展空间广阔。目前海洋石油占全球石油产量的 33%,预计到 2030 年,这一占比将提高到 45%。从宏观理论和长期性的角度来看,石油价格应该没有大幅下跌的可能性。我国将成为石油消费增长的最大来源,目前石油消费约 860 万桶/日,预计到 2030 年将达到 1 750 万桶/日,将超过美国而成为世界上最大的石油消费国。更多的石油消费意味将需要有更多的石油和能源开采。而陆地石油和能源开采已经接近饱和,只有向海洋要石油和能源,在海洋上建设海上“大庆”和海上“中东”。

据预测,未来 5 年将有不低于 4 万亿美元的资金投向全球海洋油气开发市场,将拉动和激发全球海洋工程装备产业发展。据最新数据显示,全球 2011—2015 年的海洋工程装备市场规模年均约 810 亿美元,2013 年全球海洋工程船市场份额将达到 693 亿美元,到 2018 年,这一份额将达到 912 亿美元。我国占全球海洋工程装备市场的份额已经逐步从 5%~7%提升至目前的 20%,至 2015 年有望达到 190 亿美元。预计到 2020 年,我国海洋工程装备占全球市场份额有望达到 35%,相对应我国的海洋工程装备市场容量约 400 亿美元。这是我国海洋工程装备行业面临的历史性发展机遇,可以预见我国海洋工程产业也将进入高速发展期,海洋工程产业链的研发、设计、建造、配套、总成和总包能力也会得到极大的提升。

海洋石油工程技术装备是一项风险密集、资金密集、技术密集产业。尽管海洋石油工程产业的前景十分诱人,但行业的准入门槛很高,技术难度大。需要高投入、高科技、高素质人才支撑,需要国家支持和国际合作,才能发展进步和确立国际市场地位。

我国海洋工程装备制造业当前还处在起步发展阶段,与国际先进水平存在着一定的差距。目前国内造船企业很多还是从事中低端的海洋工程业务。海洋工程装备和船企还面临很多挑战,这些挑

战主要是：经济规模和市场份额小；主流装备研发设计和创新能力薄弱，核心技术依赖国外；本土化配套能力不足，核心设备和系统主要依靠进口；专业化体系没有形成，相关服务业发展滞后；缺乏高端专业人才和高级技能人才；尚不具备完整的总承包能力和专业化制造能力等，特别是深海技术差距更大。

三、我国海洋工程装备业应对策略分析

海洋资源勘探开发潜力巨大，海洋工程装备行业正迎来大发展的黄金期。业内专家建议加强五个方面工作，紧抓机遇加快海洋工程装备产业发展。

一是加强行业统筹管理和政策引导，在市场需求、产业规模、发展方向、重点领域上合理布局、统筹规划，防止出现一哄而上、盲目跟进、无序发展、恶性竞争等现象。国家制定的发展战略和规划已从3个层次明确了发展方向和重点，即大力发展海洋油气开发装备，加快推进海洋可再生能源、海洋化学资源开发装备，积极培育波浪能、天然气水合物、海底金属矿产、海洋生物资源开发利用装备。

二是加大国家扶持力度。海洋工程装备制造作为国家的战略新兴产业，近年来得到了我国政府的大力扶持。国务院刚刚出台的《船舶工业加快结构调整促进转型升级实施方案（2013—2015年）》中也提出了加大海洋油气资源勘探开发力度，发展海洋工程装备，培育海洋工程装备设计、系统集成和总承包能力的要求。政府的政策支持无疑将为我国的海洋工程装备发展提供良好的政策环境，这将有利于企业在技术水平、项目管理、关键配套能力和服务能力等方面的提升，从根本上解决低水平重复建设、产业集中度不高、设计建造能力不强的问题。

三是加强科技创新和人才队伍建设。加快关键技术研发，形成自主研发设计能力，在世界范围内引进高层次海洋工程专家和领军型人才，打造国家级海洋工程研发中心。同时，还要着力培养和打造一支高技能的技术工人队伍。

四是加强海洋工程配套能力建设。要尽快突破核心技术，实现海洋工程配套设备产业的跨越发展，逐步提高国产化配套率，从而形成完整的产业体系。在加快发展海洋工程装备总装制造能力的同时，必须有计划、有重点地抓好关键设备、系统的研发，打造专业化制造基地，提高本土化水平和国际竞争能力，防止我国船舶产业前一时期大发展中船舶配套产业滞后发展的情况在海洋工程装备产业发展中重现。

五是成立海洋工程装备产业联盟。海洋工程的产业链很长，和船舶、石化、机械、电子等密切相关，基于海洋工程产业的以上特点，行业之间的协同和联动非常重要。海洋工程装备产业只有打通上下游，发挥成本、技术、人才等各方面的优势，才能与挪威、新加坡、美国等海洋工程强国竞争。

〔撰稿人：中国海洋工程网栗超群〕

2012年度国内外ASME持证厂商情况分析

伴随着我国国民经济的快速发展，我国锅炉及压力容器行业步入了快车道，ASME持证厂商数量迅猛增加：从1984年的1家1张“U”证书发展到2012年的663家22类1 018张证书，持证厂商数量位居世界第二，证书数量位居世界第三，已成为美国以外 ASME 持证数量最多的国家。2003—2012 年我国 ASME 持证厂商的发展历程见图 1。

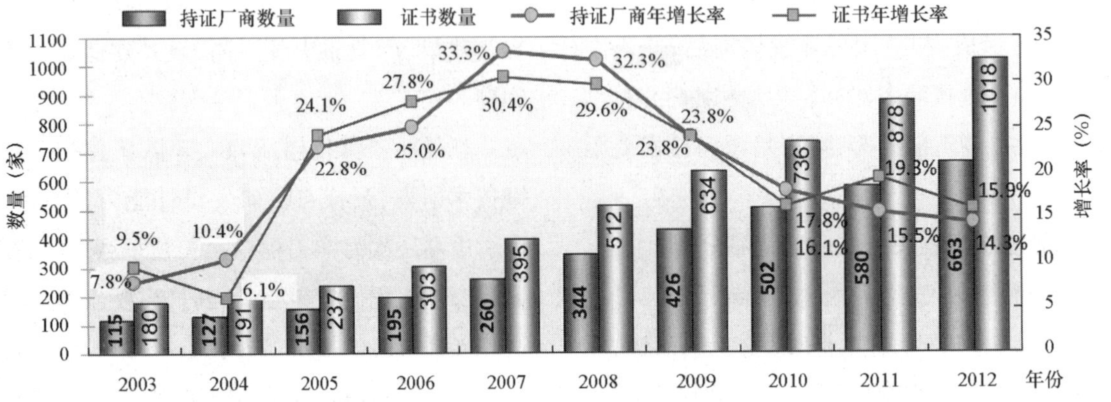

图 1　2003—2012 年我国 ASME 持证厂商发展历程

为积极推广 ASME 规范在我国的应用，中国石油和石油化工设备工业协会 ASME 规范产品专委会（CACI）每年对 ASME 持证厂商最新情况进行年度性全面总结，以供参考。

一、我国 ASME 持证厂商情况分析

1. 取证厂商整体情况分析

截至 2012 年 12 月 31 日，我国（不包括港澳台）ASME 持证厂商 663 家，与 2011 年的 580 家相比净增加 83 家，增幅为 14.3%，比 2011 年增幅回落 1.2 个百分点。其中 ASME 核部件持证厂商 28 家，新增 1 家，暂停 1 家，总数量没有变化；核电材料制造持证商 8 家，新增 5 家，其余净增的 78 家为常规持证厂家。

净增的 83 家 ASME 持证厂商中，新增加持证厂商 100 家，其中包括恢复证书的 7 家企业，即江苏恒远国际工程有限公司、青岛海众环保锅炉有限公司、山东凯斯达机械制造有限公司、上海国亿机电设备制造有限公司、上海新元锅炉设备有限公司、四平市万荣蓄能器有限公司、扬州澄露环境工程有限公司；取消或暂停资格的厂商 17 家，即重庆水泵厂有限责任公司（永川通用机械厂）、大连深蓝重工有限公司、佛山市顺德区胜狮罐式货柜有限公司、抚顺石油机械有限责任公司、哈尔滨电气动力装备有限公司、河南科隆石化装备有限公司、江苏申港锅炉有限公司、江阴中绿化纤工艺技术有限公司、昆山市鑫鑫鹏机械有限公司、河南油田油建工程建设有限责任公司石化工程分公司、上海电气电站集团（上海汽轮机厂）、沈阳兴达钛业有限公司、特迈斯（浙江）冷热工程有限公司、天津中油现代石油设备有限公司、厦门银鹭重工有限公司、营口庆营石化设备总厂和张家港市华新印染机械有限公司。

同一厂名多地取证和/或分别持有常规、核部件的有 26 家，比 2011 年多出 2 家，它们是：中国第二重型机械集团公司（德阳）（2）、中国第一重型机械集团（3）、华西能源工业股份有限公司（2）、大连船舶重工集团装备制造有限公司（2）、东方电气（广州）重型机器有限公司（2）、东方锅炉股份有限公司（3）、格菱动力设备（中国）有限公司（2）、杭州锅炉集团有限公司（2）、哈尔滨锅炉厂有限责任公司（2）、哈尔滨电气动力装备有限公司（2）、杭州川空通用设备有限公司（2）、江苏绿叶锅炉配件有限公司（3）、江苏申港锅炉有限公司（3）、江苏中圣高科技产业有限公司（2）、巨能机械（中国）有限公司（2）、林德工程（大连）有限公司（2）、南通万达锅炉股份有限公司（2）、山东核电设备制造有限公司（2）、上海电气电站集团（2）、上海森松压力容器有限公司（2）、上海宁松锅炉设备有限公司（2）、石家庄安瑞科气体机械有限公司（2）、无锡华光锅炉股份有限公司（3）、永胜机械工业（昆山）有限公司（2）、张家港市化工机械有限公司（2）和张家港中集圣达因低温装备有限公司(2),因此实际持证厂商数量为632家。

28家ASME核部件持证厂商包括:渤海船舶重工有限责任公司、博雷(中国)控制系统有限公司、中国第二重型机械集团(德阳)、中国第一重型机械集团公司(2)、大连深蓝泵业有限公司、大连大高阀门有限公司、大连船舶重工集团装备制造有限公司、东方电气(广州)重型机器有限公司、东方锅炉股份有限公司、哈尔滨锅炉厂有限责任公司、哈电集团(秦皇岛)重型装备有限公司、哈尔滨电机厂有限责任公司、哈尔滨电气动力装备有限公司、哈电集团哈尔滨电站阀门有限公司、纽威阀门(苏州)有限公司、山东核电设备制造有限公司(2)、上海电气核电设备有限公司、上海重型机器厂有限公司(上海电气重工集团)、上海第一机床厂有限公司、上海阀门厂有限公司、沈阳鼓风机厂集团核电泵业股份有限公司、中船重工特种设备有限责任公司(山西江淮重工有限责任公司)、中核苏阀科技实业股份有限公司、武汉市润之达石化设备有限公司、永胜机械工业(昆山)有限公司和浙江久立特材科技股份有限公司。

8家核电材料制造持证商包括:安徽应流集团霍山铸造有限公司 、宝银特种钢管有限公司、常熟华新特殊钢有限公司 、江苏万恒铸业有限公司 、济南钢铁股份有限公司、山西太钢不锈钢股份有限公司、通裕重工股份有限公司、西安天力金属复合材料有限公司。2012年我国ASME持证厂商及其证书数量分布情况见图2。

图2　2012年我国ASME持证厂商及其证书数量分布情况

注:1)x(y) x—持证企业数,y—证书数。

2)台湾地区的数量未计算在总数量之列。

从图2可以看出:663家ASME持证厂商分布于中国大陆的25个省市自治区,也就是说除港、澳、台以外,全国有80%的省市自治区拥有ASME认证企业,企业绝大部分集中在我国东部沿海和中部地区。

尽管我国ASME持证厂商数量从2007的最高年增长率33.3%逐年下降到2012年的14.3%,我国ASME取证热情依然高涨,东部沿海地区的持证厂商大省发展势头依然强劲,如2012年山东省、江苏省、上海市的年增长率分别达到39.5%、19.9%、

18.5%，西部的陕西省增速高达133%。

江苏依然一枝独秀，持证厂商241家，占全国的36.3%，数量超过位列全球第六的德国(221家)，接近第二至第六位的上海市(64)、山东省(53)、辽宁省(51)、浙江省(51)和广东省(28)之和247家；其特点是民营和外资企业多，大型骨干企业少，常规取证企业多，核部件取证企业少(3家)。

2012年受日本福岛核事故的影响，我国大规模的核电建设步伐受阻，核部件取证企业的数量也大幅减少，仅新增一家并暂停一家，与2011年的大幅增长形成了鲜明对照，但核电材料制造持证商增长迅猛，一年内增加了5家(其中钢铁公司2家)，增速达167%。

哈电、东电和上电三大动力集团，以及一重、二重等锅炉压力容器骨干企业取证情况没有新变化，依然在核领域发挥着主导作用，引领我国装备和技术的发展潮流。近3年我国ASME持证厂商变化情况表1。

表1 近3年我国ASME持证厂商变化情况

省、市、自治区	2010年				2011年				2012年			
	新增数量(家)	减少数量(家)	持证数量(份)	持证数增长率(%)	新增数量(家)	减少数量(家)	持证数量(份)	持证数增长率(%)	新增数量(家)	减少数量(家)	持证数量(份)	持证数增长率(%)
江苏	34	5	176	19.7	32	7	201	14.2	44	4	241	19.9
上海	7	1	53	12.8	6	5	54	1.9	11	1	64	18.5
山东	3		35	9.4	7	4	38	8.6	15		53	39.5
辽宁	5		33	17.9	19	1	51	54.5	4	4	51	
浙江	5		39	14.7	10	2	47	20.5	5	1	51	8.5
广东	3		22	15.8	5		27	22.7	2	1	28	3.7
河北	4	3	16	6.7	3	3	16		2		18	12.5
北京	2		16	14.3			16				16	
天津	4		16	33.3	1		17	6.3	1	1	17	
黑龙江	2		11	22.2	5		16	45.5	2	1	17	6.3
吉林			4		1	1	4		2		6	50.0
福建			3				3			1	2	-33.3
广西	1		2	100			2				2	
湖北	4		17	30.8	4		21	23.5	1		22	4.8
河南	1		11	10.0			11		2	2	11	
安徽	3		8	60.0	1		9	12.5	1		10	11.1
湖南	1		4	33.3	2		6	50.0	1		7	16.7
山西	2		3	200	1		4	33.3			2	
江西			2				2		1		5	25.0
四川	3		19	18.8	2		21	10.5	2		23	9.5
陕西		1	3	-25.0			3		4		7	133.3
甘肃	2	1	5	25.0			5				5	
重庆	1		3	50.0	1		4	33.3		1	3	-25.0
云南			1				1				1	
内蒙古					1		1				1	
合计	87	11	502	17.8	101	23	580	15.5	100	17	663	14.3

2. 持证厂商证书种类分析

我国663家ASME持证厂商所持有的证书种类有22种，与2011年相比增加了“T”(移动压力容器)类证书。证书总数1 018份，净增140份，年增长15.9%；其中核部件证书67份，净增1份，年增长1.5%；核材料证书8份，净增5份，年增长167%。核证书中核材料取证依然快速发展，但核部件取证基本停滞，与我国核建设基本停滞相关联。

22种证书中以“U”“S”和“U2”证书最多，分别占总数的57%、17.7%和8.8%，“U”“S”证书比重在降低，而“U2”证书比重在提高；核材料证书增长速度最快为167%，“U2”为32.4%、“A”为28.6%、“PP”为25.8%、“UV”为16.7%，均高于整体增速。2011—2012年我国ASME持证厂商证书变化情况详见表2。

表2　2011—2012年我国ASME持证厂商证书变化情况

证书名称	AIA	A	H1	H2	HV	MO	N	NA	NPT	NS	NV	PP	RP	S	T	U	U2	U3	UD	UM	UV	V	合计
2011年证书数(份)	1	7	3	6	1	3	23	5	29	8	1	31	3	159		503	68	1	1	18	6	1	878
2012年证书数(份)	1	9	3	6	1	8	23	5	29	9	1	39	3	180	2	580	90	1	1	19	7	1	1 018
年增长(%)		28.6				167				12.5		25.8		13.2		15.3	32.4			5.6	16.7		15.9
占比(%)	0.1	0.9	0.3	0.6	0.1	0.8	2.3	0.5	2.8	0.9	0.1	3.8	0.3	17.7	0.2	57.0	8.8	0.1	0.1	1.9	0.7	0.1	100

ASME证书与持证厂商的数量之比(以下简称证厂比)可从一个层面反映出该区域ASME持证厂商的整体实力程度。2012年我国的证厂比为1.54，比2011年略有提高，但低于世界平均值1.83。我国ASME持证厂商数量超过20家的13个省市中，黑龙江最高(2)，河北次之(1.89)，其余分别是：四川1.87，河南1.82，辽宁1.73，湖北1.64，浙江1.55，广东1.54，山东1.49，上海1.45，江苏1.44，北京1.44，天津1.35；其中有5个省市证厂比低于全国的平均值1.54；高于美国(1.74)的只有黑龙江、河北、四川和河南4个省，说明我国取证的中小型企业偏多。

3. 持证厂商企业属性分析

ASME持证厂商中，国有及国有控股企业181家，占总数的27.3%，年增长5.85%；民营企业332家，占总数的50.08%，年增长22.06%；中外合资和外商独资企业150家(含港澳台)，占总数的22.62%，年增长9.49%。一年来，国有及国有控股企业的比重下降了2.2个百分点，年增长率上升了3.5个百分点；民营企业的比重上升了3.1个百分点，占据半壁江山，年增长率下降了10个百分点，仍为最快；中外合资和外商独资企业的比重下降了1个百分点，增速上升3.3个百分点。整体来说，内资企业(包括国有、民营企业)比重继续扩大到取证总数量的77.38%。我国三类ASME持证厂商企业属性情况分析见表3。

表3　我国三类ASME持证厂商企业属性情况分析

年度	企业属性	国有及控股企业	民营企业	合资及独资企业	合计
2011	持证厂商数量(家)	171	272	137	580
	所占比重(%)	29.48	46.90	23.62	100
	年增长率(%)	2.40	32.04	6.20	15.54
2012	持证厂商数量(家)	181	332	150	663
	所占比重(%)	27.30	50.08	22.62	100
	年增长率(%)	5.85	22.06	9.49	14.31

4.三大区域整体情况分析

按惯例,将我国 ASME 持证厂商所在地按东部沿海地区(包括北京、福建、广东、广西、河北、黑龙江、海南、吉林、江苏、辽宁、山东、上海、天津、浙江 14 省市区)、中部地区(包括安徽、河南、湖北、湖南、江西、山西 6 省)和西部地区(包括重庆、甘肃、贵州、内蒙古、宁夏、青海、陕西、四川、新疆、云南、西藏 11 个省市区)三大区域进行分类分析。

东部沿海地区的 14 省市区中,只有海南省没有 ASME 持证厂商,ASME 取证省份比例为 92.9%;中部地区 6 省全已取证,取证省份比例为 100%;西部地区相对比较落后,取证省市区有重庆、甘肃、内蒙古、四川、陕西和云南 6 个,取证省市区比例为 55.6%。相比 2011 年没有变化。

东部沿海地区是我国三大区域中 ASME 应用推广面最大,持证厂商和证书最多,优势特别明显的区域,其 2012 年的持证厂商和证书数量占全国的比重扩大到 85.4%和 84.4%,占据绝对优势,且中小型企业较多;中部地区的比重略有下降,2012 年其持证厂商/证书的比重分别为 8.6%和 9.3%;西部地区的证书数量比重略有下降,2012 年为 6.3%。2012 年的取证厂家增长速度,变为东部沿海地区最高(15%)、西北地区紧随(14.3%),中部地区垫底(7.5%),中部与东部沿海地区增速相差 1 倍;证厂比略有提高,表现出企业生产集中度有所提高。2011—2012 年我国三大区域 ASME 持证厂商/证书数量分布的变化情况见表 4。

表 4　2011—2012 年我国三大区域 ASME 持证厂商/证书数量分布的变化情况

区域	2011 年							2012 年						
	持证厂商			证书			证厂比	持证厂商			证书			证厂比
	数量（家）	比重（%）	增长率（%）	数量（份）	比重（%）	增长率（%）		数量（家）	比重（%）	增长率（%）	数量（份）	比重（%）	增长率（%）	
东部沿海地区	492	84.8	15.6	738	84.1	19.2	1.5	566	85.4	15.0	859	84.4	16.4	1.52
中部地区	53	9.2	17.8	83	9.4	22.1	1.57	57	8.6	7.5	95	9.3	14.5	1.67
西部地区	35	6.0	12.9	57	6.5	16.3	1.63	40	6.0	14.3	64	6.3	12.3	1.60
合计	580	100.0	15.5	878	100.0	19.3	1.51	663	100.0	14.3	1 018	100.0	15.9	1.54

5. 东部沿海地区取证情况分析

2012 年东部沿海地区 ASME 持证厂商总数为 566 家,增幅为 15.04%,高于全国 14.31%的平均增幅;其中新增 88 家,取消或暂停资格 14 家,净增 74 家。持有全部国内 22 类证书中的 21 类,证书总数 859 份,增幅 16.4%,其中核证书 61 份,同比增加 2 份,占我国全部核证书总数的 81.33%,同比下降 8 个百分点,比常规证书的比重 84.62%少 3.3 个百分点。从持证厂家数量、拥有的证书数量、增长情况以及企业的制造能力和水平来看,尽管同比有所下降,地位仍然十分突出,基本代表了我国锅炉及压力容器的制造能力和水平。

作为全国锅炉及压力容器规模最大的制造基地,江苏省拥有各类锅炉及压力容器制造企业近 300 家,ASME 持证厂商从 2011 年的 201 家增长到 2012 年的 241 家,占全国的比重从 34.66%上升到 36.35%,是东部沿海地区中的绝对主力,遥遥领先于其他省市。持有证书数量从 2011 年的 284 份增长到 2012 年的 348 份,比重由 32.35%上升到 34.18%,涉及 14 个证书种类,名列第一。2012 年净增持证厂商 40 家,占全部 83 家增量的 48.2%,2012 年持证厂商和证书的增长率分别为 19.9%和 22.5%,均高于全国平均水平。江苏 ASME 取证企业的强大只体现在常规领域,在核部件制造领域仍有较大差距,取得核部件认证的企业只有 3 家 7 张证书，外加3家取得核材料认证的企业。因此由制造大省向强省迈进仍需付出艰巨努力。2012年东部沿海地区ASME持证厂商数量及各类证书汇总见表5。

表5 2012年东部沿海地区ASME持证厂商数量及各类证书汇总

省市区	持证厂商（家）	证书数量（份）																						证厂比
		AIA	A	H1	H2	HV	MO	N	NA	NPT	NS	NV	PP	RP	S	T	U	U2	UD	UM	UV	V	合计	
江苏省	241				4		3	3		3	1		8	1	77		216	23	1	5	2	1	348	1.44
上海市	64							3		4			3	1	13		54	8		5	2		93	1.45
山东省	53		4	1			2	1		1			4	1	14		45	6					79	1.49
辽宁省	51		3					5	1	6	2		3		13		43	12					88	1.73
浙江省	51			2	2			1	1	4	1		1		12		43	7		4	1		79	1.55
广东省	28							1		1	1		5		5		24	6					43	1.54
河北省	18							1		1	1		3		7	1	17	3					34	1.89
天津市	17					1							2		4		13	2			1		23	1.35
黑龙江省	17							4	2	5	1	1			5	1	12	3					34	2.00
北京市	16	1											2		4		14	1			1		23	1.44
吉林省	6												1		2		6	1					10	1.67
福建省	2																2			1			3	1.50
广西壮族自治区	2																2						2	1.00
合计	566	1	7	3	6	1	5	19	4	25	7	1	32	3	156	2	491	72	1	15	7	1	859	1.52

东部沿海地区的ASME核认证企业最多（29家61份证书），核认证企业和核证书数量分别占全国的80.56%和81.33%，其中辽宁6家14证、江苏6家10证、黑龙江5家13证、上海4家7证、浙江3家7证、山东3家4证、广东1家3证、河北1家3证；黑龙江取证的大企业相对较多。

6. 中部地区取证情况分析

2012年中部地区ASME持证厂商57家，占全国总数的8.6%，年增长率7.5%，是全国平均增幅的一半，净增4家；持有11类95份证书，新增"NA""NS""UM"3大类，证书数量年增长14.46%，低于全国平均增幅；核认证企业4家8份证书，核企业和核证书数量分别占全国的11.11%和10.67%，新增1家核部件企业和2家核材料企业，其中山西2家3证，湖北1家4证，安徽1家1证。

中部地区以湖北的ASME持证厂商最多，共有22家持证厂商持有36份证书，分别占中部地区的38.6%和37.89%，但仅占全国的3.32%和3.54%。2012年中部地区ASME持证厂商数量及各类证书汇总见表6。

表6 2012年中部地区ASME持证厂商数量及各类证书汇总

省市区	持证厂商（家）	证书数量（份）												证厂比
		A	MO	N	NA	NPT	NS	PP	S	U	U2	UM	合计	
湖北省	22			1	1	1	1	1	5	24	2		36	1.64
河南省	11	2						4	3	9	2		20	1.82
安徽省	10		1						3	9		1	14	1.40
湖南省	7							1	1	7	2		11	1.57

（续）

省市区	持证厂商（家）	证书数量（份）												证厂比
		A	MO	N	NA	NPT	NS	PP	S	U	U2	UM	合计	
江西省	2							1	1	2	1		5	2.50
山西省	5		1	1		1			1	3	2		9	1.80
合计	57	2	2	2	1	2	1	7	14	54	9	1	95	1.67

7. 西部地区取证情况分析

2012年西部地区ASME持证厂商总数40家，同比增长14.3%，占全国总数的6.03%，净增5家；有9类64份证书，仅占全国比重6.29%，增速12.28%；核认证企业3家6份证书，核企业和核证书数量分别占全国的8.33%和8%，新增1家核材料企业，其中四川2家5证，陕西1家1证。

西部地区以四川的实力最强，有23家持证厂商持有43份证书，其中包括全部2家核部件持证厂商。由于西北地区远离海港，大型锅炉及压力容器运输不便，加上外向型经济不强，因而ASME持证厂商较少。但整体的技术水平要高于中部地区，拥有全国知名的东锅集团以及二重集团、兰石集团等行业大型企业，保持着相当的竞争优势和行业影响力。2012年西部地区ASME持证厂商数量及各类证书汇总见表7。

表7　2012年西部地区ASME持证厂商数量及各类证书汇总

省市区	持证厂商（家）	证书数量（份）										证厂比
		MO	N	NPT	NS	S	U	U2	U3	UM	合计	
四川省	23		2	2	1	10	20	7		1	43	1.87
陕西省	7	1					6				7	1.00
甘肃省	5						5	1			6	1.20
重庆市	3						3			2	5	1.67
云南省	1						1	1			2	2.00
内蒙古自治区	1								1		1	1.00
合计	40	1	2	2	1	10	35	9	1	3	64	1.60

二、全球ASME持证厂商情况分析

1.全球ASME持证厂商基本情况

ASME规范作为一个国际化的锅炉及压力容器规范，已在全球100多个国家和地区广泛采用。2012年，全球共有72个国家或地区的6 717家企业（注：ASME总部提供的官方数据是6 714家，比官方网站公示的少3家）取得了12 291份ASME授权证书。

从ASME持证厂商数量分析，北美地区的美国和加拿大是ASME规范的制定者和最早采用者，因此，北美地区的ASME持证厂商的数量（3 581家）也最多，占总数量的53.31%，但比重持续减少（2010年和2011年的比重分别为56.04%和54.43%）；东亚地区异军突起，发展迅猛，有1 684家持证厂商，占总数量的25.07%，比欧洲高出10个多百分点，比重持续增加（2010年和2011年的比重分别为22.7%和24.12%）；欧洲地区有998家持证厂商，占总数量的14.86%，比重基本维持不变；中东地区252家持证厂商，占总数量的3.75%，比重缓慢增长。

从发展速度来看，全球ASME取证数量的平均增幅由2011年的3.89%上升到2012年的5.12%。

其中:北美从2011年0.9%上升到2012年的2.96%,中南美从7.35%持续下降至1.37%,欧洲从3.39%上升到5.5%,中东从7.91%上升到8.62%,非洲从12.5%上升到22.22%,大洋洲从10%又降回到9.09%,包括中国、韩国和日本在内的东亚从10.39%持续下降至9.28%。增速最快的地区依然是非洲(22.22%),其次是东亚(9.28%),再次是中东(8.62%),大洋洲近几年总在10和11家徘徊,每年增减一家。从发展趋势上讲,亚洲地区(包括东亚和中东)近几年持续快速发展,是最具发展潜力的地区和ASME开拓重点地区;非洲近2年的增速最快,但基数(44家)太小;欧洲的增速回归到5%以上,持证数量接近千家。2010—2012年全球ASME持证厂商区域分布情况见表8。

表8 2010—2012年全球ASME持证厂商区域分布情况

区域	2010年			2011年			2012年		
	厂商数量(家)	比重(%)	年增长率(%)	厂商数量(家)	比重(%)	年增长率(%)	厂商数量(家)	比重(%)	年增长率(%)
北美	3 447	56.04	0.50	3 478	54.43	0.90	3 581	53.31	2.96
中南美	136	2.21	8.80	146	2.28	7.35	148	2.20	1.37
欧洲	915	14.88	5.90	946	14.80	3.39	998	14.86	5.50
中东	215	3.50	10.26	232	3.63	7.91	252	3.75	8.62
东亚	1 396	22.70	16.24	1 541	24.12	10.39	1 684	25.07	↓9.28
非洲	32	0.52	3.23	36	0.56	12.50	44	0.66	22.22
大洋洲	10	0.16	-9.09	11	0.17	10.00	10	0.15	-9.09
总计	6 151	100.00	5.02	6 390	100.00	3.89	6 717	100.00	5.12

在全球拥有ASME持证厂商的72个国家或地区中,ASME持证厂商数量少于等于10家的有32个国家,比2011年减少2个;持证厂商数量超过100家的仍然只有美国、中国、韩国、加拿大、意大利、德国、印度和墨西哥8个国家。2010—2012年全球72个ASME持证厂商的国家和地区持证企业数量变化情况见表9。

表9 2010—2012年全球72个ASME持证厂商的国家或地区持证企业数量变化情况

(单位:家)

国家或地区	2010.6	2010.12	2011.6	2011.12	2012.6	2012.12
美国 United States	2 998	3 006	3 026	3 034	3 085	3 115
加拿大 Canada	316	317	320	319	317	323
墨西哥 Mexico	118	124	122	125	129	143
北美合计	3 432	3 447	3 468	3 478	3 531	3 581
阿根廷 Argentina	22	24	25	24	25	26
玻利维亚 Bolivia	1	1	1	1	1	2
巴西 Brazil	39	39	42	41	40	38
智利 Chile	6	7	7	7	7	6
哥伦比亚 Colombia	22	25	28	30	31	33
多米尼加 Dominican Republic	0	0	0	1	1	1

（续）

国家或地区	2010.6	2010.12	2011.6	2011.12	2012.6	2012.12
厄瓜多尔 Ecuador	6	5	7	9	10	10
秘鲁 Peru	5	5	5	4	4	4
苏里南 Suriname	1	1	1	1	1	0
特立尼达和多巴哥 Trinidad & Tobago	2	2	2	2	2	2
乌拉圭 Uruguay	3	3	2	2	2	2
委内瑞拉 Venezuela	23	22	22	22	21	22
哥斯达黎加 Costa Rica	1	1	1	1	1	1
萨尔瓦多 El Salvador	1	1	1	1	1	1
中、南美合计	132	136	144	146	147	148
奥地利 Austria	10	12	12	13	14	14
比利时 Belgium	21	22	22	22	22	22
保加利亚 Bulgaria	1	1	1	1	2	2
克罗地亚 Croatia	4	4	4	3	3	3
捷克 Czech Republic	24	24	24	24	25	28
丹麦 Denmark	11	9	8	8	8	7
爱沙尼亚 Estonia	1	1	1	2	2	2
芬兰 Finland	20	19	18	17	18	18
法国 France	68	70	67	66	70	75
德国 Germany	206	208	212	219	222	221
希腊 Greece	3	3	6	7	7	7
匈牙利 Hungary	6	6	7	7	6	8
爱尔兰 Ireland	2	6	6	6	6	6
意大利 Italy	226	234	242	250	253	257
哈萨克斯坦 Kazahkstan	6	6	5	5	5	5
列支敦士登 Liechtenstein	1	1	1	1	1	1
立陶宛 Lithuania	1	1	1	1	1	1
卢森堡 Luxembourg	1	1	0	0	0	0
荷兰 Netherlands	41	45	43	46	47	49
挪威 Norway	1	1	1	0	0	0
波兰 Poland	21	24	22	23	25	27
葡萄牙 Portugal	6	6	6	6	7	8
罗马尼亚 Romania	16	17	18	16	15	18
俄罗斯 Russia	11	13	13	13	11	12
斯洛伐克 Slovak Republic	5	6	4	4	4	6
斯洛文尼亚 Slovenia	2	2	5	5	5	5

（续）

国家或地区	2010.6	2010.12	2011.6	2011.12	2012.6	2012.12
西班牙 Spain	58	58	58	65	74	79
瑞典 Sweden	20	20	20	19	21	21
瑞士 Switzerland	13	13	13	12	12	12
乌克兰 Ukraine	2	2	2	2	1	0
英国 United Kingdom	78	81	78	83	84	84
欧洲合计	885	915	920	946	971	998
巴林 Bahrain	7	7	7	7	8	8
以色列 Israel	5	5	6	6	6	6
约旦 Jordan	1	1	1	1	1	1
科威特 Kuwait	15	15	13	12	13	13
阿曼 Oman	17	19	19	18	18	19
卡塔尔 Qatar	9	8	9	9	10	10
沙特阿拉伯 Saudi Arabia	44	45	53	53	57	61
土耳其 Turkey	31	33	33	38	40	37
阿拉伯联合酋长国 United Arab Emirates	78	82	82	88	90	97
中东合计	207	215	223	232	243	252
中国 China	479	502	542	580	624	663
印度 India	160	166	188	194	200	204
印度尼西亚 Indonesia	57	60	61	61	61	65
日本 Japan	80	83	84	85	89	88
马来西亚 Malaysia	46	49	52	54	56	59
巴基斯坦 Pakistan	13	14	14	13	13	11
菲律宾 Philippines	3	3	4	4	5	5
新加坡 Singapore	42	42	41	41	44	47
韩国 South Korea	344	377	405	407	438	440
中国台湾 Taiwan	43	43	45	48	48	48
泰国 Thailand	38	40	34	37	35	36
越南 Vietnam	16	17	18	17	18	18
东亚合计	1 321	1 396	1 488	1 541	1 631	1 684
埃及 Egypt	20	21	23	22	23	26
摩洛哥 Morocco	2	1	2	2	2	2
尼日利亚 Nigeria	3	3	3	4	5	7
南非 South Africa	6	5	5	6	7	7
突尼斯 Tunisia	2	2	2	2	2	2
非洲合计	33	32	35	36	39	44

（续）

国家或地区	2010.6	2010.12	2011.6	2011.12	2012.6	2012.12
澳大利亚 Australia	9	9	10	10	9	9
新西兰 New Zealand	1	1	1	1	1	1
大洋洲合计	10	10	11	11	10	10
总计	6 020	6 151	6 289	6 390	6 572	6 717

2.ASME 持证主要国家排名

ASME 规范作为美国的本土规范，在美国得到了广泛的应用。到 2012 年年底，美国 ASME 认证企业 3 115 家，净增 81 家（比中国少增 2 家），年增长 2.67%；证书 5 424 份，净增 148 份（比中国多增 8 份），年增长 2.81%。持证厂商数量和证书数量全球最多，难以逾越；证厂比仍为 1.74（平均一个厂商持有证书 1.74 份），略低于平均水平（1.83）。随着 ASME 规范的国际化，美国国外 ASME 取证热情高涨，增速大大高于美国国内。以 2010 年年底为转折，美国国外 ASME 持证厂商数量（3 145 家）首次超过国内数量（3 006 家），美国国内持证厂商数量占全球总数量的比重也是逐年下降（1974 年为 97%，2008 年至 2012 年分别为 53.6%、51.14%、48.87%、47.48%、46.37%），这也从一个侧面反映了 ASME 规范全球化的程度比较快。1974—2012 年美国国内外 ASME 持证厂商比重分布见图 3。

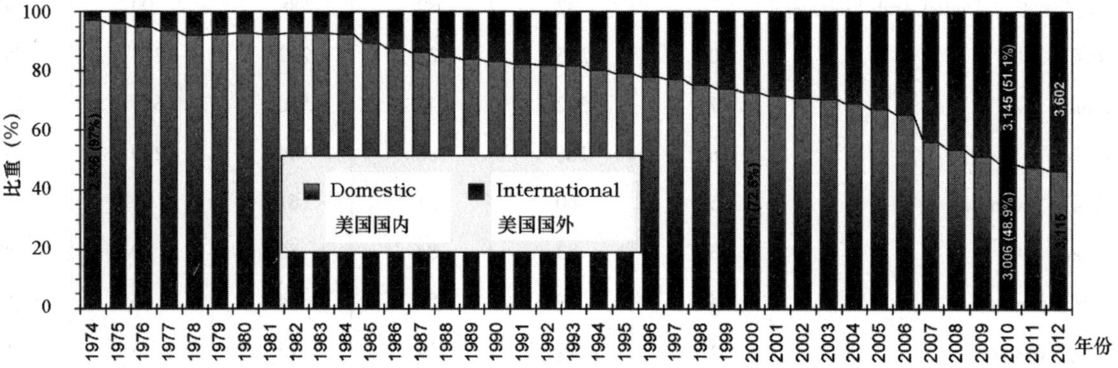

图 3　1974—2012 年美国国内外 ASME 持证厂商比重分布

据前所析，我国作为新兴工业化国家和世界第二大经济体，为适应全球化的形势需求，ASME 取证的热情，近几年虽逐年放缓，但一直高烧不退，2012 年 ASME 持证厂商 663 家，净增 83 家，仍是全球净增数量最多的国家，持证厂商总数量稳居世界第二；但证书数量落后于韩国的 1 163 张，位居世界第三；证厂比 1.54，在全球前 20 个 ASME 持证厂商最多的国家中仅高于德国（1.51）、法国（1.47）、荷兰（1.45）和英国（1.19），位列第 16 位。

韩国拥有雄厚的制造业发展基础，持证厂家数量增长很快。2012 年 ASME 持证厂商数量 440 家，净增 33 家，位居世界第三；持有证书 1 163 张，位居世界第二；证厂比 2.64，在全球前 20 个持证厂商最多的国家中，仅次于沙特阿拉伯（2.72），位列第二，说明取证的大企业较多；核认证企业 81 家 211 张核证书，分别是我国的 2.25 倍和 2.81 倍，位居世界第二位，其中核部件认证企业 70 家 200 份证书，核材料认证企业 11 家 11 证。同一厂名取得 10 张证书以上的企业多达 14 家，最多的一家名为 Sungjin Geotec Co.，Ltd.的公司，持证多达 8 类 19 份，若再加上 SGT-1 分厂，则持证高达 9 类 23 份证书。在规模化和集约化这一方面，我国与韩国存在着很大的差距。

加拿大作为美国以外 ASME 规范的最早应用

者，近些年发展速度缓慢，2012 年持证厂商 323 家，净增 4 家，证书 620 份，厂商和证书数量均位居世界第四；证厂比 1.92，位列第 8，高于平均值。

欧洲的意大利、德国等制造业强国也有小幅增长，现分别以 257 家/467 份证书和 221 家/334 份证书位列世界第五和第六位，证厂比分别为 1.82 和 1.51；印度、墨西哥、阿拉伯联合酋长国和日本的持证厂商/证书数量分别是 204/361、143/242、97/237、88/150，分列世界第七至十位。

2012 年全球 ASME 持证厂商 20 强排名见表 10。这 20 个国家或地区共有持证厂商 6 156 家，占全球持证厂商总数的 91.65%，年增长率 5.07%；持有证书 11 157 份，占总数量的 90.77%。这说明前 20 个国家或地区基本代表了 ASME 取证的基本情况。其中：

北美有 3 个国家，分列第 1、4 和 8 位，共有 3 581 家持证厂商，分别占 20 家总数和全球的 58.17%和 53.31%；共有证书 6 286 份，分别占 20 家总数和全球的 56.34%和 51.14%；证厂比平均 1.76。

东亚有 8 个国家和地区，分列第 2、3、7、10、14、16、18、19 位，共有 1 614 家持证厂商，分别占 20 家和全球总数的 26.22%和 24.03%；共有证书 3 186 份，分别占 20 家和全球总数的 28.56%和 25.92%；证厂比平均 1.97。

欧洲有 6 个国家，分列第 5、6、11、12、13 和 17 位，共有 765 家持证厂商，分别占 20 家和全球总数的 12.43%和 11.39%；共有证书 1 213 份，分别占 20 家和全球总数的 10.87%和 9.87%；证厂比平均 1.59。

中东有 2 个，分列第 9 和 15 位，共有 158 家持证厂商，分别占 20 家和全球总数的 2.57%和 2.35%；共有证书 403 份，分别占 20 家和全球总数的 3.61%和 3.28%；证厂比平均 2.55。

表 10　2012 年全球 ASME 持证厂商 20 强排名

序号	国家/地区	厂商数（家）	证书数（份）	证厂比	序号	国家/地区	厂商数（家）	证书数（份）	证厂比
1	美国	3 115	5 424	1.74	11	英国（含苏格兰、威尔士）	84	100	1.19
2	中国	663	1 018	1.54	12	西班牙	79	131	1.66
3	韩国	440	1 163	2.64	13	法国	75	110	1.47
4	加拿大	323	620	1.92	14	印度尼西亚	65	155	2.38
5	意大利	257	467	1.82	15	沙特阿拉伯	61	166	2.72
6	德国	221	334	1.51	16	马来西亚	59	130	2.20
7	印度	204	361	1.77	17	荷兰	49	71	1.45
8	墨西哥	143	242	1.69	18	中国台湾地区	48	118	2.46
9	阿拉伯联合酋长国	97	237	2.44	19	新加坡	47	91	1.94
10	日本	88	150	1.70	20	巴西	38	69	1.82

2010—2012 年全球 ASME 取证增长最快的主要国家或地区见表 11。从表中可以看出：前 10 位除第 1 位的西班牙外，其他全部是发展中国家，其中沙特阿拉伯、中国、哥伦比亚、印度和马来西亚的两年年均增长率都超过 10%；工业发达国家中，除西班牙外，没有一家的增速超过 5%，次高的意大利仅有4.82%，美国增速 1.81%。从地域来看，ASME 取证增长速度最快的国家或地区主要集中在东亚和中东地区，这与该地区的快速工业化及制造产业的转移有着直接的联系；而一些 ASME 的传统强国则增速缓慢。2009—2012 年除美国以外 ASME 持证厂商变化情况见图 4。

表11　2010—2012年全球ASME取证增长最快的主要国家或地区

序号	国家或地区	2010年	2011年		2012年		两年年均
		持证厂商（家）	持证厂商（家）	增长率（%）	持证厂商（家）	增长率（%）	增长率（%）
1	西班牙	58	65	⑥12.07	79	①21.54	18.10
2	沙特阿拉伯	45	53	②17.78	61	②15.09	17.78
3	中国	502	580	④15.54	663	⑤14.31	16.04
4	哥伦比亚	25	30	①20.00	33	⑧10.00	16.00
5	印度	166	194	③16.87	204	5.15	11.45
6	马来西亚	49	54	⑧10.20	59	⑨9.26	10.20
7	阿拉伯联合酋长国	82	88	⑩7.32	97	⑦10.23	9.15
8	韩国	377	407	⑨7.96	440	⑩8.11	8.36
9	墨西哥	124	125	0.81	143	④14.40	7.66
10	土耳其	33	38	⑤15.15	37	-2.63	6.06
11	新加坡	42	41	-2.38	47	③14.63	5.95
12	中国台湾	43	48	⑦11.63	48	0.00	5.81
13	意大利	234	250	6.84	257	2.80	4.91
14	荷兰	45	46	2.22	49	6.52	4.44
15	印度尼西亚	60	61	1.67	65	6.56	4.17
16	法国	70	66	-5.71	75	⑥13.64	3.57
17	德国	208	219	5.29	221	0.91	3.13
18	日本	83	85	2.41	88	3.53	3.01
19	英国	81	83	2.47	84	1.20	1.85
20	美国	3 006	3 034	0.93	3 115	2.67	1.81
21	加拿大	317	319	0.63	323	1.25	0.95
22	巴西	39	41	5.13	38	-7.32	-1.28
23	泰国	40	37	-7.50	36	-2.70	-5.00
	合计	5 729	5 964	4.10	6 262	5.00	4.65

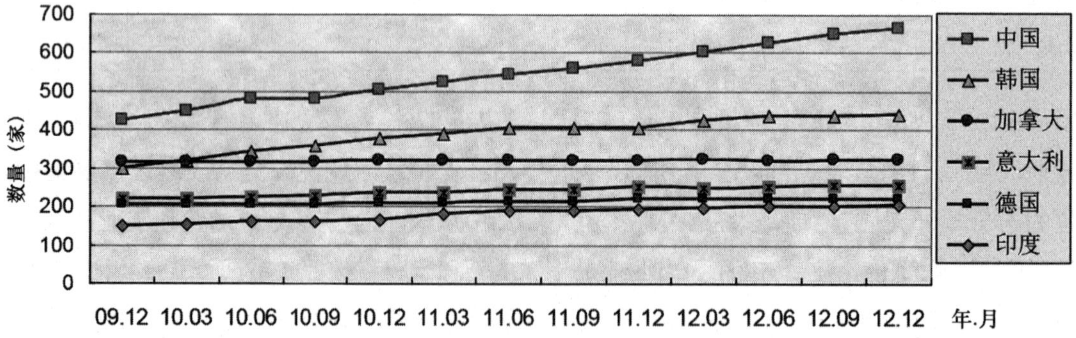

图4　2009—2012年除美国以外ASME持证厂商变化情况

3.西方八国集团

世界制造业的重心已向亚太地区转移多年，以八国集团为代表的西方发达国家在 ASME 取证方面增长缓慢，2011、2012 年的平均增幅仅为 1.42%、2.61%，比全球平均增幅均低 2.5 个百分点，呈缓慢上升的趋势；2012 年，集团内仅有法国(13.64%)的增幅高于全球平均增幅。除美国外，取证数量由 2011 年的 1 035 家增长到 2012 年的 1 060 家，净增 25 家，八国集团总的净增数量 106 家，低于东亚 143 家净增数量。证厂比均值为 1.73，都低于 2。西方八国集团 ASME 持证厂商情况见表 12。

表 12　西方八国集团 ASME 持证厂商情况

国家	2011 年					2012 年				
	持证厂商（家）	所占比例（%）	年增长率（%）	证书数量（份）	证厂比	持证厂商（家）	所占比例（%）	年增长率（%）	证书数量（份）	证厂比
美国	3 034	74.56	0.93	5 276	1.74	3 115	74.61	2.67	5 424	1.74
加拿大	319	7.84	0.63	613	1.92	323	7.74	1.25	620	1.92
意大利	250	6.14	6.84	448	1.79	257	6.16	2.80	467	1.82
德国	219	5.38	5.29	328	1.50	221	5.29	0.91	334	1.51
英国	83	2.04	2.47	108	1.30	84	2.01	1.20	100	1.19
日本	85	2.09	2.41	176	2.07	88	2.11	3.53	150	1.70
法国	66	1.62	-5.71	100	1.52	75	1.80	13.64	110	1.47
俄罗斯	13	0.32	0.00	20	1.54	12	0.29	-7.69	21	1.75
八国合计	4 069	100.00	1.42	7 069	1.74	4 175	100.00	2.61	7 226	1.73
除美国以外	1 035	25.44	2.88	1 793	1.73	1 060	26.05	2.42	1 802	1.70
全球合计	6 390		3.89	11 637	1.82	6 717		5.12	12 291	1.83

4.二十国集团

二十国集团(G20)成立于 1999 年 12 月 16 日，由 20 个最重要的工业国家和新兴工业国家组成。其人口约 40 亿，国民生产总值(GDP)占全球经济的 90%，贸易额占全球的 80%，因此已取代 G8 成为全球经济合作的主要成员。二十国集团 2011 和 2012 年的 ASME 持证数量分别为 5 900 家和 6 196 家(该数据中已减除了意德英法所重复计算的数量)，略高于世界前 20 位的 ASME 持证厂商数量之和(仅多 41 家和 40 家)；年增长率 5.02%，略低于世界前 20 位的 5.07%增长率。这一方面说明二十国集团基本涵盖了 ASME 持证厂商的主要国家，另一方面也说明 ASME 持证数量与该国经济发展状况和世界影响力有一定的关联作用。2012 年，20 国集团中发展最快的前五国是：南非(16.67%)、沙特阿拉伯(15.09%)、墨西哥(14.4%)、中国(14.31%)和法国(13.64%)，俄罗斯最低(-7.69%)；净增厂家最多的前五国是：中国(83 家)、美国(81 家)、韩国(33 家)、墨西哥(18 家)和印度(10 家)；美国的持证比重由 47.48%降至 46.37%，下降了 1.1 个百分点，我国则由 9.08%上升至 9.87%，上升了近 0.8 个百分点；证厂比平均值为 1.79，高于 2 的国家有：沙特阿拉伯(2.72)、韩国(2.64)、印度尼西亚(2.38)、土耳其(2.38)，全在东亚和中东地区。近两年二十国集团 ASME 持证变化情况见表 13。

表13 近两年二十国集团ASME持证变化情况

序号	G20国家	2011年 持证厂商（家）	2011年 所占比例（%）	2011年 年增长率（%）	2011年 证书数量（份）	2011年 证厂比	2012年 持证厂商（家）	2012年 所占比例（%）	2012年 年增长率（%）	2012年 证书数量（份）	2012年 证厂比
1	阿根廷	24	0.41	0.00	42	1.75	26	0.42	8.33	46	1.77
2	澳大利亚	10	0.17	11.11	14	1.40	9	0.15	-10	13	1.44
3	巴西	41	0.69	5.13	75	1.83	38	0.61	-7.32	69	1.82
4	加拿大	319	5.41	0.63	613	1.92	323	5.21	1.25	620	1.92
5	中国	580	9.83	15.54	878	1.51	663	10.70	14.31	1 018	1.54
6	法国	66	1.12	-5.71	100	1.52	75	1.21	13.64	110	1.47
7	德国	219	3.71	5.29	328	1.50	221	3.57	0.91	334	1.51
8	印度	194	3.29	16.87	323	1.66	204	3.29	5.15	361	1.77
9	印度尼西亚	61	1.03	1.67	147	2.41	65	1.05	6.56	155	2.38
10	意大利	250	4.24	6.84	448	1.79	257	4.15	2.80	467	1.82
11	日本	85	1.44	2.41	176	2.07	88	1.42	3.53	150	1.70
12	墨西哥	125	2.12	0.81	204	1.63	143	2.31	14.40	242	1.69
13	韩国	407	6.90	7.96	1 065	2.62	440	7.10	8.11	1 163	2.64
14	俄罗斯	13	0.22	0.00	20	1.54	12	0.19	-7.69	21	1.75
15	沙特阿拉伯	53	0.90	17.78	141	2.66	61	0.98	15.09	166	2.72
16	南非	6	0.10	20.00	9	1.50	7	0.11	16.67	12	1.71
17	土耳其	38	0.64	15.15	89	2.34	37	0.60	-2.63	88	2.38
18	英国	83	1.41	2.47	108	1.30	84	1.36	1.20	100	1.19
19	美国	3 034	51.42	0.93	5 276	1.74	3 115	50.27	2.67	5 424	1.74
20	欧盟	910	15.42	3.88	1 459	1.60	965	15.57	6.04	1 549	1.61
	合计	5 900	100.00	3.89	10 531	1.78	6 196	100	5.02	11 097	1.79

注：合计数值中扣除了欧盟内意、德、英、法4国所重复计算的数量。

5.欧盟27国

欧盟于1993年11月1日正式成立，是一个集政治实体和经济实体于一身、在世界上具有重要影响的区域一体化组织，现有27个成员国和50 304.5万人口。2011年欧盟与美国的GDP分别为175 977和150 877亿美元，人均GDP分别为34 982和48 352美元，这足见欧盟的经济实力。但欧盟在ASME取证方面显得并不非常热心，这与欧盟市场积极推行的承压设备指令和“CE”强制性认证标志不无关系。欧盟27国ASME持证厂商从2011年的910家增长到2012年的965家，净增55家，年增长6.04%，持有证书1 549份。2012年欧盟持证厂商中，意大利和德国分别占总数的26.63%和22.9%，其他均在10%以内；意大利的比重有所上升，德国则有所下降，与2011年正好相反；增幅最大的5个国家是：斯洛伐克（50%）、葡萄牙（33.3%）、西班牙（21.54%）、波兰（17.39%）、捷克（16.67%），除西班牙外其他均是持证小国。持证大国中：法国增长 13.6%（2011 年为-5.7%），意大利增长 2.8%，德国增长 0.9%，英国增长 1.2%。欧盟 27 国中，有 23 个 ASME 持证国，与 2011 年相同；个位数的 ASME 持证厂商国家有 10 个，占 23 个国家的 43.48%；证厂比均值为1.6，低于 G20 的 1.79，证厂比不低于 2 的国家有奥地利和希腊（均为 2）。欧盟二十七国 ASME 持证变化情况见表 14。

表 14　欧盟 27 国 ASME 持证变化情况

序号	欧盟国家	2011 年					2012 年				
		持证厂商（家）	所占比例（%）	年增长率（%）	证书数量（份）	证厂比	持证厂商（家）	所占比例（%）	年增长率（%）	证书数量（份）	证厂比
1	奥地利	13	1.43	8.33	25	1.92	14	1.45	7.69	28	2.00
2	比利时	22	2.42	0.00	40	1.82	22	2.28	0.00	40	1.82
3	保加利亚	1	0.11	0.00	2	2.00	2	0.21	100.00	3	1.50
4	捷克	24	2.64	0.00	41	1.71	28	2.90	16.67	48	1.71
5	丹麦	8	0.88	-11.10	12	1.50	7	0.73	-12.50	11	1.57
6	爱沙尼亚	2	0.22	100.00	2	1.00	2	0.21	0.00	2	1.00
7	芬兰	17	1.87	-10.50	23	1.35	18	1.87	5.88	27	1.50
8	法国	66	7.25	-5.71	100	1.52	75	7.77	13.64	110	1.47
9	德国	219	24.07	5.29	328	1.50	221	22.90	0.91	334	1.51
10	希腊	7	0.77	133.00	14	2.00	7	0.73	0.00	14	2.00
11	匈牙利	7	0.77	16.67	13	1.86	8	0.83	14.29	15	1.88
12	爱尔兰	6	0.66	0.00	7	1.17	6	0.62	0.00	7	1.17
13	意大利	250	27.47	6.84	448	1.79	257	26.63	2.80	467	1.82
14	立陶宛	1	0.11	0.00	1	1.00	1	0.10	0.00	1	1.00
15	荷兰	46	5.05	2.22	68	1.48	49	5.08	6.52	71	1.45
16	波兰	23	2.53	-4.17	43	1.87	27	2.80	17.39	49	1.81
17	葡萄牙	6	0.66	0.00	9	1.50	8	0.83	33.33	11	1.38
18	罗马尼亚	16	1.76	-5.88	26	1.63	18	1.87	12.50	32	1.78
19	斯洛伐克	4	0.44	-33.30	7	1.75	6	0.62	50.00	10	1.67
20	斯洛文尼亚	5	0.55	150.00	6	1.20	5	0.52	0.00	6	1.20
21	西班牙	65	7.14	12.07	107	1.65	79	8.19	21.54	131	1.66
22	瑞典	19	2.09	-5.00	29	1.53	21	2.18	10.53	32	1.52
23	英国	83	9.12	2.47	108	1.30	84	8.70	1.20	100	1.19
	合计	910	100.00	3.88	1 459	1.60	965	100.00	6.04	1 549	1.61

6.金砖国家(5 国)

“金砖四国”(BRIC)是中国、印度、俄罗斯和巴西的首个英文字母,最早由高盛证券公司首次提出,并在 2003 年预言:到 2050 年,世界经济格局将会大洗牌,全球新的六大经济体将变成中国、美国、印度、日本、巴西和俄罗斯。2010 年南非加入后,变成现在的“金砖国家”。金砖国家拥有全球 30%的领土面积和 42%的人口,2011 年,金砖国家 GDP 为 138 726 亿美元,占全球 GDP 的 19.8%,人均 GDP 4 731美元。2012 年“金砖国家”的 ASME 取证数量净增 90 家,总数达 924 家,年增长率 7.19%,比 2011 年下降 1 倍。其中,我国取证数量最多(663 家),比重也最大(71.75%),且比 2011 年的比重有所提高,年增长率(14.31%)排位第二;印度取证数量和比重分别为 204 家和 22.08%,年增长率第三(5.15%);俄罗斯和巴西均呈现 7%以上的负增长,且规模较小;南非规模最小,但增长率最高(16.67%)。金砖国家的证厂比较低,仅为 1.66,巴西最高(1.82),往下依次是印度(1.77)、俄罗斯(1.75)、南非(1.71)和中国(1.54)。金砖国家 ASME 持证厂商变化情况见表 15。

表 15　金砖国家 ASME 持证厂商变化情况

序号	欧盟国家	2011 年					2012 年				
		持证厂商(家)	所占比例(%)	年增长率(%)	证书数量(份)	证厂比	持证厂商(家)	所占比例(%)	年增长率(%)	证书数量(份)	证厂比
1	中国	580	69.54	15.54	878	1.51	663	71.75	14.31	1 018	1.54
2	印度	194	23.26	16.87	323	1.66	204	22.08	5.15	361	1.77
3	巴西	41	4.92	5.13	75	1.83	38	4.11	−7.32	69	1.82
4	俄罗斯	13	1.56	0.00	20	1.54	12	1.30	−7.69	21	1.75
5	南非	6	0.72	20.00	9	1.50	7	0.84	16.67	12	1.71
	合计	834	100	15.03	1 305	1.56	924	100	7.19	1 481	1.66

7.中国、东盟及中国周边其他国家或地区(17 国或地区)

从 2010 年 1 月 1 日开始,我国对东盟 6 国(新加坡、马来西亚、泰国、菲律宾、印度尼西亚、文莱)93%的产品关税降为零,到 2015 年,我国将对东盟 4 个新成员国(越南、老挝、柬埔寨、缅甸)的绝大多数产品也开始实行零关税,届时将全面建成自贸区,新增 6 亿人口的大市场;加上东盟十国将与日本、韩国、澳大利亚的经济一体化,将为我国装备制造业的发展提供极大的市场空间和机遇。

我国和周边的东盟 10 国及其他 6 个国家和地区是全球最具经济活力、发展速度最快的地区,ASME 取证发展速度近年来一直较快。中国、东盟及其他周边 6 个国家或地区 ASME 持证厂商情况见表 16。从表 17 可以看出,2012 年 ASME 持证厂商数量净增 142 家,达 1 693 家;年增长率 9.16%,虽低于 2011 年的10.39%,但高于全球平均增速(5.12%)5.3 个百分点,是上述分析区域中平均增速最快的地区,也是证厂比平均最高的地区(1.99)。142 家净增数量是全球净增数量(327)的 43.43%,比 2011 年减少 18 个百分点,1 693 家持证总数量超过美国(3 034)的一半,比除美国以外的西方 7 国(1 060)多 633 家,比欧盟 27 国(965)多 728 家。

表 16 中国、东盟及其他周边 6 个国家或地区 ASME 持证厂商情况

序号	国家或地区	2011 年					2012 年				
		持证厂商（家）	所占比例（%）	年增长率（%）	证书数量（份）	证厂比	持证厂商（家）	所占比例（%）	年增长率（%）	证书数量（份）	证厂比
1	中国	580	37.40	15.54	878	1.51	663	39.16	14.31	1 018	1.54
2	日本	85	5.48	2.41	176	2.07	88	5.20	3.53	150	1.70
3	韩国	407	26.24	7.96	1065	2.62	440	25.99	8.11	1 163	2.64
4	印度	194	12.51	16.87	323	1.66	204	12.05	5.15	361	1.77
5	中国台湾	48	3.09	11.63	117	2.44	48	2.84	0.00	118	2.46
6	巴基斯坦	13	0.84	−7.14	28	2.15	11	0.65	−15.40	34	3.09
7	澳大利亚	10	0.64	11.11	14	1.40	9	0.53	−10.00	13	1.44
东盟	印度尼西亚	61	3.93	1.67	147	2.41	65	3.84	6.56	155	2.38
	马来西亚	54	3.48	10.20	122	2.26	59	3.48	9.26	130	2.20
	新加坡	41	2.64	−2.38	80	1.95	47	2.78	14.63	91	1.94
	泰国	37	2.39	−7.50	81	2.19	36	2.13	−2.70	83	2.31
	菲律宾	4	0.26	33.33	11	2.75	5	0.30	25.00	16	3.20
	越南	17	1.10	0.00	40	2.35	18	1.06	5.88	43	2.39
	东盟合计	214	13.80	1.42	481	2.25	230	13.59	7.48	518	2.25
	合计	1 551	100.00	10.39	3 082	1.99	1 693	100.00	9.16	3 375	1.99

在这些国家或地区中，2012 年增速过 10%的仅有 3 国：菲律宾（25%）、新加坡（14.63%）、中国（14.31%）；证厂比超过 2 的有：菲律宾（3.2）、巴基斯坦（3.09）、韩国（2.64）、中国台湾（2.46）、越南（2.39）、印度尼西亚（2.38）、泰国（2.31）和马来西亚（2.2），是证厂比过 2 最多的地区，对大型跨国公司有很大的吸引力。特别是东盟 6 个取证国家中，除新加坡（1.94）外，其他 5 国的证厂比均超过 2，一定程度上说明大型跨国公司在东盟地区设厂较多。

东盟十国中有 6 个 ASME 取证国家，2012 年持证数量为 230 家，年增长率为 13.59%；持有证书 518 张，年增长 7.69%。

全球 ASME 锅炉压力容器制造产业重心向我国及其周边地区转移趋势明显，中国的整体优势继续扩大，2012 年我国的比重又提高了 1.76 个百分点，而周围其他国家的比重均有微幅下降；中国、韩国和印度是第一集团，其持证厂商均超过百家，这 3 国的持证厂商/证书数量之和占 17 国的比重从 2011 年的 76.14% / 73.52%继续扩大至 2012 年的 77.2% / 75.32%；日本、印度尼西亚、马来西亚、中国台湾地区、新加坡为第二集团，每个国家（地区）的持证数量都超过 40 家。2012 年中国及周边 17 国/地区 ASME 持证厂商情况分布见图 5。

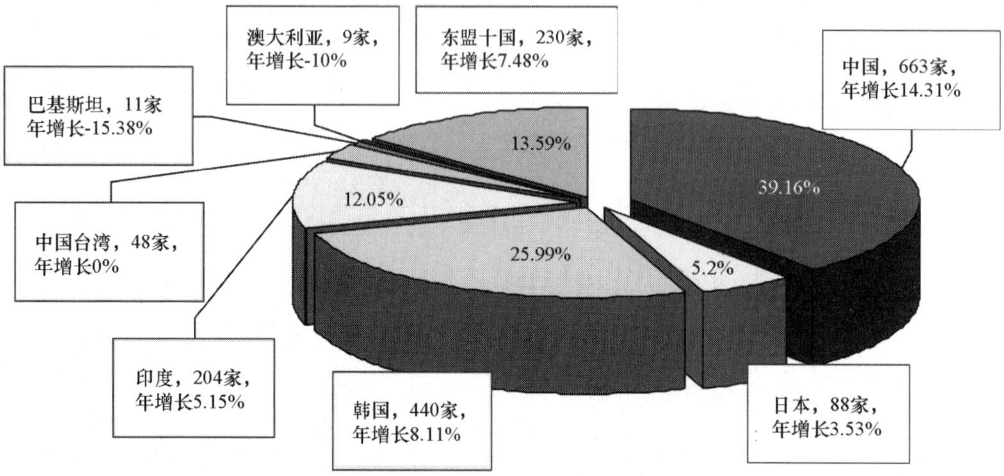

图5　2012年中国及周边17国/地区ASME持证厂商情况分布

〔撰稿人：中国石油和石油化工设备工业协会秘书长 杨双全〕

地区和市场概况

介绍我国石油和石油化工装备制造产业集群和市场发展状况

地区和市场概况

华龙地区石油装备产业现状

华龙地区已有20多年生产石油机械装备的历史，石油机械装备产品（主要集中在石油开采产业链中“钻井—采油—集输”三个环节）已形成了一定规模和特色，被河南省政府授予河南省石油机械装备制造特色产业、河南省石油机械制造业出口基地。2012年，全区石油机械装备制造企业销售额在中原油田市场份额14亿元，在国内其他石油市场份额为27亿元，在国际市场份额为21亿元。

一、石油机械装备制造产业发展现状

1.产业集群正在形成

华龙地区现有石油机械装备制造企业116家，占全市石油机械装备制造企业总量的75%，其中规模以上企业45家。按主导产业划分：从事钻机设备制造企业28家，采油设备制企业81家，集输设备制造及服务企业7家，初步形成集装备研发、制造、技术服务及产品销售于一体的产业体系。2012年，华龙区规模以上石油机械装备制造企业完成总产值71亿元，实现增加值25亿元，利税13.1亿元，从业人员达1.7万人。产业集群的形成首先在于同产业企业集群的形成。目前，濮东产业集聚区石油机械装备制造园已累计入驻信宇、东方龙、东昊等石油机械装备制造及加工企业达104家，产业集群的第一要素“同行业企业地理性集群”已经基本实现。同时，石油机械装备制造园7.06km^{2}的规划面积，也为华龙区石油机械装备制造行业扩大产业规模提供了良好的发展空间。

2.产业链条初步形成

产业集群一般是指在产业链条上具有上下游配套关系相关企业的空间集合。石油开采包含“勘探—钻井—采油—集输—炼制”五个环节，华龙区石油机械装备制造产业产品已经覆盖“钻井—采油—集输”三个环节。产品从整机、整车到零部件有10 000多个品种，已形成5个系列的石油机械装备制造产业链：

1）钻机设备产业链，包括钻井、顶部驱动装置、钻杆、钻铤、钻头、泥浆泵、电控装置等。主要企业有：中原总机、中原特车、中原特修厂、东昊、华茂、宇隆、汉华。

2）采油设备产业链，包括油管、抽油机、抽油杆、抽油泵、修井机、井下工具、控制系统等。主要企业有：信宇、东方龙、东昊、艺海、世纪腾飞、中新钻采、九豫。

3）储运设备产业链，包括输油（气）管、输油（气）泵、储油罐、压缩机等。主要企业有：中拓、锐弛、兴泰、华能、博隆。

4）特种车辆制造产业链，包括压裂车、连续抽油杆作业车、车载钻机、固井仪表车、制氮车等。主要企业有：中原总机、中原特车、中原特修厂等。

5）集输管网服务产业链，包括管道工程研发、设计、安装、非开挖清洗、修复、定向穿越和带压开孔、封堵等技术施工服务。主要企业有：中拓、锐弛、兴泰等。

产业链条已初步形成，为华龙区石油机械装备制造产业集群的进一步发展打下一定基础。

3.产品优势相对明显

产值相对较大的有防盗采油井口装置、抽油机、抽油泵、射孔枪、钻井机械等产品，均占中原油田上述产品市场份额的28%，并已成功打入大庆、胜利、华北、辽河、新疆等油田，同时随着中原油田国外市场的开拓已开始进入非洲的苏丹、肯尼亚、尼日利亚,亚洲的印度、伊朗、沙特、哈萨克斯坦及南美洲的秘鲁、巴西、委内瑞拉等国外市场。

二、石油装备企业发展现况

1.骨干企业快速成长

2012年,全区销售收入、利税双超千万的石油机械装备制造企业已达21家,其中:中原特车年产值15亿元,上缴税金1 800万元;中原总机产值5亿元,税金2 120万元;中拓公司产值3.5亿元,税金1 700多万元;信宇机械产值2亿元,税金1 100万元。中原总机、中原特车、信宇机械等企业是中石化、中石油一级网络成员单位,拥有研发、生产石油钻采、作业机械等整机的能力和品牌优势,在石油机械装备制造行业中享有较高知名度。这三家企业还被中国石油和石油化工设备工业协会(简称中石协)评为“中国石油装备制造业50强企业”。

中原总机以生产整机、大型设备为主,是国内石油机械规格最全、品种最多的厂家之一,是世界石油企业中取得API(美国石油协会)会标使用许可证最多的厂家之一。1999年获美国石油学会会员资格,先后开发了134种石油机械新产品,其中4项成果5种产品达到国际先进水平,2种产品填补了国内空白,9种产品处于国内领先水平,10种产品取得国家实用新型专利。

中原特车以生产石油钻采专用特车为主,位列中石协中国钻采设备制造业“10强”企业第6名,连续多年在中石化集团公司机械行业经济效益和市场覆盖率评比中名列前3名。具有博士后研发基地,开发新产品180余种,其中7种产品达到国际先进水平,6种产品填补了国内空白,30种产品处于国内领先水平,14项实用新型专利技术通过国家专利局授权。

信宇机械高新技术产品销售额占总销售额的60%,正在研发的外转子大力矩电机抽油机属于世界顶尖课题,其W型曳引抽油机、防盗采油树均属国内首创。

中拓股份公司是国内唯一从事管网非开挖、修复施工服务为主导的专业公司,正在运作上市。

锐驰管道工程公司是集管道施工、设备生产和管线抢险维修为一体的专业化公司,被誉为集输管网抢修的“120”。

上海伽思是国内仅有的专业生产空气净化、加湿设备的技术公司,产品应用领域十分广泛。

骨干企业的快速形成,有利于发挥其在推进产业聚集的辐射、吸引、带动作用,借机实现全区经济的总量扩张、实力增强、进位赶超。

2.企业自主创新已有一定积累

有利于构建战略产业支撑体系,提升产业层次和水平,优化产业结构和布局。全区现有省、市级科技研发中心18家,发明专利、实用专利累计486项;其中79项产品填补国内空白,19项产品研发被列为中石化重大科研项目。中原特车、信宇机械被认定为“国家级知识产权优势企业”,中原总机、中拓股份、上海伽思等企业被认定为“省级高新技术企业”,东方龙、东昊、锐驰、华茂等一大批企业均通过了ISO 9001质量管理体系认证及各项产品的强制认证等评价指标。目前全区石油机械装备制造行业企业共创国家级名牌产品2个,省级名牌产品7个。区内石油机械装备制造企业整体上具备了一定的自主创新能力,且部分技术和产品竞争优势强,相对于其他工业行业来说,原始创新、集成创新和消化吸收再创新能力不断提高,专利申请、新产品开发逐年增加。企业自主创新已有一定积累,有利于构建战略产业支撑体系、提升产业层次和水平、优化产业结构和布局。

三、石油机械装备制造产业做大做强的发展机遇

1.具有全面提升产业层次的内在动力

大力发展石油机械制造产业,有利于提升全区产业层次,推动工业结构优化升级;有利于降低经济发展对资源和能源的消耗强度,增强经济发展后劲,带动区域经济又好又快发展;有利于资源型城市转型与发展。对于华龙区实现率先发展、争当全市经济发展排头兵战略目标具有十分重要的意义。因此,利用现有产业基础,充分调动各方面的积极性，加快石油机械装备制造产业发展，是华龙区推进工业化进程、工业经济增长由粗放型向集约型转变的迫切要求，是全面提升产业层次的内在动力。

2.具有良好的国内政策环境

国家、省、市已经把振兴装备制造业放在关系国民经济和社会发展全局的战略地位。我国《国民经济和社会发展第十二个五年规划》提出要振兴装备制造业，提升装备制造业水平，壮大机械制造工业实力。《河南省国民经济和社会发展第十二个五年规划纲要》也明确提出发展装备制造业并制定了专项规划。《濮阳市国民经济和社会发展第十二个五年规划纲要》把石油机械制造产业确定为支柱产业之一。石油机械装备制造产业发展已经具有良好的国内和地域政策氛围。目前，国内仅有陕西的宝鸡、江苏的建湖、湖北的江汉、辽宁的盘锦等少数地区将石油机械装备制造作为重点发展的支柱产业，河南省各地市把石油机械制造作为重点发展的支柱产业或优势企业的寥寥无几，华龙区的比较优势相对明显。要认清形势，抓住机遇，开拓进取，乘势而上，把濮阳市的石油机械制造产业做大做强。

3.具有较大的市场空间

西方国家受人工成本高、国内石油机械产品性价比高等因素的影响，纷纷采取外购来满足产品需求。国际油价的持续走高，刺激投资者纷纷将资金投向石油勘探领域，形成了新一轮的石油投资高峰，导致石油机械装备需求剧增。同时，国内三大石油公司都在加快“走出去”步伐，努力拓展海外业务等，这些都为石油机械装备产业迎来国际化发展的广阔空间和良好条件。据中国机械工业联合会预测，“十二五”期间，国内抽油机和全自动钻井机的年需求量将由210亿元增加到360亿元以上。华龙区生产的石油机械设备质优价廉，有比较优势，国际、国内市场广阔。华龙区发展石油机械制造产业，可以带动产业链上下游产品的开发与生产，前景光明。

四、华龙区石油机械装备制造产业存在的问题

虽然华龙区石油机械装备制造产业发展迅速，但是与大庆、宝鸡、东营等石油机械装备制造产业相比，差距显而易见，发展任重道远。

一是产品种类趋同，企业间内耗严重。华龙区很多从事石油机械制造的企业是油田改制企业，产品过分依赖中原油田，绝大多数企业生产低端配件，在技术上进入门槛不高，产品雷同现象严重，并且全区缺少统一的协会组织进行引导和协调，致使大多数企业都在各自为战，彼此恶性竞争事件频发，在争抢国内几大油田、尤其是中原油田的配套业务时，企业间经常“窝里斗”，相互压价、相互扯腿、相互内耗，使企业运营成本加大，经营效益下降，导致整个行业利益受损。

二是企业发展艰难，发展资金问题突出。由于受到钢材等原材料价格上涨、各大油田“压帐”现象严重、中小企业融资贷款艰难等因素影响，许多企业资金周转不畅，致使企业生存发展举步维艰。

三是骨干企业实力偏弱，拉动和辐射能力不够强。华龙区目前没有一家年产值过30亿元的企业，全区除中原特车、中原总机两个企业规模较大外，其余企业产值都比较小，对产业的拉动和辐射能力还不够强。总体上散而全，没有形成特色明显的制造业基地，在国内石油机械装备制造行业尚未占领一席之地。如中原总机订单产品的基础件大多需要山东、江苏等地协作加工。中原特车的外协企业主要是四川的宏华公司。尽管华龙区中原特车、中原总机等骨干企业在国内、国际市场上取得了一定的市场份额，并带动了一批小型民营企业的发展，但没有成为整个行业的发动机。企业各自为政，习惯于依靠自己的力量进行市场开发，相互之间缺乏沟通、合作不够，影响了全区石油机械装备制造产业整体实力的提升。

四是产品代理出口现象严重，造成税费外流。在当前严峻的国际经济环境下，全球信用风险环境不断恶化，收汇风险已经成为外贸出口的普遍隐忧，很多公司出现了不同程度的拒单、减单、改单或延期。直接外销部分石油机械装备制造企业开拓海外市场不是自营出口,而是以出口供货和区外代理为主,在造成交易成本增加的同时,税费流失严重。据商检部门统计,华龙区出口商品有2/3走出口供货或区外代理的路子。

五是交流服务平台少,企业缺乏有效的成长机制。尽管华龙区的石油机械装备制造业起步较早,但一直没有建立起与产业发展相适应的信息交流、资源供剂、融资助保等公共服务平台,企业不能组团发展,行业协会作用缺失等,不利于产业的整合壮大和品牌的培育。"石油人""东方龙"等品牌仅小有名气,在同行业还不是响当当的名牌产品。企业信息交流不畅、资源不能共享、融资贷款难的瓶颈依然没有得到破解,从而影响了企业的信息交流技术协作和生产要素的优化配置,制约了产业整体实力的提高和规模化发展。

六是产品研发创新能力不足,缺乏核心技术竞争力。产品创新是企业的根本,产品质量是企业生存的根本,企业必须进行产品创新,不断地使产品更新换代,用新结构、新材料、新工艺、新技术开发出一系列新产品占领市场,石油机械装备制造产业也是如此。尽管近年来华龙区石油机械装备制造产业在产品和技术创新方面取得了长足的进步,产品应用拓展到更宽的领域,但是与国内同行和世界一流企业水平相比,差距还很大。华龙区的石油机械装备制造企业基本上以陆上原油开发设备为主,海上开发设备、天然气设备几乎没有。由于产品技术含量低,低端产品多,许多企业产品以旧翻新,以旧充新,生产过程处于翻修和粗加工阶段,高端产品少,产学研合作模式没有形成,具有自主知识产权的核心技术产品更少。

七是高端人才短缺,成熟技工流失严重。华龙区石油机械装备制造产业工人大都来自原油田的下属老企业,人员年龄结构偏大,虽有技校等提供新生力量作补充,但由于发达地区对技术工人的需求加大,以及全区的工资待遇相对较低,一些掌握了熟练技能的工人纷纷外出打工,致使企业人才队伍青黄不接。同时,高端科研人员短缺,阻碍了企业壮大和产业升级。

五、下一步重点工作任务

石油机械装备制造产业是华龙区具有良好发展潜力和广阔发展空间的传统产业、优势产业和特色产业,应充分发挥起步早、基础好、市场广、区位优等比较优势,加快产业发展步伐,促进产业集聚升级,使其成为全区最具代表性、影响力和贡献度的支柱型产业,为全区经济提速和产业转型积蓄动力。

1.科学制订产业发展规划

聘请专业机构,根据国家规划,紧紧依托省、市有关产业扶持政策,结合本区实际,制订《华龙区石油机械装备制造产业发展规划》,明确区石油机械装备制造产业发展目标(含经济总量目标、结构调整目标、创新能力目标、品牌建设目标)、发展重点、发展举措,形成科学合理的产业发展指导意见。制订《华龙区石油机械装备制造产业结构调整指导目录》,便于区石油机械装备制造产业与国家、省进行产业对接,为企业争取政策和资金创造条件,推动全区石油机械装备制造产业由一般加工向高端制造提升。

2.成立石油机械装备制造产业协会

由区政府牵头,成立石油机械装备制造产业协会。以此为平台对整个产业进行优化分工和资源整合,实现企业间的联络沟通、信息共享和优势互补,引领整个产业规范、快速、健康发展。

3.成立松散型的大集团公司

探索成立松散型的大集团公司,通过产业链分工、资本融合、技术合作等方式,整合各类石油机械加工企业,对外以集团的形式开拓市场,对内进行企业间的分工合作和利益分成,形成华龙区石油机械产业整体合力。

4.引导企业错位发展

发挥协会的统筹协调作用,对会员企业的产品结构、经营项目、市场需求进行统筹考虑,引导中小企业发挥"船小调头快"的优势,拾遗补缺,错位发展,打造上下关联、分工明确、相互配套的产业链。

5.鼓励龙头骨干企业兼并同类小企业

鼓励龙头骨干企业以大带小、以强带弱,促进企业强强联手、产业链联合,鼓励企业围绕主业进行战略重组,加强企业之间技术合作、信息共享、设备共用,实现利益分享、互利共赢,促进大中小企业共同发展。

6.增强行业外宣力度

发挥政府、行业协会的外联宣传作用,组织会员企业参加国内外各级各类展会、洽谈会,以协会名义与发达地区、各大油田、各类商会(协会)进行对接,为企业开拓市场、扩大行业影响力搭建广阔平台。

7.建立产业扶持基金

通过向上争取资金、地方政府投入以及吸引大企业、创投基金公司等作为股东,创立华龙区石油机械装备制造产业扶持基金,为华龙区具有发展潜力的企业和项目提供风险投资,也可为一些短期资金周转困难的企业提供无息或低息的短期借贷。

8.搭建银企对接平台

定期开展银企对接会,引导各银行加大对石油机械装备制造产业的贷款力度。引导行业内企业组成融资共同体,通过“打捆”担保等形式,为内部成员提供贷款联保。

9.探索行业内部“自助式”融资

由政府或行业协会提供平台,吸纳会员企业的闲置资金,为资金周转困难的企业提供低息借贷,实现行业内部资金互助。

10.鼓励企业上市

鼓励和支持石油机械装备制造企业发行企业债券和上市融资。

11.建立研发中心

由政府牵头,联合龙头企业、高校、科研院所,积极争取国家、省科技专项资金,共同成立华龙区石油机械装备制造产业技术研发中心。重点科研攻关有利于突破华龙区石油机械装备制造业发展瓶颈制约的关键技术和共性技术。着力打造区域性科技创新和技术服务平台,使之成为具备公共研发、技术交易、科技信息咨询、投融资、知识产权和技术项目孵化等各项功能的创新服务平台。

12.共建企业技术中心

鼓励、支持有条件的企业自建或者与高校、科研院所共建企业技术中心。指导符合条件的企业申报国家和省级技术开发中心,并由区政府给予一次性资助。特别要加强与各大油田研发部门的合作,以此为切入点,为油田提供定向定量的产品,融入油田配套供应体系。

13.设立科技基金

加大对科技型企业的支持力度,设立华龙区企业技术创新专项基金,鼓励企业加大研发投入,对积极开展产品研发和技术创新的企业,实行税收减免等科技企业优惠政策,对重点技术创新企业给予政策或资金奖励,依靠科技实现产业快速发展。

14.强化专项招商

从考虑弥补华龙区石油机械装备制造业发展的短板的角度,有针对性地引进一批对区石油机械装备制造业技术水平有重大提升作用的合作项目和基础通用件、零部件及元器件知名企业,从而推动华龙区本地石油机械装备制造产业升级。

15.强化与上级领导部门的对接

强化与国家、省、市发改、工信、商务、科技等上级部门的对接,积极争取产业振兴、技术改造、科技研发、出口创汇、土地指标、环境容量、税收优惠等各类资金和优惠政策方面的扶持力度。

16.加强行业顶尖人才的引进

加强对海内外的行业内优秀人才的引进力度,特别是以重大科技项目为载体,采取团队整体引进、核心人才带动引进、高新技术项目开发引进等方式,重点引进华龙区高新技术产业、支柱产业等领域急需的高层次人才。

17.强化教育培训机制

依托濮阳技术学院、技校等大中专院校,加快建设职业教育培训基地,针对企业需要设置相应专业，采取预备式、订单式培训等方式，长期教育与短期培训相结合，源源不断地为企业输送相关人才。

18.强化人才信息引导机制

建立华龙区企业用工和人力资源信息库，建立劳动就业服务信息网站，定期举办企业招聘周、校企对接会等活动，为企业、学校、技术工人搭建对接平台。

〔供稿单位：中国石油和石油化工设备工业协会〕

建湖县石油装备产业发展战略的思考

石油装备产业已成为江苏省建湖县最具活力和发展潜力的特色产业。2008年度建湖县被中国石油和石油化工设备工业协会认定为“中国石油装备制造业基地”，是全国唯一的县级基地；2010年度被认定为“国家火炬计划石油装备特色产业基地”，江苏省优质石油装备产品生产示范基地。国家级石油机械产品质量监督检验中心，2012年在建湖开工建设。建湖县已经发展成为具有较强的石油装备制造能力、市场竞争能力和可持续发展的石油装备产业基地。

一、建湖县石油装备产业现状和存在的问题

1.产业现状

(1) 产业初具规模。全县从事石油装备生产的企业已有1 150家，2012年产业总量突破150亿元。全县规模企业50强中，有21家是石油装备企业。近3年，石油装备产业经济总量年均增长率在30%以上。

(2) 产业链条紧凑。石油装备产业完成了由锻钢到钻机、抽油机制造的形成过程，并向采油系列和海洋钻机、油气复合开采设备等领域拓展。产品门类齐全，拥有油田井口装置、采油设备、井控装备、井口装备、钻修井工具及管具、高中压阀门等特色系列产品，钻机、抽油机等终端产品已投放市场。

(3) 市场占有率较高。建湖县是全国最大的油田井口装置生产基地，市场占有率达60%；防喷器国内市场占有率达70%；液压油管钳国内市场占有率达75%；远程控制装置市场占有率达30%以上。产品畅销国内各大油田和美国、加拿大、英国等30多个国家和地区，国内液压动力钳系列产品的市场占有率达75%以上。

(4) 创新能力强。全县拥有省级以上高新技术企业11家，国家级和省级新产品31个，国际国内专利技术200多项；拥有自主知识产权、领先国际水平的液压动力钳等高端装备。70%以上企业具有石油行业一、二、三级网络资格，90%以上企业通过ISO9000、ISO10000体系认证，50%以上企业通过美国石油学会的API认证。

2.存在的问题

建湖县在生产和研发过程中存在的问题主要表现在：①企业规模偏小，龙头企业的带动作用不明显，有影响力的企业还不多。行业内企业数量不少，特大型企业不多，小企业较多，资源分散、资金分散和技术力量分散的矛盾较为突出。②产品结构雷同，专业化分工协作度不够。企业间产品结构雷同日趋明显，互补性不强，导致同行业竞争加剧。③技术创新能力亟待增强。研发力量集中度不够，同类产品重复研发，自主创新和集成创新能力不足，海洋装备、钻采高端设备等产品研发能力有待提升。

二、做优、做大、做强石油装备产业的几点建议

(1)瞄准产业高端。要坚持技术升级为着力点,科技创新为突破口。重点瞄准特大型铸锻、油气复合开采系列设备等高端项目,推动石油装备产业向大型成套、高效、节能、智能化等前沿领域发展,融入行业前沿。注重与行业领军企业合作,重点要加强与大型油田合作。要经常到大型油田考察调研,与他们建立全面战略合作关系。特别要加强与石油装备跨国公司、国际先进的石油装备跨国公司和国际知名大集团公司的合资合作,融入国际石油装备产品的需求链。大力拓展石油装备国际市场,扩大出口份额,以加速推进全县石油装备制造业的国际化进程。

(2)优化产品结构。突出产业链两头,重点着力在海洋钻井平台等重点项目上寻求突破。继续巩固防喷器、修井等产业链中间环节产品生产地位。要做好专业化分工,引导行业内企业有所为有所不为,科学定位、差别化竞争。龙头企业要将中低端产品剥离外移,通过授权加工、配套协作等途径,带领微小企业同步发展;聚合优质资源向骨干企业倾斜,鼓励龙头骨干企业集中要素研发高端产品和进行产品营销,培植核心竞争力,更好地发挥龙头企业的引领作用。

(3)推动企业裂变发展。加快推进全行业转型发展,以增量投入调整带动存量调整,辐射带动能力强的行业龙头企业技改扩能,不断促进装备水平升级换代。加快产业转型升级步伐。加快企业上市步伐,支持优质企业资产重组、合资合作。

(4)坚持科技引领和创新。加强企业的科技创新能力对提高企业的竞争力尤为重要。加强产业研究,全方位开展与高等科研院所合作,促进一批科技创新成果转化,不断提高产品的科技含量和附加值;开展规模企业要全部推广应用"4C"(计算机辅助设计、辅助制造、辅助生产流程规划、计算机集成制造系统)等技术。规模企业要紧紧瞄准高科技含量、高附加值产品的开发、研制和生产,全方位提升企业的竞争力。

(5)人才战略紧抓不放。人才资源已经成为企业发展中不可缺失的重要组成部分。要全面提升石油装备产业的竞争力,必须要高度重视高端科技人才的培养、引进和使用。要按照留住关键人才、引进急需人才、储备未来人才的用人战略,培养和造就一支结构合理、门类齐全、技术素质过硬的研发、技术和管理人才队伍。

从经济规模总量、企业数量来看,建湖县石油装备产业已初具规模,但目前达到国际先进水平的装备在全国所占的比重不大,特别是海洋石油装备才刚刚起步,部分关键设备的质量和可靠性还达不到国际先进水平要求。

〔撰稿人:张晓燕〕

国外及我国民营油田技术服务公司的发展现状

"十二五"以来,我国油气行业转型升级进入了深化发展阶段,石油装备制造企业不但从产品的结构上调整,同时在市场开发及其经营方式上也进行了深入地调整。在掌握了核心技术、研发高附加值新产品之际延伸发展其产业链,进军油田技术服务领域。

油田技术服务领域主要提供地质、地球物理、钻井、油藏工程、生产管理、经济评价、信息管理等各领域软件、开发系统、工具以及涵盖整个勘探开发生命周期的信息管理解决方案；石油装备制造商主要提供油气勘探开发的各类整机、配套设备和工具。目前国际诸多公司都并不局限于服务或者装备制造，而是两者并重，只是两者的收入比重各有不同。

一、国外油田技术服务商

目前，全球最大的四家油田技术服务商是斯伦贝谢公司、哈里伯顿公司、贝克休斯公司和威德福公司；全球石油装备制造商主要有美国国民油井华高公司（石油装备）、瑞士越洋钻探公司（海上钻井装备）、美国卡麦龙公司（流体设备）、美国拉夫金公司（采油设备）等。2011—2012 年全球主要油田技术服务商和石油装备制造商主要经济指标见表 1。

表 1　2011—2012 年全球主要油田技术服务商和石油装备制造商主要经济指标

油田技术服务商和石油装备制造商	2011 年（亿美元）			2012 年（亿美元）		
	总资产	总收入	净收入	总资产	总收入	净收入
斯伦贝谢 SLB（Schlumberger）	552.01	369.59	50.07	615.47	421.49	55.19
哈里伯顿 HAL（Halliburton）	236.77	248.29	28.39	274.10	285.03	26.35
贝克休斯 BHI（Baker Hughes）	248.47	198.31	17.43	266.89	213.61	13.17
威德福 WFT（Weatherford）	210.51	129.88	1.89	227.95	152.15	-7.78
美国国民油井华高 NOV	314.84	146.58	19.94	255.15	200.41	24.91
瑞士越洋钻探 Transocean	350.32	80.27	-56.77	342.55	91.96	-2.11
美国卡麦龙 CAM（Cameron）	93.62	69.59	6.64	111.58	85.02	7.77
美国富美实 FMC	37.44	33.78	3.82	43.74	37.48	4.36
美国拉夫金 Lufkin	10.97	9.32	0.66	14.35	12.812	0.82

1.斯伦贝谢公司

斯伦贝谢公司总部分别位于法国巴黎、美国纽约和荷兰海牙，其业务覆盖油气勘探、钻井、生产过程中的各项数据产品和服务，提供整体解决方案。是全球油田技术服务收入占比最高的公司（80%以上），在全球约 80 个国家雇佣 11.8 万名员工。2012 年总收入 421.49 亿美元，实现净收入 55.19 亿美元。

2.哈里伯顿公司

哈里伯顿公司总部位于阿拉伯联合酋长国的迪拜，在全球 80 多个国家有超过 7.2 万名员工。公司主要服务于油、气藏产业的上游，覆盖地理数据收集、钻井、地层评价、完井、生产优化等领域。2012 年总收入 285.03 亿美元，其中油田技术服务收入221.96亿美元（占总收入的 77.87%），实现净收入 26.35 亿美元。

3.贝克休斯公司

贝克休斯公司总部位于美国休斯敦，在全球大约 90 个国家中雇佣了 5.88 万名员工，通过其下设的 7 家油田技术服务公司，提供包括钻井、完井和油气井生产的各类产品和服务。2012 年总收入 213.61 亿美元，净收入 13.17 亿美元；技术研发投入 4.97 亿美元，研发投入比为 2.3%。

4.威德福公司

威德福公司总部位于瑞士，现有雇员 6 万余名，业务遍布全球 100 多个国家。是一家经营油田服务及设备的大型跨国企业。公司拥有国际领先的欠平衡钻井、下管柱服务、井筒再进入、专利钻井工具、膨胀防砂管、传感、人工举升优化及螺杆泵等技术。2012 年总收入 152.15 亿美元，净收入-7.78 亿美元。

以上四家油田技术服务公司的主要业务活动详见表 2。

表2　四大油田技术服务公司的主要业务活动

公司名称 \ 业务领域	勘探	钻完井	采油	集输	石油化工
斯伦贝谢	地球物理服务、油藏描述、地球物理、岩石学软件、地层评价	注入水泥服务、连续管作业服务、完井服务、钻井服务、水下监控、钻井、升举服务	采油、射孔服务、人工升举服务、砂控服务、生产和下套管、试井服务、增产服务	无	无
哈里伯顿	地层评价、油藏探测/分析、建模/评价和优化软件	取芯服务、钻头、钻井服务、注入水泥服务、括孔服务、水下安全系统	采油服务、下管服务、砂控服务、增产服务、完井服务、射孔服务、修井服务	工程设计、建设	生产设备设计、制造
贝克休斯	评价服务、储层开发服务	钻井、钻井服务、钻头、钻井液、钻机系统、集成运营服务、全面培训服务	完井服务、压力泵服务、管道服务	管道输送	无
威德福	微地震压裂监测技术、评价	钻井、打捞、下管柱、井筒再进入、专利钻井工具、膨胀防砂管、传感、智能完井	螺杆泵、活塞泵、人工举升、电潜泵、可膨胀防砂筛管、生产自动化、油田优化	无	无

二、国外石油装备制造商概况

1.美国国民油井华高公司

美国国民油井华高公司是目前全球最大的石油装备制造商，可提供油气钻采过程中的全系列设备。在全球建有500个以上的生产、销售、服务中心，约有3.6万多名员工，可以为钻采设备、集成系统、井下工具及供应链解决方案提供全方位的服务。2012年总收入200.41亿美元，其中技术服务收入34亿美元（比重为17%），实现净收入24.91亿美元。2011年的服务收入为28.16亿美元，其中钻井装备销售收入为85亿美元。

2.美国卡麦龙公司

美国卡麦龙公司是一家全球领先的流体设备和系统集成供应商，产品服务于钻井承包商、油气生产商、管线运营商、炼化工业和其他流程工业的企业。产品包括阀门、井口设备、控制系统、闸板、防喷器、配套系统以及空压机和涡轮增压器设备等。2012年总收入85.02亿美元，净收入7.77亿美元，订单108.88亿美元；2011年的订单为78.28亿美元。

3.美国GD（Gardner Denver）公司

美国GD公司总部位于美国昆西市，是世界知名的压裂泵和压缩机、鼓风机专业生产厂商。公司在全球雇佣有5 000名员工，设有压缩机、风机和泵三大部门。主要产品包括压裂泵、泥浆泵、螺杆/活塞和离心式空压机、天然气压缩机、风机等。2012年公司总资产111.58亿美元。

4.美国富美实（FMC）公司

富美实（FMC）公司总部位于美国宾夕法尼亚州，是美国500强企业和世界最大的海陆油田用流体控制产品供应商。公司在全球雇佣有5 000多名员工，主要产品是泵（如往复泵、柱塞泵、活塞泵、管道清理泵、原油输送泵、原油进料泵、高压冲洗泵、加氢泵等）、活塞和高压管汇等。

5.英国维尔（weir SPM）公司

公司总部位于美国德克萨斯，是全球井口服务和高压流体控制设备的市场领导者。主导产品包括往复柱塞泵（压裂泵、泥浆泵）和流体设备，往复柱塞泵主要应用于注泥浆、酸化、压裂作业，占压裂泵国际市场份额 60%左右。2012 年产值 2.799 亿英镑，利润 0.61 亿英镑，订单 2.89 亿英镑。

6.瑞士越洋钻探公司

瑞士越洋钻探公司是全球舰船队配备最先进和最全面以及最大的近海钻探商。公司拥有海上各类钻井平台超过 200 座，所拥有的深海钻井装置占全球总数的 30%。2012 年总资产 342.55 亿美元，操作收入 91.96 亿美元，净收入亏损 2.11 亿美元(因墨西哥湾钻井平台爆炸事故而赔付 14 亿美元，故 2011 年亏损 56.77 亿美元)。

三、我国民营油田技术服务公司发展情况

(一)国内各大油田开发概况、增产目标

我国是世界第二大石油消费国和第五大石油生产国，也是世界第四大天然气消费国和第六大天然气生产国。在过去的 20 年里，我国的石油和天然气消费量快速上升，石油产量稳步增长，天然气产量增长迅猛。2011 年，我国原油表观消费量 4.55 亿 t，国内原油产量为 2.04 亿 t，对外依存度突破 55%；天然气表观消费量 1 294 亿 m^3，国内天然气产量为 1 011 亿 m^3。2011 年，在国内原油产量中，中国石油天然气集团公司(中国石油)占 54%(1.075亿 t)，中国石油化工集团公司(中国石化)占 21%(0.427 亿 t)，中国海洋石油总公司(中国海油)占 19%(0.389 亿 t)，延长石油集团占 6%(0.123亿 t)；在国内天然气产量中，中国石油占 75%(755 亿 m^3)，中国石化占 14%(146 亿 m^3)，中国海油占 11%(112 亿 m^3)。与此相应，中国石油、中国石化、中国海油是国内油气勘探开发活动的主力，其中又以中国石油占主导。民营钻井队伍近年来发展较快，且主要集中在陆上钻井，中国石油为其主要服务对象。

1. 中国石油天然气集团所属主要油田生产情况

(1)大庆油田

大庆油田储量增长情况：近几年每年提交的石油探明储量均超过 1 亿 t，外围油田 8 亿多吨已探明未动用石油储量，迎来第三次储量增长高峰期. 通过水平井开发及大规模压裂技术开发的攻关，实际效益开发取得了突破性进展。

大庆油田庆深气田是我国东部陆上最大气田。2013 年他们进一步创新勘探理念与技术，加快松辽深层天然气增储上产步伐，对已投产区块进行精细开发，新开发区块加快技术配套和钻井提速。

大庆探区致密油、页岩油和致密砂岩气资源等“家底儿”丰厚。大庆油田创新发展水平井、二氧化碳驱等技术取得了重要突破，大规模压裂技术“砸”开了外围致密油藏。大庆油田针对泥岩裂缝型油藏采用压裂增产改造工艺技术，采油强度提高了 50%以上。

大庆油田产量增长目标：到 2020 年实现原油 4 000万 t 硬稳产、油气当量重上 5 000 万 t；为此设定了“两步走”的规划：

第一步，2013—2015 年，新增石油探明储量 3 亿 t，天然气探明储量 2 000 亿 m^3，原油产量保持 4 000 万 t，天然气产量上升到 50 亿 m^3。

第二步，2016—2020 年，到“十三五”末，再新增石油探明储量 5 亿 t，天然气探明储量 5 000 亿 m^3，原油产量保持 4 000 万 t，天然气产量上升到 120 亿 m^3 以上，总当量达到 5 000 万 t。

(2)长庆油田

长庆油田 2012 年原油生产达到 2 230.58 万 t、天然气 285.44 亿 m^3，合计油气当量超过 4 500 万 t，首次超过大庆油田成为国内第一大油气田。

长庆油田原计划到 2015 年实现油气当量5 000 万 t 的目标，此目标将于 2013 年提前实现。2013 年是长庆油田实现年产油气当量 5 000 万 t、全面建成西部大庆之年，在 2013 年全面建成“西部大庆”的目标上分“三步走”：

第一步，2013 年实现油气当量 5 000 万 t，建成“西部大庆”；

第二步，2015 年原油产量达到 2 700 万 t，天然气产量达到 415 亿 m^3，年产油气当量达到6 000 万 t；

第三步,“十三五”期间,油气产量继续保持稳中有升,到2020年长庆油田成立50周年时,天然气产量达到450亿m^3,比2010年翻一番,企业增加值比2010年也翻一番。

长庆油田明确2013年生产经营目标是:新增石油探明储量3.3亿t,天然气探明储量2 000亿m^3,苏里格基本探明储量3 000亿m^3;新建原油产能550万t,天然气产能86.7亿m^3;生产原油2 450万t,生产天然气338亿m^3,年产油气当量突破5 000万t。

(3)新疆油田

中石油塔里木油田从2008年起,油气当量已经达到2000多万吨,超过新疆油气总产量的40%,成为新疆最大油气田、我国第四大油气田,我国西气东输工程的源头和主力气源地。

截至2011年底,中石油塔里木油田公司共探明26个油气田,投入开发21个油气田,累计生产原油超过9 000万t,天然气近1 100亿m^3,其中向西气东输供气突破900亿m^3。

油田先后建成牙哈、克拉、英买力、迪那等超大型气田,目前天然气产能达到200亿m^3,天然气产量占全国产量的1/5左右。2011年,中石油塔里木油田生产原油577万t、天然气170亿m^3,油气当量达到了2 030万t,连续5年保持2 000万t水平。

塔里木盆地油气储藏特点是“满盆气半盆油”,从目前的勘探成果来看,天然气的储量要大于石油储量。塔里木的油气资源埋藏都很深,钻井通常要打到6 000多米以上。

据国土资源部最新一轮资源评价公布,塔里木盆地可探明油气资源总量150亿t,其中石油80.6亿t、天然气8.86万亿m^3。2011年,中石油塔里木油田公司新发现两个超千亿立方米和1个亿吨级大油气田,新增探明石油地质储量1亿t、天然气地质储量1 047亿m^3,油气三级储量连续六年超过4亿t,2011年达到5.7亿t,再创历史新高。

根据中石油新疆油田的发展规划,塔里木油田到2015年要实现油气当量产量3 000万t,其中,原油产量要达到700万t、天然气300亿m^3,到2020年,油气当量产量达到4 000万t,其中,原油产量要达到800万t、天然气400亿m^3。

中石油集团在新一轮援疆工作大潮中,未来10年将在新疆投入3 000亿元以上,到2015年油气当量达到5 000万t,2020年达到6 000万t并持续稳产,在新疆炼油能力2015年将达到3 000万t/a。

(4)青海油田

中石油青海油田2013年钻井工作量是2012年的3倍,也是青海油田有史以来任务最繁重的一年。2013年青海油田动用钻机79部,计划全年钻井700~1 000口,钻进进尺130万~150万m,完成油气当量780万t;新增三级储量4亿t,实现“十二五”期间全面建成千万吨高原油气田的目标。

2013年青海油田在新建12亿m^3天然气产能任务的基础上,重点将推广“一趟钻”工程。同时,针对钻井速度慢、井漏、井斜、高压水层等问题,从强化井身结构设计,水平井井身结构优化等方面提高钻井速度。

青海油田为如期完成发展目标,与西部钻探工程公司合作,引进了长城钻探、渤海钻探、民营钻井公司等施工单位,使油田内部形成竞争机制。

2.中国石化集团所属油田基本情况

西部油区以塔河油田为主战场,加强方案优化,加快产能建设,实现快速上产;天然气开发以四川、鄂尔多斯盆地为重点,建成普光、大牛地两大气田;川气东送和榆济管线投入运营,天然气大发展局面初步形成。2013年,中石化计划生产原油4 378万t,同比增加60万t。

(1)新疆塔河油田

位于塔里木盆地北部的塔克拉玛干沙漠,自然环境恶劣。自1997年被发现以来,经过16年的发展,产量从年产39万t跃升至2012年的900多万t,其中原油735万t,天然气116亿m^3,销售收入290亿元,上交中石化利润121亿元,占中石化利润的1/10;塔河油田是中国石化旗下的第二大油田。

2005年塔河油田建立了第一个整装气田。

2011年每天供应天然气达190多万 m^3，向西气东输管线的天然气日供气量已达到120万 m^3。2011年塔河油田发现了一个1亿吨级的稀油油藏，此次发现的稀油资源为塔河油田增产提供了有力保障，同时也降低了开采成本，计划每年以50万t的速度增加产量。油田计划于2015年实现年产原油1 000万t。随着进一步勘探开发工作的逐渐深入，塔河油田的探明储量将每年增加1亿~2亿吨油当量。

(2)东营胜利油田

2012年，胜利油田新增探明石油地质储量1.32亿t，连续30年超1亿t，为增加产量奠定了坚实基础。胜利油田在2012年实际增加产量21万t的基础上，2013年将再增产20万t，年产原油达到2 770万t。

(二)我国民营油田技术服务公司现状

钻井是油气勘探开发的主要活动之一，也是投资较大的一部分。在石油公司的总投资中，勘探开发投资往往占到50%以上，而钻井工程投资又占勘探开发投资的50%以上。随着国内石油上游市场的逐步开放以及钻井工作量的不断增长，国内民营钻井队伍如雨后春笋般迅速发展。

1.国内民营石油钻井公司的数量

近两年，中国石油在国内完成的井数和进尺中，由公司所属的钻井队伍完成的占70%左右，其他部分则由中国石化和民营钻井队伍完成；中国石化完成的井数和总进尺中，中国石化的钻井队完成的占90%左右，其他部分由中国石油和民营钻井队伍完成。截至2012年，在国内上百家民营钻井公司中，已有56家公司的211台钻机获得了中国石油、中国石化授予的资质，占全部资质数的12.3%。

据2012年1月的数据统计，中国石油共授予钻机资质1 130台，其中中国石油内部企业占77.43%(875台)，51家民营钻井公司占17.26%(195台)，其余的授予了中国石化和延长石油。

中国石化共授予钻机资质579台，其中中国石化钻机约占94%，中国石油3家钻井公司和6家民营钻井公司钻机分别占3.1%和2.7%。

陕西延长石油钻井工程公司拥有1 261台钻机，但大多是为自己服务的浅井钻机，没有向两大集团申请资质。

中石油对外开放程度比较高，因而是民营钻井队伍发展的主要服务对象。我国10大民营钻井公司钻机总数和资质钻机数见表3。

表3 我国10大民营钻井公司钻机总数和资质钻机数(2012年初数据) (单位:台)

	石油钻井公司	钻机总数	中石油授予资质钻机数	中石化授予资质钻机数
1	大庆市让胡路区钻井公司	23	23	
2	大庆三环钻井工程有限公司	18	17	
3	新疆贝肯能源工程股份有限公司	15	12	
4	山东润通石油工程有限公司	15	12	
5	巴州派特罗尔石油钻井技术服务有限公司	14	11	2
6	大庆井泰石油工程技术股份有限公司	10	10	
7	克拉玛依市地质工程有限责任公司	8	8	
8	新疆正通实业有限公司	12	7	
9	吉林省六环钻井工程有限公司	7	6	
10	东营大明钻井有限责任公司	6		5

2.民营钻井公司钻井能力分析

根据2012年初的统计数据，主要从钻机类型、钻深能力、年钻井数和进尺等几个方面比较。

(1)钻深能力。国内10大民营钻井公司的128台钻机按3 000m以内、4 000~6 000m和7 000m的钻深型号进行分类，其中3 000m以内的中浅井钻机占72%，4 000~6 000m的钻机占16%，7 000m深井钻机占12%。深井钻井难度大、技术要求高，因此，对于公司来说，深井占比例越高，总钻井进尺相对就越少。按钻深能力分析，具备4 000m以上钻机的公司只有7家。最多的是巴州派特罗尔公司，14台全部是7 000m钻机；其次是新疆贝肯公司，1台7 000m钻机，1台5 000m钻机，5台4 000m钻机。

(2)钻井井数和进尺。排在前面的主要是钻深3 000m以下(甚至2 000m以下)浅井的公司：第一是大庆让胡路公司，具有年钻1 000口井、160万m进尺的能力；第二是大庆三环公司，具有年钻800口油井、100口水井，150万m进尺的能力。新疆贝肯公司的钻机能力主要分布在中深井领域，具有年钻50万m的能力。

钻井能力与实际完成的工作量往往有很大的差距，民营钻井队伍受市场的影响很大。近3年，大庆让胡路公司累计钻井720多口，总进尺120多万m；大庆三环公司完成油井近1 000口。新疆贝肯2008年完成钻井101口，总进尺6.47万m；2009年完成钻井64口，总进尺7.88万m；2010年完成108口井，总进尺11万m；2011年完成135口井，总进尺14.1万m，进尺逐年增加。大庆让胡路、大庆三环和新疆贝肯公司都是钻井工作量比较多的公司。

3. 民营钻井公司工程技术服务能力分析

除了钻井施工作业以外，各公司还发展了各具特色的工程技术服务业务，而工程技术服务往往更能体现公司的技术水平，也能为公司带来更大的利润。

(1)从完成的定向井、水平井服务工作量来讲，突出的是新疆贝肯公司和巴州派特罗尔公司。他们是目前我国民营钻井公司中定向井技术服务规模最大、技术实力最强的两家公司。

新疆贝肯公司拥有各类定向井仪器50台(套)，可同时满足30~35项技术服务施工作业。2011年公司完井135口，其中水平井70口，占总井口数的51.85%。近4年来共完成各种类型的定向服务井800多口，其中包括伊朗的20口水平井、哈萨克斯坦的8口水平井、新疆北疆地区的664口定向井等。该公司形成了一系列成套定向井、水平井技术，例如超长水平段水平井技术、对穿井水平井技术、高温高压超深水平井技术、短半径水平井技术、阶梯式水平井技术、SAGD(蒸汽辅助重力)水平井技术、大斜度定向井技术、丛式井技术、三维绕障井技术和垂直导向技术。

巴州派特罗尔公司有定向服务队4支，有随钻录井(LWD)、随钻测量(MWD)、有线随钻测斜仪、电子多点测斜仪器等，累计完成了分支井、大位移水平井、套管开窗侧钻等定向技术服务600余口。

(2)在泥浆技术服务方面，表现突出的是新疆贝肯公司。近些年新疆贝肯公司为500多口井提供了泥浆技术服务。该公司成功地掌握了应用两性离子聚合物钻井液、钾钙基钻井液技术等12种钻井泥浆技术，拥有屏蔽暂堵和无固相完井液等油层保护技术、成熟的复杂处理技术(例如随钻堵漏技术)和防塌泥浆技术。该公司近5年完成各类泥浆技术服务500多口井，其中6 000m以上的水平井1口，5 000m以上的探井2口，4 000m以上的井30多口，定向井、水平井泥浆技术服务和特殊泥浆体系服务200多口井。公司具有同时展开20~25口井泥浆技术服务的能力。

(3)从固井设备能力来看，实力较强的是新疆贝肯公司和大庆让胡路公司。新疆贝肯公司目前拥有各类成套固井设备50多台(套)，其中各种类型水泥车20多台，散装运灰车20多台，30t立式储灰罐10个，20m^{3}水罐车8台，其他辅助设备10多台(套)。该公司熟练掌握了涌漏同层复杂井固井、开发井后期调整井固井、MTC固井、尾管悬挂固井、水平井固井等一系列固井配套技术。累计完成各类固井 6 000 多井次，合格率 100%，其中 MTC 固井优良率连续多年超过 75%。

大庆让胡路公司有固井设备 28 台(套)，其中水泥车 6 台，下灰车 18 台，计量仪器车 2 台，工具车 2 台，年固井能力在 1 200 口以上。近几年执行设计符合率 100%，固井一次成功率 100%，固井资料准确率 99.8%。

(4)在欠平衡钻井方面，新疆贝肯公司是目前我国民营钻井公司中少数掌握这项技术的公司。欠平衡钻井是一项迅速发展的新技术，在发现和保护油藏方面有优势，但在工程施工方面有较大的风险。新疆贝肯公司拥有美国 Willimas7100 旋转防喷器、MSP/DRILEX-PCWD 系列欠平衡设备 2 套，以及价值 2 000 多万元配套的欠平衡专用管汇及井下工具，并以严格的管理和可靠的质量保证体系通过了 ISO9001 质量管理认证、ISO14001 环境认证和 API 认证，具备同时展开 15 口井技术服务的能力。目前市场主要分布在克拉玛依、四川、青海、吐哈和塔里木油田。

4.部分民营钻井公司基本情况。

(1)巴州派特罗尔石油钻井技术服务有限公司

巴州派特罗尔石油钻井技术服务有限公司为北京派特罗尔钻井技术服务有限责任公司独资公司，成立于 2003 年 8 月 18 日，主要从事钻井施工及钻井技术服务。2004 年 12 月通过 QHSE 管理体系认证，2007 年 1 月在新疆自治区取得了安全生产许可证，2009 年 8 月在中石油获得钻井企业资质。为中石化、中石油钻井市场一级准入的民营企业。

公司共有员工 416 人，钻井队 5 支，定向服务队 28 支，泥浆服务队 5 支。公司管理和技术骨干人员均来自各大油田，拥有一批石油钻井专家及中、青年技术骨干，具有丰富的管理经验和专业知识，是公司的核心技术力量。

公司固定资产已达 1.6 亿元。拥有 70LDB 钻机 5 部，LWD 4 套，MWD 28 套，有线随钻测斜仪 15 套及泥浆技术服务的各种装备、仪器，能完全满足钻井、技术服务的需要。

1990 年公司进入油田钻井技术服务市场。2004 年 11 月组建第一支钻井队，进入中石化西北分公司。2008 年 9 月钻井队进入中石油塔里木油田。2009 年初定向服务队走出国门，进入土库曼斯坦。

1998 年公司把套管开窗侧钻技术首先在胜利油田老井修复中运用，成功完成永 49 井套管开窗侧钻施工，使该井复活，为该油田增储上产提供了新的手段。2001 年公司首先把定向井技术引入中石化西北分公司，成功完成国内第一口 TK425CH 超深短半径水平井施工，为西北分公司增储上产做出了一定贡献。2005 年公司运用自主研发的分支井技术国内知识产权专利，全部使用国产工具，在冀东油田成功完成高 29-支平 1 两分支井的施工。2009 年公司在西北分公司塔河油田 TH12513CH 井短半径水平井技术服务中，寻求钻井工艺新突破，精心设计、精细施工，实现了该井的设计目的，受到业主的高度评价(该井最大井深 7 031m，最大垂深 6 536.16m，最大水平位移 1 384.51m)。

面对 2009 年国际经济危机的严峻形势，公司逆势而上，抓住机遇，走出国门，积极与胜利石油管理局配合，9 月在土库曼斯坦阿尔萨油田，圆满完成 385 井套管开窗侧钻施工。该井试采后，连续 40 天获日产 145t 高产油流，得到外方和胜利石油管理局的一致肯定，为公司发展打开了一个新的局面。

历年来公司在中石化西北分公司、胜利、中原、江苏、塔里木、吐哈、青海、冀东、华北、长庆和土库曼斯坦阿尔萨等油田进行钻井、定向井技术服务的施工，共完成钻井施工 29 口(平均井深 5 900m)，完成分支井、大位移水平井、套管开窗侧钻等定向技术服务 600 余口，完成泥浆技术服务 42 口，井深质量优质率达 75%。在中石化西北分公司施工队伍综合评比中，定向服务队获 2005 年度“优秀施工队伍”称号，钻井队获 2007 年度 “优秀施工队伍” 称号。

截至 2012 年 10 月，巴州派特罗尔公司已有 23

个钻井队,其中在用钻机 17 部,包括 10 部 70LDB 钻机,5 部 70D 钻机,2 部 80D 钻机。另外还有 8 台钻机在 2012 年底前陆续配置到位,包括 7 台 80D 钻机,1 台 90D 钻机。巴州派特罗尔公司在中石油具有资质的钻机数量达到 20 部,其中,90D 钻机 1 部,80D 钻机 7 部,70D 钻机 5 部,70LDB 钻机 7 部。

(2)巴州兆石钻探工程技术服务有限公司

该公司主要从事石油钻井、完井、试油、修井施工以及相应项目的技术服务和顶驱、防喷器、钻井工具租赁服务工作。公司成立于 2012 年 5 月 22 日,注册资金 8 000 万元,落户库尔勒经济技术开发区。公司已投入资金 7.18 亿元,并将在相应的项目上继续增加投资,形成更大的产业规模。公司现有员工 500 人,其中工程技术人员 78 人,占员工总数的 15.6%。现有全国最先进的全电动钻机 9 部,其中:5 000m 钻机 1 部,7 000m 钻机 1 部,8 000m 钻机 6 部,9 000m 钻机 1 部。公司已取得新疆自治区安全生产许可证、ISO 9001 质量管理体系认证、ISO 14000、环境管理体系认证和 HSE 健康安全环境管理体系认证;并获得塔里木油田公司市场准入许可。

(3)新疆贝肯能源工程股份有限公司

新疆贝肯能源工程股份有限公司成立于 1995 年,是专业从事石油和天然气(含煤层气)开采相关工程技术服务的股份制企业。公司总部位于世界石油城——克拉玛依。

新疆贝肯能源工程股份有限公司是由新疆石油管理局〔委托新疆塔林投资(集团)有限责任公司代管〕与香港新欣技术发展公司等共同投资兴办的改制企业。注册资金 3 240.33 万元。公司主要业务领域:石油钻井、完井、试油试采等工程服务;定向井钻井、泥浆工程、欠平衡钻井、压裂酸化等技术服务;石油装备制造维修、石油化工产品生产等产品业务;国际石油工程承包、国际石油产品贸易等国际服务;石油开采技术咨询、技术攻关、油气田综合治理等辅助服务。形成了以油气田地质、钻井、采油等服务为主线的较为完整的产业链结构,具备国际油气田工程总承包的资质和实力。

公司现有员工 503 人,专业技术人员 165 人,其中高级工程师 16 人,工程师 35 人,助理工程师和技术员 114 人。所有一线工作人员全部取得了 HSE 证书。公司拥有 ZJ-20 钻机四部,ZJ-25 钻机两部,ZJ - 40 钻机两部。并且还有美国 williams7100EP 旋转防喷器、HalliburtonQDT-MWD 无线随钻测量仪器为主的各类定向井、水平井、侧钻井监测仪器二十余套,以 Landmark、Maurer 为主的水平井、定向井进口设计软件,FracproPT 压裂、酸化设计软件等各类软件十余套。拥有符合 API 标准的钻井液测试仪器和装备一流的实验室,以及现场化验房 22 栋。这些设备仪器能够保证公司承担石油工程技术服务(钻井、水平井、泥浆、固井、采油等)施工的需要。近年来在新疆油田分公司完成钻井 154 口(其中定向井、水平井 66 口);水平井、定向井技术服务 365 口;欠平衡技术服务 10 口;泥浆技术服务 330 多口;固井 400 多口;采油技术服务 80 多口。为西北局、吐哈、塔里木、陕北、华北、中南局、伊朗等油气田和宁夏煤层气田完成水平井、定向井技术服务,固井及泥浆技术服务,采油技术服务等 300 多口。公司在各项技术服务中严格执行相关标准、规范,确保了安全生产,无事故发生,多次被评为星级服务队。

公司拥有 12 个分公司:钻井分公司,定向井技术服务分公司,泥浆技术服务分公司,固井工程分公司,欠平衡技术服务分公司,化工分公司,完井技术服务分公司,测试采油技术服务分公司,国际贸易分公司,北京分公司(贝肯国际),四川钻井分公司,机械制造修理分公司。4 个子公司:贝肯石油技术研究所,北京加华维尔能源技术有限公司,四川贝肯工程技术服务公司,广州市贝肯能源有限公司。

(4)陕西胜利高原钻井工程有限公司

该公司是一家从事油(气)田钻井工程施工,固井、压裂、测井、录井等石油工程的综合性石油工程技术服务企业。公司注册成立于 2008 年 2 月,注册资金 23 908 万元。公司下设安全生产部、企业管理部、物资装备部、财务部、市场开发部、技术研发部等 6 个部门以及气井项目部、油井项目部、酸化压裂项目部等 3 个施工项目部。公司现有员工 550 余人，拥有固定资产 2.7 亿元，现有 13 部钻机，其中 50 钻机 3 部，40 钻机 5 部，32 钻机 5 部，2 套压裂机组，配套设备齐全，年产值达 3 亿余元。

公司先后通过了 ISO 9001 质量管理体系认证以及 ISO 14000 环境体系认证。曾获得“石油工程银牌队”“压裂施工样板队”“全省纳税信用 A 级纳税人”等荣誉称号，得到相关单位及部门一致好评。

（5）华油能源集团

华油能源集团是国内少数几家能够提供综合油田服务的民营油田服务公司之一，其油田技术服务范围覆盖油藏研究、钻井、完井、试井以及油气增产、修井及其他相关服务。华油能源公司在塔里木油田、长庆油田、大庆油田、吉林油田、冀东油田、大港油田及其他主要油田经营业务，此外公司已经成功将业务拓展至中亚、北美、东南亚及中东地区。华油能源集团专注于在技术要求高的地质条件下提高油气田的生产力及延长油井寿命，公司已经成为行业最具竞争力的油田技术服务公司。

华油能源的三大核心业务：油藏服务、钻井服务和完井服务在总收入的比重分别为 39%、34%和 27%，收入来源分布均衡。在过去 4 个财年里，华油能源的总收入保持着 25.8%的年度复合增长。钻井业务是公司三大业务中收入复合增速最快的业务部门，2008—2011 年公司的钻井业务收入累计增长 306%，复合增速达到 59.6%。钻井业务将是未来华油能源业绩增长的核心驱动力。

在收入的地域分布方面，华油能源展现了其独特的方面。2011 年来自海外的经营业务收入 8.9 亿元人民币，占公司总收入的 67.1%，海外市场收入同比增长 45.7%，并继续保持了领先的规模优势。

提供具有竞争力的非常规天然气服务是未来公司的重要业务亮点和竞争优势，公司将主要与安东油田服务公司在这一领域展开竞争。由于该领域处于需求爆发阶段且技术门槛较高，高端油气服务短缺使得华油能源集团和安东油田服务公司的竞争力度将较为有限，未来 5 年两家公司均将能够伴随该领域的爆发式增长而实现跨越式发展。

（6）陕西延长石油钻井工程有限公司

是经陕西延长石油（集团）有限责任公司批准（陕油企发〔2009〕5 号），由延长油田股份有限公司绝对控股，联合陕北地区资金实力雄厚、技术装备先进的 29 家股东共同出资组建的混合所有制股份企业。股东共拥有钻机 348 部，注册资本为 1 亿元，其中延长油田股份有限公司出资 5 100 万元，其他民营钻井企业出资 4 900 万元。公司主营钻井工程业务，兼顾固井、钻井技术服务、设备维修、物资购销、运输等钻井工程配套服务。公司共管理 1 000~5 000m 钻机 1 261 部，固井队伍 76 支，录井队伍 120 支。

（7）陕北地区民营钻井企业

以陕西定边、靖边、吴起、志丹等地区为中心的陕北产油区，是陕北最先富起来的地方，在 1993 年到 2003 年整整 10 年间，一度是民营经济最活跃的区域。2003 年，各级政府对民营油井进行回收后，该区域的民营企业纷纷选择了油气田服务这一同样广阔的事业。

如今，靖边县已经成为全国民营钻井第一大县。靖边县有钻井企业 300 多家，有陆上钻机 400 多部，钻机拥有量在全国最多。钻机拥有量仅次于靖边县的，是延安宝塔区、安塞县。整个陕北地区民营钻井企业的钻机拥有量，超过了 1 000 部。陕北民营企业的钻机数量已和中石油基本持平，成为我国石油、天然气钻井举足轻重的一支力量。

目前，靖边、延安的一些钻井企业已经在新疆的几处油气田拥有业务。并且已经开始在哈萨克斯坦等国开拓业务。

我国目前仍处于工业化、城镇化的高速发展时期，石油需求尚未达到顶峰。预计 2015 年我国石油需求将达到5.4亿t，较2010年增长0.9亿t，年均增长3.8%。国内勘探开发活动将继续增加，因此，估计未来可能面临钻机需求紧张和深井钻机短缺的问题。值得关注的是中国石油反复强调要严格落实“三控制、一规范”，要求严格把其钻井队伍控制在1 000支以内。针对目前出现的问题，一靠提速提效，二靠开放市场，引进外来队伍。这就给民营钻井队伍的发展留下了空间。

〔撰稿人：中国石油和石油化工设备工业协会 何正〕

长庆油田抽油机发展及对采油设备的技术需求

长庆油田2013年将实现油气当量5 000万t，其中原油2 450万t、天然气338亿m^3；钻井约7 200口，进尺约1 850万m，产能建设油田550万t，气田86.7亿m^3。近10年一直处于跨越式发展阶段。现有油井约45 000口，注水井约14 000口，气井约7 500口。平均单井日产液3.8t、日产油1.9t、含水51.7%；平均冲程2.3m、冲数3.9次/min、泵径32.6mm、泵挂1 516m。定向井比例占95%，最大井深2 960m，最大井斜角45°。

第一部分　长庆油田抽油机发展

长庆油田现有约45 000台抽油机，占设备总数的50%以上。抽油机的电耗占总电耗的45%，近几年每年新增油井约6 000口。因此，在抽油机上开展创新活动，对节能和降低投资有很大的意义。长庆油田的抽油机基本上是游梁式，有曲柄、游梁和复合三种平衡方式，机型有3、4、5、6、7、8、9、10、12型，以6、8、10型抽油机为主，占比为76.4%。

一、自主开发的抽油机项目

1.无基础抽油机

我国在用的抽油机基本上都是以钢筋水泥块做基础，制作、运输、安装比较麻烦，换抽油机时须先找到相配的基础。曾看到国外有无水泥基础的抽油机在用，2007年长庆油田也开始了这项尝试。

无基础抽油机与原抽油机的区别主要是底座，对原底座的井口端加宽、加长。对CYJ8-3-26HB型机，为防止抽油机前倾，底座前部加长400mm，这样光杆负荷达32t也不会前倾。每边加宽400mm，以增大抗侧翻能力。原机座宽度1m，现为1.8m；原距离井口1.7 m，现距离井口1.3m。

综合考虑抽油机金属底座加长加宽的加价因素和不用水泥基础减价因素，8型机每台抽油机可节省费用5 000元左右。2009年开始，生产建设中新投抽油机全是无基础式。目前已有15 000台无基础抽油机在用。无基础抽油机底座示意图如图1。

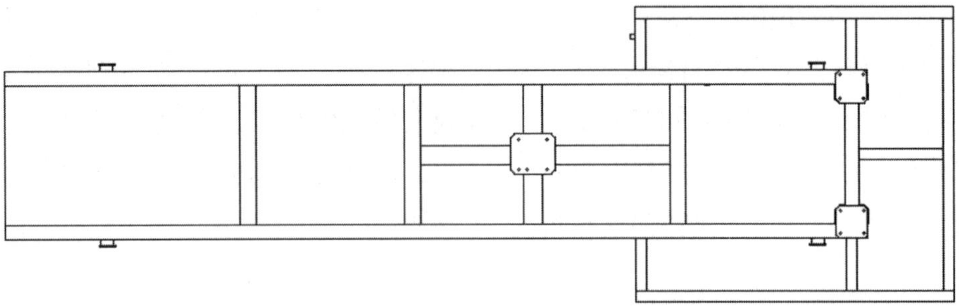

图1 无基础抽油机底座示意图

2.低冲次抽油机

长庆油田目前平均单井液量不足4 m^3/d,过去的抽油机冲次普遍太快,导致空抽、干磨、系统效率低下。为此,油田曾采取增设中间带轮,形成二级带减速的模式,将抽油机冲次降到3次以下,但现场改装费用较高。从2005年开始试验减速比为44的减速箱,从2008年开始大面积推广低冲次抽油机,新抽油机出厂都配减速比为44的减速箱、8极电机,使冲次达到2.5次/min、3.5次/min、5次/min。冲次的降低,使电机的配备功率也下降了。10型抽油机现配15kW电机。抽油泵的寿命也延长了。

3.全面采用游梁平衡

(1)由于推行低冲次,使在大型机上使用游梁平衡成为可能。

(2)由于弯梁式抽油机的应用,使得游梁平衡抽油机调节平衡变得很容易,工作人员可站在地面上增减小平衡块实现准确平衡。

这种抽油机,相比曲柄平衡抽油机,平衡效果好,系统效率高,调节平衡方便;由于减去了庞大的曲柄和曲柄平衡块,使整机重量下降,制造成本也随之降低。相同参数的8型机,曲柄平衡机比曲柄平衡机轻2t,价格下降1万多元。从2009年开始,新装抽油机全部为游梁平衡式。

4.抽油机集中润滑方式

过去抽油机注脂时需停机、爬高作业,工作量较大、较危险。从2002年开始,在一些抽油机上安装集中润滑装置。其方式为将注脂口设在支架下端,通过分配器将油脂引向4个轴承部位,人工定时注脂。这种润滑方式由于分配器价格较高,现多采用从4个轴承处直接引4条管线到支架下端,分别注脂。目前,新增的抽油机已全部在出厂时采用了集中润滑方式。集中润滑方式具有以下优点:

(1)可不停机润滑,不影响生产。

(2)可不爬高作业,比较安全。

(3)在轴承旋转时注脂,可使废脂均匀挤出,静态注脂时油脂易走捷路。

但是这种方式也存在着许多设施安装不合格、油管线易被拉断,有些管线太细,打油困难的问题。

5.移动平衡式数字化抽油机

它由以下几部分组成:①纯游梁平衡的弯游梁式无基础、低冲次抽油机。②电动平衡调节执行机构。平衡调节采用移动平衡重在游梁上的位置。③智能控制柜:内有变频器、智能控制器(RTU)、直流电源、防雷器、断路器、接触器、继电器、接线柱等。④传感器:载荷传感器,角位移传感器。一体化载荷悬绳器:将载荷传感器嵌入到特制悬绳器中,保护传感器。⑤信号线连接及管路系统。移动平衡式数字化抽油机见图2。

它具有以下基本功能:①可随时测取示功图、电参数,并远传。②抽油机平衡度的自动判定及调整③抽油机最佳工作冲次的判定及调整。

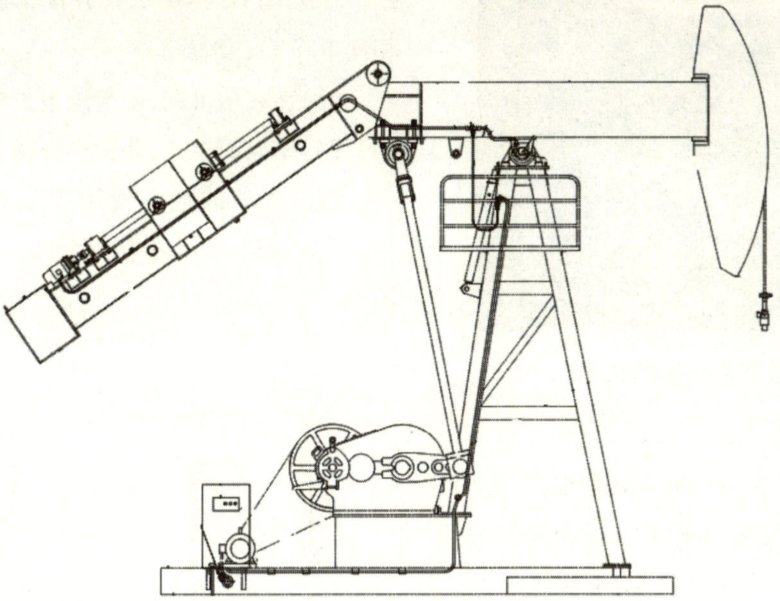

图 2　移动平衡式数字化抽油机

6.选型

抽油机的选型依据：抽油杆从 D 级提到 H 级，杆径降一级；抽油泵则大量使用∮28 泵；电机功率也下降一级。这样可以提高抽油机的负载率、泵效。

二、引进试验的抽油机项目

1.井下潜油电动往复泵

井下潜油电动往复泵的试验参数如下：

泵径 32 mm；

扬程 2 500 m；

电机冲程 1.2 m；

电压 660 V、380V；

功率 36 kW。

2007 年开始试验，共试 37 口井，平均检泵周期为 440 天，最长的达 11 00 天。节电效果达 20% 以上，泵效提高 25 个百分点。在 1 600 m 以内，潜油电动往复泵系统（含电缆、电机、泵、辅助设施）相比机杆泵系统投资少。潜油电动往复泵系统存在的主要问题是：电缆易损；维修费用高；修井速度慢、费用高。图 3 为潜油电动往复泵系统。

2.游梁式双井抽油机

游梁式双井抽油机的技术参数如下：

型号 CYJDT/Ⅱ-8-2.5-37HF ；

悬点载荷 80 kN ；

冲程 2.5、2.0、1.6 m ；

冲 次 2.5 次/min、3.5 次/min、5.0 次/min；

减速器额定输出扭矩 37 kN · m ；

传动比 41.34；

电机功率 22 kW；

电机转速 730 r/min。

2009 年油田引进 3 套游梁式双井抽油机，2011 年又安装 40 套。与游梁单井机相比可节电 17.27%，价格比 2 台同型游梁式单井机略低。其传动轴万向节处易扭断。游梁式双井抽油机如图 4。

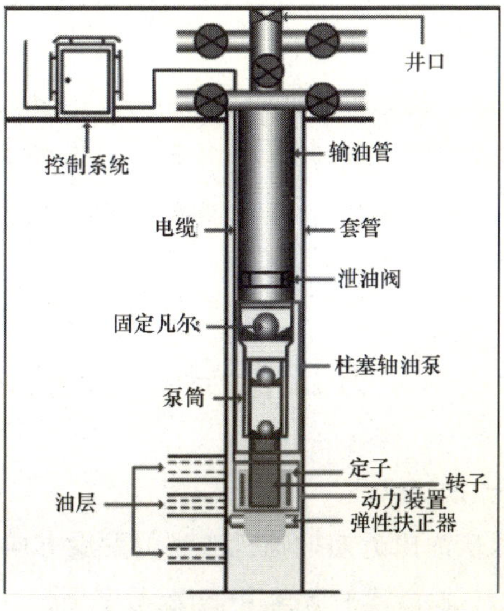

图 3　潜油电动往复泵系统

图4　游梁式双井抽油机

3.立式双井抽油机

图5分别是2个厂家生产的立式抽油机,他们都是利用项置的开关磁阻电机正反转实现换向。这2个厂家的抽油机在长庆油田都有应用。

图5　立式双井抽油机

4.齿条抽油机

齿条抽油机的使用效果:

(1) CYJQCJ6－3－5.5齿条抽油机与现有CYJW6-2.5-18HF型抽油机相比,综合节电4.5%以上。

(2)齿条抽油机配置电机功率小,CYJQCJ6-3-5.5齿条抽油机配置电机功率为5.5kW,与现有CYJW6-2.5-18HF型(复合平衡)抽油机相比下降2个等级,与CYJW6-2.5-18HY(游梁平衡)抽油机相比下降1个等级。

(3)冲程不可调,平衡配重数量有限。

(4)结构简单,安装操作方便。

因为齿条抽油机使用数量和测试数量都较少,还有待进一步考验和测试。齿条抽油机如图6。

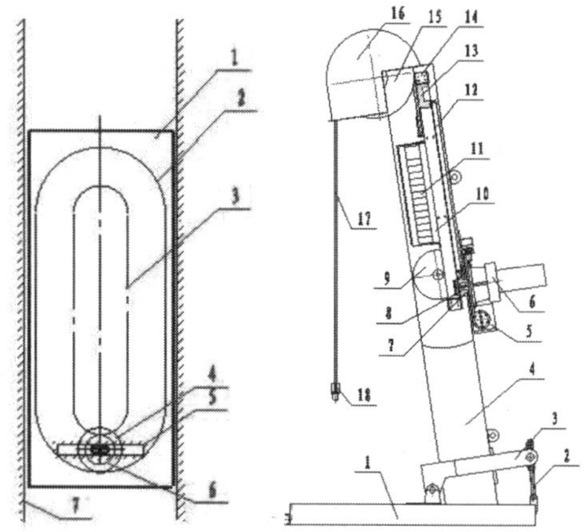

图6　齿条抽油机

从节能的角度看,几种抽油机的性能比较:

(1)在游梁抽油机中,在冲次较低时,游梁平衡优于复合平衡,复合平衡优于曲柄平衡。

(2)立式机的平衡重由于只有上下移动,没有左右移动,因此也没有因左右移动而消耗的功率,故比游梁机效率高。测试证明可节电15%以上。

(3)双井机由于比2台单井机节省了一套平衡机构,因此比单井机减少了一套平衡机构的动载荷,故比单井机效率高。测试证明双井机节电10%以上。

第二部分　长庆油田对采油设备的技术需求

一、抽油机

长庆油田近期抽油机选型的发展方向:低冲次、无基础、游梁平衡、集中润滑、数字化。

长庆油田在采油设备方面今后的发展方向是:

(1)改造所有曲柄平衡抽油机为游梁平衡。长庆油田现有曲柄平衡抽油机4 700台,拟在今后3~5年将曲柄平衡抽油机全部改为游梁平衡抽油机。

(2)冲次继续降低。由于单井液量的不断降低,对抽油机冲次有进一步降低的需求。

(3)继续试验井下无杆往复泵。由于长庆油田的油井单井产量低,斜井占绝大多数,比较适合用井下无杆往复采油泵。今后油田将制定作业规则,减少电缆损坏;完善维修机制,建立修复使用的良性循环规则;暂不扩大规模,进一步验证效果。待无故障期超过 500 d 后再大面推广无杆往复采油泵。如果试验取得成功,它将带来抽油方式的革命性变化。

(4)齿条机在小型机上有推广前景。

(5)立式双井机在 10 型及以上机型中,有推广前景。

二、多功能集成化橇装设备

现在许多油气站厂,都是现场用散件制作安装,费时、费工、占地大。虽然长庆油田近几年在橇装化方面做了一些工作,但仍远远不够,仍有许多发展空间,如在油田可将总机关、收球筒、计量、分离、过滤、加热、缓冲、输油等集成为一个或几个橇装,在气田可将注醇泵、分离器、加热炉、流量计等集成为一个或几个橇装。提前在工厂预制,现场只进行简单的联接即可,这样可降低总体投资,减少占地。

三、混输泵

单螺杆输油泵携气能力较小,在油气比较高时,就不能正常工作。

双螺杆泵的携气能力比单螺杆输油泵有所提高,但油气比太大时,如 100 以上时,仍不能正常工作,再加上双螺杆输油泵易损坏,并且螺杆的修复费用很高。所以,近几年长庆油田又重新使用单螺杆输油泵。

在混输泵方面有几个问题需要解决:

(1) 需量化评价各种泵的混输能力。现在许多泵生产厂商都自称其产品能油气混输,如单螺杆泵、双螺杆泵、转子泵、同步回转泵等,但各自的携气能力究竟多少,都无量化指标,因此需要开展这方面的评价测试,厂家应主动进行这种测试,并在说明书中告知用户。

(2)开发携气能力很强、故障率很低的混输泵,以满足用户用户需求。

四、伴生气回收设备

现在陕北、陇东油区,火炬随处可见。大量的伴生气被烧掉,浪费极大。其原因是没有合适的回收设备。在气量很大的地方,兴建了一些燃气发电站;但在气量较小的地方,若建燃气发电站,发的电本井场可能用不完,上网又不方便,为此需要:

(1) 开发日回收量在 3 000m^3 以下的小型橇装轻烃回收装置。

(2) 小型干气分离、压缩、运输设备,用于井场销售干气。

五、适合山区的大型石油专用车

陕北、陇东油区,全是山区,道路坡陡、弯急、路窄,现有的大型石油专用车很难上井工作,迫切需要开发能适应这种道路的大型修井机、压裂车、水泥车、洗井车等石油专用车。它的主要特点:重心低、接近角大、离去角大、离地间隙大,转弯半径小于 12m、车宽小于 2.5m。

六、高效带压修井机

现有的带压修井机多是一次起升 3 米多,一根油管需 3 次才能起出,作业速度慢、效率低,急需 1 次起 1 根的高效带压修井机。

七、防垢、除垢设备

现在长庆油田有的区块结垢结蜡严重,加热炉每月需酸洗除垢,有的总机关也结垢严重,有的是钡锶垢,很难清除,对防垢、除垢设备有强烈的需求。

八、高效清蜡设备

井筒清蜡方式,早期有起出油管地面清蜡,后来有不起油管的热油熔蜡车、超导热洗装置等,但总体来说,清蜡效率都不高,需要高效清蜡设备。

九、适合丛式井的抽油机

过去油井都是单井,现在的开发井都是丛式

井,长庆油田新建井场,平均为8口井。开发统一驱动的、适合丛式井的抽油机,很有必要。这种抽油机应比单独驱动的抽油机,造价低、效率高。机械式、液压式都可以,现有机械式双井机、多井机用于现场。

十、适合水平井的抽油机

现在水平井越来越多,长庆油田2012年要打水平油井800多口。有杆泵用于水平井不是好的采油方式,因为杆柱的摩擦力将损耗很大的能量,同时防磨工作也是很大的难点。因此,有必要开发适合水平井的抽油机,如连续油管配合电潜泵采油等。

十一、越野能力好、密封性能好的中型客车

这种客车令人满意的很少,有的越野能力差,有的密封差,两者都好的很少。现仅有依维柯的几种车型,但其吨位偏小。这种车可用于改装试井车、工程车等,是一种基础车型,值得开发。

十二、复合型连续油管

连续油管与电缆复合在一起用于电潜泵,可提高起下速度,减少电缆损伤。国外有将橡胶连续管与电缆复合在一起,用于浅井电泵的。

十三、延长易损件寿命

注污水的注水泵易损件寿命如表1。

表1　注污水的注水泵易损件寿命

(单位:h)

名　称	20MPa及其以下	20MPa以上
柱塞	917	577
盘根	726	496
阀	575	360

平均每台注水泵年维修费为5.1万元,注水泵易损件寿命太短,给生产成本造成巨大负担,亟需长寿命的配件。

目前,采气三厂现有天然气压缩机127台,年消耗压缩机配件约8 500万元,绝大多数是进口配件。这给生产成本造成巨大负担,亟需开展压缩机的易损件国产化工作。

〔撰稿人:长庆油田公司李宁会〕

企业访谈

稳增长 调结构 促改革

建设世界一流的中石化石油机械装备制造与服务基地

——中石化石油工程机械有限公司第四机械厂

集团化运营打造核心竞争力

——番禺珠江钢管有限公司

实施创新驱动发展战略，促进企业转型升级

——大连金州重型机器集团有限公司

加快转型升级 实现全面发展

——机械工业第六设计研究院有限公司

建设世界一流的中石化石油机械装备制造与服务基地

——中石化石油工程机械有限公司第四机械厂

2012年是四机厂“建设世界一流石油装备技术企业”的启航之年，是发展活力进一步释放、经营规模高速增长的一年，也是企业在发展进程中具有里程碑意义的一年。一年来，在集团公司、管理局的正确领导和地方政府的大力支持下，企业紧紧围绕“率先一流”的核心目标，强化创新，提升管理，抢抓机遇，各项工作齐头并进，两个文明建设协调发展，“四机速度”跑出了新纪录。

1. 生产能力实现新跨越

新建修井机与固压总装、试验工间和试验场，总装能力大大增强。完善项目管理，助推委内瑞拉大配套钻修机生产提速，再次刷新生产纪录。订货、产值和营业收入增长均超过50%，工业生产总值、主营业务收入在江汉石油管理局率先突破30亿元大关，主要经济指标明显好于年初预期。

2. 市场营销喜获新突破

通过建设新疆维修服务中心，成立压裂设备专业服务队，增设高压管汇营销点，新增检测服务车，发展出口代理，完善售后服务网，强化服务拓市场，在国内外宣介新产品、新技术，“石油四机”品牌获得用户的广泛认可。国内订货逾3亿元的油田市场达5个，压裂设备市场份额突破80%；民营用户群不断扩大，订货超过10亿元。国外传统市场销售稳中有升，委内瑞拉等重点市场开拓取得突破，大配套钻修机批量出口，海洋固井设备首次走出国门，检测劳务出口，产品出口形势回升向好。

3. 科研攻关取得新进展

完成SYL3000型压裂泵车、SLG380连续油管车、采气树现场测试装置等10多项新产品试制；国家“863”计划“2500hp大型数控成套压裂装备研制”项目通过验收，国家科技重大专项通过方案评审和监督评估；全年获授权专利12项，牵头制定行业标准1项、集团公司标准3项，制修订企业技术标准11项。企业被授予“湖北省数控一代机械产品创新应用示范企业”，获准建设“湖北省船舶与海洋工程装备院士工作中心专用设备分站”。

4. 基础管理得到新改善

质量管理体系文件顺利换版升级，推行全过程检验、全功能试验，开展专项质量整治，推行标准化设计，优化产品配置，清除功能冗余，推进国产化替代，关键部件、主机装备、大型集成配套质量稳步提高，国内外用户满意度分别达到90%、88%。通过固井车CE认证、防爆设备

GOST 认证，获集团公司“固井压裂设备检测”甲级资质，2 个 QC 小组获得“全国优秀质量管理小组”称号。注重将 HSE 向生活延伸，向承包商延伸，组织安全培训，开展应急演练，落实本质安全。工厂被评为“湖北省安全文化示范单位”。

5. 社区呈现和谐繁荣新景象

开展矛盾纠纷大排查，处理信访问题，实现了“五个不发生”。与困难群众“攀亲戚”“一对一”排忧解难，组织“金秋助学”“扶贫帮困”，安置近 40 名非全日制人员就业，发放慰问、救济与助学金近 180 万元，职工群众与企业共享发展成果。办好惠民实事，花园小区天然气顺利入户，紫荆苑高压供电设施改造完工，近 200 套经适房开工建设，四机工业园区供暖设施进一步完善，江汉苑整治成效明显，成为荆州市“四城同创”示范小区。厂及社区企业完成收入 47 亿元，上缴税费 2.1 亿元，实现盈利 2 亿元。工厂被列为省“十二五”海洋工程装备制造龙头企业。

2012 年企业大事记

1. 被选定为“湖北省国际科技合作基地”。2012 年年初，四机厂被选定为“湖北省国际科技合作基地”，进一步拓展了国际科技合作渠道，创新了合作模式，提升了合作层次，成为技术领先、人才聚集的国际化研发基地和产业化基地。

2.2500 型压裂机组荣获集团公司科技进步奖一等奖。3 月 22 日，在集团公司科技进步工作会上，四机厂研制的 2500 型压裂机组荣获 2011 年度集团公司科技进步奖一等奖。该型机组达到国际领先水平，适应我国特殊道路状况，满足油气井的高压、大功率施工作业，为油气田稳产增产以及非常规油气开发提供了有力武器。

3. 吴汉川同志荣获全国“五一”劳动奖章。4 月 28 日，四机厂压裂设备首席工程师吴汉川同志荣获全国“五一”劳动奖章，是 2012 年江汉油田唯一获此殊荣的职工。

4. 中国工程院院士罗平亚、周守为莅临厂考察指导工作。5 月 24 日至 25 日，中国工程院院士罗平亚、周守为莅临厂参观考察并指导工作。两位院士对四机厂超前研制非常规油气、海洋石油开发装备的做法和取得的成绩，以及近年来的发展成就，给予了高度评价。

5.“页岩气压裂装备技术方案研究”项目通过集团公司验收。6 月 13 日，四机厂与华东石油局共同承担的中石化集团公司项目“页岩气压裂装备技术方案研究”通过了专家组验收。通过项目研究，制定了页岩气压裂施工工艺方案和施工规范，取得了大型压裂整体配套技术，形成了页岩气压裂装备研发体系，研究成果在国内页岩气压裂施工中获得应用推广。

6. 四机厂入选湖北省“数控一代机械产品创新应用示范企业”。7 月 3 日，在湖北省数控一代机械产品创新应用示范工程启动大会上，四机厂被授予该工程第一批示范企业。四机厂作为湖北省“十二五”装备制造业发展规划的龙头企业，在数控技术产品研发和石油装备制造产业应用方面，具有独特的优势和潜力。

7. 国家科技重大专项设计方案通过专家评审。8 月 9 日，国家油气重大专项管理办公室组织召开“3000 型成套压裂装备研制及应用示范工程”项目的主体设备设计方案评审会，来自大庆油田、胜利油田、渤海钻探、华中科技大学等国内油田和院校的 14 位专家评委，对 3000 型压裂机组的主体作业设备的设计方案进行了严格审查，顺利通过了专家组评审。

8.“863”项目顺利通过国家验收。8 月 22 日，国家科技部“863”计划资源环境技术领域办公室组织召开工厂承担的“2500hp 大型数控成套压裂装备研制”课题验收会。专家组认真听取课题汇报，现场考察成套压裂机组，认为该项目研究内容充实，取得较高创新成果，完成了考核目标，一致同意通过验收。

9. 王庆群荣获“孙越崎科技教育基金科技青年奖”。9 月 28 日，四机厂副厂长兼总工程师王庆群荣获“孙越崎科技教育基金科技青年奖”。王庆群同志曾被聘为油田机械制造高级专家，是油田钻采设备研发制造的带头人，现任四机厂厂长。

10. 取得集团公司“固井压裂设备检测”资质。11 月 2 日，四机厂“荆州世纪派创石油机械检测中心”获得集团公司“固井压裂设备检测”石油工程队伍甲级资质认可证书，成为中石化系统首家获得该资质认可的单位，对进一步提升工厂一体化工程服务水平，提高市场竞争力，具有重要意义。

11. 四机厂一项技术获国家发明专利授权。11 月 28，“一种注入头连续油管夹持装置” 获国家发明专利授权。注入头连续油管夹持装置是连续油管作业设备的核心部件，该项发明对增强连续油管作业设备的产品竞争力发挥了积极作用。

集团化运营打造核心竞争力

——番禺珠江钢管有限公司

珠江钢管是我国大型直缝埋弧焊管制造商和出口商，2010年于中国香港联合交易所主板上市（香港联交所股份编号：01938.HK），集团总部位于广州市番禺区，拥有分别位于广州番禺、珠海、江苏江阴、连云港、南京及沙特、迪拜的七大生产基地。

公司可批量供应406~1829mm(16~72in)的大直缝双面埋弧焊管(SAWL)、114~762mm(4~30in)的直缝高频焊管(HFW)、406~3000mm(16~118in)的螺旋埋弧焊管(SAWH)、711~6000mm(28~236in)的三辊成型焊管、406~1219mm(16~48in)的耐蚀合金(CRA)内履/衬里复合钢管以及406~1524mm(16~60in)的不锈钢焊管、螺纹钢，并配套供应FBE、3LPE/3LPP、水泥配重、沥青、水泥等各种形式的防腐钢管以及各类弯管、弯头、异径管等管件产品。

按照油气管线输送用直缝埋弧焊钢管的API 5L及国际标准，珠江钢管运用折弯式JCOE、旋弯式JCOE和UOE生产工艺，可生产定长12m国内最大口径范围（Φ406.4~1422mm）的直缝埋弧焊接钢管，在国内最早实现了直缝埋弧焊管产品生产。公司开发的耐火耐热钢管、抗酸性腐蚀管线钢管、抗压溃、抗大变形海底油气管线钢管分别在国家大剧院、西气东输、川气东送、南海荔湾等国家重点工程得到大批量推广应用。2009—2012年，珠江钢管直缝埋弧焊接钢管产量在国内同行业中名列第一，其抗酸性腐蚀直缝埋弧焊接钢管和海底管线用直缝埋弧焊接钢管国内市场占有率排名第一。珠江钢管是中国目前唯一一家同时拥有"中国冶金产品实物质量金杯奖""国家火炬计划重点高新技术企业"和"国家认定企业技术中心"三项国家级荣誉于一身的焊管制造商。

2010年至今，珠江钢管渐入跨越式发展阶段，目前企业正在加速各个生产基地的建设，扩大产能，以适应业务发展的需求。公司持续强化集团化运营的思路，加快各生产基地之间的信息共享速度，实现公司生产、销售与管理之间的无缝接合，优化资源配置，同时借助香港上市公司珠江石油天然气钢管股份有限公司的资本优势，进一步优化资金管理，提高市场竞争力。

生产线最多、工艺最齐全

珠江钢管是中国焊管行业里生产线最多、工艺最齐全的钢管制造企业。目前，公司拥有UOE、JCOE（4条）、HFW、COE、SAWH（2条）等9条焊管生产线，配有内外防腐和水泥配重生产线，年产能达到271万t。

UOE直缝双面埋弧焊管：采用Uing-Oing成型工艺，成型后的钢管采用多丝内焊，多丝外焊，钢管焊接后进行整体扩径（可根据用户要求，采用机械扩径或水压扩径），以提高尺寸精度，清除残余应力。该生产线生产效率高、产品质量稳定，生产和检验设备采取多元化配置，可最大程度地满足客户各种不同的要求。

JCOE 直缝双面埋弧焊管（折弯成型）：该生产线为大口径直缝双面埋弧焊生产线，采用渐进式折弯成型工艺，应力分布均匀，管体形状良好。采用 JCOE 工厂的典型配置，其特点是产品规格范围大，变换规格快而简单。可生产产品直径范围：Φ406~1626mm。

HFW 直缝高频焊管：可生产直缝高频焊管、方形管、矩形管和钢板桩等产品。生产线配套了 Thermatool 公司的 600kW 高频焊机和三台 500kW 的中频热处理机，Krautkramer 公司的多通道在线 UT 探伤机，Joy Sound 公司的水压试验机，Guild International 公司的剪切对焊机和超级螺旋活套，Pacific 公司的微机控制飞锯机，Chicago Roll 公司的辊轮等先进装备，生产自动化程度高，工艺控制稳定可靠。

64in 预精焊螺旋埋弧焊管：采用国际上最先进焊接工艺生产线，即采用预焊加精焊的焊接方式（预精焊法）进行焊接的，这种焊接方法消除了在成型焊接时对焊缝的拉应力，焊缝质量好，焊接接头性能稳定，生产效率高。产品广泛应用于陆地输油、输气管线上。

COE 直缝高频和直缝双面埋弧焊管：COE 生产线可生产直缝高频焊管、方矩形管和直缝双面埋弧焊管等产品。该生产线的生产工艺是珠江钢管独有的专利技术，生产效率高、产品质量稳定，尤其适合生产大壁厚的直缝高频焊管和中小口径的直缝双面埋弧焊管。

“PCK”品牌盛誉中国、辉煌世界

公司始终坚持“要做就做第一”的理念，用世界先进技术打造钢管行业的知名企业。珠江钢管“PCK”品牌商标已在 20 多个国家和地区注册，其钢管产品通过遍布全球的营销网络，在满足我国市场需求的同时，还远销至中东、欧美、东南亚、非洲等 50 多个国家和地区。在海洋工程装备用钢管制造方面，造诣匪浅，海洋油气输送管的国内市场占有率达 80%，其中深海用管国内市场占有率达 100%。在国内外市场上，“PCK”品牌，开创了“三个第一，七个唯一”，发展成为直缝焊管行业的领导者。

三个第一

★ 建成国内第一条最大口径 JCOE 直缝埋弧焊管生产线。

★ 建成国内第一条 UOE 大口径直缝焊管生产线，在我国焊管发展史上具有里程碑意义。

★ 斩获我国第一份大口径直缝焊管国际订单，使我国此类产品第一次成功打入国际市场。

七个唯一

★ 国内唯一拥有海底油气输送用焊管核心技术，替代进口，打破了国外技术和产品垄断。

★ 行业内唯一被认定为国家重点高新技术企业。

★ 直缝焊管行业内唯一被认定为国家企业技术中心。

★ 行业内唯一同时拥有经国家批准建立的院士工作站和博士后科研工作站。

★ 行业内唯一同时拥有“中国名牌产品”以及“中国冶金产品实物质量金杯奖”。

★ 行业内唯一获得产品国际发明金奖。

★ 国内唯一能制造 1 500m 深海管的焊管企业，填补了国内空白。

珠江钢管是 GB/T 3091《低压流体输送用焊接钢管》等 5 项国家标准和 2 项行业标准的主要起草单位，是《中国焊管五十年》《中国钢管飞速发展十年》等大型行业文献的副主编单位。

公司已建立起了完善的质量保证及控制体系，始终把一系列国际标准严格贯彻于生产的全过程，成为确保生产优质产品的有力保证。从 1996 年起，公司先后通过了 ISO9001—2000 质量管理体系认证、美国石油协会（API）认证、英国标准协会（BSI）认证、英国劳氏船级社（LR）认证、法国船级社（BV）认证、挪威船级社（DNV）认证、SHELL（壳牌）标准审核、中国船级社（CSS）认证、荷兰皇家壳牌（DEP）认证等一系列国际标准化组织的严格认证。

公司以卓越的质量管理和经营绩效，先后荣获 2010 年首届广州市政府质量奖、2011 年广东省政府质量奖，是国内唯一获得政府质量奖殊荣的直缝焊管企业。

目前我国能源的探索步伐不断地往海洋领域深挖发展，将催生出更广阔的钢管市场。当前，珠江钢管正在积极推进差异化发展战略，以技术创新促进企业转型升级。公司将持续充分利用博士后科研工作站“产学研”的作用以及院士工作站“高层次技术交流”的机会，加速新项目研究，不断提升产品的质量和拓展产品的适用领域。国内油气输送管线已经从传统陆地油气管线发展到海底管线，化工和电力行业也表示出对复合管极高的关注度。而珠江钢管耐腐蚀双金属复合管新产品已通过了专家鉴定，今后还将不断深化复合管制造技术研发。公司对于不锈钢管制造技术研发也已经渐入佳境，X100 高钢级钢管制造已取得美国石油学会（API）颁发的 API 2B 新证书和 API 5L 的扩项证书，再次填补了国内该领域空白。

大连金州重型机器集团有限公司总经理　王治勇

实施创新驱动发展战略，促进企业转型升级

党中央、国务院明确提出，要实施创新驱动发展战略，把科技创新摆在国家发展全局的核心地位，加快传统产业转型升级。回顾这几年大连金州重型机器集团有限公司（简称金重）所走过的道路，也正是遵循中央的这个思路走过来的。

金重的前身是始建于1941年的“满洲重机株式会社金州工厂”，日本投降后工厂停产，1956年由机械工业部恢复建厂，经过多年的发展壮大，20世纪80年代至90年代金重曾有过一段辉煌历史。但到后来，由于理念陈旧，管理不善，跟不上市场经济、改革开放的步伐而逐渐落伍，到2002年，资产负债率已高达130%，严重亏损，已沦落到濒临破产倒闭的边缘。当时辽宁省政府、大连市政府对金重实施了整体裁员并轨，整体改革改制方案，全厂4 000多名国有职工全部失业并轨到失业中心，仅留下600多名转换了劳动身份的人员维持生产，继续履行已签订的产品合同，等待改制。当时金重已名存实亡，资金枯竭，生产经营难以为继，处于瘫痪状态。

2003年初王治勇同志在金重濒临破产倒闭的危难时刻临危受命出任总经理兼党委书记，他以大无畏的胆识和勇气，不退缩不气馁，带领新班子成员引领员工振作精神，挺直腰杆，发愤图强，卧薪尝胆，奋力拼搏，誓要开创一片新天地。经过大刀阔斧地实施深化改革，整顿管理秩序，从严治企，强化激励和约束机制，充分调动了员工的积极性和创造性，使企业当年扭亏为盈，起死回生。到了2006年年底，各项经济指标已跃居全国化工专用设备行业第一位。

2006年1月，全国科学技术大会召开作出了增强自主创新能力的决定，王治勇总经理敏锐地预感到，科技创新的热潮将在全国掀起。他把“创新促发展”作为金重的经营理念，激励员工投身到科技创新的活动中去。7年多的创新，推动了产品结构调整优化，推动了技术改造，推动了两化融合，推动了生产型制造向服务型制造企业的转变，推动了企业的转型升级，走上了可持续发展的道路。

一、坚持创新驱动，努力推进技术创新

目前，全国压力容器制造企业有7 000多家，其中营业收入2 000万元以上规模炼油、化工生产专用设备制造企业近400家，市场竞争惨烈。唯一的出路就是走出同质化误区，开发差异化产品，形成独家生产力，提升竞争力。金重确立了大型化、高大精尖、高技术含量、高附加值的石化专用设备的发展方向和市场导向，舍弃小的干大的，舍弃技术含量低的干技术含量高的。但这需要有勇气，开发新产品不是轻而易举的事情，调整优化产品结构也非一日之功，须付出牺牲和努力。其实早在2003年，金重就舍弃了1.5亿元的小型设备的订货合同，当时的年产值也就2亿元左右，很多人心疼，可金重就是横下一条心做好营销宣传，提高员工理念认识，倒逼着工程技术人员开发新产品，营销订货人员订大设备，工人研制大装备。特别是2006年以来，企业每年都开发7、8项新产品，七年已研发新产品50多项，其中国内首台首套的国产化、自主化产品占60%以上，如大型尿素合成氨关键设备的尿素合成塔、氨合成塔、CO_2汽提塔、高压冷凝器、高压洗涤器，从年产尿素50万t、60万t、80万t，直到目前国内最大的100万t，都是出自金重的首台（套），其大型特大型尿素关键设备的国内市场占有率达95%以上。再如煤化工设备的干煤粉气化炉、高压飞灰过滤器、水煤浆

气化炉、水冷壁煤气化炉、鲁奇改进型气化炉、科林改进型气化炉、新型四喷嘴对置式水煤浆气化炉等，也都是金重研制的首台。还有诸多甲醇、乙烯特材低温设备也都是金重的首创，在市场上也都处于绝对优势地位，占有很高的份额。2013 年 6 月 30 日为神华宁煤研制成功世界首台最大费托合成反应器更在国内外引起巨大轰动。大搞技术创新，积极开发新产品，使产品结构得到了优化，2002 年 3 000 人生产 750 台产品，产值 1.7 亿元，2012 年 1 056 人生产 210 台产品，产值就达到 15.5 亿元，人员减了 3/4，产值却增长了 8 倍，而产品台数也减少了 540 台。如今单台产品订货额上千万元已不鲜见，一笔合同上亿元也不足为奇，2012 年 7 月订的一笔合同更高达 6.38 亿元。由于坚持创新驱动，仰仗多年积淀的独有的焊接技术、成形技术和热处理技术等核心技术、专利技术实力，金重已形成了自己独有的核心竞争力，推动了企业快速发展。

二、大搞技术改造，努力提升制造能力

金重充分认识到，技术改造是促进产品结构优化升级，适应研制高大精尖石化专用设备的需要，是促进企业走内涵式可持续发展道路的重要途径。因此，多年来金重在家底薄、资金紧张的困难状况下，仍积极推进技术改造，以增强后劲。除借助国债贷款 2 600 万元外，我们还自筹技术改造（含土建大修）资金 3 亿多元，购置了一系列大型工艺装备和设计、检测、检验设备，大修改造了全部日伪时期留下的陈旧的厂房、库房等。基本形成了研制高大精尖石化专用设备的配套成龙的工艺装备布局。如 500t 龙门起重机、现场安装可拆卸 400t 龙门起重机、冷卷 280 热卷 350 的特大三辊滚圆机、8 000t 油压机、各型高端自动焊机、大型金切机床等，在国内石化专用设备制造行业的工艺装备中属一流，为金重研发大型化设备、优化产品结构、提升制造能力打下了坚实的工艺装备基础。

三、积极搞好信息化建设，努力推进“两化融合”

企业始终认为，以科技创新提升技术能力，以技术改造提升制造能力，以“两化融合”提升信息化能力，是企业提高核心竞争力不可或缺的三大要素。由于金重单台多品种压力容器石化专用静设备制造的生产特点，很难在单台产品上搞数字化、数控化。但是，基于筹建工程总包性质的工程公司的规划要求，企业也正在策划招聘高端的信息化人才，研究工程总包路径的自动化、智能化。经过多年来的不懈努力，企业计算机网络信息系统已架构完成，内部网和互联网的应用已成常态化，尤其在产品的研发、设计、工艺、制造领域，已成功地推进数字化研发设计工具的普及应用，将自主开发的设计软件和外购的设计软件连结实施 CAD 辅助设计和 CAPP 辅助工艺，购置了一大批数控化加工机床等工艺装备和生产工具，实施生产加工过程的精准制造。积极引进了日本日立公司的三维设计技术，已普遍应用于研发设计工作中去。

四、坚持服务导向，努力实现生产型制造向服务型制造转变

建厂以来，金重的产业形态一直属于生产型制造，即是以产品的设计、加工、生产、组装为主体的制造，虽然也注重售前、售中、售后服务，但这是出于用户至上理念和维护企业信誉的需要，并没有作为一种产业形态看待。随着石化装备制造业的转型发展，用户对企业的要求越来越苛刻，要求提供设备整体的设计、制造、安装、维修、服务方案，要求提供设备全寿命周期的增值服务。因此，近几年来金重刻意在寻求产业形态转变，努力实现生产型制造向“生产 + 服务”型制造转变，既注重了原有的装备制造业固有的加工、制造、组装等环节，也注重了制造前端的产品策划、设计、创意、咨询等环节，还更加重视了制造过程中的服务和产品销售后的安装、维修、检测等各类增值服务，如宁煤集团、潞安集团、伊泰集团等诸多大项目，金重就积极参与协助做好这些服务。金重扩建了安装公司，并向工程公司方向发展，根据用户需要实施金重自制设备的现场安装、调试。同时组建了较固定的维修队伍，只要用户需要，24h 内赶到用户现场维修设备。还积极为诸多用户再制造了诸多废旧的石化专用设备。不仅解决了用户的急需，为用户创造了新价值，也增加了金重产品的附加值，获得了较可观的服务收益。更可喜的是，由于向服务型制造转型，大大提高了金重品牌的知名度、信誉度，使大型产品订货源源而来。2012 年能在石化专用设备市场下行的大趋势下拿到 25.7 亿元的订单，创金重历史上订货量新高，是大家意想不到的。

五、启动新基地建设，努力打造具有国际竞争力的集团公司

鉴于目前占地面积 50 万 m^2，建筑面积 20 万 m^2 的厂区厂房和设备已超负荷运行，市场订货又不断增加，同时由于产品日趋大型化，陆路运输严重受限、受阻，且没有自己的大件发运临港码头，故从 2011 年第 4 季度开始，金重就紧锣密鼓地筹划了新基地的建设，最终选中了临海的大连旅顺口区双岛湾工业园，征地 160 万 m^2，拟总投资 45 亿元分三期建设重型、特大型石化装备制造临港基地。其中第一期工程占地 51 万 m^2，建筑面积 25 万 m^2，投资 12 亿元，2012 年 10 月开建，力争 2013 年 12 月竣工投产，达产后年营业收入可达 30 亿元。三期工程连同临港码头三年全部完成投产，年营业收入将达 100 亿元。这样宏大的工程在金重前所未有，是适应石化、煤化装备市场需求高端大型化的需要，是金重真正意义的转型升级的需要。

除了旅顺双岛湾新基地建设之外，金重已确定在新疆、内蒙、宁夏、丹东、北京等能源地或先导区建厂，其中有的已注册成立了子公司，以实现区域布局，推进快速发展。金重已收购具有设计、研发资质的两个国外科技型企业，提高金重的技术研发能力，把最新型的技术和产品就近推向国际市场。2013 年 7 月已注册组建金重集团，努力把金重打造成具有国际竞争力的集团公司。

回顾这些年的发展历程，之所以能将濒临破产倒闭的金重引向兴旺发达，创造一厂变九厂的业绩，企业效益剧增，实现了跨越式发展，成为中国化肥专用设备、化工专用设备制造行业的龙头企业、中国石油和石油化工设备制造业十大最具影响力企业、中国工业炼油和化工专用设备制造业五大排头兵企业，就是因为金重始终不渝地坚持创新驱动发展战略，全力以赴推动转型升级的结果。

金重抓转型升级不是有何先见之明，而是先由自我感知、由感性认识升华上去的，是由于市场竞争的惨烈倒逼出来的，是产品的同质化威胁压出来的，是苦苦寻求金重的出路催生出来。转型，要从传统的压力容器、石化装备制造企业转变为新型的压力容器、石化装备制造企业；升级，要搞产品结构的优化升级，从低端设备转向高端设备，不搞科技创新不行，不搞转型升级不行。在优胜劣汰的大潮中不进则退。

加快转型升级 实现全面发展

2013年，机械工业第六设计研究院有限公司（简称中机六院）面对复杂的经济形势和激烈的市场竞争，及时调整经营策略，一手抓经营，一手抓技术创新，以技术创新支撑市场竞争力的提升，保持平稳、健康、持续发展。近几年来，中机六院不断加快业务升级和市场转型步伐，大力推进人才战略，加大科技创新力度，强化管理提升，加强企业文化建设，各项工作稳中有升。

加快市场转型升级，实现企业稳步发展

2013年，中机六院在中国勘察设计协会公布的勘察设计行业工程项目管理营业收入和工程总承包完成合同额排序中，排名分别上升至第10位和第43位。

中机六院在巩固提升传统行业市场占有率的基础上，不断开拓市场，寻找新的经济增长点。近两年来，中机六院承接了绿色工厂设计、咨询业务，数字化工厂、车间设计业务，智能生产线设计业务，节能评估咨询业务，区域规划、风景园林、养老院等领域的设计、监理业务；开拓了军工、循环利用、新材料、服装、家居、农林、冶金等众多行业市场，树立了一批精品工程、样板工程，进一步提升了企业形象和影响力。

加大科技创新力度，创新工作全面提升

自2008年以来，中机六院申请并建立了国家、省、市级科研平台8个：博士后科研工作站、河南省高新技术企业、河南省绿色与智能工程技术诊断院士工作站、绿色建筑信息模型化河南省工程实验室、郑州市绿色与智能工厂工程技术研究中心、郑州市工厂信息模型化工程技术研究中心、河南省工程技术研究中心、郑州市水处理及资源化工程技术研究中心，为快速提升企业技术创新能力和水平奠定了坚实的基础。2013年，中机六院被评为河南省创新型试点企业、中国勘察设计协会优秀创新企业。

2012年工业及基础设施建设领域的投资开始下滑，工程设计的传统市场开始萎缩，而以

智慧技术、绿色技术为特征的高端市场需求则在快速增长。2012—2013年，中机六院承担绿色工业建筑咨询项目4项、绿色建筑咨询项目1项，占全国绿色建筑咨询市场的50%。2010—2013年，中机六院在“创新杯”建筑信息模型（BIM）设计大赛中共获奖12项，并连续四次获最佳BIM应用企业奖。中机六院是国内工业设计院系统中首个获最佳BIM应用企业奖的单位，也是获奖最多的工业工程设计院。近年来，中机六院在工业与民用领域先后开展了70余项PIM/BIM项目，以全生命周期解决方案解决了工程建设及运营中的实际问题，赢得各方赞誉。先后承接了北京石油等多个国家、省重点项目，一举奠定了中机六院在工业工程PIM项目应用领域的领先地位。

2013年，由中机六院主编的国家标准《绿色工业建筑评价标准》获准发布，主编的国家标准《制造工业工程设计信息模型应用标准》编制第一次工作会议在杭州召开，标志着标准编制工作步入正轨。中机六院已成为国内智慧工程、绿色工程设计企业的领军者。

目前，中机六院拥有220人的绿色建筑咨询和应用团队，其中，国家级绿色工业建筑评价标准编制与评审专家团队11人，公司级绿色建筑咨询设计团队35人。中机六院基于信息模型的可视化绿色建筑评价系统研究科技创新团队获得郑州市科技局批准。

巩固石油石化领域，助力行业调整升级

经过多年的不懈努力，中机六院已在石油机械行业占有较高的市场份额，具有一定的竞争优势。先后承接和完成了宝鸡石油机械有限责任公司搬迁改造项目，中国一重大连石化装备有限公司大型石化容器制造基地建设项目，上海蓝滨石化设备有限公司重型石化装备及电站空冷设备研发制造项目，中国石油大庆石化公司机械厂搬迁改造项目，中原总机石油设备有限公司搬迁改造项目，兰州兰石集团有限公司铸锻基地新厂区建设项目，庆阳能源化工集团装备制造园石油机械生产基地项目，中石化石油工程机械有限公司第四机厂铸造、锻造、热处理生产线车间搬迁项目等一大批样板工程、精品工程，为石油机械行业的发展做出了贡献。

2013年，中机六院凭借先进的PIM（Plant Information Modeling，即工厂信息建模）技术，中标中国石油科技创新基地北京石油机械厂搬迁改造项目PIM咨询服务。该项目是国内石油机械第一个PIM咨询服务项目，将为石油机械行业企业发展树立榜样，引领行业发展新趋势。

加快落实人才战略，推进队伍转型升级

中机六院将人才队伍的转型和综合素质提升作为重要工作之一，不断创新人事管理工作方法，强化人员队伍培训，加强高端人才的培养和引进，着力建立一支适应公司发展需要的、强有力的队伍。

2013年，中机六院对总设计师等岗位上岗基本条件进行了修改，并增设技能操作岗位序列，进一步完善公司岗位职责体系；制定《领导干部培养、考核、选拔、竞聘管理办法（试行）》《经营人员考核评价奖励办法》《绩效考核管理办法》等，进一步优化、量化、精细化考核管理体系，为中机六院人员规模的壮大和人才队伍的建设提供有力支持。

中机六院将不断提升综合优势，竭诚以一流的技术、一流的队伍、一流的管理为国内外客户提供工程建设领域的全过程、全方位服务！

结语

2013 年，石油石化装备制造企业依托自主创新开发新产品，大力推进结构调整、技术创新和节能减排，取得了积极进展。一批核心技术取得了突破，高技术含量、高附加值产品产量增速加快，高端产品对全行业利润贡献率稳步提高，传统产业转型升级成效明显。

大企业凭借现有实力，表现出强劲的创新动力，下大力量进行符合产业发展需要的产品研发和生产，在市场上站稳了脚跟；规模较小的企业同样积极进行自主创新，走专业化发展道路，大力开发新产品，以配套的角色参与大型装备制造，也取得了不俗的成绩。

作为行业企业成长的“鉴”证者，《中国石油石化设备工业年鉴》连续推出“访谈”栏目，从不同视角，持续关注行业企业和企业家的成长历程，总结成功案例，分享成功经验，充分发挥其示范引领作用，以期待石油石化装备制造业取得更大的发展。

中国石油石化设备工业年鉴2013

50强企业和名牌产品

公布2011—2012年度中国石油石化装备制造业行业“50强”企业和行业“名牌产品”名单；详细介绍“50强”企业和行业“名牌企业”的发展概况

2012—2013年度中国石油石化装备制造业“50强”企业名单

序号	企业名称	分类
1	胜利油田高原石油装备有限责任公司	石油钻采设备
2	宝鸡石油机械有限责任公司	
3	四川宏华石油设备有限公司	
4	中石化石油工程机械有限公司第四机械厂	
5	烟台杰瑞石油服务集团股份有限公司	
6	中原特种车辆有限公司	
7	南阳石油二机(装备)有限公司	
8	北京石油机械厂	
9	上海神开石油化工装备股份有限公司	
10	兰州通用机器制造有限公司	
11	天合石油集团汇丰石油装备股份有限公司	
12	中原总机石油设备有限公司	
13	山东大王金泰石油装备有限公司	
14	山东三田临朐石油机械有限公司	
15	贵州凯星液力传动机械有限公司	
16	河南信宇石油机械制造股份有限公司	
17	通化石油化工机械制造有限责任公司	
18	北京天海工业有限公司	石油化工设备
19	大连金州重型机器有限公司	
20	甘肃蓝科石化高新装备股份有限公司	
21	中核苏阀科技实业股份有限公司	
22	四川大川压缩机有限责任公司	
23	浙江通力重型齿轮股份有限公司	
24	宁波鲍斯能源装备股份有限公司	
25	辽宁恒星泵业有限公司	
26	中原特钢股份有限公司	石油井口设备和钻采专用工具
27	江汉石油钻头股份有限公司	
28	江苏金石机械集团	
29	海城市石油机械制造有限公司	
30	河北华北石油荣盛机械制造有限公司	

（续）

序号	企业名称	分类
31	天津立林机械集团有限公司	石油井口设备和钻采专用工具
32	江苏双鑫石油机械有限公司	
33	贵州高峰石油机械股份有限公司	
34	泰兴石油机械有限公司	
35	中油管道机械制造有限责任公司	
36	盐城特达钻采设备有限公司	
37	德州联合石油机械有限公司	
38	江苏如通石油机械股份有限公司	
39	江苏如石机械有限公司	
40	盐城市特达专用管件有限公司	
41	山东陆海石油装备有限公司	
42	江苏新象股份有限公司	
43	内蒙古一机大地石油机械有限责任公司	
44	江苏扬州合力橡胶制品有限公司	
45	中国石油渤海石油装备制造有限公司	石油专用管材、输送管
46	中石化石油工程机械有限公司沙市钢管厂	
47	胜利油田孚瑞特石油装备有限公司	
48	沧州市鑫宜达钢管集团股份有限公司	
49	合肥神马科技集团有限公司	
50	山西北方风雷工业集团有限公司	

2012—2013年度中国石油石化装备制造业名牌产品

企业序号	参评企业名称	参评产品名称	产品序号
一、石油专用设备（11家20个产品）			
1	四川宏华石油设备有限公司	宏华／石油钻机	1
2	中原特种车辆有限公司	中油/ 钻机整体移运系统	2
3	北京石油机械厂	北石／螺杆钻具	3
4	通化石油化工机械制造有限责任公司	1.通石牌／冲砂液处理车	4
		2.通石牌／洗井液处理车	5
		3.通石牌／修井机	6
		4.通石牌／前后置式采油车	7

（续）

企业序号	参评企业名称	参评产品名称	产品序号
5	兰州通用机器制造有限公司	1.兰通／固井水泥车	8
		2.兰通／压裂车机组	9
		3.兰通／洗井清腊车 *	10
6	胜利油田高原石油装备有限责任公司	1.高原／高压玻璃纤维管线管	11
		2.高原／石油钻机	12
7	中原总机石油设备有限公司	1.中原总机／抽油机	13
		2.中原总机／轮式通井作业机	14
8	烟台杰瑞石油服务集团股份有限公司	杰瑞／压裂车	15
9	山东大王金泰石油装备有限公司	大王／抽油机用减速器	16
10	山东三田临朐石油机械有限公司	1.巨牌／XJ900-DY／XJ900Z-DY防喷作业机	17
		2.巨牌／XQ系列修井动力钳	18
		3.巨牌／XJ700-L／XJ900-L修井机	19
11	天合石油集团汇丰石油装备股份有限公司	钻杆	20
二、石油化工设备（10家12个产品）			
12	甘肃蓝科石化高新装备股份有限公司	蓝科高新／球形LNG储罐	21
13	大连金州重型机器有限公司	1.金重牌／系列水煤浆气化炉设备	22
		2.金重牌／系列鲁奇碎煤成套加压气化设备	23
14	四川大川压缩机有限责任公司	1.DC／空气天然气联合压缩机	24
		2.DC／氮氢气压缩机	25
15	哈尔滨空调股份有限公司	四季牌／空气冷却器	26
16	中核苏阀科技实业股份有限公司	苏阀“SUFA”／加氢阀	27
17	浙江通力重型齿轮股份有限公司	通力／TR系列斜齿轮硬齿面减速机	28
18	温州市华海密封件有限公司	华海／金属环垫	29
19	杭州大潮泵业制造有限公司	大潮／高压液压隔膜式计量泵	30
20	温州一宇密封材料有限公司	YIYU／RJ系列金属环垫	31
21	辽宁恒星泵业有限公司	宽红／KSY型给油泵	32
三、石油井口设备和钻采专用工具（16家32个产品）			
22	中原特钢股份有限公司	1.探源／钻铤	33
		2.探源／无磁钻铤	34
		3.探源／整体加重钻杆	35
23	江苏金石机械集团	JMP／井口设备及采油树	36
24	江苏如石机械有限公司	1.如石／钻杆动力钳	37
		2.如石／套管动力钳	38
		3.如石／旋扣水龙头	39

（续）

企业序号	参评企业名称	参评产品名称	产品序号
25	河北华北石油荣盛机械制造有限公司	1.HBRS／带压作业装置	40
		2.HBRS／钻井用防喷器	41
		3.HRSB／作业用防喷器	42
		4.HRSB／泥浆泵	43
26	贵州高峰石油机械股份有限公司	1.高峰牌／全液压式随钻震击器	44
		2.高峰牌／超级震击器	45
		3.高峰牌／液力推力器	46
27	江苏如通石油机械股份有限公司	／液压卡瓦	47
28	盐城市特达专用管件有限公司	恒升／石油钻杆及接头	48
29	天津立林机械集团有限公司	1.立林／螺杆钻具	49
		2.立林／牙轮钻头	50
30	山东省金圣隆机械有限公司	金圣/抽油杆喷涂接箍	51
31	海城市石油机械制造有限公司	跃虎／液压油管钳	52
32	江苏双鑫石油机械有限公司	1.永军／钻井液管汇	53
		2.永军／非对称复合平衡抽油机	54
33	内蒙古一机集团大地石油机械有限责任公司	1.大地／抽油杆及其接箍	55
		2.大地／石油专用管(油套管)	56
34	泰兴石油机械有限公司	1.泰字牌／吊卡	57
		2.泰字牌／吊环	58
		3.泰字牌／吊钳	59
		4.泰字牌／卡瓦	60
35	盐城特达钻采设备有限公司	特达／液压动力钳	61
36	山东陆海石油装备有限公司	LH／螺杆钻具	62
37	江苏扬州合力橡胶制品有限公司	1.琼花／离合器气囊	63
		2.琼花／空气包胶囊	64
四、石油专用管材、输送管(8 家 23 个产品)			
38	中国石油集团渤海石油装备制造有限公司	华宇/螺旋缝埋弧焊钢管	65
	中国石油集团渤海石油装备制造有限公司	1.卡瑞特／XJ900 系列修井机	66
	中成装备制造分公司	2.中成／野营房	67
	巨龙钢管有限公司	JLSP／直缝埋弧焊钢管	68
	渤海装备兰州石油化工机械厂	渤海飞雁／烟气轮机	69
	渤海装备辽河重工有限公司	EEC／石油钻机	70
	渤海能克钻杆有限公司	BHNKK／石油钻杆	71
	渤海石油装备(天津)新世纪机械制造有限公司	1.中成牌／抽油机	72
		2.中式牌/空心抽油杆	73
		3.中成牌／油套管	74

（续）

企业序号	参评企业名称	参评产品名称	产品序号
38	渤海石油装备（天津）中成机械制造有限公司	1.中成、中国石油装备／潜油电泵	75
		2.中成、中国石油装备／油田注水泵	76
		3.中成、中国石油装备／PDC钻头	77
39	中石化石油工程机械有限公司沙市钢管厂	沙管/直缝埋弧焊钢管	78
40	胜利油田孚瑞特石油装备有限责任公司	1、孚瑞特／游梁式抽油机	79
		2、孚瑞特／抽油杆	80
41	山西北方风雷工业集团有限公司	1、风雷、金山／钻铤	81
		2、风雷、金山／钻杆	82
		3、风雷、金山／螺杆钻具	83
42	沧州市鑫宜达钢管集团股份有限公司	SYNDA／螺旋埋弧焊管	84
43	郑州万达管件制造有限公司	益工／钢制三通	85
44	上海金昌不锈钢管制造有限公司	金昌／ϕ406-ϕ1016无缝不锈钢管	86
45	合肥神马科技集团有限公司	SMT／成缆机	87

企业介绍

宝鸡石油机械有限责任公司

宝鸡石油机械有限责任公司（简称宝石机械公司，原宝鸡石油机械厂）创建于1937年，1953年划转石油系统，2002年通过企业改制成立有限责任公司，2008年公司成为中国石油天然气集团公司独资设立的有限责任公司，是我国建厂最早、目前规模最大、实力最强的石油钻采装备研发制造企业。公司现有员工8 170人，总资产97亿元。宝鸡本部下设11个职能处室、17个直属机构、20个二级单位，包括咸阳宝石钢管钢绳有限公司、宝石机械成都装备制造分公司、宝鸡宝石特种车辆有限责任公司3个全资子公司和西安宝美电气工业有限公司、宝石电气设备有限责任公司、北京宝石MH海洋石油工程技术有限责任公司、巴西宝石石油设备有限责任公司4个控股子公司。

宝石机械公司是我国石油钻机标准制定机构，是全球最大的陆地石油钻机和F系列泥浆泵研发制造基地，也是全国最大、能力最强的重要场合用途钢丝绳研发制造基地，引领我国石油钻井装备的发展方向。主导产品石油钻机和泥浆泵3次荣获“全国用户满意产品”称号，产量连续5年居全球首位。“宝石机械”系列钻机是“中国名牌”产品，全数字交流变频电驱动钻机实现了

1 000～12 000m 全天候、全地貌、全井深无缝覆盖，并成功从陆地迈向海洋高端领域；高移动性拖挂钻机实现了 1 000～9 000m 系列化；500～3 000 马力（1 马力＝735.499W）F 系列钻井泵的大功率、轻型化技术达到国际领先水平。特别是12 000m钻机的研制成功，为我国石油装备树起了新的历史丰碑。全球首创的 7 000m 人工岛环轨移动模块钻机及系列滩海装备，使批量钻井、海油陆采成为现实。拥有自主知识产权的大型交流变频顶驱的问世，标志着我国石油关键钻井设备实现了重大突破。

宝石机械公司的石油装备除保障国内石油勘探开发需求外，还远销欧美、非洲、中亚、中东、东南亚等 58 个国家和地区，是国内外高端用户的首选品牌之一。

宝石机械公司主要设计制造 1 000～12 000m 九大级别、四种驱动形式的常规陆地钻机、极地钻机、拖挂钻机和海洋成套钻机；500～3 000 马力的各系列钻井泵；海上钻采平台设备、井控井口设备、特种车辆、钢管钢绳、大直径牙轮钻头等钻采装备配套产品以及电气控制、非常规油气设备和减排设备等产品覆盖了 50 多个类别、1 000 多个品种规格的石油钻采设备及配件产品，并逐步向新能源、中低压输变电设备延伸。

公司有 14 大类 62 项产品获得美国石油学会 API 会标使用权，是国际上拥有该会标使用权最多的企业。

近年来，公司立足于攻克我国石油钻采领域高端重型装备的关键技术，及时调整研发思路，积极转变研发模式，进行产品结构调整，新技术、新产品研制取得了重大突破，研发领域进一步拓展，形成了系统的研发体系，取得了丰硕的科技创新成果，研制成功一批重大新产品，尤其是在超深井钻机、大功率泥浆泵、海洋模块钻机等 10 余项重大装备关键创新技术的研发上取得了实质性突破，其显著的创造性技术进步，在我国石油钻采高端重型装备领域获得发明专利的数量位居首位，专利申请和授权数量也位居我国石油装备制造系统和陕西省前茅。

2013 年“钻井泵缸套内外表面冷却装置”专利技术，被国家知识产权局授予第十四届中国专利优秀奖。这是公司首次获得国家专利奖，也是公司在专利申请方面斩获的国内最高荣誉。截至目前，公司已累计申请专利 649 项，获得授权专利 527 项，其中，发明专利 22 项（含 1 项美国发明专利）。

公司研制的国内首台四单根立柱 9 000m 超深井钻机、8 000m 钻机成为“新疆大庆”加速建设拥高端钻井装备，为塔里木山前地区量身打造的“尖兵利器”。

具有独立自主知识产权的国内首台最大载荷为 7 700kN，最高工作压力 52MP，首台制造整机试验压力达到 78MP SL770 水龙头的研制成功，再一次填补了国内空白。

“宝石机械”中文商标及“BOMCO”英文商标图案被国家工商行政管理总局商标局和商标评审委员会认定为“中国驰名商标”，并在海外 31 个国家和地区进行了注册保护；“宝石机械”以唯一性和排他性被中国品牌研究院确定为“中国行业标志性品牌”；“宝石机械”系列钻机被国家认定为“中国名牌”产品。公司连续 9 年荣登“中国企业新纪录”、连续 9 年入选“中国机械 500 强”、连续 5 年进入“中国企业信息化 500 强”、连续 5 年荣膺“中国机械工业百强企业”、连续 3 年入选“中国制造业 500 强”、并两次荣获“世界市场中国（石油机械）十大年度品牌”。

2005 年以来，公司先后荣获“国家火炬计划重点高新技术企业”“全国模范职工之家”“全国模范劳动关系和谐企业”“全国实施卓越绩效管理模式先进单位”“全国五一劳动奖状”“全国振兴装备制造业重要贡献单位”“中国最具成长性企业”（全国 30 家）、“中国行业（机械设备）十大质量品牌”“中国机械工业销售收入 100 强企业”“中国最具影响力企业”（全国 20 家）“中国最佳雇主企业”（全国 15 家）、“全国企业文化优秀奖”“30 年中国品牌创新奖”“中国信用安全 AAA 级企业”“全国文明单位”“全国第一批国家级征信示范企业”“中国石油石化装备制造业卓越贡献奖”“中国诚信企业”“全国模范劳动关系和谐企业”等，并多次被地方政府授予“陕西经济发展强省单位”“陕西省经济领跑企业”“宝鸡工业强市功勋企业”等称号。

宝石机械公司将始终以振兴民族产业，保障国家能源装备供应为己任，秉承中国石油“奉献能源、创造和谐”的企业宗旨，朝着“建成‘百亿企业’，打造‘多彩宝石’”的目标迈进，努力为振兴国家装备制造业做出新的更大的贡献。

〔供稿单位：宝鸡石油机械有限责任公司〕

贵州高峰石油机械股份有限公司

贵州高峰石油机械股份有限公司（以下简称高峰公司）是中国兵器装备集团公司和南方资产管理有限责任公司共同投资的直属大型股份制企业，是一家集石油钻采工具的研发、生产、销售、服务和产品及技术出口业务于一体的高新技术企业。公司目前信用状况良好，经营管理体系科学、规范，履行相关合同的能力和意愿较强。高峰公司从 1978 年开始研制生产为石油、天然气能源开发服务的“高峰牌”石油钻井、震击、打捞、修井、完井工具。是中国石油和石油化工设备工业协会常务理事单位，1985 年至今连续被评为中国石油天然气集团公司石油钻采配件一级供应网络成员单位和中国石化装备产品配件资源市场成员专业厂家。

近年来，高峰公司通过吸收外来技术与自主创新相结合，成功地解决了产品在精密机械加工、热处理、表面处理、特种加工和先进的材料计量分析、检测等一系列关键技术和工艺，达到国内同行业领先水平。高峰公司拥有省级技术中心，具有高水平产品设计开发以及工艺创新能力，截至目前公司自主开发研制了一项国家发明专利，46 项技术获得国家实用新型专利，如《机械液压式减振器》《机械液压式随钻震击器》《全液压式随钻震击器》《活塞环式液压震击器》《机械式随钻震击器》《锥体式液压震击器》等。

高峰公司生产的石油钻采机具产品不断致力于先进技术和自主创新相结合，产品创中国一流水平，是中国各油气田用户的首选品牌。“高峰牌”产品已出口到俄罗斯、哈萨克斯坦、科威特、叙利亚、阿曼、沙特阿拉伯、伊朗等二十多个国家。

公司始终坚持走“人无我有，人有我优”的研发路线，围绕主导产品的关键技术，加大科技专项投入，运用高新技术和信息技术提升研发速度，确保了行业领先地位。尤其是在新材料的开发使用中，得到了国内外客户的普遍认可，收获了显著的经济效益。截至 2012 年底资产总额已达 4.74 亿元，2010 年至 2012 年销售收入 13.42 亿元。

目前高峰公司已形成了完整的石油钻采工具及设备生产线，集科研、设计、制造、安装调试、售后服务、技术培训于一体。公司无论是在石油机具产品配套还是产品质量、售后技术服务方面都位于国内同行业前茅。公司将军工的生产技术、严格的质量保证体系和监控制度引入石油钻采工具的生产，先后通过了由 DNV（挪威船级社）按照 ISO9002 标准对公司质量体系进行的国际认证和美国石油学会颁发的 ISO9001 质量体系认证，获得“API”会标使用权证书并顺利通过后续年度审核。2012 年高峰公司又通过了 GB/T24001－2004idt ISO1400：2004“环境管理体系、职业健康安全管理体系认证”，获得了环境管理、职业健康安全管理体系认证证书。

一、思想观念创新

高峰公司是 1978 年起开发石油机具产品的，是国内首家以生产替代进口产品身份进入国内市场的企业。在我国的石油、石化业内也是小有名气的。但随着市场的变化，生产厂家的增加，竞争越来越激烈。这时如果企业仍然抱着“小有名气”的经营理念，不思创新进取，很快就会被迫退出市场。在这种情况下，高峰公司的高层管理者们通过认真的分析、冷静的思考认识到，要想在激烈的市场竞争中占有一席之地，就必须要进行全方位的创新，而首当其冲的就是全体员工要转变观念，要从思维观念上进行大胆的创新。

1.变传统“高速度”为“高质量”的可持续发展战略

市场竞争需要一定的速度。但新形势下，市场要求企业要有“高质量”的可持续发展速度。正是在这种观念的创新中，高峰公司从20世纪末的几千万的销售收入发展到今天的4亿多元的销售收入。

2.变“单点竞争”为“多点竞争”

传统的思维模式是只抓住质优物美价廉的一个或几个产品。而现在的市场要求企业具有配套及提供解决方案的能力。高峰公司从开始的“老三器（震击器、减震器、打捞器）”，发展到今天的120多个品种1 000多个规格的钻井、完井、修井、采油、井下工具，正是这种思维创新的结果。

二、人才培养创新

高峰公司不断完善人才选拔和培养机制，加强人才职业规划，促进人才与公司发展同步伐；创建多渠道的人才培养模式，提高员工整体素质；宽容错误，扫清人才创新实践思想障碍；树立公司整体发展观念，鼓励并组织人才跨部门沟通协作，发挥人才整体优势。

创新培育智库建设，引进优秀人才。引进外贸成熟人才，拓宽国际市场销售渠道；引进科技成熟人才，为进入高端石油机具市场提供了有利契机；外聘石油机具研究专家；培养选拔公司级科技带头人，建立非领导职务序列发展通道，定制不同专家型成长路线，畅通了各类人才职业发展通道。加大本科毕业生及硕士研究生招聘力度，在满足生产经营需求的同时改善了人员学历结构。与贵州大学联办工程硕士班，为公司新产品开发队伍积蓄人才。

三、技术创新

企业的技术创新包括技术研发和技术改造，企业根据自身的技术条件充分开展技术创新活动，通过技术创新取得核心技术优势。在当今时代，企业取胜的关键因素主要取决于企业自身的技术优势。

1.实行“借船出海”“借脑研发”，实现“共赢”

长期以来，高峰公司就与高校联手取长补短实行强强联合，并运用相关的工艺技术，同国内各石油科研院所合作共同研制开发出了一系列拥有完全自主知识产权的产品。从20世纪80年代初开始，国内各油田钻修井工程技术人员接受技术培训都是以高峰公司的宣传资料（讲义、说明书）作为井下工具部分的教材。目前中原油田、辽河油田、西南石油大学编纂的《钻井工程手册》《钻井工具》等都以高峰产品作为教学实例，并大量引用高峰产品的技术参数。同时，公司积极参与行业标准的制定和修订，国家能源局发布的石油天然气行业标准中有十三项井下工具标准由高峰公司作为主要起草单位负责编写，不断扩大公司在石油钻采工具领域的技术领先优势和影响力。

2.研发与市场的有机结合

高峰公司在重视市场的前提下更是把技术创新放在重要的位置，高峰在天津专门建立了研究所，贴近中海油及华北油田、胜利油田等进行研发并做好各项技术服务工作。针对新疆塔里木油田的特点，常年派设计人员对用户使用本公司产品进行现场跟踪和指导。另外公司还在四川的广汉、新疆的轮台等地建立了产品服务站，以便及时解决用户使用我们的产品时出现的故障，同时也可以近距离地与用户沟通往来。

四、生产模式创新

为满足各油田需求，高峰公司一改以往传统的推动式生产方式，变“推动式”生产模式为“拉动式”的生产方式。以销定产的拉式生产，一是有效地将产品交货期由原来的60天提高到了40－45

天，满足了客户处理事故的周期需求。二是避免了生产过剩导致产品积压，库存过多等问题，有效提高了公司资金的周转率。

五、管理方式创新

采用对标管理的方式来制定公司管理标准。对标管理的关键在于选择和确定被学习和借鉴的对象和标准。要在经营管理实践方面达到最优模式和标准，只有盯住世界先进水平，才能把企业发展的压力和动力，传递到企业中每一层级的员工和管理人员身上，从而提高企业的整体凝聚力和竞争力。因此，企业首选的对标对象就是在世界石油钻采设备和工具方面的一流企业——美国国民油井，他是世界石油天然气工业领域的领导者，在过去的140 多年里，一直专注于提供最高质量的油田产品及服务。从一个备件到一套完整钻井系统，从一个普通的阀门到一套集成的供应链程序，国民油井提供各种无限制的用户解决方案。通过对标企业找出了自己的差距和不足，同时也看到了自己的优势，进一步坚定了企业走出国门迈向国际的信心。

六、品牌建设创新

品牌是给拥有者带来溢价、产生增值的一种无形的资产。品牌蕴含着生动的精神文化层面的内容，体现企业的价值观。自生产石油机具以来，高峰公司先后有 30 余种产品分别荣获国家、部、省级、行业名牌产品奖和科技进步奖、优秀新产品奖等。2004—2013 年连续荣获中国石油石化装备制造业“50 强”称号。2013 年，高峰公司在获得两项“中石协名牌产品”的同时，又有九种产品分别获得“贵州省名牌产品”和“贵阳市优质新产品”，经贵州省著名商标评审委员会审定，“高峰牌”商标，被评定为“贵州省著名商标”。这些都体现了公司追求“先进技术、高端产品、卓越服务”的经营理念和价值观。公司将在“品牌”的体系化建设上不断推进，将“品牌”建设纳入公司战略发展规划，形成稳定且价值巨大的品牌资产。

〔供稿单位：贵州高峰石油机械股份有限公司〕

大连金州重型机器有限公司

大连金州重型机器有限公司（简称金重）创建于 1956 年，经过 50 年的发展壮大，现已成为中国大型化工、石油化工、煤化工、大型化肥、石油炼制等成套装备研发制造的龙头骨干企业。

金重是我国建立压力容器质量管理体系最早的企业。1982 年首批取得三类压力容器设计许可证和制造许可证；1986 年首批获得美国 ASME 规范容器设计、制造授权证书及 U、U2、R 钢印；1998 年获得 ISO9001 标准质量体系认证；1999 年取得国家级压力管道安装许可证，资质水平一流。

公司拥有 7 万余平方米重型厂房、冷卷150mm/热卷 230mm 厚的卷板机、6 000t 油压机、ϕ5 200mm 封头旋压机、500t 龙门式吊车、400t 龙门式吊车、100t 汽车吊、200t 桥式吊车、50m 长车床等。金重检验检测手段齐全先进，拥有 6MeV 电子直线加速器、7.5MeV 电子回旋加速器，200 居里 Co60 和 Ir192γ 射线机等。

公司的经营状况、资信水平、市场份额和市场覆盖率始终占据着行业的最前列。金重公司拥有自己的由辽宁省政府、大连市政府分别授权创立的技术中心，下设研发设计中心、焊接中心、理化计量中心、检测检验中心。能够应用 ASME、AD、JIS、KC 等国外标准和规范设计、制造压力容器。几十年来，分别取得过挪威船级社、英国劳氏等一系列资质证书；取得过美国德士古公司煤气化炉急冷环在东南亚的独家授权资格；与林德、GE、杜邦等几十家国外大公司合作设计、制造了数千台出口产品。顾客遍布亚、非、欧、美各洲的多个国家和地区。

在 50 余年的专业制造生产中，公司始终坚持企业自主开发、自主创新与引进国内外先进技术相结合，率先实现了我国大中型化肥装备流程中的尿素四大关键设备（高压冷凝器、高压洗涤器、CO_2 汽提塔、尿素合成塔）、大化肥装备中新型氨合成塔内件的国产化，大型煤化工装备流程中的核心设备，煤气化炉（德士古水煤浆气化炉、壳牌干煤粉关键设备、鲁奇成套煤气化炉、新型多喷嘴对置式水煤浆气化炉、新型科林水冷壁煤气化炉及其他类型煤气化炉）、3.5Ni 钢材料制造低温设备、加氢设备、球形储罐等重大装备的国产化，填补了国家空白，多次获得国家及行业协会的表彰，并先后赢得国家金奖和银奖，核心竞争力大增。

金重公司在现代煤气化设备的研发、设计、产品制造方面保持了行业中多项纪录，我国的第一台德士古水煤浆气化炉、第一台壳牌干煤粉关键装置及飞灰过滤器、第一套鲁奇碎煤加压气化设备、第一台工业化应用新型多喷嘴对置式水煤浆气化炉、第一台科林水冷壁气化炉，以及其他类型煤气化炉，并保持着各煤气化设备最大，数量最多的纪录，在国内的份额达 60%，部分炉型产品出口国外。

在尿素设备方面保持了行业制造尿素设备（吨位/年）最大、数量最多的纪录，已制造 4 万~100 万 t/a 尿素装置中四大关键设备 1 000 余台，其国内市场份额达 95%。低温设备占国内市场份额的 90% 以上，特别是为西气东输工程新疆克拉 2 气田制造的低温分离器，获得了曾培炎前副总理的表扬。球形储罐更是多次获得国家级奖励。

金重公司在长期专业化制造生产中，积累了丰富的经验和实力。具有多方面优势：

（1）技术人才。在几十年的产品设计试验与制造的实践过程中积累的理论、经验一直在公司内发扬，特别是几代工程技术人员通过和国外工程公司，如林德公司、法国 TP 公司、日本三菱重工、宇部公司、荷兰凯洛格公司、英国科瓦纳公司等合作设计制造过程中，同各国专家对 AD 规范、JIS 标准或 ASME 规范及工程标准都有着直接交流，与国内容规、国标融会贯通，使他们的设计、制造专业知识水平得到提高，世界压力容器设计制造工艺、焊接、热处理、理化和无损检验各专业的学术带头人，一批经培训和实践检验的技术工人成为操作中的骨干，这支工程人员和技术工人队伍是公司的今后发展的主力。

（2）技术标准。随着技术和人才的引进，国产化设备的制造达到世界同行业当代水平。通过制订技术标准推动国内同行业产品制造水平的提高。目前由金重公司主持或作为主要起草制订的国家相关专业基本技术标准法则有：GB 150—2011　压力容器；NB/T 47014—2011　承压设备焊接工艺评定；TSG R0004—2009　固定式压力容器安全技术监察规程；TSG Z0004—2007　特种设备制造安装改造维修质量保证体系基本要求；TSG Z0005—2007　特种设备制造、安装、改造、维修许可鉴定评审细则以及一批化肥、低温材料设备方面专业技术标准。这些标准不仅成为规范指导制造行业的标准，同时也反映了金重公司在装备制造中的技术成果和制造专业水平。

（3）试验、检验数据分析成果。金重公司在设备制造前针对设计制造要求进行的一系列试验所取得的大量数据和上百种试验、评定结果，是正确制订焊接、热处理工艺的依据，几百台设备的制造检验、检测数据是工艺改进和制造检验、验收标准修订的依据。这些年试验、评定和检测数据是金重公司开展提高技术水平试验研究的宝贵资料。

（4）检测手段。金重具有完备的检验设施、可靠的检测手段，除常规必备的检测设备外还具备：德国引进的 Q24 光普分析仪；日本引进的 DCS-10T 高温材料试验机，精度±1%；AHC-30-SAP 自动冲击机 10kg/m，精度±1%；EMJA-2200 红外线碳硫分析仪，精度 0.1ppm（$1ppm=10^{-4}\%$）；英国引进的 S200 扫描电子显微镜（可放大到 30 万倍）；按美国 ASME 标准检定的冲击能量为 30/15kgf · m（1kgf · m=9.806 65J）的低温冲击试验机；可进行沸腾硝酸法等各种方法的耐腐蚀试验仪器；可进行 Cr-Mo 钢的回火脆化评定试验（步冷试验）设备；便携式超声波TOFD检测仪;数字式超声波探伤仪等设备。这些检测设备为金重公司的氮肥设备制造质量提供了可靠、有效保证。

(5)制造技术。金重公司的技术工人从铆工、下料、成形、焊接、加工、热处理及过程的检验、检测,都有严格的控制标准并在以下方面形成特点:

层板容器包扎过程松动面积的控制;层板环缝坡口加工、封焊;层板筒切检漏系统的结构设备、加工制造;内筒、衬里的热套工艺、筒体松衬间隙工艺控制;封头衬里的爆炸贴合工艺;复合板筒节的成形、错边控制及焊接、检验工艺;大面积带极堆焊检验及变形控制;管子管板手工氩弧焊、自动旋转氩弧焊或内孔工艺;汽提塔管端加工;钛材或双金属管的焊接、加工;3.5Ni钢等低温钢焊接工艺及操作技术;超过30m长塔体组对、内件的组焊、塔体圆度和不直度控制;厚壁深焊缝窄间隙焊接、检测及热处理工艺。

在设备制造实践过程中,这些技术特长不断得到保持和改进,保证产品符合标准规范、产品质量得到三方、AI检验师或用户的肯定和好评。

(6)全方位服务。金重公司追求的是“使用户满意”。公司的用户服务中心通过在全国分区域的办事处,百余名营销服务人员与用户保持着定向专人联系,为用户立项提供设备的选型和制造、预算的建议,为用户提供设备设计、制造、安装服务。

对操作中出现问题24h内给予答复,必要时48h到现场服务。

公司的设备检修专业队伍,利用独特的技术优势,除参加用户设备大修外可随时参加抢修。还可为用户培训特殊技能的焊接操作工;为用户提供特殊的试验和检验服务。千方百计解决用户提出的要求,使用户满意。

〔供稿单位:大连金州重型机器有限公司〕

德州联合石油机械有限公司

德州联合石油机械有限公司位于山东省德州市经济技术开发区晶华路南段,公司原为中国石化新星公司全资下属企业,始建于1961年,2004年改制为有限责任公司。公司占地面积180亩(1亩=666.6m^2),建筑面积5.3万m^2。现有员工840余人,注册资本6 000万元,总资产5.2亿元。主要生产高端石油钻井、采油工具及装备,是一家集研发、生产、经营、服务为一体的综合石油装备制造企业,为中国石油石化装备制造业“50强”企业,在国际、国内石油石化行业享有很高声誉。

公司产品覆盖中石化、中石油、中海油等国内各大油田,并出口美国、加拿大、俄罗斯和中东等十几个国家和地区。

企业技术部现有高级工程师38人,工程师106人。2007年公司研发的耐饱和盐水钻井液螺杆钻具、螺杆钻具定子注射橡胶装置获得了国家实用新型专利证书。耐饱和盐水螺杆钻具适应在井下有盐水腐蚀的环境下作业,它的研制成功,保证了产品的使用寿命,扩大了螺杆钻具的销售市场,新型螺杆钻具定子注射橡胶装置的研制,改进了原装置的注胶方式,使得螺杆钻具注胶后的胶层厚薄一致,避免了原来因胶层厚薄不均造成的钻具抖动及摩擦掉块的现象,间接提高了产品寿命。2009年公司改进的液压调剖堵水泵获得了实用新型专利。该项技术的应用提高了产品的性能和使用寿命。2011—2012年,公司又研发了耐磨传动轴钻具、防掉钻具、高压分流钻具,并取得了国家专利。这些钻具丰富了钻具的种类,体现了公司科技研发的实力。目前公司生产的螺杆钻具规格齐全,适合3 1/2″~17 1/2″(1″=0.025 4m)井眼的螺杆钻具主要有19种(按外径分有ϕ43、ϕ73、ϕ80、ϕ89、ϕ95、ϕ102、ϕ120、ϕ127、ϕ150、ϕ159、ϕ165、

ϕ172、ϕ185、ϕ197、ϕ203、ϕ210、ϕ216、ϕ244、ϕ286)，除ϕ73外，各种规格均有直体、单弯、双弯、井口可调角度等结构形式；可提供耐热温度为120℃、150℃两种，其特点为中速大扭矩、效率高、流量广、运转平稳，易维修、可靠性高，使用寿命长等特点，广泛应用于直井、定向井、侧钻井、水平井等的钻进及各种修井作业，并满足复合钻进的要求。公司于2006年开始生产的泥浆泵已在大庆油田、吉林油田使用，并得到了用户的肯定。公司生产的螺杆钻具、井口装置-套管头除供应国内各大油田外，还出口到美国、俄罗斯等国。公司生产的用于油井调剖、堵水的调剖泵也在国内各大油田广泛使用。

公司自1992年建立质量体系，1993年取得美国石油协会颁发的API Spec 7-1，Spec 7K产品API会标证书，后又取得了API Spec 6A，Spec 5CT产品API会标证书；1996年经DNV审核，取得了ISO9001质量管理体系证书。经过多年持续改进，质量体系更趋完善。

公司生产的螺杆钻具于2003年获得了山东名牌产品的称号，并通过了2006、2009年省级名牌产品复评。该产品又于2006—2012年连续6年获得中国石油石化装备制造业名牌产品的称号。

公司履行社会责任，关注弱势群体，救助受灾地区，自2006年以来，公司救助困难职工、患重大疾病职工，为德州市慈善机构捐款，为汶川特大地震灾害捐款共计500余万元。

2011年5月，公司拓展融资渠道，和烟台杰瑞石油服务集团股份有限公司实现了战略合作，一次性引进资金1.38亿元，主要用于设备技术改造和产能的提升，投资购置了一大批进口及国产高精尖数控加工设备，为公司的快速发展注入了强劲动力。2012年实现产值3.6亿元，销售收入3.4亿元，增长速度均超过20%。

〔供稿单位：德州联合石油机械有限公司〕

海城市石油机械制造有限公司

一、公司的基本情况

海城市石油机械制造有限公司是一家专门为国内外油田客户提供成套石油钻采设备及配套工具的生产企业。于1988年进行股份制改造，成为民营股份公司。现注册资金9 000万元，公司现占地面积19万m^2，总资产为149 322万元，2012年实现销售收入120 252万元，利润22 666万元。公司现有员工560人，平均年龄34岁，管理人员60人，各类专业技术人员260人。

公司现有高级工程师35人，博士生导师2人，大学专科以上学历的有320人，占员工总数的60%。另外，公司于2005年与辽宁工程技术大学联合成立了研究生培训基地，2008年与大庆石油学院签订了院校合作协议，建立了长期的产、学、研合作机制。公司现有自主知识产权87项，其中发明专利2项，实用新型专利85项。

公司现有的生产加工设备主要有5m立式车床、龙门刨床、卧式铣床、数控加工中心等共计103台(套)。

二、公司产品

公司主导产品有：XQ3型、XQ6型、XQ12型液压油管钳；XJ110型、XJ135型、XJ160型修井机；ZJ系列自走式双动力电液修井机；新型节能陆地钻机系列；吊环、油管吊卡、抽油杆吊卡等系列产品。

1.液压油管钳

公司主导系列产品液压油管钳主机及配件，是企业自主知识产权制造技术，并获得一项发明专利、八项实用新型专利，其技术为国内领先水平，基本达到国际先进水平。该产品于1998年开发、设计、试产，进行批量生产。到目前为止，该产品已经过三次改型，现在生产的是第三代产品，其特点是：机构紧凑、体积小、重量轻、刚度大和扭重比大。主要销往大庆、吉林、辽河、胜利、大港、长庆、克拉玛依、吐哈油田等油田，占国内市场45%的销售份额。

2.修井机

公司生产的XJ110型、XJ135型、XJ160型修井机，已申报一项发明专利，获得十二项实用新型专利，在美国最先进的ACT车载钻机技术之上加以创新，全机实现了电脑智能化控制、车装便携式运输、高可靠性刹车滚筒装置等一系列研制，并一次性通过了国家科技成果鉴定和新产品鉴定。现已批量化生产。

三、公司的质量管理体系

公司建立了完善的质量管理体系：1999年6月通过了ISO9001：2000国际质量管理体系认证；2005年7月通过了API Spec Q1和7K认证；2006年10月又通过了API Spec 4F和8C认证。通过这些认证既提高了公司知名度和信誉度，也促进了国际贸易发展，提高了产品和服务质量，改善了内部管理结构，增强了公司产品的市场竞争力。

四、销售网络

公司产品主要销往大庆、吉林、辽河、胜利、大港、长庆、克拉玛依、吐哈油田等国内油田，并在全国建立了13家办事处。另外，公司还在国外建立了一家海外办事处。

五、公司近年来获得的荣誉

1996年获得辽宁省乡镇企业局授予的“金龙奖”；

1998年被中石油确定为一级网络成员单位；

1999年6月通过ISO9001国际质量体系认证；

1999年10月液压动力钳被辽宁省政府评为“优秀新产品金奖”；

2000年1月被农业部授予“质量管理先进企业”；

2000年12月辽宁省质量检验协会授予“榜上有名荣誉单位”；

2001年辽宁省乡企局授予“乡镇企业名牌产品”；

2005年7月通过了API Spec Q1和API Spec 7K认证；

2006年3月获中国石油装备制造业50强企业；

2006年10月获中国国际专利技术与产品交易会“金奖”；

2006年10月通过API Spec 4F和API Spec 8C认证；

2007年4月首批鞍山企事业知识产权示范单位；

2007年7月被评为辽宁省高新技术企业；

2007年12月公司产品液压油管钳被评为中石油石化装备驰名品牌；

2008年2月被评为鞍山市科技进步一等奖；

2008年液压动力钳被评为辽宁省名牌产品；

2009年自走式双动力电液修井机被评为鞍山市科技进步二等奖。

〔供稿单位：海城市石油机械制造有限公司〕

河北华北石油荣盛机械制造有限公司

河北华北石油荣盛机械制造有限公司（简称“荣盛公司”）是中国石油天然气集团公司改制企业，前身是成立于1976年的华北石油管理局第二机械厂，2002年改制为有限责任公司。截至2012年底，公司在册职工1 355人，总资产130 428.73万元，固定资产原值33 959万元，净值18 660万元。

目前，荣盛公司已经成为一家以石油钻采设备制造为主、具有一定的国际知名度、在井控设备制造方面举足轻重的大型石油机械制造企业，是中国石油钻采设备制造行业的排头兵企业。公司的主导产品有防喷器、泥浆泵、高压采气井口、带压作业装置、抽油机、钻杆接头、油管等七大系列，生产能力可以达到12亿元以上。其中，防喷器年生产能力2 000台以上，泥浆泵生产年能力300台以上。

荣盛公司积极向国际标准看齐，陆续取得了钻杆接头、转换接头、防喷器、抽油机、油管、井口、压井节流管汇、钻井泵等9项产品的美国石油学会（API）认证，通过了ISO9001质量管理标准认证、ISO14001环境管理标准、OHSAS 18001职业健康和安全标准认证、石油行业HSE管理标准认证，以及国家安全质量标准化二级认证。同时防喷器、压井节流管汇、防喷器液控装置、钻井泵等4项产品获得了俄罗斯GOST和RTN认证。

荣盛公司技术中心是“河北省认定技术中心”，具有一支高素质的研发队伍，拥有各类工程技术人员300多人，直接参加研发的人员有168人，其中教授级高工和高级工程师33人。公司具有较强的科研开发能力，具有一个省级检验检测中心，先后获得45项局级科技成果奖，8项省部级科技成果奖和46项国家专利。其中拥有井控装备领域国家专利34项，省部级科技成果5项，是国家标准GB/T20174—2006“石油天然气工业 钻井和采油设备 钻通设备”的参与制定单位之一。公司的产品和技术优势如下：

（1）防喷器系列产品持续保持行业领先地位，能够满足钻井、井下作业等各种井控要求。防喷器经过持续地发展和创新，始终保持了行业领先地位，产品规格型号已经达到190多个，基本覆盖了目前国内外市场在用的所有规格。其中2010年通过集团公司科技成果鉴定的F28-140高抗硫超高压防喷器组和FX35-10.5/21旋转防喷器两项新产品达到了国际先进水平。F28-140防喷器组能够完全满足深井、气井等异常高压油气井和高抗硫化氢腐蚀的钻探需求。FX35-10.5/21旋转防喷器可广泛应用于欠平衡钻井，是提高单井产量、降低钻井成本的重要技术装备。

（2）井控装备配套能力进一步增强，可以进行全方位的井控装备配套。为了全面提高防喷器的控制水平，公司依托集团公司井控装备制造配套中心的优势，在防喷器主机的基础上，大力开发相关配套产品，先后开发了气液控型、电液控型地面防喷器控制装置，设计了不同压力等级的节流压井管汇等配套产品，实现井控装备的全部配套。公司建有先进的联动试验场地，能够为用户进行一站式的井控装备集成配套服务。

（3）泥浆泵产品规格型号不断增加，具备各种泵组的配套能力。公司陆续开发了3NB、F、W、P、PAH、TEE、PZ等多种型式的泥浆泵产品，成为国内泵产品种类最多的企业之一，并在北美和俄罗斯市场取得了较好的销售业绩，得到了用户的认可。2010年，公司新开发了能够满足直升飞机吊装要求的RS-QF800轻型泵，适应俄罗斯等低温环境使用的泥浆泵RS-F1300L钻井泵及泵组。同时，公司陆续开发了皮带、链条、耦合器、减速器等各种传动形式和车载、橇装等各结构形式的机泵组，成为国内为数不多的能够全面提供机泵组配套服务的企业之一，产品批量进入国际市场。

（4）高压高抗硫采气井口的研发成功，填补了国内高端采气装备的空白。适应国内天然气开采新的要求，公司已经开发出了5 000psi（1psi = 6 895pa）、10 000psi、15 000psi三个等级压力的采气井口，市场前景看好。其中对密封、安全等性能指标要求极为苛刻、一直依赖进口的105MPa HH级高压高抗硫采气井口已经试制成功，所用PFF78-105闸阀在国内率先通过了国家油气井口设备质量监督检验中心PR2性能鉴定试验，同时通过挪威船级社（DNV）认证，填补了国内高端采气装备的空白。

（5）带压作业技术与装备逐渐成熟，成为石油生产转变经济增长方式的一大利器。公司借助中石油带压作业年全面启动之机，进一步对带压作业装置产品进行了设计完善，目前已经形成14、21、35三个压力等级，辅助式、独立式、一体式等多种结构形式的系列产品，可以满足用户油井、注水井和气井的带压作业需要，并广泛应用于国内各大油田，打造了公司发展新的经济增长点。公司也正在以产品为依托，拓展带压作业工程服务业务。

(6)关注非常规油气资源开发装备需求，煤层气抽油机技术日臻成熟。公司抓住华北油田煤层气上产和拓展新能源的机遇，积极调研开发煤层气业务所需相关产品和技术装备，设计优化了下偏杠铃抽油机和煤层气抽油机，在昔阳和晋城等地区获得了大批量应用。

(7)进军海洋装备，3 000m深水井控装备开发取得阶段性成果。公司首次承担的国家863计划课题进展顺利，F48-105防喷器组样机试制成功，控制系统的关键技术已经基本攻克，并取得了14项国家专利。这将成为我国海洋石油装备领域的一项重大突破。

(8)石油装备所需非金属密封件的研究开发稳步推进，新的市场领域正在拓展。新建了橡胶密封件生产线以后，公司在耐高温、低温橡胶、防硫橡胶和膨胀橡胶等满足特殊工况要求的新产品开发方面，取得突破。目前已经开发了16个规格的环形防喷器胶芯和35种规格的变径闸板，这些产品大多数国内还不能生产。其中自主研制开发的70MPa和105MPa两个压力等级、可替代进口的防喷器胶芯系列产品，打破了国外的技术垄断，使国产防喷器真正用上了“中国芯”。

(9)立足于自主创新，专利产品变向前置式抽油机推向市场已具备条件。公司拥有发明专利的变向前置式抽油机产品，经过样机试验，质量稳定，性能可靠，已取得了生产认证，正在进一步试用和完善。

2006—2010年企业连续入选中国石油石化装备制造业“50强”企业，2006年入选“石油机械行业用户满意企业”。

2010年企业又被中国石油天然气集团公司评为钻井和作业防喷器甲级资质生产企业。公司先后被评为河北省质量效益型企业、河北省高新技术企业、河北省用户满意企业、沧州市重点上市培育企业、沧州市AAA级纳税企业、2007年度沧州市十大活力企业、任丘市诚信纳税企业，并连续7年获得了任丘市市长特别奖。

主要产品防喷器先后被评为“河北省名牌产品”“河北省出口名牌产品”“河北省用户满意产品”“石油机械行业用户满意产品”，并连续5年入选“中国石油石化设备名牌产品”。

近年来，荣盛公司以“跻身世界石油机械制造行业知名公司”为愿景，大力实施品牌经营战略，着力提高制造水平和生产能力，加大新产品开发力度，核心竞争力不断提升，品牌影响不断扩大，已经形成了独具特色的销售网络、经营风格和服务形象，以防喷器、泥浆泵为主的产品除满足华北油田勘探开发需要外，在国内已遍布陆地及海上所有油气田。随着国际知名度不断提高，国际市场销量一直处于上升的趋势，成为国内重要的石油机械生产和出口基地，产品目前已经打入包括美国、加拿大在内的北美、海湾、非洲、中东、亚太等全球六大主要产油区域的40多个重要产油国家。公司分别在美国休斯顿、中东迪拜和俄罗斯莫斯科设立了分公司或办事处，在世界多个国家建立了授权维修机构，荣盛商标也在全球15个国家通过了注册，初步实现了产品的全球辐射。

〔供稿单位：河北华北石油荣盛机械制造有限公司〕

江苏如通石油机械股份有限公司

一、企业基本情况

江苏如通石油机械股份有限公司（原江苏如东通用机械有限公司），始建于1958年，2002年改制为民营有限责任公司，2011年又进行了股份制改造。通过50多年的艰苦创业,现已发展成为拥有总资产4亿多元、年生产规模超4亿元、我国规模最大的石油钻采工具与设备的专业化制造企业之一、中国石油石化装备制造业“50强”企业、国家AAAA级标准化行为良好企业、江苏省高新技术企业、江苏省研究生工作站和省级企业技术中心。

公司已有40多年生产石油机械产品的历史,积累了技术、生产、管理等方面的经验。拥有8万m^2我国规模最大的吊钳、吊卡、卡瓦、补芯生产线;拥有3万m^2、苏北地区规模最大、年产1万t以上的树脂砂工艺砂模铸造和硅熔胶工艺精密铸造生产线;拥有3 000m^2全自动工艺技术控制的热处理生产线。公司现有职工650余人,厂区占地面积20万m^2,拥有各类加工(检测)设备580余台,其中高精大加工(检测)设备80余台。具有雄厚的铸造、热处理和机械加工实力。

近年来,公司持续加大技术创新投入,建有5 000m^2的现代化科研、办公综合大楼。技术研发中心拥有先进的高性能计算机、绘图仪、图形工作站,应用CAD/CAPP/PDM、三维等技术,不断提升研发水平,形成了吊钳、吊卡、吊环、卡瓦等14大类6 000多种规格产品格局,并正在向气动、液动类产品发展。二十多种产品获国家专利、国家重点新产品和江苏省高新技术产品。“RT”牌钻井悬吊工具为江苏省名牌产品,吊钳、吊卡、卡瓦等系列产品获行业名牌和驰名品牌,在国内外用户中享有较高的知名度和美誉度。公司在全国各大油田均建有完善的服务网络,具有完备的售前、售中、售后服务体系,并可根据客户要求提供低温等特殊条件作业的井口工具与设备,在产品安装、使用、维护方面给予用户指导、培训等技术支持,最大限度地满足客户需求。产品遍及国内各个油田,并远销北美、东南亚、中东、中亚和北非等地区。

公司始终坚持“以优质的产品和服务赢得顾客”的质量方针,大力实施名牌兴企战略,从生产的每一个环节、每一个细微之处对产品实施全过程的质量控制,采用德国进口光谱分析仪、1 000t电液伺服微控压力试验机、磁粉探伤机、超低温检测仪、三坐标策略仪,金相、理化分析等先进的检测设备和手段,全面提升产品品质。主要产品均获国家颁发的生产许可证,先后通过ISO9001质量管理体系认证、美国石油学会API(7K、8C)认证、德国GL劳氏船级社认证和ISO14001环境管理体系认证。

二、企业经营生产情况

1.坚定不移促转型,经济运行呈现良好发展新态势。在全球经济普遍下行的严峻形势下,全公司上下坚持在认清形势中提振信心,在应对挑战中抢抓机遇,在创新谋划中破解难题,在统筹协调中凝聚力量,全力应对“市场交货急、生产周期短、质量要求高”的挑战与考验,实现了经济建设的平稳较快增长。

2.强攻市场抓销售,国内国际两大市场有了新拓展。面对错综复杂的市场竞争环境,公司采取了一系列新的举措和新的策略,层层分解落实目标任务,逐月下达抓订单抓销售抓资金回笼的指标,石油产品的抓市场抓订单取得了较好的成效,不仅较好地巩固提高了国内原有市场,进一步拓展了国外新市场,部分弱势地区的启动也初见成效,取得了突破性的进展。销售工作的延伸拓展,不仅使总量上升、品种增加、客户增多,销售范围也有了新的拓展,为企业持续健康发展赢得了主动权。

3.加大力度上新品,产品开发试制完善取得新进展。全公司上下瞄准开发计划,轧紧时间进度,做到人员、任务、要求三落实,边开发边试制边总结边完善。一年来,主要对常规产品进行了完善和扩充系列工作,先后完成了20种新产品的开发。

4.坚持不懈抓攻关,产品质量改进提升取得新成效。为了进一步打造企业的核心竞争力,公司把质量提升放到了更加突出的位置,把铸件和热补质量的提高作为质量提升的重中之重来抓。品管部及相关车间、部门根据职能的调整,进行了系统的策划,制定了年度质量工作计划、质量改进计划、工艺工作计划、焊补质量提升工作计划等,对各种产品存在的质量缺陷进行认真分析，制定整改方案，抓好督查跟踪，质量工作取得了一定的成效，不合格品得到有效控制，典型性、倾向性质量问题得到及时反馈，喷砂、焊补修磨、油漆等工序质量控制的加强，使得成品的外观质量有了新的提升，全公司质量损失率同比下降了 20%左右。在铸件质量提升上，通过开展 QC 小组攻关活动，精铸件的砂气孔缺陷得到控制，此项成果获得了南通市 QC 成果三等奖。

5.持之以恒练内功，基础管理强化不断取得新成果。一是全力推进生产管理 ERP 模块上线运行。二是工艺管理扎实推进。坚持工艺改进完善与质量攻关相结合，共完成工艺计划 23 项，工艺攻关项目 6 项。三是开展各项认证。确保了测量管理体系、ISO9001、ISO14001 监督审核和 API 换证审核的顺利通过。

6.构建和谐强素质，企业文化建设不断彰显新合力。制定了企业文化建设三年规划，在组织好“三八”“五一”“五四”新公司成立十周年等庆祝活动的同时，精心策划并开展了“国庆文体周”系列庆祝活动，开展了高管与职工对话活动，丰富与延伸了企业文化建设的内涵；始终坚持以人为本、三个文明协调发展的方针，继续为广大职工谋利益办实事，修订提高了住房公积金最低缴费基数标准、进一步放宽了条件与范围，继续为新进职工发放厂服，通过实施在职工生日之际送上一份蛋糕卡、开展一日捐，对职工生病、家庭困难、直系亲属去世正常开展慰问等“六个一”温暖工程活动，进一步增强了企业的凝聚力、向心力和战斗力。组织编写了《员工手册》，对党建文化长廊内容进行了策划和更新，向国内外用户、社会各界充分展示企业的发展变化和特色。

〔供稿单位：江苏如通石油机械股份有限公司〕

兰州通用机器制造有限公司

兰州通用机器制造有限公司（兰州通用机器厂）创建于 1872 年，属于国家重要的历史工业遗产之一，至今已走过 141 年的历程。1955 年被国家定点为生产采油机械设备的专业厂家，工厂先后进行了四次较大规模的扩建和技术改造，现已发展成为我国生产成套采油机械、钻井机械、压力容器设备和军事装备的国家大型骨干企业。

企业占地面积 50 万 m^2，其中生产经营占用面积 23 万 m^2，厂房建筑物面积 8.514 万 m^2，企业下设 8 个生产分厂和 2 个生产辅助车间；现有职工 1 500人，其中高中级专业技术人员 180 余人，拥有主要生产设备 1 000 余台，其中精、大、稀设备 200 余台，设有检测中心和测试基地，年设计生产能力：各类车装产品 300 台、石油钻机部机 200 台（套）、各种规格抽油杆 200 万 m、各类压力容器 4 000t、撬装产品 200 台套。

企业的主导产品有：钻井、压裂、固井、修井、抽油、管道运输、压力容器、炼油化工、专用锅炉、特种车辆、冶金矿山、环保设备和军工等 13 大类 100 多种机械装备产品。产品遍布国内各油田，同时还远销美国、加拿大、智利、委内瑞拉、印度、沙特阿拉伯、印度尼西亚、叙利亚、阿塞拜疆、俄罗斯、罗马尼亚、乌兹别克、苏丹、伊朗、哈萨克斯坦等国家。

企业注重技术创新，20 世纪 50 年代为新中国制造了第一根抽油杆，第一台抽油泵，第一台水泥车；六、七十年代研制开发了第一台锅炉车，第一台清蜡车，第一台压裂车，第一台混砂车、第一台中远程战略导弹地面军事装备；为石油工业的发展和国防建设做出了历史性的贡献。

自 20 世纪 70 年代以来，企业有三十余种产品先后被评为国家及省部级优质产品，同时有十余种产品获得科技进步奖，并 4 次荣获马德里国际企业俱乐部等国际组织授予的“最佳商号国际奖”“金像奖”“美洲进步奖”“商业声誉奖”等奖项，为我国石油机械产品赢得了荣誉。

20世纪80年代初，企业石油机械产品在国内率先获得美国石油学会“API”使用证书，90年代获得GB/T19001和ISO9001质量体系认证，国家“CCC”认证。2005年获得国家特种设备检测中心颁发的A级盘管式直流高压锅炉生产许可证，2005年完成了ISO9001：2000版标准的转换认证及GJB/Z9001A—2001、GJB9001A—2001军工产品质量管理体系认证，获得军事装备承制单位证书。先后被当地政府授予“重合同守信用单位”。经中国石油和石油化工设备工业协会评价委员评定，2007年以来企业连续入选中国石油石化装备制造业“50强”企业；固井水泥车、压裂车机组连续入选中国石油石化装备制造业名牌产品；2011年洗井清蜡车连续入选中国石油石化装备制造业名牌产品。

为了确保产品质量和行业领先，企业坚持国内市场与国际市场相结合，坚持为我国石油工业和国防现代化建设服务的宗旨，近年来又相继开发研制了新型固井、压裂、热油、洗井、管汇、混砂、海洋采油专用锅炉、海洋固井设备及多功能消防清洗车、五缸固井压裂泵等新产品。特别是2010年坚持以市场为导向，以科技创新为先导，强化自主创新能力、核心竞争力，研制成功全自动触摸屏控制洗井清蜡车和配置100桶混砂车、新型管汇车的网络自动化控制2500型大功率压裂机组，进入高端产品市场领域并批量投入市场。准备涉足页岩气开采装备领域的3000型压裂车已完成试制投入市场。

通过产品的系列化开发和核心技术的升级换代、加快技术创新步伐，不断满足用户需要，企业将构建和发展7大产业板块，争取两年内“出城入园”，把企业建设成为我国石油石化装备制造业的大型生产基地。

〔供稿单位：兰州通用机器制造有限公司〕

辽宁恒星泵业有限公司

辽宁恒星泵业有限公司是集研发、制造、销售服务为一体的工业用容积泵、离心泵的专业公司，2007年通过了美国石油学会API Spec Q1、ISO9001质量管理体系认证和API Spec 7K产品认证；2011年通过了ISO 14001环境管理体系认证和安全生产标准化三级企业认证。是中石油、中石化、中海油、中化工合格供应商，中石油管道公司优秀供应商。产品广泛应用于石油、化工、污水处理、发电厂等行业。

公司坐落于辽宁“五点一线”经济带东端起点——丹东市金山工业园区，占地面积6万m^2，职工总数263人。公司资产总值1.317亿元，年可生产各种油泵8 000多台，实现销售收入2亿元。拥有龙门加工中心、立式加工中心、瑞士玛格梳齿机、俄罗斯产落地镗床、立车等各种进口和国产大型、数控加工设备460余台（套），拥有三坐标测量仪、光谱分析仪、超声波探伤仪、磁粉探伤仪、拉力试验机、全速动平衡机等检测设备120台（套），可满足各类泵产品的加工制造。公司拥有离心泵TPA微机检测中心和全国最大的容积泵检测中心，可以满足功率在2 500kW以下、流量20 000m^3/h以下的离心泵全速全性能试验及流量在2 000m^3/h以下的容积泵全性能试验。出厂产品全部进行性能检测，产品合格率达100%。

公司与中科院沈阳分院、江苏大学、兰州理工大学等单位有着长期稳定的技术合作，同时聘请了30多位国内外专家担任技术顾问。自1998年开始公司通过与德国、日本、俄罗斯、奥地利等国著名泵公司专家及材料学专家合作，研制出了满足市场需求的高效、节能、环保型泵产品，产品技术水平和科技含量始终处于国内领先。

公司主要产品有：HPT型管道输油泵、KSR节能型热网循环泵、TLB(A)型稠油泵、TCB 型滑片泵、KSY/KDY/KND 型中开式离心泵、CZK/ZAK/ZEK 石油化工流程泵、AY 型离心油泵等 40 多个系列 6 000 余个规格。产品严格按 API(美国石油学会)标准和国家标准进行生产和检测,多次创国家、省优质产品和国家、省名牌产品,有二十多种产品获得国家专利,其中发明专利 3 项,有两项科技成果获得国家科技进步二等奖,两种产品被评为国家级重点新产品。2009 年,与中国石油管道公司共同研制开发的 HPT2843-194 型大功率管道输油泵已通过国家能源局组织的科技成果鉴定,产品各项性能指标达到或超过了进口产品,达到国际先进水平,填补了国内空白,该产品已获国家发明专利。2011 年、2012 年分别研制出 KND 双极管道输送泵和 JY 剪切式胶体磨,并获得国家专利。

公司自成立以来,得到各级政府的大力支持,时任中共辽宁省省委书记张文岳,省人大副主任朱绍毅,副省长刘国强、薛恒等领导多次到公司视察指导工作。公司先后被评为"全国质量管理先进企业""全国守合同重信用单位""国家级引进国外智力示范单位""辽宁省文明企业""农业银行 AAA 级信用企业""民营企业博士后科研基地"等多项荣誉称号,同时,公司研发中心被认定为省级工业泵研发中心,可按用户要求设计生产产品。

目前,公司客户已遍布全国,产品出口英国、美国、俄罗斯、哈萨克斯坦、澳大利亚、朝鲜、孟加拉、阿尔及利亚、尼日尔等国家。为了更好地为顾客服务,公司在北京、大连、山东、大庆油田、新疆油田等地共设有 14 个办事处,配有售后服务工程技术人员 26 人,可在规定的时间内到达现场为用户提供技术支持。

〔供稿单位:辽宁恒星泵业有限公司〕

内蒙古一机集团大地石油机械有限责任公司

公司是中国兵器内蒙古第一机械制造集团公司子公司,资产总额 1.3 亿元,拥有机械、动力设备共 63 台(套),拥有 500t、450t、315t 平锻机,天然气程控热处理生产线,超音频热处理生产线,机加设备全部实现了数控化,具有先进可靠生产技术条件和技术装备,主要生产经营石油机械产品,其主导产品为各种类型的"大地牌"抽油杆及其接箍和石油专用管系列产品。公司从 1981 年开始按 API 标准生产抽油杆及其接箍,于 1982 年 4 月 16 日取得了 API 标记使用证书(证书号为 7456),是国内首家取得 API 证书的抽油杆生产厂,1993 年、1996 年、1999 年、2002 年、2005 年、2008 年分别通过美国石油学会现场检查、换证复评,继续保持了 API 证书资格(现证书号为:11B—0010)。2010 年公司取得石油专用管 API 证书资格(证书号为 5CT-1145)。

公司在二十多年的抽油杆生产经营中,严格执行 API 标准,大力推行全面质量管理,为抽油杆研制和生产提供了强有力的质量保证。

公司于 1978 年开始积极推行全面质量管理,1992 年依据军工产品质量管理条例和国家有关标准编制并实施了质量手册,对于加强质量管理、提高产品质量起了重要作用。1996 年为了进一步完善质量体系,提高质量管理体系有效性,贯彻并实施 GB/T19000 系列标准,1997 年通过了 GB/T19001 质量体系认证。2003 年、2006 年分别通过中国新时代质量体系 GB/T19001∶2000 标准认证。2010 年公司通过北京泰瑞特质量管理体系独立认证工作。公司把推行全面质量管理、贯彻国家质量管理体系标准和美国 API 质量管理规范有机地结合起来,建立了一套完整、有效的抽油杆和石油专用管系列产品质量管理体系。2012 年公司通过了 ISO14000 环境管理体系认证和 ISO28000 职业健康安全管理体系认证。

公司具有完善的计量检测体系和计量保证能力，是国家一级合格计量单位。1998年通过了国家计量体系确认，公司拥有与抽油杆及其接箍和石油专用管系列产品检测要求能力相适应的各种测量设备，如：磁粉探伤机、拉力实验机、硬度计、各种环规、塞规等。

"大地牌"抽油杆产品现已销往国内各大油田，2/5的产品还销往美国、德国、加拿大、印度、印尼、叙利亚、土耳其、克罗地亚等国家，深受国内外用户的欢迎。1982年"大地牌"抽油杆分别荣获原兵器工业部和内蒙古自治区优质产品奖。1983年D级抽油杆获国家银质奖，1988年通过银牌复审。1994年获得"全国用户满意产品""中国名牌产品"称号，1995年、2005年再度荣获内蒙古自治区名牌产品称号。2001—2003年公司连续三年获得内蒙古自治区质量效益型先进企业，2002年分别获得：内蒙古用户满意企业、全国用户满意企业、全国质量稳定合格产品称号。2004年获得内蒙古自治区质量效益型先进企业特别奖。2006年获得中国石油节能抽油设备卓越企业奖、内蒙古自治区自主创新名牌产品称号，2006—2011年连续四个年度荣获中国石油石化装备制造业名牌产品与"50强"企业称号；2012年2月，被中国石油和石油化工设备工业协会评定为信用等级AAA级企业。2007年"大地"牌抽油杆及其接箍又获得首批驰名商标称号。2009年"大地牌"抽油杆及其接箍荣获"中国抽油杆质量公认十佳知名品牌"及"中国著名品牌"。

生产能力、产量和品种逐年增加，生产能力从1981年年产20万m上升到现在年产700万m。品种由原来单一品种发展为C、D、K、KD级常规型抽油杆，工艺型、材料型(贝氏体、准贝氏体)超高强度抽油杆，规格为5/8″、3/4″、7/8″、1″、11/8″(1″=0.025 4m)的标准长度抽油杆和符合API规定的各种规格短杆，标准的和异径接箍，还生产光杆抽油杆、加重抽油杆、空心抽油杆、防腐抽油杆、扭矩杆等系列特种抽油杆。是国内生产能力最强、产量最大、品种最多的抽油杆生产厂家之一。新开发的石油专用管已投放市场，全部符合API Spec 5CT标准要求，同时取得了良好的经济效益和社会效益。

2013根据集团公司长远规划和相关业务板块的整合，以及大地公司自身的发展需要，在秦皇岛新建立了抽油杆生产基地，现该基地将筹备建设成为一条年产40万根抽油杆的先进的生产线。秦皇岛外贸抽油杆基地位于秦皇岛经济技术开发区(东区)，距天津码头300km，交通便利，具有较强的出口优势。基地占地面积2.6万m^2，已建有生产工房6栋，生活办公用房4栋，总建筑面积8 723m^2。秦皇岛经济技术开发区(东区)水、电供应充足，基地内水、电设施配套齐全。其中主厂房长度102m，宽45m，其他厂房作为原、辅材料库房及成品库房。

公司具有完善的售后服务体系。从产品的生产到交付使用均伴随着优质的服务。市场营销部设有专人负责用户信息搜集、管理、传递和追踪，并对用户进行定期走访，征求其对产品的使用意见。在产品交付使用期内派专业人员对用户进行技术指导。全公司牢固树立以顾客为关注焦点的思想。每年均通过包头市质量技术监督局现场检查，并通过国家油气田井口设备质量监督检验中心、西安管材等机构在油田现场的监督检查。产品经顾客长期使用，未出现一起重大责任事故。长期以来顾客满意程度非常高，定货量也逐年增加。

公司在"十二五"期间的发展思路是：以科学发展观为指导，在集团公司"打造新一机、构建五大板块、四大基地"发展战略的统领下，石油板块在"十二五"末实现30亿元奋斗目标，以及围绕创建国际知名、国内一流石油机械制造企业的目标，不断深化成本效益战略和品牌形象战略，推进以调整组织结构、完善产品系列、提升经营总量为主要内容的"一二五战略规划"，形成以杆、管为主导，箍及其他产品为重要补充的经营格局，通过内部积累、外部融资等手段，进行产品结构调整和企业发展目标的深化，使公司具备较强的市场竞争力和抗风险能力，确保持续稳健经营，开创公司科学发展新局面。同时，继续以企业的运营效率和运营水平为核心，以加快技术改造、新产品研发、结构调整、合资合作、股份制改造、国际化市场运作、确立核心竞争力为手段,全面提高经营管理质量、工艺流程再造和自主创新及研发能力,实现"规模、效益、速度、质量"的有机统一。"十二五"期间,公司仍将立足于油田采油机械的研发和生产,一如既往积极贯彻实施 API 最新版规范,继续实施质量体系改进工程,进一步提高质量体系的适应性和有效性,积极推进模拟市场质量保证机制。根据市场需要来开发研制石油机械系列新产品,抽油杆形成年产能 100 万根以上,新增的石油专用管产能、销售达到 3 万 t 以上。同时运用现代高新技术、新材料、新工艺来改进现有产品,通过滚动技术改造和加快新产品研发,努力培养核心产品和核心技术,开发研制适销对路的优质产品和高效服务。扩大市场的覆盖面,增强企业长久发展的生命力,把公司石油机械产品发展成为国内同行业中品牌最优、销量最大、具有突出竞争优势的国际一流产品。

〔供稿单位:内蒙古一机集团大地石油机械有限责任公司〕

南阳二机石油装备(集团)有限公司

南阳二机石油装备(集团)有限公司是集开发、设计、制造、施工与服务一体化的综合型大型企业集团,是我国石油钻采装备制造业中综合实力最强的企业之一,是国家创新型企业、国家火炬计划重点高新技术企业、中国石油钻采装备制造业十强企业、中国机械工业 500 强企业、中国机电行业影响力 100 强企业、河南省首批高新技术企业、河南省知识产权优势企业、河南省百户重点企业。公司现有员工 2 172 人,各类专业技术人员 586 人,其中:高级专业技术人员 97 人,享受国务院特殊津贴的专家 4 人,国家 863 课题计划专家库专家 3 人,省部级学术技术带头人 6 人,研发实力位居行业前列。

公司拥有国家级企业技术中心、院士工作站、博士后科研工作站、全国石油车载装备标准化工作部、石油装备联合研发中心(与中国石油大学)等科研开发机构。公司年新产品产值率保持在 45% 以上;公司先后主持或参与制定的国家和行业标准 60 项;获得专利授权 189 项,其中发明专利 19 项;获得省部级以上科技进步奖 30 余项。

公司主导产品包括:1 000 ~ 4 000m 车装钻机和拖挂钻机、1 000 ~ 7 000m 橇装钻机、15 ~ 150t 陆上修井机、60 ~ 225t 海洋钻修机、4 000 ~ 10 000m 油井测试设备、50 ~ 70t 重载挂车、顶部驱动钻井装置、石油专用车辆、井口工具等 12 大系列、200 多个品种。产品能够满足陆地、海洋、沙漠、滩涂、低温等不同环境下油田的钻井、修井作业需求,市场占有率在国内处于领先水平,在畅销全国各大油田的同时,出口到美国、加拿大、墨西哥、印度尼西亚、印度、俄罗斯及中东等 30 多个国家和地区。

公司质量保证体系完备,在同行业中率先通过 ISO9001:2000 国际质量体系认证、取得 HSE 体系认证(健康、安全、环境)及 ISO14001、GB28001 认证,获得美国 API Spec 4F、7K、8A、8C、11E、16C 会标使用权,石油专用车辆通过国家强制产品 3C 认证。

〔供稿单位:南阳二机石油装备(集团)有限公司〕

宁波鲍斯能源装备股份有限公司

宁波鲍斯能源装备股份有限公司成立于2008年5月，有一家全资子公司—上海鲍斯压缩机有限公司，公司主要从事螺杆压缩机核心部件及整机研发、生产及销售，是目前国内主要的螺杆主机供应商和领先的工艺流程用螺杆压缩机制造商。公司产品主要包括螺杆压缩机主机和整机，其中螺杆主机包括排气量在2~120m^3/min系列产品，主要用于螺杆空压机、螺杆工艺机整机的生产装配，是螺杆整机的“心脏”部件；螺杆整机主要应用于煤层气、天然气、石油伴生气负压抽采和增压螺杆压缩机组及冷冻液化系统，煤层气脱氧提浓装置、沼气、工业尾气等可燃气抽采、增压和回收利用。公司产品可广泛应用于矿山、冶金、电力、电子、机械制造、医药、食品、纺织轻工、石油化工及可燃气回收利用等众多行业、领域的高新技术企业。公司已经通过了ISO9001：2000质量管理体系认证，并彻底贯彻“5S”管理要求。现共申请专利技术30余项，其中发明专利11项，实用新型16项，PCT 1项，外观设计2项。

作为国内为数不多的能自主研发制造主机的企业之一，2005年，怡诺鲍斯集团在上海投资设立上海鲍斯压缩机有限公司，公司聘请了享受国务院津贴的著名螺杆压缩机设计制造专家和中国第一批研究设计螺杆的工程师，经过4年研发，成功掌握了有自主知识产权的螺杆转子型线设计技术，同时成功研发了自动数控螺杆制造专用机床，突破德国公司的技术壁垒，替代了同类进口产品。公司先后研发制造出我国第一台供油田用的无人值守的伴生气螺杆压缩机、第一台煤层气井负压螺杆机组、第一台燃气发动机驱动的天然气螺杆增压装置等一大批科技含量高、实用价值大、节能环保的新产品，解决了煤、油、气生产作业时低压气危害安全、污染环境、浪费能源等问题，社会和经济效益显著。

鲍斯公司在拥有螺杆制造技术的基础上，进入了煤层气开发利用项目攻关，2009年，公司的工业气螺杆压缩机产业化项目，被国家发改委列入国家资源节约和环境保护项目，下拨国家资金900万元，并成功开发推出了我国第一台煤层气抽采专用设备——煤层气负压开采螺杆压缩机组。这一成果填补了国内空白，有效地解决了煤层瓦斯气、油田石油伴生气、火炬气等低压气危害安全、污染环境、浪费能源等问题，并已获得国家发明专利。

鲍斯公司推出的煤层气提浓增压除氧螺杆压缩机组，采用湿式喷水进行增压后进行变压吸附的工艺，使煤层气提浓这一国内外难题迎刃而解，为目前国内首推，已在阜新煤矿投入使用。

鲍斯公司还与中国煤炭科学研究总院、上海交通大学合作，共同研发冷冻液化用螺杆压缩机组，解决将回收的煤层气液化进行储存和运输这一难题，目前已进入到可靠性试验阶段，与煤炭科学研究总院成立了“低浓度煤层气提纯制CNG和LNG工程技术中心”，该项目对有氧煤层气的回收利用具有重要的意义。

〔供稿单位：宁波鲍斯能源装备股份有限公司〕

山东陆海石油装备有限公司

山东陆海石油装备有限公司（简称陆海公司）位于素有“九达天衢、神京门户”的山东省德州市。公司成立于2008年1月，注册资本2 000万元。厂区面积7万m^2，车间面积2万多平方米。公司现有员工260人，其中，中高级技术人员27人。公司为中石化、中石油、中海油网络成员企业。

公司为山东省高新技术企业，公司技术研发中心为市级技术中心。产品获得多项国家专利，并通过了ISO9001认证、HSE健康安全及环境管理体系认证；通过美国石油协会认证，获得API7K、API5CT、API7-1、API6A等四个规范证书。

一、公司主要经营业务

1.主导产品。多规格螺杆钻具、涡轮钻具、PDC钻头等钻井工具；MWD、LWD仪器及配件；各种无磁接头、钻具接头等；钻井泥浆泵及其液力端配件；套管头、采油、采气树等井口装置；套铣管、铣鞋、打捞矛等各种打捞工具。

2.施工作业及技术服务。石油天然气钻井、定向井、水平井作业及技术服务；测井、录井、试油、钻井液与完井液技术服务；井下作业（固井、射孔、修井、压裂）；深浅水井、地热井钻井施工及维修服务。

3.产品租赁服务。提供螺杆钻具、MWD、LWD仪器等石油设备、钻采工具、修井工具、固井完井工具及配套产品的租赁。

二、产品出口业务

公司为中石化、中石油、中海油网络生产定点企业。产品在中石油〔长城钻探、辽河油田、大庆油田、渤海钻探、西部钻探（新疆、青海）、川庆钻探（临盘、四川 长庆）〕；中石化（胜利油田、中原油田）及中海油（渤海）已广泛使用，并销往国外多个国家（韩国、俄罗斯、伊朗等）和地区。

公司专门成立了技术研发中心。在螺杆钻具、无磁短节等产品研发上取得了骄人的成绩。其中《低速大扭矩螺杆钻具》《LWD-350专用无磁钻挺》《螺杆钻具调角总成》《可调万向轴总成》《液压泵换向机构》《等轮廓线螺杆钻具定子注胶工装》《等轮廓线高造斜螺杆钻具》《防掉螺杆钻具》《液压油层解堵泵》《螺杆钻具可换套扶正器》等十多项产品技术获得了中华人民共和国国家知识产权局实用新型专利。《等壁厚螺杆钻具》被列入2009年山东省技术创新项目、《低速大扭矩螺杆钻具》获得2010年山东省中小企业技术创新项目无偿资助、《可调角度螺杆钻具》获得2012年国家中小企业技术创新项目无偿资助、《年产5 000台套高效率大扭矩钻井液压马达》项目为国家2012年产业振兴和技术改造专项项目。

公司还成立了以技术人员为主的售后服务部，负责国内外油田的售后服务工作，并在国内的长庆、新疆、四川等地建有维修站，在伊朗阿瓦兹，KESH岛建有维修基地。服务人员分布在油田进行主动服务，并且承诺在客户反馈问题48h之内到达现场进行处理。良好的售后服务工作得到了国内外用户的好评。

三、公司的竞争优势

1.市场优势。公司凭借在中石化、中石油、中海油三大集团良好的人脉资源和业内朋友的大力支持，产品已经覆盖国内主要油田，并正在走出国门。

国际市场：针对世界各主要产油区和石油装备发展水平，公司目前已经在伊朗建立了分公司和售后服务基地，国际市场正在逐渐形成以美国、伊朗、俄罗斯、东南亚、中亚为主的客户群，为企业的国际化进程奠定了基础。

国内市场：针对中国原油储量和主要油田分布情况，建立了涵盖大庆钻探、川庆钻探、长城钻探、渤海钻探、胜利油田、中海油六大核心市场和其它二线市场的销售网络。并针对不同的市场采取不同的销售策略，目前已经成为国内石油装备制造业的一支生力军，市场占有率正节节攀升。2012年在中石油螺杆钻具集中采购招标中，再次进入行业前3名。

2.品牌优势。“以质取胜”是公司实现品牌提升的基础，随着国内外市场的不断深入拓展，陆海品牌已经被业内客户广泛接受，并获得了很高的美誉度。2009年企业被业内权威期刊《石油经理人》评定为螺杆钻具唯一推荐供应商。

3.企业文化优势。陆海公司遵循"客户至上、诚信为本、创新发展、和谐共赢"的经营理念，始终坚持不懈的发扬着"合作、务实、高效、创新"的企业精神，并牢记"为社会创造价值、为石油石化工业提供服务、为客户提供满意、为员工提升生活质量"的企业宗旨着力打造"文化陆海"。

4.技术研发优势。陆海公司技术人员均为石油大院校毕业人员，平均年龄32岁，梯度结构合理，行业工作经验丰富，设计理念先进，产品取得了多项专利，尤其是低速大扭矩马达更成为国内生产第一家。同时，公司还与中国石油大学、长江大学、沈阳工业大学、中石化工程院、中石油钻井院等多家科研院所形成了良好的合作关系，并与他们开展了PDC钻头、涡轮钻具等多项产品技术的合作研究，使公司的产品研发获得了稳定及时的技术支撑。

公司市场开拓方针为"品牌为赢，服务制胜"。立足国内，面向国际，坚持直销为主，深度拓展营销网络，强化渠道掌控和品牌建设，生产和贸易并举，创新服务意识，不断提高市场占有率。

四、公司营销策略

1.以质取胜，塑造陆海品牌，不断提升陆海品牌知名度和美誉度。

2.对公司客户实行"ABC"分类管理，重点客户重点突破，对以"中石油五大钻探公司、胜利油田、中海油市场"为核心的重点市场，为其量身定做采用特殊的营销策略进行深度维护，确保企业不断壮大的基础。对于一般市场、代理商、分销商等结合市场实际制定不同的销售政策，确保经营质量。

"陆路相连情相牵、海纳百川成大业"。为社会创造价值，为石油石化工业提供服务，为客户提供满意，为员工提升生活质量是企业的宗旨；客户至上、诚信为本、创新发展、和谐共赢是公司的经营理念；认真负责、团结协作、吃苦耐劳、开拓创新是企业的精神；创建国内一流石油机械加工基地始终是我们奋进的动力；打造文化陆海、人才陆海、品牌陆海、国际陆海是我们坚持不懈的追求。

〔供稿单位：山东陆海石油装备有限公司〕

山西北方风雷工业集团有限公司

山西北方风雷工业集团有限公司隶属于中国兵器工业集团公司，始建于1968年，现有资产总额25.72亿元，固定资产14.42亿元，占地面积70万m^2。公司现有员工3 018人，其中，具有高中级职称技术人员429人。拥有世界上先进的焊接、热处理、数控、机械加工、起重等各类设备1 000多台套。

1979年首家在国内研制开发了石油钻铤，产品先后在胜利油田和华北油田进行试验，顺利通过原石油部鉴定并逐步应用于各大油田，成为我国首家石油钻具生产企业。经过三十多年的发展，公司目前已能制造生产包括整体钻铤、螺旋钻铤、加重钻杆、摩擦焊接加重钻杆、方钻杆、无磁钻铤、螺杆钻具、PDC钻头、转换接头、稳定器、打捞杯、倒扣接头、提升塞、新型随钻震击器、减震器、方补芯、降斜器等8大系列121种规格的石油钻具产品，成为我国石油钻具专业生产基地；是中国石油化工集团公司（SINOPEC）、中国石油天然气集团公司（CNPC）和中国海洋石油总公司（CNOOC）等石油行业钻具产品的主要供应商。产品远销欧洲、北美、中东、北非、独联体等国家和地区，石油钻具产品在国内外市场赢得了较高的声誉。

1993年石油钻铤产品在中国首家取得美国石油学会颁发的API会标使用许可证；1997年经挪威船级社考察审验，通过了ISO9001质量体系认证；2001年生产现场管理达中国兵器工业集团"先进级标准"；2002年通过了对ISO14001环境管理体系与OHSA18001职业安全健康体系的有机整合贯标验收，取得华夏认证中心有限公司颁发的证书；2004 年石油钻杆产品取得美国石油学会 API 会标的使用许可证；2011 年 11 月荣获中国兵器工业集团公司一级安全企业；2012 年取得 NS－1 最高级——5 级证书，NS－1 证书代表了世界最高水平的钻具生产认证，其管理指标和技术指标远高于 API 和其他各国石油钻具产品认证指标，是国外石油钻井公司、特别是北海地区对石油钻具产品的要求，拿到了 NS－1 证书就相当于在这个行业拿到了免检产品证书，目前国内仅有两个厂家获得此认证。

公司作为国家重点企业，从 1968 年起就建立了完善的自备铁路专用线，交通便利、物流快捷，现有石油钻铤生产线 3 条、加重钻杆生产线、石油钻采工具生产线各 1 条，石油钻杆生产线 2 条，已形成石油钻采装备专业化研制生产基地。具有年生产石油钻铤 20 000 支、石油钻杆 30 000t、加重钻杆 10 000 支、方钻杆 2 000 支、无磁钻铤 2 000 支、无磁承压 1 000 支的能力。

公司集产品科研、开发、生产制造于一体，与中国石油天然气集团公司勘探开发研究院、管材研究院及中国石油大学长期进行技术合作及产品研发；与西安石油大学合作，成立了“钻具与井下工具研究所”，该研究所是中国兵器工业集团公司认定的石油钻具产品研发中心和山西省级技术中心，技术中心 2010—2012 连续三年获中国兵器集团公司技术研究突出贡献奖。公司拥有一支雄厚的技术研发队伍，负责石油钻具产品的技术创新、技术引进、科技成果推广和转化，提供石油钻具产品在市场和生产方面的前沿信息，为石油钻具产业发展提供技术储备和决策支撑。推进新材料、新技术和新工艺在石油钻具产品上的应用，不断提高公司的核心竞争力。目前根据各油田所处地理位置的气候条件和地质结构差别，通过对材料、热处理工艺，设备以及管体结构的改进，开发出以下新产品：①抗低温钻具；②高强度、高韧性钻具；③抗酸性钻具；④高抗疲劳钻具。

公司多次参与起草了石油钻具方面的国家标准和行业标准（如钻铤、钻杆、短钻杆、加重钻杆、方钻杆和转换接头等），对行业产品技术进步起到了积极的促进作用。公司还拥有多项专利（如系列高抗扭钻杆接头、双台阶螺纹、非晶态耐磨材料等）；公司的小口径钻杆项目获中国兵器集团公司科技进步奖。

公司拥有完善的售后服务保障体系。质量保证部负责全公司产品质量控制及售后服务工作，定期对客户进行走访，了解产品使用情况。公司在大庆、天津、乌鲁木齐、成都、库尔勒等地均设有常驻办事机构，配备专人、专车，能及时了解用户信息及公司产品使用情况，若出现质量异议，公司在接到正式通知后 24h 赶到现场，及时解决问题。并将信息反馈到质量管理部门，质量管理部迅速组织技术、生产等部门，并与用户一起对事故原因进行分析，提出解决问题的合理方案和改进措施，确保用户利益最大化。

山西北方风雷工业集团有限公司将继续通过技术进步不断提高石油钻具系列产品的技术水平和产品质量，以品质取胜，为中国石油工业的发展做出更大的贡献。

〔供稿单位：山西北方风雷工业集团有限公司〕

胜利油田孚瑞特石油装备有限责任公司

胜利油田孚瑞特石油装备有限责任公司是中石化集团公司唯一的油田企业抽油杆生产厂家，孚瑞特牌抽油杆是我公司的主导产品之一，该产品于 1994 年开发投产，十几年来，通过不断改进生产技术，完善管理体系，努力开发新品种、新技术，持续提高产品质量，目前公司已形成比较完备的抽油杆产品系列，拥有 8 项专利技术。形成 550 万 m 的生产能力。1996 年 10 月通过 ISO9001 质量体系认证，2004 年 7 月通过 API 会标使用权认证审核，2010 年 12 月再次获“山东省名牌产品”称号。

1.生产装备情况

通过一系列的生产线升级改造，目前企业的生产设备水平、制造工艺水平达到了国内一流。抽油杆原材料采用先进的无损探伤设备，严把原材料质量关，保证投产的原材料符合 API 标准要求；在锻造工序配备了 630t、500t、450t（2 台）、315t 等型号平锻机，并在锻造工序首家采用自主设计的抽油杆母料单根加热系统，严格控制锻造温度，避免过热和过烧现象提高了抽油杆的锻造质量；热处理工序采用电阻炉机组进行整体调质，保证抽油杆调质质量；杆头加工采用数控机床，螺纹一次滚压成型，具有良好的机械性能；同时公司自行研制了国内先进水平的抽油杆表面淬火机床生产工艺型超高强度抽油杆。一流的设备、一流的工艺水平，保证了我们产品质量的稳定，也保证了我公司的产品在市场的美誉度不断提高。目前公司已成为中石化一流的抽油杆生产基地。

2.市场状况

公司生产的抽油杆产品 70%在胜利油田销售，其余远销南阳、大庆、辽河、长庆、中原、新疆、贵州、冀东等油田。

公司还积极开发国外市场，产品在美国、加拿大、乌克兰、阿塞拜疆、印度尼西亚、印度、阿尔巴尼亚和澳大利亚等国际市场上也以优良的品质受到赞誉。

3.孚瑞特牌系列抽油杆产品情况

（1）普通 D 级抽油杆。选用低碳合金钢制造，经过调质强化处理，韧性好，抗拉强度高，具有承受较大不对称循环载荷、抵抗轻微腐蚀的性能，价格相对较低，在采油中广泛使用。

（2）超高强度抽油杆。超高强度抽油杆分为 HY 型（工艺型）和 HL 型（材料型）两种，均具有高的抗拉强度和高的疲劳寿命，能承受大载荷，适合于深井采油。

其中 HY 型超高强度抽油杆抗拉强度高，其承载特性优于 D 级抽油杆，能满足深抽强采的要求。因其有 1.1～3.3 mm 的淬硬层，其耐腐蚀、耐磨性能也优于 D 级抽油杆，可降低断杆率、延长检泵周期，降低采油成本。由于工艺型超高强度抽油杆的抗拉强度高，防腐耐磨性好，疲劳寿命长，质量有保证，目前已在全国各地得到广泛推广，销往新疆、延安、南阳油田、华北油田、清河油田及胜利油田等几大个油田，取得了一定的社会效益。

（3）抽油光杆及表面淬火型光杆。它通过光杆卡子、悬绳器与抽油机连接，并通过光杆接箍与抽油杆连接。抽油光杆表面经过表面淬火及抛光，表面粗糙度达 Ra0.2～0.8μm，具备耐大气腐蚀、井液腐蚀的性能，还具有一定的腐蚀疲劳强度和耐磨性能。抽油光杆的制造工艺已取得国家发明专利，专利号为：02135281.X。

（4）空心抽油杆及空心抽油光杆。该产品除可作普通抽油杆传递动力外，还可以通过其内孔加入各种稀释剂、轻油、破乳剂、防腐剂、热油等降低原油的粘度、控制油井结蜡，有助于改善井筒中的物理性质，提高泵效；空心抽油杆的流道小，流速快，不易沉积砂粒，还适用于含砂油井；由于空心抽油杆抵抗扭矩能力比普通抽油杆大，适用于驱动井下螺杆抽油泵；使用空心抽油杆便于向井中安装各种控制器。目前空心抽油杆广泛应用于热洗井，我们还提供与空心抽油光杆配套的防喷器。该产品在胜利油田和新疆油田得到了广泛应用。

（5）高抗扭矩驱动螺杆泵专用抽油杆。地面驱动采油螺杆泵是一种新型的采油机械，螺杆泵的独特结构使其具有广泛的应用范围和广阔的应用前景，如适合于高粘度、高含砂、高含气、高含水的油液。目前，辽河、胜利和大庆等油田已广泛应用地面驱动单螺杆泵开采原油，并取得较好经济效益。制造驱动螺杆泵的专用抽油杆，替代空心抽油杆来驱动螺杆泵，降低了采油作业成本。

(6)防偏磨抽油杆的应用。在采油作业中,因井况复杂,80%的井中抽油杆和油管产生磨损现象,给采油作业造成很大损失。为减少杆管偏磨,设计开发了防偏磨抽油杆。将其长度缩短,可灵活连接在杆柱中,扶正器采用直流道,安装扶正器的抽油杆经过耐磨、耐腐蚀表面处理。在采油过程中,扶正器受热膨胀固定在油管上,把抽油杆与油管的摩擦转化为扶正器与抽油杆的摩擦,从而保护了油管,提高了油管的使用寿命。使用防偏磨专用的抽油杆不仅保护油管,提高了油管的使用寿命;而且减少了修井次数,降低采油成本,提高了效率。

(7)加重抽油杆和超长加重抽油杆。该产品安装在抽油杆柱的下端,起配重作用。

〔供稿单位:胜利油田孚瑞特石油装备有限责任公司〕

胜利油田高原石油装备有限责任公司

公司成立于1992年,现有资产总计29.9亿元。银行信用等级AAA。公司位于山东省东营市,厂区占地面积198万 m^2,拥有7个工业园区。公司以研制、生产、销售石油机械产品为主,现已形成钻井机械(钻机、钻杆、套管、油管、螺杆钻具、顶驱、泥浆泵)、采油机械(皮带抽油机、地面驱动螺杆泵、电动潜油螺杆泵、抽油泵、钢质连续抽油杆、普通抽油杆、高抗扭矩抽油杆、空心杆、连续油管作业车、连续抽油杆作业车等油田特种车辆制造及服务)、油气输送(地面混输泵、玻璃钢复合管、玻璃钢管)、化工(聚丙烯酰胺)等四大门类二十余个系列产品。

1.生产经营情况

公司自成立以来,在社会各界的大力帮助下,产值、利润一年一个台阶。在近年来迅猛发展的同时,公司也不忘回报社会,已成为东营市经济开发区第一纳税大户。公司自2002年以来,与国外多家知名石油巨头公司合作,投资引进了抽油机加工、套管加工、热处理、压裂泵、海洋修井机等多个高科技项目,出口创汇连续两年超亿元,同时,接收东营市下岗职工近500余人,残疾人员40余人。

公司以“诚信严细,优质高效”为经营准则,最大限度满足用户需求,提倡以用户为核心开展质量活动,从而不断提高产品的竞争力,增强企业的凝聚力,提高企业的经济和社会效益。2005年公司获中国质量协会颁发的“石油工业用户满意产品”荣誉证书。

2.人才队伍建设

公司拥有强大的质量管理和科技研发队伍,工程技术人员达到400名,教授级高级职称1名,高级技术职称人员40名,中级技术职称人员98名,高级技师1名,中级技师20名,质量专业资格人员21名。公司目前是山东省唯一一家石油装备领域的工程技术研发中心,有150名知名大学及研究机构的院士、学者、教授常年担任我公司企业技术中心顾问。公司员工具有本科以上学历的有380人,其中博士3名,硕士50名。

3.技术创新

公司现有专利产品110项,其中国家发明专利4项,实用新型专利104项,外观专利2项。公司不断加大科技投入力度,鼓励员工技术创新、技术改进。每年举行技术成果发布会,技术成果转化率80%以上。

公司自成立以来,获得多项省、市及国家级荣誉。套管、钻杆、抽油泵、井架、底座、绞车、天车、玻璃钢管等16项产品分别获得API5CT、API5D、API11AX、API4F、API7K、API8A、API11B、API11E及API 15HR等的产品会标使用权;公司通过了国际摩迪公司ISO9001质量管理体系、ISO14001环境管理体系及OHSAS18001职业健康安全管理体系三体系认证。

公司先后获得山东省和国家“高新技术企业”称号，被山东省科技厅认定为“省级工程技术中心”，被山东省经贸委认定为“省级企业技术中心”。2008—2010年连续入选“中国石油石化装备制造业五十强”。2006年至今多次获得国家中小企业开拓国际市场资金补助；多次被评为“省级典型民营企业”、市级“国际化经营先进企业”和“质量管理先进企业”；国家人事部授予公司“机械博士后科研工作站”。

钢结构连续式抽油杆产品获得“国家科技型中小企业创新基金”，2008年获得国家重点节能工程项目扶持资金1 000万元；电动潜油螺杆泵、智能抽油机列入“国家火炬计划”；井下驱动螺杆泵产品、钢质连续抽油杆LG-D产品获“国家重点新产品”称号；电潜螺杆泵产品获得“山东省科学进步奖”；2008年公司应国家油气田井口设备质量监督检验中心邀请，参与了《无游梁式抽油机》行业标准的制定；皮带抽油机、抽油泵、石油钻机、抽油杆、石油钻杆及石油用油井管等6项产品获得“山东名牌”荣誉称号；皮带抽油机、螺杆泵、抽油杆及石油钻杆等4项产品被评为“中国石油石化装备制造业名牌产品”；高原商标被山东省工商局认定为“山东省著名商标”“电动潜油螺杆泵”和“钢质连续抽油杆”这两项产品，被山东省科技厅认定为“省级高新技术产品”。公司荣获国家民营科技促进会授予的2006年度全国优秀民营科技企业“创新奖”和“企业家奉献奖”。我公司承担的2005年山东省“重大科技专项”的两个子项目，顺利通过了专家组严格的验收和鉴定，同时得到了专家们的一致好评，“电动潜油螺杆泵采油系统的开发”及“智能抽油机的研制”，专家鉴定已经达到了国际先进水平；2009年连续油管项目获得山东省自主创新成果转换重大科技专项奖励。

在标准化管理方面，公司不断完善国内外各项标准，获得了省技术监督局颁发的“山东省企业执行标准登记证书”，钻机、套管、钻杆、抽油杆、抽油泵、抽油机、高压玻璃钢纤维管线管等七个产品等同采用了国际最先进的美国石油学会的API 4F、API 8A、API 7K、API 5CT、API 5D、API 11B、API 11AX、API 11E及API 15HR等标准，并获得相应的采用国际标准认可证书及标志证书，2007年公司获国家标准化良好行为企业。

4.品牌建设

在品牌宣传方面，公司近年来也进行了大力的宣传，赞助中国2008年高原奥运帆船队600万元，2006—2007年上市投资达5 000万元，2008年5月12日，四川省汶川县遭遇特大地震灾害，高原公司全体员工心系灾区人民，公司支援灾区100万元，员工捐款50万元。2010年4月14日，青海玉树遭遇地震灾害，高原公司再次捐款达20万元。2011年6月，为见义勇为基金会捐款10万元。

5.技术及装备水平

高压玻璃钢纤维管线管是一种高效能超强度玻璃钢管，采用先进的电脑数字控制设备精确缠绕制作。先进的连续纤维缠绕结构，满足了井下用途所需要的高轴向模量和抗拉强度要求。

高压玻璃钢纤维管线管的最高工作压力为40MPa；井下油管的最高工作压力为27MPa。酸酐固化的环氧-玻璃钢管道最高使用温度为82℃；芳香胺固化的环氧-玻璃钢管道最高使用温度为100℃；使用特种耐热环氧树脂体系生产的高压地面管道，可以在120℃下长期工作；为适应某些特殊应用条件，可设计制造最高使用温度达149℃的产品。该系列管道符合API 15HR规范要求，高性能的产品深受广大用户信赖。

6.产品质量

在质量检验测试方面，公司产品抽油泵、抽油杆获得了国家质量监督检验检疫总局颁发的生产许可证，钻机产品每年均举办全国最高级别的中石化钻机产品验收会，邀请中石化领导、中国科学院院士及专家参与验收，确保了产品质量及权威性，同时通过了国内权威检测部门中石化质量检测中心的检验。钻杆产品每年均通过了国内权威检测部门中石化物资检验所的型式检验，皮带抽油机、抽油泵、抽油杆、螺杆泵等产品均通过了国内权威机械产品检测部门江汉石油机械研究所的型式性能检测。

高水准的质量和科技研发管理，高科技的技术装备，国内外领先的生产工艺，给“高原”品牌创造了巨大的经济效益，使公司在国内外拥有了较高的知名度，公司多次迎接了中央及省、市级领导视察指导，包括原国家领导人吴官正、李春亭、宋健，原天津市市委书记张高丽、山东省省长姜大明、山东省副省长王军民、山东省副省长才利民、甘肃省副省长石军等。国外许多国家和地区的大型石油机械公司也纷纷慕名参观。

7.开拓国际市场

在销售服务方面，公司坚持对产品每季度进行一次现场维护，对卖出的产品，实行“三包”，并在北京、辽河、大港、青海、长庆、哈萨克斯坦及印尼等处设立了服务网点，保证做到接到用户通知300km以内的，1个工作日内派出专业技术人员及时地服务于现场；300—800km的，保证在第二个工作日到达；800km以上的，保证在72h之内到达，并保证质量问题不解决服务人员决不撤离现场。而且对每个用户反馈的产品质量问题及时处理，处理结果我厂将予以存档，以备质量问题的追溯。

在长期激烈的竞争中，公司形成了自己的经营方针和发展目标：把不断研制开发具有国际领先，填补国内空白，引领用户需求的石油机械产品作为生存和发展的产品市场定位。形成了用高新迎接挑战，从胜利走向世界的高原企业文化。大力实施走出去的营销战略。产品立足胜利，相继打入大庆、大港、长庆、辽河、新疆、青海、大港、中原等几乎国内各大油田；国外挤进美国、加拿大、阿根廷、古巴、委内瑞拉、巴西、阿塞拜疆、哈萨克斯坦、乌兹别克斯坦、吉尔吉斯斯坦、土库曼斯坦、沙特阿拉伯、也门、俄罗斯、比利时、蒙古、印度尼西亚、马来西亚、苏丹、尼日利亚等30多个国家和地区。

〔供稿单位：胜利油田高原石油装备有限责任公司〕

四川宏华石油设备有限公司

一、企业基本情况

四川宏华石油设备有限公司（简称四川宏华）自1997年12月成立以来，经过十余年的艰苦创业和跨越式发展。现有资产94.24亿元，流动资产76.97亿元。职工2 955人，其中研究与试验发展人员400人。目前公司占地面积约80万m^2，具备年产150台套石油钻机、产值规模达60亿元的生产能力，是四川省重装制造业的龙头企业之一，四川省第一批高新技术示范企业，我国最大的陆地石油钻机制造企业。2008年3月，以四川宏华石油设备有限公司为主体的宏华集团在香港联交所主板上市（HK0196），成为中国第一家上市的钻机制造商。

公司主要产品涵盖1 000～12 000m的陆地钻机，包括DBS交流变频数控电动钻机、直流电驱动钻机、机械驱动钻机、复合驱动钻机、拖装钻机和转盘独立电驱动钻机，以及新研制的连续管钻机等20余种型号规格，以及与之配套的直驱顶驱、直驱泵、游吊系统、固控系统、电控系统等产品。产品80%以上出口，销往北美、南美、独联体、中东、中亚、南亚、东南亚、北非等全球30余个国家和地区。多年出口创汇位居行业首位。

四川宏华自创立以来，坚持“创新、创造、和谐、进取”的企业文化，秉承“科技领先、管理规范、品质精良、服务周全”的经营管理理念，坚持科技投入和技术创新，勇于开拓国际市场，为国内外石油天然气勘探开发提供优良的钻探设备，取得了显著的经济效益和社会效益。2012年总产值55.42亿元，销售收入51.92亿元，利润总额7.84亿元，出口创汇6.3亿美元。2013年产值力争达100亿。

二、企业技术自主创新情况

2006年，四川宏华技术中心被认定为四川省企业技术中心。企业技术中心下属的技术测试中心于2011年12月通过中国合格评定国家认可委员会CNAS的认可，获认可证书。2013年1月15日，四川宏华设备有限公司院士专家工作站在四川宏华技术中心成立。公司积极进行知识产权的开发和保护，截至2012年年底，公司共获授权专利116项，其中8项发明专利，108项实用新型，PCT9项，在美国被受理专利有2项。

近三年来取得一批有较高创新水平和良好经济效益的技术成果，为企业发展做出了重要贡献。在新型钻机的研发中，产生了许多创新技术和创新结构，产生了一批专利技术：

(1)钻机成套技术。在掌握核心技术的基础上，以集成创新和集成应用为主，博采众长、发展特色、自成一家。该技术广泛应用于公司钻机产品，使得公司钻机产品品种覆盖全地域、囊括1 000～12 000m钻深全系列，根据用户的不同需求，提供最优方案。

(2) DBS数控变频技术。该技术第一次实现了国产钻机主要功能的全数字控制，获自主知识产权，衍生了公司DBS数控变频钻机全系列产品，带动钻机制造行业由机械钻机向数控变频钻机方向发展，促进了行业技术发展。目前DBS钻机仍然是世界上最主要的陆地石油钻机，提高中国钻机在国际市场的地位和占有率。

(3)机电融合技术。机电融合技术是在全球石油钻采装备领域首次提出的设计新理念，取消了繁杂、笨重的机械传动装置。该技术广泛应用在公司自主研发的直驱顶驱、直驱绞车、直驱三缸泵、新型节能泵等产品，均拥有自主知识产品，并已通过了科技成果鉴定，成功进行了成果转化，实现了产业化生产。

(4)快速移运技术。快速移运技术是为满足客户移运钻机快速、安装快速、节约移运周期、降低生产成本的一项具有自主知识产权技术。该技术催生了超级单根钻机、全系列化拖挂钻机、车载钻机、沙漠钻机等产品。目前，此类产品作为公司占有国际市场的强力产品。

近三年公司先后开发了逾十几种新产品，这些新产品均主要包括：

(1)直驱顶驱系列。机电融合技术、操作简单、维修方便，申请14项专利，授权11项，创收7.1亿，荣获四川省科技进步三等奖。

(2)直升机吊装钻机。国际首台2.5吨级直升机吊装外机，数字化控制、耐低温技术、直升机模块化吊装，授权专利2个，创收4.9亿。

(3)新型五缸钻井泵组。国际领先的新型直驱五缸泵组，功率大、体积小、容量轻，目前已通过科技成果鉴定，将引领行业发展。目前申请专利41项，其中发明13项，美国专利3项，授权17项。

(4)页岩气整体解决方案。创新页岩气开发模式，在国际具有创新整体解决方案，主导行业发展，预计2014年新增销售5亿。

(5)万米大陆科学钻探钻机——采用数控变频电动钻机技术，标志我国深部科学钻探装备研制进入以高新技术为引领的新的可持续发展阶段。

(6)1 500m作业水深钻井船钻井包项目。自主创新攻克隔水管处理系统等关键技术，打破国外在此领域的垄断，提高行业在国际上的地位，国内首套深水钻井包，2012年获国家发改委实施海洋工程装备研发及产业化专项资金支持。

(7)大容量柔性水罐。容量大、占地少、移运性好、安装快。该产品将拓展宏华市场，引导油气行业水罐发展方向，获专利1项，受理发明1项，荣获第10届波兰油气展览杰出创新大奖。

(8)液压单根拖挂钻机。该钻机适用于非常规油气资源开发，自动化控制、移运快捷，引领非常规油气资源开发装备行业发展，获发明1项，共获7项专利。

(9)复合智能连续管钻机。国内首台连续管钻机,攻克多项技术瓶颈,授权专利 12 项,受理中专利 12 项,其中 5 项发明,打破国外技术垄断,引领国内行业发展。

(10)自升式钻井平台升降锁紧系统。国内首套平台升降锁紧系统首家 ABS 认证,攻克海洋自升式钻井平台升降锁紧技术,已经通过工业性试验,打破国外技术垄断,替代国际同类系统。

(11)JACKUP 9000m 钻井模块。新型自升式海洋钻井模块,集成创新现有技术,自动化程度高。

除此以外,宏华与美国 Nabors 钻井公司、美国金字塔设计公司、西安交通大学、成都电子科技大学、西南石油大学、长江大学、中国石油大学、吉林大学、西安石油大学、西南交通大学、中石油川庆钻探公司钻采研究院等单位进行了多方面交流与合作。

油气资源开采整体解决方案

公司提供钻井装备及钻井、录井、固井、完井和修井服务、钻井液处理、井场基础、动力、生活设施建设等一揽子油气资源开采(含非常规油气资源)的整体解决方案技术。作为钻采设备制造供应商,整体解决方案技术有关录井、固井、完井等方面的技术需要进行产学研合作,加强与相关院校、科研机构及企业之间的合作。

目前,与西南石油大学合作研发 4 000m 复合型连续油管钻机;与吉林大学签订了合作开发框架协议,共同研发万米大陆科学钻探钻机及其机具,以及全液压多工艺(功能)车载单根钻机等;与西南石油大学等院校、科研机构、企业建立了《四川省石油化工装备产学研创新联盟》,在宏华建立了“西南石油大学博士后流动站成都工作基地”,先后有两位博士后进站工作。

海洋工程装备制造技术

与中国工程院院士周守为合作,成立了四川宏华院士专家工作站。周守为院士是我国著名海洋石油开发工程专家,在海上稠油油田开发、优快钻完井、边际油田开发及 FPSO(浮式生产储油卸油船)全海式油田开发等技术领域建树良多;他提出了海上油田开发新模式和新理论,推动了海上稠油开发技术进步,使我国海上稠油开发技术整体达到国际先进水平。院士工作站合作成立后,双方将对海上自升式大型结构物和深海矿产资源流化技术进行研究。

未来,四川宏华院士专家工作站将致力于研发并实施一批拥有自主创新的关键核心技术和专利技术,有望实现中国海工装备在海上自升式大型结构物和深海矿产资源流化技术方面关键技术的突破和发展,并在深海远程基地建设和水合物开发这两个世界级难题上做出积极探索。

三、钻机技术总结

四川宏华所自主创新的 DBS 数控变频技术、钻机成套技术、机电融合技术、海工装备陆地造技术、页岩气整体解决方案、快速移运技术等众多关键技术的突破和产业化,形成了常规陆地石油钻机产业链、新一代智能化钻井装备产业链、非常规油气资源装备产业链、海工装备制造产业链、分布式能源开发装备制造产业链等重点产业链。这些关键技术的突破,不仅成为宏华发展的基石和依托,推动宏华成为了国内油气资源装备技术的引领者,同时也将迅速推动我国油气资源装备行业及配套行业的迅猛发展。

宏华在国内首创的 DBS 数控变频技术处于国内同行业领先地位,并已在行业内全面应用,使我国钻机的整体水平迅速靠近国际先进水平,极大地提升了我国钻机在世界的地位。DBS 系列数控交流变频电动钻机,主要功能是实现全数字控制,第一次在国产钻机上建立起数字化、信息化、智能化平台,能实现安全、高效、优质、低成本优化钻井。整体性能国内领先,与国际先进水平同步,确立了宏华 DBS 钻机在国内同行业的主导地位和领先优势。

经过持续的开发,数控交流变频技术不断完善和延伸,得到了广泛的应用。目前国内主要钻机制造企业已普遍采用 DBS 技术,提升了钻机的整体水平和在国际市场的竞争实力，使中国钻机越来越多的进入国际市场，成为仅次于美国的钻机制造大国。

宏华公司研制生产的陆地钻机，以满足石油勘探开发对钻井设备的要求为宗旨，以全球市场为目标，已从单一产品向系列化、多样化、个性化方向发展。目前已经形成80多个品种规格，是国内行业最多的。

在系列化方面，有从1 000～12 000m的钻机，形成陆地钻机全系列；有与各种规格钻机配套的主要承载部件、控制系统。

在多样化方面，有机械钻机、直流电驱动钻机、交流变频电驱动钻机；有常规钻机、快速移运拖挂钻机、半拖挂钻机、轨道式钻机、直升机吊装钻机；还有车载钻机、液压钻机、齿轮齿条钻机和智能连续管钻机等。

在个性化方面，按照客户的特殊需求，有整体移运沙漠钻机；有在-45℃工作、-60℃储存的高寒钻机；有适应打丛式井需要的任意方向平移钻机；有既能满足吊装模块≤18t，也有能满足吊装模块≤2.5t的直升机吊装钻机；有既能打直井，也能打水平井的单根斜井钻机。

在石油钻机的相关技术领域，宏华的近距离和远距离快速移运技术、井架底座液压同步起升控制技术、适应极地条件作业的低温技术，正在发展的远程数据传输技术均处于国内领先水平，井架底座液压同步起升控制技术达到国际先进水平。

在陆地钻机制造领域，国内外客户的任何特殊需求都可以在宏华的研发平台得到满意的解决。

宏华首创的“海工装备陆地造技术”，从根本上改变了海工装备的制造工艺，大幅度降低了制造成本，该技术的推广，将大幅度提高海洋平台的国产化率国家“十二五”规划提出了加快培育和发展战略性新兴产业的决策，海洋装备作为高端制造业被列入战略性新兴产业中。公司从2008年开始进入海洋石油工程装备领域，包括海洋钻井模块、各型井架、固控系统、钻井泵组等已有产品并形成近2亿元的年销售额。自升式平台的升降、锁紧和滑移系统的技术都达到国际先进水平。

2012年5月22日，Tiger系列钻井船钻井设备包项目开工典礼在四川宏华总装场地隆重举行，中国海工装备制造企业首次打破了深水钻井包一直被国际巨头垄断的局面。Tiger系列是由新加坡船东Opus海洋有限公司与上海船厂船舶有限公司联合开发的适合特殊水域工作的钻井船，在900～1 500m工作水深的钻井船市场中具有独特的优势。宏华作为此次项目的钻井包制造商，融入了大量自主研发的新技术、新产品，填补国内海洋市场的空白并具有显著的成本优势，从而打破因技术含量高而一直为欧美国家所垄断的坚冰，不仅为宏华日后在深海钻井包领域的发展奠定了良好的基础，也为中国海洋工程装备在国际市场争得一席之地。

2012年10月，宏华公司的大型海洋平台吊装设备“宏海号”22 000t桁架拱形移动式起重机开工建设。这是目前全球起重能力最大的移动式起重机，最大额定起重量达到22 000t。借助宏海号万吨吊，宏华将能够实现“海工装备陆地造”的理念，这将从根本上改变现有海工装备制造工艺，以至于在大型船舶的建造方面也可大幅降低成本，缩短交货期。“宏海号”的另一个成功意义在于，海洋平台的建造将完全不受坞期的影响，能够实现多个平台同步建设。宏海号能够独立实现万吨平台的提升、走行、下水（或对接）三个阶段不间断完成，这将成为世界首创。这是宏华对世界海工装备平台传统建造方式突破性的创新，是当今世界最经济、最安全、最快捷的制造工艺，不仅提高了建造质量、生产效率和施工的安全性，还标志着世界船舶及海洋工程建造模式实现了革命性创新，对海工装备的发展具有重要的里程碑意义。

在石油装备制造领域，宏华首次提出的“机电融合设计技术”理念，是共性技术的相互渗透、相互结合，具备常规机电一体化技术无法达到的优势，实现了机电的空间融合、结构融合、功能融合，不仅去掉了传统的冗长的机械传动系统，同时在电气控制系统性能也取得了巨大突破。

在这一创新理念的指导下，宏华相继开发出了直驱顶驱、直驱钻井泵、直驱行星齿轮绞车等一系列创新产品。在这一创新理念的指导下，宏华正在研发独具特色的井下电驱动钻井动力系统和信息采集系统。这些技术和产品都是国内首创，有些达到国际领先水平。随着这一系列创新产品的问世，将会引起行业震动。目前国内同行业企业已经开始关注这一变革，也在积极进行研究，宏华的示范带动作用明显。随着这一创新理念的深入和拓展，将对钻采装备领域相关技术的发展产生积极而深远的影响。

页岩气整体解决方案的技术含量及产生的效益全球领先，是对国家能源战略的重大补充及发展。全球石油资源状况日渐萎缩，世界各国正在努力寻找可替代的能源方式，以页岩气为代表的非常规能源是世界能源领域的又一个新热点。

页岩气系统解决方案就是在现有开发技术基础上研究开发出成套的经济、安全、高效开采国内页岩气资源总体方案、技术、设备、工艺等系统工程技术、装备及工艺。宏华自主研发的“网络先行、以气打气、气电结合、工厂化生产、流水线作业”的页岩气数控变频压裂系统整体解决开发方案，尤其适用于页岩气等非常规能源的开发，已经得到世界知名钻井服务公司的认同。

宏华的整体开采方案优势体现为三方面。

降低占地面积：宏华的解决方案要求设备向集成化、配套化、大功率化和向空间发展的理念，因此减少大量的占地面积，并实现了设备的快速运移。

成本节约：除了明显的因设备数量减少而节约的成本以外，宏华创新提出了“以气打气”的开发理念，可以用自己生产出的页岩气提供能量给设备，宏华的整体解决方案上较常规解决方案成本降低10%。

环境保护：宏华整体解决方案每口井减少约226t的碳排放，在完井之后，估计有60%的土地可以恢复农业使用。

四、未来企业发展规划

2012年公司根据国际、国内行业科技发展趋势，制定了企业发展规划，规划总体思路是：

立足于陆地及海洋钻采装备制造，提升品质，成为世界顶级钻采装备制造商；坚持科技创新，以技术、服务为支撑，在十年内成长为石油天然气等资源开采利用的系统解决方案供应商；

在实现企业跨越式和可持续发展的同时，提高专业化协作水平，注重企业的社会责任，建设环境友好型企业。

到2015年力争销售收入达200亿元，利税总额30亿元。

在产业发展战略上，宏华将继续围绕能源这一核心，发展装备制造、资源开发及工程服务业务。目前装备制造的优势集中陆地钻机。

在海洋装备制造方面，宏华建立了新的海洋基地，总投资大约20亿~30亿元。其初期产品规划包括自升式平台、半潜式平台、固定式平台、海洋钻井模块、钻井船舾装等，而远期产品的规划则涵盖采油平台和其他海工产品等。

在资源方面，宏华将依靠在装备、人员、资金工程服务上的一体化优势，尝试进入国内外的非常规以及低效油气资源，从而带动钻机等装备的销售和工程服务板块业务，以及带动非常规能源装备的研发。

油气工程服务将借助装备及资源的优势和平台，打造自有特色的发展模式。由钻井拓展到录井、固井、泥浆等其他陆地油气工程服务领域，并由陆地向海洋发展。

〔供稿单位：四川宏华石油设备有限公司〕

沧州市鑫宜达钢管集团股份有限公司

公司成立于2003年7月，占地面积39.7万m^2，建筑面积12万m^2，是集生产、销售螺旋钢管及其他各种钢管的专业性企业，年产各种螺旋钢管30万t，广泛用于输油、输气、热力管网、供排水等工程。

公司主导产品螺旋埋弧焊管采用热轧钢带做原料，经常温螺旋成型，螺旋缝采用双面埋弧焊方法焊接，执行API 5L、EN10217-1和GB/T9711标准。因采用国内成熟先进的双面埋弧焊焊接制造工艺，该产品抗压力、抗拉力较强，抗弯曲性能较好，几年来经西安工业专用管材质量监督检验中心和河北省锅炉压力容器监督检验院检测，各种数据均达到或好于国内外标准性能指标。公司的1820和720管线钢管生产线为后摆飞焊式，为保证产品质量，均配备焊缝自动跟踪系统、粗精铣边机、X光工业电视(射线管图像增强器、平板成像系统等主机全部为进口)、离线超声探伤仪等检测设备。为不断提升产品科技含量，公司近3年投资5 881万元建立企业技术研发中心和理化检测中心，实验室配备化学分析天平、分光光度计、碳硫分析仪、德国布鲁克直读光谱仪、德国蔡司金相显微镜、微机数显万能材料试验机、夏比冲击试验机、落锤撕裂试验机、低温仪及供试样制备的缺口拉床、车床、铣床、磨床、锯床等机械加工设备。技术研发中心的建立为持续提升产品质量、实施品牌战略以及打开国际市场等提供了强有力的技术支撑，高质量的钢管产品已经进入国内外许多重点油、气工程并赢得客户的信赖。截至2013年累计获得国家实用新型专利6项，转化科技成果20项，提高了产品质量、生产效率，降低了消耗，增强了安全性，使集团公司的竞争力得到较大幅度的提高。

公司秉承“诚信、团结、创新、高效”的经营宗旨，把产品质量视为企业的生命，始终严格质量管理体系的培育和建设，自2003年以来，先后获得国家特种设备(压力管道)制造许可证、ISO9001国际质量管理体系认证、ISO14001国际环境管理体系认证、GB/T28001职业健康安全管理体系认证、美国石油学会API 5L产品认证、欧盟锅炉压力容器PED产品认证。建立和实施了以技术标准为中心，管理标准和工作标准为基础的企业标准化管理体系，从材料进厂检验、产品实现工艺过程、过程检验、最终检验、产品防护、入库产品管理直到售后服务都建有严格的规章制度、规程和程序。几年来，各部门均严格按照体系要求开展各项工作，实施科学化、规范化、正规化管理，使得人员、设备、材料、法律、环境等各方面成效显著。

公司自创建以来就以质量和服务为核心开始实施品牌战略，在练好内功的同时，利用先进的网络媒体、各种形式的广告及参加国际大型专业产品展销活动等，宣传推介产品。自2009年以来，公司先后多次组团参加了新加坡、德国杜塞尔多夫、阿联酋迪拜、巴西圣保罗、阿塞拜疆巴库和北京、上海、天津等大型国际展销会，吸引了大批国外客户。2008年公司成为中石化物资采购入网企业，2011年成为中石油集团公司一级物资供应商，同年获得大港油田、河南油田市场准入资格，并获全国产品质量放心企业、质量信誉双保障示范单位称号，2012年成为中海油合格供应商，获得中油燃气公司市场准入资格。以顾客为关注焦点的管理理念使公司经济效益逐年增加。实现销售收入2009年为3.9亿元人民币，2010年为4.8亿元，2011年为6.4亿元，2012年为7.1亿元。

公司先后获“信用AAA级”企业、“国家及河北省重合同守信用企业”“全国质量诚信AAA级品牌企业”“全国钢材营销企业”和中国钢管协会排位前十名企业。“SYNDA”牌产品获“河北省中小企业名牌”产品，“”牌商标被认定为河北省著名商标。

公司销售部每季度开展一次顾客满意率调查，客户反馈我公司产品质量达标，供货及时，价格适中，售后服务周到。几年来公司先后为中国燃气公司西气东输当阳支线工程、武汉颐中燃气工程、石家庄集中供热工程、山西河西电厂工程、北京机场污水处理工程、德州凯城化工管道工程、湖南双水河电站管道工程、青岛海湾大桥建设等国家、省、市重点输油、输气、输水、钢结构建设工程提供优质产品“SYNDA”牌螺旋埋弧焊管，并与首都钢铁集团、济南钢铁集团、唐山曹妃甸建设集团、北京城市排水集团、中国化学工程集团公司、河北水利工程局、上海科华热力管道有限公司、首都机场、中国燃气、中铁五局、葛洲坝水利枢纽、胜利油田、中国建筑总公司等100多家单位建立长期牢固的合作关系。

为在激烈的市场竞争中立于不败之地，树立危机意识，企业适时调整企业发展战略，瞄准、借鉴、利用国外发达国家的先进生产技术，高起点、大规模地发展，符合国家产业政策的要求，有利于钢压延加工行业的结构优化和技术进步，产品市场前景良好。

〔供稿单位：沧州市鑫宜达钢管集团股份有限公司〕

盐城市特达专用管件有限公司

一、企业基本情况

盐城市特达专用管件有限公司创建于1998年，是中国石油物资装备集团一级供应网络成员单位，中国石油和石油化工设备工业协会理事单位，是集开发、设计、制造、销售和服务为一体的现代化专业制造企业。

公司注册资金4 600万元，现有员工312人，其中，专业技术人员48名。公司占地面积80 000m^2，建筑面积25 000m^2，固定资产13 246万元。公司拥有石油钻杆、钻杆接头和套管接箍产品的各种先进生产设备216台套，具备年产钻杆1万t、钻杆接头15万对、套管接箍20万件的生产能力，产品销往国内各大油田及配套供应商。2006年公司取得自营进出口权，部分产品出口美国、加拿大、日本和阿联酋等国家和地区。2012年公司实现销售收入2.6亿元。

公司先后通过了ISO9001：2008质量管理体系认证，ISO14001环境管理体系认证，取得了API Spec7-1、5CT及5DP的会标使用权。公司“恒升”牌石油钻杆接头2010年被中国石油和石油化工设备工业协会评选为中国石油石化装备名牌产品。

公司有先进的计量检测设备和完善的质量保证体系。拥有金相显微镜、光谱分析仪、万能试验机、冲击试验机、投影仪、布氏硬度计、洛氏硬度计、磁粉探伤机、钻杆漏磁探伤机、超声波探伤机等仪器设备，可以满足对产品的化学成分、金相组织和机械性能的检测。

公司坚持以客户的价值观为导向，确立了“以客户为中心”的发展战略，“建设行业最具竞争力的石油机械企业”的目标。公司的愿景是建成“科技化、数字化、国际化”的现代企业。

二、名牌建设情况

公司创办以来，始终坚持把产品的质量作为企业发展壮大的生命线，把创塑品牌、打造名牌作为兴企之道和治企之策。从资金技术、人才等全方位、多层面培养、发展名牌产品，特别倾力打造主产品石油钻杆接头的市场信誉和品牌形象，这项工作得到了省、市、县质监部门的大力支持帮助，建立了适应市场竞争需要的质量运行监控机制，把推进技术进步与创新作为工作的重中之重。公司先后组织开展了多层次、广覆盖的质量管理知识培训，认真开展质量攻关和技术改造，积极推广先进管理理念和管理方法。2007 年 12 月,公司组建的产品研发技术中心通过了市级评估,并全力创建省级技术中心,2009 年,公司生产的钻杆接头被盐城市质监局评为盐城市名牌产品。

近几年公司十分重视品牌的宣传,投入逐年加大,手段日益丰富,取得了较好的回报。"恒升"牌钻杆接头在行业中有了较高的知名度。无形资产价值评估量化约 2 000 万元 ,约占公司总资产的 1/8。公司在大力宣传自己品牌的同时,又把保护品牌作为一个常规性的工作贯穿在日常经营活动之中。经常了解市场,走访客户是否有假冒我公司品牌的情况,很好地保护了公司品牌形象。目前上海宝山钢铁股份有限公司、江阴德玛斯特钻具有限公司、东营威玛石油钻具有限公司、无锡西姆莱斯石油专用管制造有限公司、胜利油田孚瑞特石油钢管有限公司、盘锦辽河油田天都实业有限公司、天津达力普石油专用管件有限公司、江苏曙光石油钻采设备有限公司、泰州依莱特钻具有限公司等知名企业已把我公司作为他们的一级供货厂商,把"恒升"品牌作为首选品牌之一。

1.质量支撑。名牌的创立,保护和发展,归根到底取决于消费者对产品质量的信赖和好评,没有一流的质量,就不可能赢得消费者的"货币选票",也就不可能获取利润。这在公司已形成了共识。

(1)完善组织管理网络,改善和加强质量工作流程。公司建立了质量首席官制度,运用专业人员和 QC 小组专群结合等方式,在公司内部形成了"横向到边、纵向到底"的质量管理网络,更高层次开展质量管理工作。各部门、车间、班组定期组织质量工作例会,通报质量管理情况,交流质量管理工作经验,及时解决质量问题。切实加强质量管理检测人员的内审培训,公司现有内审员 8 名,分布于生产、检验、管理等各部门,定期不定期开展质量知识培训,在企业内部营造了浓郁的质量工作氛围。

(2)加强质量培训考核,完善质量责任制。公司高层领导人员要接受质量管理的培训,他们的工资和绩效都和质量挂钩,质量业绩占 40%以上。质量经理有效行使质量决策权力,充分发挥检验质量、分析问题、代表顾客咨询联络和计划协调等作用,对质量问题负直接责任。"质量是在工序中形成的,并不是在检查中形成的"。因此,既注意成品的检验,更注重工序过程中的预防,将质量问题严格控制在产品形成以前。对成品的检测,以事先确定的技术参数为标准,按"合格—不合格"进行判断,确保进入市场的产品 100%合格,使名牌名副其实。

(3)缩短修订内控标准周期,实现公司标准全过程覆盖。加强采购、生产、运输和售后服务全过程的质量标准修订,公司现有产品内控标准 3 个,供应商管理及采购标准 56 个,现场作业和计划管理标准 15 个,运输及售后服务标准 3 个,先后通过 ISO9001 国际质量体系认证和 ISO14000 环境体系认证。连续获取 API5DP、API 7-1、API5CT 认证。

2.技术创新。公司近年来非常重视在科技革新方面的投入,每年用于技术改造和科技研发的经费约占公司销售收入的 3%。使产品的生命周期历久弥新,常领风骚,从而延长名牌的使用寿命。另外,公司还注重延伸创新,形成一个具有钻杆接头、钻杆、套管接箍等名牌家族,壮大原有的主力名牌,使消费者产生新鲜感和对企业实力增强的信任感,取得了较好的效果。

3.规模牵引。企业需要名牌,名牌需要规模。没有名牌,企业就无法领取市场通行证;没有规模,名牌就不能扩大对市场的占有率。只有名牌与规模联动,才能将产品的"优"转化为市场的"优",最大限度地提高经营利润。2010 年公司注册成立了"江苏特达能源装备集团",特达钻采公司和特达管件公司成为集团骨干企业,有力的整合了各种生产要素和市场要素,资产规模达 2 亿元,销售额达 3.5 亿元,市场占有率不断攀升。事实证明,企业经济的发展与提升,离不开名牌产品规模效应。

4.服务配套。名牌产品要想在顾客的心目中永葆青春,就必须有高质量的服务与之相配套。公司把服务尤其是售后服务视为压倒一切的经营策略，尽最大可能为顾客提供最好的服务。公司提出保证24h内回答每一个顾客的问题，答复“上帝”的每一条意见。为了了解对顾客的服务态度，每3个月就进行一次职工态度调查，各部门的负责人还坚持按时走访用户，调查走访的结果很快就在公司付给员工的工资中反映出来。通过创一流的服务，巩固和扩大市场，已经成为公司的一条经营理念。为了贯彻这一经营理念，公司还独创了其特有的市场监测方式——联合评议损失。每月初，公司的地区和部门代表聚集在一起，共同讨论和解决市场、顾客的问题。此外，公司董事长、总经理和全体高级管理人员，每月还能收到一份关于客户变化情况的报告，公司决策层据此作出快速响应。

5.企业文化。努力打造“诚信敬业、勤奋主动”的企业精神，这不仅是公司对外树立良好形象的客观需要，也是公司理顺内部管理体制和经营机制，实现高效运行，凝聚员工队伍的内在要求。企业必须树立诚信至上的观念，才能赢得良好的信誉和商誉。首先在公司内广泛开展了诚信宣传教育，采取形式多样、生动活泼的诚信知识宣传教育活动，在公司内营造良好的诚信氛围，不断增强员工企业精神意识，弘扬企业文化。其次树立和培养典型人物。使一部分人成为能够直接认同并接受下来，并能运用理念指导自己的具体行动，他们就是企业的骨干。再通过这部分骨干充分利用其示范效应使理念形象化，从而使更多的人理解并认同理念。再次以企业文化理念与价值观为导向，制定管理制度。通过制度的强制性使员工发生符合企业理念与价值观的行为。

三、企业售后服务网点建设、“三包”情况及对用户意见的处理情况

1.售后服务网点建设。根据公司石油钻杆及接头的产品特点，针对不同的客户群，设立定点（如宝钢集团等）、分片（如长江沿线协作厂家）、专业（如胜利油田、辽河油田等）等不同服务网点，以适应不同客户对服务的要求，确保产品交付客户后使用正常，以提高“恒升”品牌的知名度。

2.“三包”情况。公司对所售产品，一律实行“三包”，其中石油钻杆及接头产品按API规范要求，应追溯五年，并承担因产品质量问题的相关责任。

3.对用户意见的处理：

（1）对用户反馈的任何质量问题，公司明确规定24h内必须明确给予客户答复，且要求省内24h现场处理，省外自接到信息力争第一时间赶到；并保证在最短时间内解决质量问题，确保用户满意。

（2）如是质量投诉，公司则根据具体情况提请权威检测机构检测，如是公司的质量问题，除免费解决问题外，还要按合同相关条款承担相关赔偿责任，确保受益者为用户。

〔供稿单位：盐城特达专用管件有限公司〕

中石化石油工程机械有限公司沙市钢管厂

一、工厂基本情况

沙市钢管厂始建于1975年，位于长江中游的湖北省荆州市，地处沪蓉、荆岳铁路与沪蓉、襄荆、荆东高速公路交汇的鄂中南交通枢纽。工厂占地面积83万m^2，员工1 020人，教授级高工1名，高级工程师45名，工程师66名，高级技师5名，技师29名。

沙市钢管厂是我国钢管制造业中规模最大、设备最先进、技术最全面的现代化大型焊管生产厂之一，是中国石化集团公司生产直缝和螺旋埋弧焊钢管的唯一专业工厂，是国内外重点管线建设项目的骨干生产厂家。企业拥有一座年吞吐量60万t的长江专用码头，两条直达成品库的铁路专用线，六个生产单位：直缝钢管分厂、螺旋钢管分厂、武汉分厂、管道涂覆公司、玻璃钢分厂、高频焊管分厂，钢管年产能达到 100 万 t。

二、主要产品及生产能力

直缝埋弧焊钢管。直缝埋弧焊管产品规格为 273~1 620mm，壁厚 6~32mm，钢级 X80。产品主要运用于海洋和三、四类地区长输油气管线及石油套管，及多种用途、多种使用环境的石油钢管。工厂 2003 年新建成投产的直缝管生产线，主要设备和技术均从德国引进，钢管年生产能力超过 40 万 t。直缝钢管生产线经过多年技术、设备的改造和提升，经国际知名检验公司 MOODY 公司严格审核认证，已达到世界一流水平。

螺旋埋弧焊钢管。螺旋埋弧焊钢管产品规格为 273~1 620mm，壁厚 5~25.4mm，钢级 X80。产品广泛运用于石油、天然气、化工、电力、煤炭、煤气、自来水、集中供热等行业中的输送管，港口、桥梁、高层建筑领域中的结构管及桩管，在国内高等级长输油气管线中占有较大的市场份额，并先后出口世界多个国家。工厂现有沙市总厂和武汉分厂两个大型螺旋钢管制造加工基地。沙市总部的四条螺旋预精焊生产线，生产效率高、质量可靠，能实现预焊、精焊的分布实施，主机预焊速度达 4.5m/min。武汉分厂螺旋钢管生产线经过不断优化，工艺技术设备在同行业中处于领先地位。螺旋钢管年生产能力 40 万 t 以上。

涂覆钢管。企业拥有两条防腐作业区，可对 ϕ159~ϕ1 422mm 的钢管进行内外涂覆。多层外防腐作用线可加工不同类型的防腐层，如单层环氧、双层环氧，二层 PE/PP（粘胶剂+聚乙烯/聚丙烯），三层 PE/PP（环氧粉末+粘胶剂+聚乙烯/聚丙烯）；外防腐生产作业线可加工的管径范围为 ϕ159~1 422mm，设计上采用了先进的可编程自动控制技术，在涂覆过程中可随时追踪监测每一涂覆段的涂覆速度、加热温度、涂覆厚度等关键参数，确保涂覆质量。以 3PE 涂层厚度 2.5mm 计算，每个作业防腐区的涂覆能力为 450m^2/h。防腐作业线与制管作业线毗邻，运输条件十分便利。

高频焊管。新建的直缝高频焊管生产线已完成调试并试生产，可生产各种高频电阻直缝焊管、方形管、矩形管和钢板桩等等，能满足油气管道市场、城市建设水、煤气管、锅炉管、建筑钢结构用管等多领域需求。该生产线生产效率高，每分钟可达 15~30m，年产能达 20 万 t。

玻璃钢产品。玻璃钢产品主要有玻璃钢抽油杆和树脂系列绝缘芯棒。其中玻璃钢抽油杆生产线全套设备和技术均从美国引进，是国内唯一的玻璃钢抽油杆生产线。玻璃钢抽油杆年生产能力为 100 万 m，装配能力为 50 万 m，产品主要用于石油开采。树脂系列绝缘芯棒为近几年开发的新产品，其中“电气化铁道接触网用复合绝缘子高温耐酸芯棒”2002 年被铁道部指定为定点生产产品。近年来除国内使用外，主要出口美国。

三、经营管理情况

企业坚持贯彻落实科学发展观，以“打牢基础，加快发展”主题，全面推进管理提升、经营创新、科技领先、品牌经营、人才兴企及企业文化六大战略，不断巩固发展成果，加快发展步伐，加速提升企业综合实力，实现了企业超常规的跳跃式发展。

科技方面，围绕企业发展需求，立足应用，强化攻关，完成了直缝提速项目改造，螺旋预精焊项目改造，引进了 ERW 电阻焊生产线，使产能提升至 100 万 t 以上，产品种类由单一的油气管网扩展到锅炉管、建筑结构用管等多个品种，优化产品结构，加强产能建设，“再造一个钢管厂” 的初级目标基本实现。全面推进企业管理提升，强化企业标准体系建设，不断完善质量体系，在取得质量管理体系认证、通过 APIQ1 质量纲要认证和 ISO9000 质量管理体系认证的基础上不断进行自我改进和完善，先后对质量体系文件进行六次换版和八次修改，始终保持体系持续有效的运行；推行 6S 管理、推进 TPM 管理，营造了整洁、安全、有序、高效的生产经营环境，企业生产经营的环节效率和现场管理水平大幅度提高，企业的基础工作、管理模式、管理效力三个方面的提升卓有成效，人才队伍整体素质大幅提高。先后取得美国石油学会 API、ISO9001、ISO14000、GB/T28001、Q/SHS0001.1－2001 安全、环境与健康管理体系和质量认证，产品曾荣获“国家银质奖”“湖北省名牌产品”“石油石化装备制造业名牌”“全国用户满意产品”，产品质量保持在行业中的领先地位。企业连续四次获得“湖北省最佳文明单位”，自 2006 年起连续获得并保持“全国实施卓越绩效模式先进企业”等荣誉称号。

近年来，企业保持钢管年产量基本在 25 万 t 以上，年销售额超出 18 亿元，各年销售收入保持比较稳定的态势。2012 年，全年生产钢管 25.66 万 t；销售钢管 27.33 万 t；实现销售收入 18.3 亿元；实现工业总产值 19.6 亿元；缴纳税金 7 358 万元，再获“荆州市纳税大户”并获得“荆州市首届最具社会责任感企业称号”。

四、主要市场业绩

X70 钢级高强高韧厚壁螺旋焊管研制、X80 钢级直缝埋弧焊钢管生产工艺研究，分别获得总公司及江汉石油管理局科技进步奖；国内最大管径螺旋焊管获中国石化集团科技进步奖、江汉石油管理局科技进步奖一等奖。

2003 年国内首套大中直径直缝焊钢管扩径机扩径头获江汉石油管理局科技进步奖。

2004 年国内首套直缝多丝埋弧焊焊接工艺获江汉石油管理局科技进步奖。

2008 年，沙市钢管厂获得美国 MOODY 公司认证、世界著名的壳牌公司认证，在北美、南美、非洲、东南亚市场获得合作机会，深受建设项目业主和施工单位的好评。

在西气东输、川气东送和西二线等国家重点工程中，承揽了 100 多万吨钢管供货量，产值高达 100 多亿元；在川气东送管线、西气东输管线、陕京天然气管线等重大天然气工程中大量使用优质的沙市钢管；在西南成品油管线、“仪征－长岭”管线、甬沪宁输油管线、福建炼化海底管线、曹妃甸输油管线等国家重点输油工程中，沙市钢管厂成为重要的钢管供应商；北京东、西区长安街地下热力管网，武汉城市天然气管网、江西城市天然气管网等工程均使用各类型优质的沙市钢管；海外的中哈管线、伊朗天然气管线、苏丹原油输送管线、巴基斯坦轻油管线、巴西管线、印度尼西亚输油管线、伊拉克输油管线和非鲁宾港口工程等重大国际工程中也大量使用各类优质的沙市钢管。

2012 年，在稳定中石油、中石化市场的同时，社会市场和海外市场也开创了新局面。新开辟江西、天津、北京、福建、广西等地的社会市场，在云、贵、川等地占有一定份额。海外方面，强化国外市场攻关，以中东、北美、南美为重点，拓宽代理渠道，建立了多家出口代理关系，取得巴西国家石油公司 CRCC 认证、沙特基础工业公司 SABIC 认证，在伊朗、智利、巴西、哈萨克斯坦、伊拉克、沙特等多个国家和地区的管线项目中取得了积极进展，获得了出口美国的近 25 万 m 玻璃钢抽油杆合同，顺利完成伊拉克阿赫代布油田输油管 2 万 t 出口任务。

〔供稿单位：中石化石油工程机械有限公司沙市钢管厂〕

中核苏阀科技实业股份有限公司

中核苏阀科技实业股份有限公司，原隶属于中国核工业集团公司苏州阀门厂，始建于 1952 年，是在承袭了中国核工业集团公司苏州阀门厂的品牌、质保、技术、制造和管理诸多优势的基础上创建的我国阀门制造行业首家以国资为主要股东的上市公司。简称：中核苏阀。证券户名：中核科技（000777），隶属于中国核工业集团公司。是我国流体机械系统的工业阀门主要研发、制造和供应基地。主要服务于核电、核化工、石油、石化、海油、化工、煤化工、电力和水务等领域，为各行业提供国内外先进标准的工业阀门。企业综合实力居中国阀门行业领先地位。

随着国家能源建设发展需求，中核苏阀充分利用自身核军工企业的设计、加工和员工敬业精神的优势，进入了石油、石化阀门行业，定格在为国家大型项目阀门国产化配套。积极参与阀门设计规范的编制等。中核苏阀，率先取得和采用国际先进标准，并开发出了以国代进阀门，成功地运用在国内石化项目上，为提升石油、石化阀门的国产化尽一份力，并使中核苏阀产品得到客户的认可和好评。苏阀产品远销北美、欧洲、中东等五十多个国家和地区，企业进入了稳步发展期。苏阀(SUFA)品牌产品在国内外得到广泛应用。

中核苏阀致力于国内外核电事业的发展，并积极参与石油、石化、煤化工、火电、水务等行业的阀门研制和生产，全力支持国家以国代进理念，为加速特种阀门国产化不遗余力。在传统的阀门外，以吸收、自主创新为己任，为中国阀门事业的发展，不懈的努力和追求。

〔供稿单位：中核苏阀科技实业股份有限公司〕

中原特种车辆有限公司

中原特种车辆有限公司(原中油特种车辆有限公司)是集特种车辆、石油机械的研发、制造、销售以及石油工程服务为一体的高新技术企业。生产的主要产品有钻机、车载钻机车修井机、石油专用特车三大类300多个品种。公司注册资金6 600万元，总资产86 392万元，销售收入10.93亿元，设备近1 000台套。信用等级AAA级，新产品产值率63%。公司员工778人，其中博士1人，硕士26人，教授级高工1人，高级职称37人，大专以上科技活动人员245人，占企业员工总数的比例为31.49%，其中从事研发人员86人，占公司员工总数的为11%。

在企业管理方面，公司运用“五维一体化”管理思想，以提升管理效率、精细化管理为目的开展了大量的管理实践工作。不断探索完善管理创新的机制和办法，2011年11月至2012年底，共审批发布公司级管理制度类文件52个，公司“五维一体化”管理制度体系得到初步建立，体系包含了20个分系统、231个有效文件，逐步实现管理制度化，制度流程化。在质量管理方面，公司于1996年首次通过ISO9001质量体系认证，2012年公司质量管理体系顺利通过了ISO9001：2008监督审核工作和3C认证监督审核工作，取得了API Spec 4F、7K、8A会标使用权，因API Spec 8C(第5版)已于2012年4月发布实施，该标准包含了API Spec 8A的内容，为继续保持该项产品的API资质，公司正在积极做好API 8C申请取证工作，并严格按质量体系的要求进行产品设计、配套采购和制造过程的控制。主要体现在以下几方面：一是检验管理方面。加强检验卡管理制度，杜绝漏检错检现象发生；二是标准管理方面，完成了《液体注入车》《缓蚀剂注入车》2项标准的制定及备案工作，新申报了1项行业标准《采油车》，复审了《清蜡设备》《洗井机》2项行业标准，公司累计主持或参与制订国家石油行业标准12项、企业标准19项，2012年收集与公司密切相关各类专业标准50种。

创新能力建设方面，在创新投入、人才培养、合作机制等方面成绩显著。一是公司加大创新方法的宣传、学习，利用先进的技术创新方法挖掘新产品开发潜力。2012年围绕钻机、车载钻机车修井机、石油专用特车三大研发方向，开展3项省市科技项目，完成12项公司级合同项目，投入研发经费3 532万元，占公司产品销售收入的3.23%，为公司技术创新工作提供了资金保障，有效地推动了公司科技创新工作的顺利开展；二是组织外培36班次，培训155人，参加国内外技术交流会13次；三是在产品开发过程中，与西安交通大学等高等院校就车载特种燃气锅炉设计、ZJ50/3150DBS 钻机等 2 个项目分别进行了合作，对外合作项目占全部开发项目数的比重为 13.33%，在合作中提高了技术人员的计算能力，增强了企业的研发实力。

2012 年公司科技创新工作取得了一定成绩：获市级以上科技奖励 7 项，其中“ZYT5550TZJ180 型钻机车研制”获 2012 年度中国汽车工业科学技术二等奖；“不压井修井作业成套装备的研制”获 2012 年度河南省装备工业科技进步一等奖、河南省工业和信息化科技成果三等奖、濮阳市科技进步一等奖、2013 年获第六届中国技术市场协会金桥奖优秀项目奖；“3ZB-300 三缸柱塞泵”获 2012 年度河南省装备工业科技进步二等奖；“螺旋地锚车的研制与应用”论文获濮阳市第五届优秀学术成果奖一等奖。

“中油牌”产品为自主研制开发，拥有自主知识产权，2012 年底，专利申请量达到 112 项，授权量达到 91 项，其中发明专利 5 项。截止 2012 年 6 月初，专利申请量达到 114 项，授权量达到 92 项。主持和参与起草行业标准 12 项，发布 10 项，提升了企业竞争力，获批“中油”“中原特车”等商标 63 件；采油车、车载钻机及修井机、钻机整体移运系统、洗井清蜡设备、固井水泥车等 6 种产品获得省名牌或行业名牌称号。目前已成功销往全国各大油气田，并出口印度、哥伦比亚、哈萨克斯坦、苏丹、利比亚、尼日尔、秘鲁、乍得等三十多个国家，发电机组被认定为南极考察站指定使用产品。在主要出口市场建立了较完善的销售服务体系，在顾客信息反馈、产品销售推广、跟踪、顾客满意度调查等各销售环节都有专人负责和明确的规范。产品具有较高的市场占有份额和市场拓展潜力，在中原油田以外市场的年销售额达到 2.8 亿元以上。洗井清蜡设备技术水平处于国际先进水平，国内市场占有率 80% 以上。公司主持起草的洗井清蜡设备国家行业标准 SY/T 5962-2008 洗井机、SY/T5961-2008 清蜡设备，有效地推动了行业洗井清蜡设备的发展。2012 年，公司在巩固原有市场的同时，开辟了委内瑞拉国际市场，与委内瑞拉国家石油公司（PDVSA）签订了 16 台钻机、钻修机供应合同，价值 1.82 亿美元。

多年来，中原特车赢得无数嘉奖：国家高新技术企业、国家级知识产权优势企业（国家首批）、中国石油石化装备制造企业“五十强”（连续七年）单位、河南省优秀创新型企业、河南省汽车工业重点培育企业、河南省创新方法试点企业（河南首批）、河南省博士后研发基地、河南省知识产权优势企业、河南省知识产权系统先进集体、建立了河南省特种车辆工程技术研究中心和省企业技术中心、获濮阳市企业加快发展奖、濮阳市专利申请工作先进单位等称号。其品牌和美誉度得到了广大用户和专业机构的一致认可。

〔供稿单位：中原特种车辆有限公司〕

机械工业第六设计研究院有限公司

机械工业第六设计研究院有限公司（简称中机六院）根据市场需求和品牌项目建设的需要，结合自己在工程建设领域设计实践逐步形成以下优势：

1.工业总图及物流设计。在机械行业设计院中，处于领先地位，以再造生产工艺流程为主线、以现代物流技术为基础、以绿色工程设计为目标，在大型工业项目和卷烟厂的设计中赢得了市场的高度认可。典型业绩包括：大连长兴岛规划设计、青海省工业园区、吉林省工业园区规划设计、沈阳铸锻工业园设计、杭州卷烟厂和武汉卷烟厂设计，大连机车车辆厂设计。

2.绿色工厂设计。所谓“绿色”，其内涵主要是指“四节二环保”即：节地、节材、节水、节能和室内、室外环境保护。设计中包括绿色总图、绿色工艺、绿色建筑在内的绿色工厂是公司的不懈追求。

中机六院是我国《绿色工业建筑评价标准》的主编单位。建立了河南省绿色与智能工程技术诊断院士工作站和郑州市绿色与智能化工厂设计工程技术研究中心。在绿色工业建筑和节能资源回收再利用方面处于国内领先地位。设计完成了国内首个三星级绿色工业建筑——博思格建筑系统(西安)有限公司西安工厂和国内首座三星级绿色工厂——杭州烟厂,引领着我国绿色工业建筑的发展方向,保持着较大的技术优势。中国西重炉群余热综合利用项目是公司总承包工程项目,取得了显著的社会效益和经济效益,是机械行业节能降耗样板工程。

3.智慧工厂设计。中机六院是最早开展智能与信息化设计咨询的单位之一,并首次在制造业工程建设中应用三维可视化全生命周期管理。在三维信息应用、数字工厂、数据中心、宽带网络等方面有丰富的设计经验和独特专长。

采用三维设计、虚拟建造、虚拟仿真等技术,可为客户提供基于三维信息模型的虚拟建造增值服务,包括综合管线设计优化、虚拟建造仿真、建设进度模拟等,提前解决可能出现的碰撞、漏项等问题,减少设计更改和施工返工,最大限度地缩短施工周期(≥2%),降低建设成本(≥5%),提高施工管理水平,提高施工质量,提高企业日后的设施运营维护管理水平。公司自主研发的三维综合信息系统将三维设计数据、施工过程管理、后期运营数据贯穿起来,为建设单位提供三维可视化全生命周期的管理,充分体现工业化和信息化的融合,为建设现代化数字工厂、虚拟工厂奠定坚实的基础。

工厂建设是百年大计,计算机技术的深化应用是制造企业转型升级的重要手段,基于自动化、数字化、信息化、网络化、智能化的智慧工厂则是机械制造工厂的高级形式,是未来发展方向。作为工厂设计企业,公司有责任在工厂规划时就贯彻具有前瞻性的智慧工厂等先进设计理念,总体规划,分步实施,为企业设计一个先进、适用、具有快速反应能力、低成本运营的现代化工厂。

公司在智慧工厂领域孜孜以求,取得了令人瞩目的成就,设计完成了中国第一座智能网络化机床制造工厂——宁夏小巨人机床有限公司银川工厂和山崎马扎克机床(辽宁)有限公司大连工厂。公司在智慧工厂领域的主要业务包括企业信息化规划、综合布线等硬件平台设计、三维信息建筑模型(BIM)应用、数字化车间设计、绿色智能装备设计等。公司在国内工业工程领域中首次成功运用BIM技术、绿色技术,并提出了建筑全生命周期管理的理念,颠覆了传统的工程设计与交付模式,推动了国内工业工程设计技术和管理模式的变革。2011年,在全国"创新杯"BIM设计大赛上,凭借在BIM应用方面的丰富实践和出色表现,作为国内唯一一家工业设计院,中机六院再次荣获"最佳BIM应用企业奖",公司报送的陕西秦川机械发展股份公司恒温恒湿车间改造项目和郑煤机集团有限公司恒温车间改造项目双双荣获全国最佳工业工程BIM应用奖。

4.结构工程设计。在大跨度(总跨度102m)混凝土预应力技术设计水平、超高层钢结构设计水平、大跨度(36m)大吨位(800t)吊车厂房设计水平、超重型钢结构厂房设计方面是国内机械行业最强设计院。郑州国际会展中心项目使公司综合技术实力得到了充分展示,该项目创下了国内八项技术攻关之最,获国家土木工程创新最高奖詹天佑奖,特别是在钢结构设计、通风空调设计、弱点智能化设计、大空间大面积消防设计等几个方面都创下了国内机械行业设计之最。

5.暖通专业设计。在大型公共建筑通风、采暖设计,大面积精密机械恒温恒湿厂房设计,卷烟厂联合厂房通风除尘设计,铸造、磨料磨具车间通风除尘设计中,几十年来一直处于国内第一强院的地位,几万平方米的恒温车间设计,采取分层恒温控制,恒温可控制在20°±0.5℃之内。典型案例:郑州会展中心、宁夏小巨人、厦门卷烟厂3个项目荣获国内暖通设计最高奖。

6.工业园区规划和大型工厂整体设计具有综合优势。公司在机械装备制造园区规划、机械产业集群规划、机械产业结构调整重组规划、城市工业区域规划和大型工厂整体设计能力上都显示出特有的综合技术优势。典型案例:大连长兴岛 252km^2 区域规划、大连双 D 港数字化装备制造园、海马汽车零部件产业园、青海装备制造园规划、郑煤机集团有限公司、中钢西重、宝鸡石油、大连机车车辆厂、大连华晨汽车、郑纺机等行业龙头或骨干企业的规划或整体搬迁项目设计。

7.先进的设计理念。在工程设计的各个环节中,最重要的、对企业未来运营影响最大的,不是技术设计,而是理念设计,在设计中贯彻什么理念是根本性的、全局性的、战略性的考虑,具有深远影响。因此,公司在具体项目设计中,将理念设计作为提升项目层次,建设精品工程、品牌工程的首要任务,提出了一系列在机械工业工程设计领域具有创新意义的新理念,如"改革、改组、改造""低成本运营生产系统""适应性生产系统""绿色工厂""智能化工厂""宜人化工厂"等,并取得了良好效果,为丰富我国建设领域工程设计理论作出了贡献。

〔供稿单位:机械工业第六设计研究院有限公司〕

温州一宇密封材料有限公司

一、企业基本情况

温州一宇密封材料有限公司成立于 1992 年,是一家集生产、研发、销售、贸易为主的"高新技术"企业。位于温州经济强区永兴工业区,注册资本 500 万元,总资产 2791 万元。本公司系中国液压气动密封件工业协会单位、浙江慈溪密封行业协会理事单位、中国阀门城功勋企业单位、温州市龙湾阀门协会副会长单位、龙湾永兴商会常务理事单位、中国石油石油化工设备工业协会会员单位。

二、生产经营情况

近年来,公司通过不断优化生产要素,提高工艺控制水平,确保了产品的生产规模、工艺控制水平和市场地位处于国内领先。

公司以先进的检测设备、高精度数控加工中心和数控车床加工生产,精湛的工艺技术及优异的产品质量是行业的领先优势更加突出。

三、国际市场开拓情况

公司通过健全组织机构、强化渠道建设,推进电子商务、品牌推介等措施,提高了"一宇"品牌在国际市场的知名度和地位。

公司经多年发展,一宇 RTJ 系列产品深入到石油、化工、电力、井口装置设备、机械设备及管道泵阀配件等各个应用领域。同时,利用公司网站及阿里巴巴、中国机械制造网站和中石协国际展览等平台开展企业宣传、产品推广和在线服务,拓宽了营销渠道。目前,公司产品已出口到美国、英国、日本、法国、西班牙、巴西、印度、澳大利亚、土耳其、新加坡、马来西亚、泰国和中国台湾等 20 多个国家和地区。

四、品牌建设情况

近年来,通过实施品牌发展战略、强化品牌推广、提升企业形象,走出了一条具有一宇特色的品牌建设之路。目前,公司已拥有商标 1 个,专利 2 个。

五、产品质量情况

公司通过建立、实施并持续改进质量管理体系,使公司的质量管理工作做到了标准化、程序化,确保了产品质量的稳定可靠。

1.首先,通过强化供应商管理与考核,严格控制原材料质量,确保不合格原料不入厂;

2.公司建立、实施了 ISO9001:2008、TS、API-6A、质量管理体系和标准化管理体系,并且通过定期审核、持续改进,确保管理体系的充分性、有效性和适宜性。

3.凭借完善的内部管理和严格的质量控制,产品质量合格率达到 100%。赢得了广大用户的信赖和广泛赞誉。

六、人才队伍建设情况

公司建立了较完善的人力资源管理机制,实施了“员工与企业同成长共发展”的战略,培育了满足企业创新发展的人才队伍。编制了人事劳资、薪酬福利、员工培训等管理制度,建立了包括人事管理、招聘管理、培训管理、绩效管理等内容的人力资源管理体系。

〔供稿单位:温州一宇密封材料有限公司〕

中国石油石化设备工业年鉴2013

统计资料

客观反映2012年石油和石油化工设备行业各分行业主要企业的经济指标，以及石油钻采、炼油化工、压力容器和输油管道四大类设备的进出口情况

统计资料

2012年我国石油和石油化工设备各分行业企业经济指标排名

2012年石油钻采设备行业销售额前30名企业

序号	企业名称	销售总额(万元)
1	胜利油田高原石油装备有限责任公司	725 000
2	宝鸡石油机械有限责任公司	618 700
3	四川宏华石油设备有限公司	481 382
4	江汉石油管理局第四机械厂	302 931
5	烟台杰瑞石油服务集团股份有限公司	238 403
6	江苏金石机械集团有限公司	135 850
7	海城市石油机械制造有限公司	120 252
8	中原特种车辆有限公司	109 973
9	南阳石油二机(装备)有限公司	108 506
10	河北华北石油荣盛机械制造有限公司	92 937
11	天津立林机械集团有限公司	92 119
12	北京石油机械厂	84 100
13	江苏双鑫石油机械有限公司	77 813
14	上海神开石油化工装备股份有限公司	74 988
15	中船重工中南装备有限责任公司	72 168
16	兰州通用机器制造有限公司	66 546
17	天合石油集团汇丰石油装备股份有限公司	52 320
18	贵州高峰石油机械股份有限公司	48 827
19	中原总机石油设备有限公司	47 658
20	泰兴石油机械有限公司	43 254
21	山东大王金泰石油装备有限公司	41 325
22	盐城特达钻采设备有限公司	37 003
23	山东三田临朐石油机械有限公司	34 365
24	贵州凯星液力传动机械有限公司	34 102
25	德州联合石油机械有限公司	32 065
26	江苏如通石油机械股份有限公司	30 196
27	河南市信宇石油机械化工有限公司	29 909
28	江苏如石机械有限公司	27 850
29	通化石油化工机械制造有限责任公司	22 759
30	内蒙古一机集团大地石油机械有限公司	16 200

2012年石油钻采设备行业利润额前29名企业

序号	企 业 名 称	利润额(万元)
1	烟台杰瑞石油服务集团股份有限公司	75 479
2	四川宏华石油设备有限公司	71 445
3	江汉石油管理局第四机械厂	29 867
4	海城市石油机械制造有限公司	22 666
5	胜利油田高原石油装备有限责任公司	21 241
6	江苏金石机械集团有限公司	18 230
7	宝鸡石油机械有限责任公司	14 300
8	天津立林机械集团有限公司	14 172
9	天合石油集团汇丰石油装备股份有限公司	13 080
10	江苏双鑫石油机械有限公司	10 183
11	河北华北石油荣盛机械制造有限公司	7 351
12	德州联合石油机械有限公司	6 500
13	上海神开石油化工装备股份有限公司	6 310
14	中船重工中南装备有限责任公司	6 263
15	贵州凯星液力传动机械有限公司	6 221
16	贵州高峰石油机械股份有限公司	5 610
17	江苏如通石油机械股份有限公司	5 420
18	中原特种车辆有限公司	5 275
19	南阳石油二机(装备)有限公司	4 932
20	盐城特达钻采设备有限公司	3 564
21	兰州通用机器制造有限公司	3 039
22	通化石油化工机械制造有限责任公司	2 661
23	山东大王金泰石油装备有限公司	1 718
24	山东三田临朐石油机械有限公司	1 552
25	江苏如石机械有限公司	1 420
26	泰兴石油机械有限公司	1 287
27	中原总机石油设备有限公司	754
28	河南市信宇石油机械化工有限公司	713
29	北京石油机械厂	400

2012年石油钻采设备行业出口额前29名企业

序号	企业名称	出口额(万美元)
1	四川宏华石油设备有限公司	46 513
2	江苏金石机械集团有限公司	36 426
3	宝鸡石油机械有限责任公司	25 370
4	江汉石油管理局第四机械厂	15 425
5	中原特种车辆有限公司	13 670
6	烟台杰瑞石油服务集团股份有限公司	9 153
7	天合石油集团汇丰石油装备股份有限公司	5 994
8	山东大王金泰石油装备有限公司	5 933
9	江苏双鑫石油机械有限公司	3 486
10	胜利油田高原石油装备有限责任公司	2 886
11	中原总机石油设备有限公司	2 820
12	南阳石油二机(装备)有限公司	2 718
13	盐城特达钻采设备有限公司	2 691
14	贵州高峰石油机械股份有限公司	2 680
15	天津立林机械集团有限公司	2 326
16	上海神开石油化工装备股份有限公司	2 290
17	河北华北石油荣盛机械制造有限公司	1 991
18	中船重工中南装备有限责任公司	1 877
19	泰兴石油机械有限公司	1 717
20	海城市石油机械制造有限公司	1 495
21	内蒙古一机集团大地石油机械有限公司	1 322
22	江苏如通石油机械股份有限公司	1 223
23	兰州通用机器制造有限公司	1 022
24	北京石油机械厂	851
25	山东三田临朐石油机械有限公司	796
26	德州联合石油机械有限公司	793
27	通化石油化工机械制造有限责任公司	457
28	江苏如石机械有限公司	403
29	贵州凯星液力传动机械有限公司	150

2012年石油化工设备行业销售额前10名企业

序号	企业名称	销售总额(万元)
1	北京天海工业有限公司	211 984
2	大连金州重型机器有限公司	147 925
3	哈尔滨空调股份有限公司	107 702
4	甘肃蓝科石化高新装备股份有限公司	84 789
5	中核苏阀科技实业股份有限公司	81 213
6	四川大川压缩机有限责任公司	51 763
7	浙江通力重型齿轮股份有限公司	35 604
8	宁波鲍斯能源装备股份有限公司	22 517
9	辽宁恒星泵业有限公司	18 362
10	杭州大潮泵业制造有限公司	9 160

2012年石油化工设备行业利润额前9名企业

序号	企业名称	利润额(万元)
1	大连金州重型机器有限公司	13 975
2	甘肃蓝科石化高新装备股份有限公司	12 399
3	北京天海工业有限公司	6 259
4	中核苏阀科技实业股份有限公司	6 227
5	宁波鲍斯能源装备股份有限公司	5 478.28
6	浙江通力重型齿轮股份有限公司	3 694
7	哈尔滨空调股份有限公司	2 446
8	辽宁恒星泵业有限公司	1 831
9	四川大川压缩机有限责任公司	1 294

2012年石油化工设备行业出口额前6名企业

序号	企业名称	出口额(万美元)
1	北京天海工业有限公司	14 801
2	甘肃蓝科石化高新装备股份有限公司	2 146
3	中核苏阀科技实业股份有限公司	1 561
4	哈尔滨空调股份有限公司	1 200
5	大连金州重型机器有限公司	345
6	浙江通力重型齿轮股份有限公司	45

2012年我国石油和石油化工设备进出口量值表

2012年石油钻采设备出口量值表

税号	设备名称	出口量单位	出口量	比上年增长(%)	出口额(万美元)	比上年增长(%)
84131100	分装燃料或润滑油的计量泵,加油站或车库用	台	179 165	43.29	8 261.98	42.91
84131900	其他装有或可装计量装置的液体泵	台	1 562 162	0.84	4 668.76	-5.97
84135010	气动往复式排液泵	台	794 054	7.48	5 035.98	10.63
84135020	电动往复式排液泵	台	14 192 667	51.54	12 693.10	32.72
84135090	未列名往复式排液泵	台	1 641 212	8.30	16 278.97	12.59
84136090	其他回转式排液泵	台	24 349 575	-5.26	52 104.12	3.16
84137010	转速在10 000r/min及以上的离心泵	台	7 168 279	112.14	3 696.92	15.54
84138100	未列名液体泵	台	27 122 769	-13.47	46 278.92	11.81
84138200	液体提升机	台	53 089	-16.83	481.00	8.35
84139100	液体泵零件	t	239 353.56	5.07	138 103.25	16.67
84139200	液体提升机零件	t	2 214.00	0.58	2 320.61	3.49
84304111	自推进石油及天然气钻机,钻探深度≥6 000m	台	52	40.54	31 783.39	4.21
84304119	未列名自推进的石油及天然气钻机	台	502	69.59	62 544.25	56.34
84304121	其他自推进的钻机,钻探深度≥6 000m	台	7	-41.67	1 977.93	-66.59
84304122	履带式自推进的钻机,钻探深度<6 000m	台	196	-2.49	4 595.54	21.76
84304129	其他自推进的钻机,钻探深度<6 000m	台	937	-15.51	12 106.99	7.57
84304190	自推进的凿井机械	台	562	18.82	5 682.95	180.48
84305010	其他自推进采油机械	台	8 671	-35.27	29 522.43	22.35
84305031	牙轮直径在380mm及以上的采矿钻机	台	28	211.11	264.39	626.01
84305039	其他采矿钻机	台	194	-40.67	1 595.47	49.73
84314310	石油或天然气钻机的零件	t	264 844.79	16.62	157 877.78	11.46
84743100	混凝土或砂浆混合机器	台	716 100	6.79	26 360.16	13.65
86061000	铁道及电车道非机动油罐货车及类似车	辆	121	505.00	1 085.90	644.65
87052000	机动钻探车	辆	64	-3.03	1 075.75	20.55
87059080	石油测井车、压裂车、混沙车	辆	79	25.40	3 643.17	62.76
87163110	油罐挂车及半挂车	辆	1 735	24.55	4 700.28	23.94
89012011	载重量不超过10万t的成品油船	艘	120	-15.49	115 873.67	-29.95
89012021	载重量不超过15万t的原油船	艘	6	-57.14	20 066.49	-66.09
89012022	15万t<载重量≤30万t的原油船	艘	6	-78.57	68 359.61	-75.42
89012023	载重量超过30万t的原油船	艘	10	42.86	108 528.49	41.79
89012031	容积≤20 000m^3的液化石油气船	艘	10	11.11	15 254.59	-8.37
89012090	其他液货船	艘	20	-47.37	21 186.98	-65.75
89052000	浮动或潜水式钻探或生产平台	座	99	110.64	253 214.69	41.75
90158000	其他大地及水道测量海洋气象地球物理用仪器	台	5 250 512	-5.99	41 212.48	2.95

2012 年石油钻采设备进口量值表

税号	设备名称	进口量单位	进口量	比上年增长（%）	进口额（万美元）	比上年增加（%）
84131100	分装燃料或润滑油的计量泵(加油站或车库用)	台	3 283	-42.67	489.36	37.41
84131900	其他装有或可装计量装置的液体泵	台	384 070	0.14	16 045.54	0.10
84135010	气动往复式排液泵	台	83 034	-36.28	4 714.90	-9.80
84135020	电动往复式排液泵	台	6 346 302	8.39	22 469.07	25.14
84135090	未列名往复式排液泵	台	1 043 165	38.54	11 221.87	-30.66
84136090	其他回转式排液泵	台	1 581 322	-15.10	12 379.18	-51.96
84137010	转速在 10 000r/min 及以上的离心泵	台	397 027	94.29	2 815.74	-48.17
84138100	未列名液体泵	台	9 001 513	3.02	25 054.06	-31.64
84138200	液体提升机	台	4 722	-73.36	240.92	-55.05
84139100	液体泵零件	t	27 984.25	-18.04	63 463.69	-18.48
84139200	液体提升机零件	t	53.02	-22.39	162.17	-25.80
84304119	未列名自推进的石油及天然气钻机	台	11	-15.38	1 809.31	-19.39
84304122	履带式自推进的钻机,钻探深度<6 000m	台	30	-67.39	2 755.18	-48.80
84304129	其他自推进的钻机,钻探深度<6 000m	台	220	-1.35	2 148.27	-61.71
84304190	自推进的凿井机械	台	3	-83.33	56.57	-80.27
84305010	其他自推进采油机械	台	44	238.46	241.28	1 144.65
84305031	牙轮直径在 380mm 及以上的采矿钻机	台	5	-37.50	241.30	474.23
84305039	其他采矿钻机	台	42	-55.79	1 305.40	38.73
84314310	石油或天然气钻机的零件	t	11 287.01	72.28	43 140.46	70.28
84743100	混凝土或砂浆混合机器	台	445	-11.35	1 114.67	-34.96
86061000	铁道及电车道非机动油罐货车及类似车	辆	1		0.34	
87052000	机动钻探车	辆	3	-76.92	615.81	-70.85
87059080	石油测井车、压裂车、混沙车	辆	12	-36.84	901.47	-28.74
89012011	载重量不超过 10 万 t 的成品油船	艘	30	-40.00	126.92	-48.36
89012090	其他液货船	艘	1	0.00	70.00	1 714.55
89052000	浮动或潜水式钻探或生产平台	座	3		9 990.70	
90158000	其他大地及水道测量海洋气象地球物理用仪器	台	82 942	23.84	59 688.73	24.90

2012 年炼油化工设备出口量值表

税号	设备名称	出口量单位	出口量	比上年增长（%）	出口额（万美元）	比上年增长（%）
84051000	煤气发生器;乙炔发生器等水解气体发生器	t	8 576.33	78.57	3 315.30	70.87
84059000	煤气发生器及乙炔发生器等的零件	t	6 611.36	3.98	1 555.07	29.64
84161000	使用液体燃料的炉用燃烧器	t	1 297.95	-62.08	1 137.00	-52.23

（续）

税号	设备名称	出口量单位	出口量	比上年增长（%）	出口额（万美元）	比上年增长（%）
84162019	使用其他气体燃料的炉用燃烧器	t	3 136.56	-13.69	2 178.97	4.93
84193990	未列名干燥器	台	773 141	-19.43	26 442.77	19.77
84194010	提净塔	台	422	-6.64	1 538.48	248.96
84194020	精馏塔	台	157	-11.80	4 796.59	286.88
84194090	其他蒸馏或精馏设备	台	21 890	-12.02	8 150.03	30.14
84195000	热交换装置	台	804 538	98.96	45 131.92	37.04
84196011	制氧量≥15 000m^3/h 及以上的制氧机	台	40	-42.03	2 121.68	386.69
84196019	其他制氧机	台	3 216	23.41	7 497.75	-20.68
84196090	未列名液化空气或其他气体的机器	台	1 584	-10.41	12 858.99	23.82
84198910	加氢反应器	台	165	-63.33	1 597.87	344.19
84198990	未列名利用温度变化处理材料的机器、装置等	台	3 050 270	27.13	53 235.21	31.73
84211910	脱水机	台	197 262	-3.92	1 486.56	0.31
84212910	压滤机	台	1 387	-41.87	5 101.72	21.31
84212990	未列名液体过滤、净化机器及装置	台	62 216 549	5.65	40 956.87	7.84
84213923	工业用旋风式除尘器	台	5 616	-26.13	750.56	6.27
84772010	塑料造粒机	台	3 537	13.73	6 535.45	17.73
84772090	其他挤出机	台	8 492	40.32	27 267.45	25.10
84796000	蒸发式空气冷却器	台	1 464 747	-10.36	9 500.50	7.03
84798200	搅混、轧碎、研磨、筛选、均化或乳化机器	台	399 176		32 162.21	
84798999	未列名具有独立功能的机器及机械器具	台	140 235 230		108 689.28	
84811000	减压阀	套	35 168 252	-8.77	17 266.59	2.83
84812010	油压传动阀	套	4 967 259	60.63	3 772.91	-19.58
84812020	气压传动阀	套	6 435 174	13.47	8 804.94	38.50
84813000	止回阀	套	1 447 425 839	0.62	34 556.17	15.18
84814000	安全阀或溢流阀	套	8 627 089	7.45	8 635.01	19.46
84819010	阀门零件	t	366 212.02	0.18	228 782.42	5.28

2012 年炼油化工设备进口量值表

税号	设备名称	进口量单位	进口量	比上年增长（%）	进口额（万美元）	比上年增长（%）
84051000	煤气发生器；乙炔发生器等水解气体发生器	t	108.44	-93.36	449.10	-77.81
84059000	煤气发生器及乙炔发生器等的零件	t	36.42	-80.20	87.57	-90.76
84161000	使用液体燃料的炉用燃烧器	t	1 615.92	-5.87	5 503.64	-17.97
84162019	使用其他气体燃料的炉用燃烧器	t	351.86	-14.62	2 185.49	-9.40
84193990	未列名干燥器	台	59 115	23.31	37 039.14	13.88
84194010	提净塔	台	5	-16.67	303.54	151.75
84194020	精馏塔	台	29	11.54	2 850.71	35.96
84194090	其他蒸馏或精馏设备	台	2 235	20.68	9 680.64	25.60
84195000	热交换装置	台	444 217	-22.88	119 889.30	32.94

（续）

税号	设 备 名 称	进口量单 位	进口量	比上年增长（%）	进口额（万美元）	比上年增长（%）
84196011	制氧量≥15 000m^3/h 及以上的制氧机	台	2	-33.33	0.33	-98.35
84196019	其他制氧机	台	2 372	107.71	254.25	328.53
84196090	未列名液化空气或其他气体的机器	台	145	59.34	4 008.53	6.35
84198910	加氢反应器	台	63	3.28	6 664.38	111.00
84198990	未列名利用温度变化处理材料的机器、装置等	台	176 587	36.37	95 026.25	20.82
84211910	脱水机	台	404	-17.89	3 831.32	-18.75
84212910	压滤机	台	524	-94.59	6 440.08	69.28
84212990	未列名液体过滤、净化机器及装置	台	51 224 046	20.79	89 521.10	17.63
84213923	工业用旋风式除尘器	台	4 113	0.66	1 397.14	-19.58
84772010	塑料造粒机	台	275	-9.24	20 206.83	16.32
84772090	其他挤出机	台	882	-71.47	43 187.72	6.18
84796000	蒸发式空气冷却器	台	3 010	-43.12	585.30	-54.10
84798200	搅混、轧碎、研磨、筛选、均化或乳化机器	台	47 378		54 908.80	
84798999	未列名具有独立功能的机器及机械器具	台	167 111 551		456 209.01	
84811000	减压阀	套	29 372 703	-3.46	34 666.91	0.74
84812010	油压传动阀	套	25 747 732	79.37	92 538.11	-35.72
84812020	气压传动阀	套	10 714 802	-6.87	51 084.93	-2.99
84813000	止回阀	套	193 372 856	44.66	36 233.86	-3.12
84814000	安全阀或溢流阀	套	21 095 449	8.16	37 468.90	-4.62
84819010	阀门零件	t	23 638.05	-5.75	84 587.77	5.18

2012 年压力容器设备出口量值表

税号	设 备 名 称	出口量（t）	比上年增长（%）	出口额（万美元）	比上年增长（%）
73071100	无可锻性铸铁管子附件	244 567.62	11.96	47 890.57	19.37
73071900	可锻性铸铁及铸钢管子附件	244 838.24	-0.38	55 872.61	6.57
73072100	不锈钢制法兰	70 857.53	7.40	44 870.27	0.31
73072200	不锈钢制螺纹肘管、弯管及管套	18 527.99	-2.23	17 619.03	0.04
73072300	不锈钢制对焊件	13 864.27	16.23	14 609.44	12.28
73072900	不锈钢制其他管子附件	21 822.03	25.33	23 537.06	27.15
73079100	其他钢铁制法兰	426 756.23	3.85	71 253.89	5.97
73079200	其他钢铁制螺纹肘管、弯管及管套	88 802.93	20.15	29 564.10	22.82
73079300	其他钢铁制对焊件	152 618.23	15.62	24 769.62	18.67
73079900	未列名钢铁制管子附件	274 748.14	12.73	89 549.42	16.84
73110010	装压缩气体或液化气体的零售包装钢铁容器	1 316.29	-42.17	509.57	-29.79
73110090	装压缩气体或液化气体的非零售包装钢铁容器	214 416.76	-0.30	51 362.33	5.33
84841000	密封垫等，金属片与其他材料或多层金属片制	28 851.01	-18.29	28 725.01	-16.67

2012 年压力容器设备进口量值表

税号	设备名称	进口量(t)	比上年增长(%)	进口额(万美元)	比上年增长(%)
73071100	无可锻性铸铁管子附件	1 026.30	-99.53	1 358.34	-96.61
73071900	可锻性铸铁及铸钢管子附件	1 879.38	-99.24	3 979.78	-92.41
73072100	不锈钢制法兰	2 017.29	-96.94	4 105.13	-90.82
73072200	不锈钢制螺纹肘管、弯管及管套	810.62	-95.72	3 885.55	-77.94
73072300	不锈钢制对焊件	815.68	-93.16	2 893.08	-77.77
73072900	不锈钢制其他管子附件	2 384.03	-86.31	13 942.66	-24.68
73079100	其他钢铁制法兰	7 752.70	-98.11	7 100.26	-89.44
73079200	其他钢铁制螺纹肘管、弯管及管套	4 551.29	-93.84	8 558.46	-64.44
73079300	其他钢铁制对焊件	2 763.34	-97.91	3 876.32	-81.43
73079900	未列名钢铁制管子附件	11 636.33	-95.23	24 050.79	-68.62
73110010	装压缩气体或液化气体的零售包装钢铁容器	6 247.72	174.48	1 042.01	43.57
73110090	装压缩气体或液化气体的非零售包装钢铁容器	19 421.59	-90.97	6 380.54	-86.92
84841000	密封垫等,金属片与其他材料或多层金属片制	3 211.74	-90.90	20 247.43	-41.26

2012 年输油管道设备出口量值表

税号	设备名称	出口量(t)	比上年增长(%)	出口额(万美元)	比上年增长(%)
73041110	不锈钢石油天然气管道管,215.9mm≤外径≤406.4mm	567.96	-92.33	297.44	-58.80
73041120	不锈钢石油天然气管道管,114.3mm<外径<215.9mm	414.77	-65.45	154.67	-28.53
73041130	不锈钢石油天然气管道管,外径≤114.3mm	962.36	92.64	470.65	108.03
73041190	不锈钢石油天然气管道管,外径>406.4mm	3 310.13	-40.44	1 370.61	-52.49
73041910	其他钢石油天然气管道管,215.9mm≤外径≤406.4mm	768 759.83	15.46	79 361.78	7.84
73041920	其他钢石油天然气管道管,114.3mm<外径<215.9mm	378 734.16	12.39	36 961.68	9.89
73041930	其他钢石油天然气无缝管道管,外径≤114.3mm	779 061.08	10.61	75 031.76	5.77
73041990	其他钢石油天然气无缝管道管,外径>406.4mm	210 195.01	-11.16	26 355.38	-7.74
73042210	不锈钢制钻探石油天然气钻管,外径≤168.3mm	399.69	261.98	175.08	383.92
73042290	不锈钢制钻探石油天然气钻管,外径>168.3mm	1 198.60	-60.57	492.62	-54.95
73042310	其他钢制钻探石油天然气钻管,外径≤168.3mm	94 205.74	-3.72	34 964.76	2.83
73042390	其他钢制钻探石油天然气钻管,外径>168.3mm	4 362.27	141.42	996.85	126.66
73042400	不锈钢制钻探石油或天然气用无缝套管、导管	132.14	-92.68	60.42	-91.74
73042900	钻探石油及天然气用无缝钢铁套管及导管	2 038 571.69	19.65	251 362.85	19.68
73061100	不锈钢制石油或天然气焊缝管道管	15 140.44	115.57	8 742.67	148.51
73061900	其他钢铁制石油或天然气管道管	632 155.05	23.95	52 903.67	25.18
73062100	不锈钢制钻探石油或天然气用套管及导管	215.15	0.61	31.65	-43.65
73062900	其他钢铁制钻探石油或天然气套管及导管	63 752.66	60.38	9 224.76	91.73

2012年输油管道设备进口量值表

税号	设备名称	进口量(t)	比上年增长(%)	进口额(万美元)	比上年增长(%)
73041110	不锈钢石油天然气管道管,215.9mm≤外径≤406.4mm	196.03	2.74	281.57	7.20
73041120	不锈钢石油天然气管道管,114.3mm<外径<215.9mm	217.53	-43.07	271.78	-22.33
73041130	不锈钢石油天然气管道管,外径≤114.3mm	420.91	-38.12	602.75	5.64
73041190	不锈钢石油天然气管道管,外径>406.4mm	92.47	38.10	155.10	98.67
73041910	其他钢石油天然气管道管,215.9mm≤外径≤406.4mm	6 279.56	54.56	1 576.60	58.66
73041920	其他钢石油天然气管道管,114.3mm<外径<215.9mm	1 365.98	19.26	243.67	-18.45
73041930	其他钢石油天然气无缝管道管,外径≤114.3mm	2 139.67	118.07	631.37	145.87
73041990	其他钢石油天然气无缝管道管,外径>406.4mm	425.00	-92.49	185.00	-82.24
73042210	不锈钢制钻探石油天然气钻管,外径≤168.3mm	215.32	1 337.36	293.45	860.75
73042310	其他钢制钻探石油天然气钻管,外径≤168.3mm	11 319.65	-30.60	2 398.46	-44.85
73042390	其他钢制钻探石油天然气钻管,外径>168.3mm	650.38	-24.04	183.10	-45.63
73042400	不锈钢制钻探石油或天然气用无缝套管、导管	9 619.01	56.89	6 592.50	186.57
73042900	钻探石油及天然气用无缝钢铁套管及导管	51 937.85	-9.07	14 380.67	5.03
73061100	不锈钢制石油或天然气焊缝管道管	790.20	-40.02	740.00	-10.14
73061900	其他钢铁制石油或天然气管道管	1 169.06	-84.31	245.89	-78.01
73062100	不锈钢制钻探石油或天然气用套管及导管	29.57	73.94	18.70	-82.35
73062900	其他钢铁制钻探石油或天然气套管及导管	1 505.81	-75.85	400.28	-94.00

2012年我国石油和石油化工设备主要进出口国家(地区)量值表

2012年石油钻采设备主要出口国家(地区)量值表

税　号	设备名称及主要出口国家(地区)	出口量单　位	出口量	出口额(万美元)
84131100	分装燃料或润滑油的计量泵,加油站或车库用	台	179 165	8 261.98
	其中:尼日利亚	台	12 711	1 772.10
	印度	台	8 148	1 257.51
	菲律宾	台	1 104	427.63
	加纳	台	1 475	403.55
	英国	台	25 792	363.16
	泰国	台	1 365	308.41

（续）

税　号	设备名称及主要出口国家（地区）	出口量单　位	出口量	出口额（万美元）
84131900	其他装有或可装计量装置的液体泵	台	1 562 162	4 668.76
	其中：美国	台	146 911	333.71
	泰国	台	17 226	289.87
	印度	台	24 934	280.57
	德国	台	56 937	232.11
	芬兰	台	112 891	190.20
	韩国	台	30 125	158.62
84135010	气动往复式排液泵	台	794 054	5 035.98
	其中：美国	台	96 235	1 522.03
	新加坡	台	23 064	549.41
	中国香港	台	7 837	334.90
	英国	台	227 110	267.93
	巴西	台	12 921	255.47
84135020	电动往复式排液泵	台	14 192 667	12 693.10
	其中：美国	台	1 472 753	2 999.60
	中国香港	台	6 121 464	2 555.49
	印度	台	3 014 963	1 373.65
	缅甸	台	59	641.68
	巴西	台	44 171	404.77
	俄罗斯联邦	台	178 270	329.67
84135090	未列名往复式排液泵	台	1 641 212	16 278.97
	其中：美国	台	743 802	8 081.25
	加拿大	台	134 593	2 080.82
	俄罗斯联邦	台	43 007	617.20
	日本	台	15 909	537.20
	委内瑞拉	台	16 805	499.64
84136090	其他回转式排液泵	台	24 349 575	52 104.12
	其中：德国	台	1 470 336	5 211.37
	美国	台	3 687 610	4 515.02
	俄罗斯联邦	台	764 862	2 719.24
	阿拉伯联合酋长国	台	701 849	2 392.22
	印度尼西亚	台	449 609	2 114.98
84137010	转速在 10 000r/min 及以上的离心泵	台	7 168 279	3 696.92
	其中：韩国	台	2 870 220	380.07
	美国	台	1 376 297	343.72
	尼日利亚	台	57 288	291.52
	土耳其	台	48 911	252.48
	比利时	台	124 958	205.91
84138100	未列名液体泵	台	27 122 769	46 278.92

（续）

税 号	设备名称及主要出口国家(地区)	出口量单位	出口量	出口额(万美元)
	其中:印度	台	874 654	7 195.57
	美国	台	4 933 939	4 845.86
	印度尼西亚	台	661 967	3 234.96
	越南	台	145 059	3 225.58
	德国	台	3 518 091	1 782.56
84138200	液体提升机	台	53 089	481.00
	其中:印度	台	480	84.19
	德国	台	3 208	32.63
	俄罗斯联邦	台	2 702	31.89
	法国	台	6 405	23.41
	英国	台	475	20.74
84139100	液体泵零件	kg	239 353 558	138 103.25
	其中:美国	kg	78 982 799	48 309.00
	日本	kg	17 998 797	11 400.58
	意大利	kg	13 090 800	6 314.22
	德国	kg	6 882 340	5 560.01
	加拿大	kg	9 481 339	5 371.37
	俄罗斯联邦	kg	4 886 965	5 026.52
84139200	液体提升机零件	kg	2 213 997	2 320.61
	其中:美国	kg	873 633	792.70
	巴西	kg	33 997	337.70
	瑞典	kg	37 498	269.21
	德国	kg	459 828	231.35
	中国香港	kg	17 294	82.81
	英国	kg	66 197	80.64
84304111	自推进石油及天然气钻机,钻探深度≥6 000m	台	52	31 783.39
	其中:伊朗	台	12	13 804.52
	委内瑞拉	台	5	6 561.39
	肯尼亚	台	2	4 823.51
	厄瓜多尔	台	3	2 378.50
	伊拉克	台	2	2 147.49
84304119	未列名自推进的石油及天然气钻机	台	502	62 544.25
	其中:委内瑞拉	台	62	37 908.73
	伊拉克	台	20	3 027.06
	俄罗斯联邦	台	23	1 930.21
	阿尔及利亚	台	4	1 859.33
	哈萨克斯坦	台	9	1 793.94
	印度尼西亚	台	28	1 761.44
84304121	其他自推进的钻机,钻探深度≥6 000m	台	7	1 977.93

（续）

税　号	设备名称及主要出口国家(地区)	出口量单　位	出口量	出口额（万美元）
	其中:肯尼亚	台	2	1 116.06
	尼日尔	台	1	708.10
	乍得	台	1	137.72
	哈萨克斯坦	台	1	15.35
	菲律宾	台	2	0.70
84304122	履带式自推进的钻机,钻探深度<6 000m	台	196	4 595.54
	其中:委内瑞拉	台	50	1 835.20
	缅甸	台	13	714.78
	马来西亚	台	7	448.27
	新加坡	台	6	223.44
	俄罗斯联邦	台	12	192.11
84304129	其他自推进的钻机,钻探深度<6 000m	台	937	12 106.99
	其中:蒙古	台	96	1 430.42
	俄罗斯联邦	台	114	1 085.00
	新西兰	台	2	978.33
	委内瑞拉	台	34	946.63
	韩国	台	3	861.78
84304190	自推进的凿井机械	台	562	5 682.95
	其中:委内瑞拉	台	88	2 254.27
	印度尼西亚	台	96	1 608.19
	伊拉克	台	79	520.93
	马来西亚	台	17	126.61
	厄瓜多尔	台	12	121.63
84305010	其他自推进采油机械	台	8 671	29 522.43
	其中:美国	台	4 067	12 751.88
	加拿大	台	2 737	10 300.17
	墨西哥	台	547	2 417.98
	蒙古	台	160	847.47
	阿曼	台	151	757.47
	哈萨克斯坦	台	477	724.09
84305031	牙轮直径在 380mm 及以上的采矿钻机	台	28	264.39
	其中:老挝	台	1	74.19
	印度	台	6	63.79
	秘鲁	台	1	34.75
	马来西亚	台	3	31.23
	印度尼西亚	台	5	24.13
84305039	其他采矿钻机	台	194	1 595.47
	其中:印度尼西亚	台	29	824.25
	委内瑞拉	台	3	103.93

（续）

税　号	设备名称及主要出口国家(地区)	出口量单　位	出口量	出口额（万美元）
	缅甸	台	3	94.62
	澳大利亚	台	1	83.03
	哈萨克斯坦	台	9	72.14
84314310	石油或天然气钻机的零件	kg	264 844 790	157 877.78
	其中:美国	kg	90 139 678	33 235.82
	新加坡	kg	19 362 832	13 651.42
	哈萨克斯坦	kg	8 535 061	12 720.47
	韩国	kg	18 075 597	9 955.90
	加拿大	kg	14 518 436	6 153.27
	伊朗	kg	2 723 874	6 126.43
84743100	混凝土或砂浆混合机器	台	716 100	26 360.16
	其中:俄罗斯联邦	台	246 770	4 102.21
	委内瑞拉	台	1 725	2 577.72
	美国	台	63 264	1 610.30
	印度尼西亚	台	2 647	1 159.44
	乌克兰	台	93 743	1 110.76
86061000	铁道及电车道非机动油罐货车及类似车	辆	121	1 085.90
	其中:安哥拉	辆	66	386.48
	澳大利亚	辆	18	333.00
	塞拉利昂	辆	10	212.57
	乌兹别克斯坦	辆	23	129.11
	瑞士	辆	4	24.74
87052000	机动钻探车	辆	64	1 075.75
	其中:沙特阿拉伯	辆	6	346.41
	吉尔吉斯斯坦	辆	18	172.30
	乍得	辆	1	124.38
	蒙古	辆	5	50.80
	埃塞俄比亚	辆	3	48.67
87059080	石油测井车、压裂车、混沙车	辆	79	3 643.17
	其中:委内瑞拉	辆	11	1 228.89
	蒙古	辆	40	820.69
	哈萨克斯坦	辆	13	660.89
	伊拉克	辆	4	428.43
	土库曼斯坦	辆	2	203.52
87163110	油罐挂车及半挂车	辆	1 735	4 700.28
	其中:坦桑尼亚	辆	306	830.77
	加纳	辆	209	685.70
	尼日利亚	辆	162	495.23
	俄罗斯联邦	辆	194	361.20

（续）

税　号	设备名称及主要出口国家(地区)	出口量单　位	出口量	出口额（万美元）
	缅甸	辆	77	199.72
	马来西亚	辆	33	199.51
89012011	载重量不超过10万t的成品油船	艘	120	115 873.67
	其中:中国香港	艘	52	66 020.62
	新加坡	艘	34	25 448.25
	菲律宾	艘	2	5 359.98
	埃塞俄比亚	艘	1	3 728.00
	俄罗斯联邦	艘	5	3 521.38
89012021	载重量不超过15万t的原油船	艘	6	20 066.49
	其中:安提瓜和巴布达	艘	3	6 822.63
	新加坡	艘	1	6 791.11
	印度尼西亚	艘	1	5 424.54
	利比里亚	艘	1	1 028.20
89012022	15万t<载重量≤30万t的原油船	艘	6	68 359.61
	其中:中国香港	艘	5	61 859.61
	马耳他	艘	1	6 500.00
89012023	载重量超过30万t的原油船	艘	10	108 528.49
	其中:中国香港	艘	4	46 705.94
	新加坡	艘	3	31 401.85
	坦桑尼亚	艘	1	10 380.00
	图瓦卢	艘	1	10 336.21
	利比里亚	艘	1	9 704.51
89012031	容积≤20 000m^3的液化石油气船	艘	10	15 254.59
	其中:新加坡	艘	4	9 008.66
	印度尼西亚	艘	2	2 752.93
	中国香港	艘	3	1 918.00
	丹麦	艘	1	1 575.00
89012090	其他液货船	艘	20	21 186.98
	其中:新加坡	艘	6	6 084.02
	韩国	艘	3	6 000.00
	中国香港	艘	3	4 285.00
	挪威	艘	1	1 434.55
	巴拿马	艘	1	1 342.92
	俄罗斯联邦	艘	1	1 310.68
89052000	浮动或潜水式钻探或生产平台	座	99	253 214.69
	其中:新加坡	座	3	70 130.57
	巴西	座	2	64 031.04
	挪威	座	1	38 212.61
	墨西哥	座	1	33 075.45

（续）

税　号	设备名称及主要出口国家(地区)	出口量单　位	出口量	出口额（万美元）
	伊朗	座	2	16 116.16
90158000	其他大地及水道测量海洋气象地球物理用仪器	台	5 250 512	41 212.48
	其中:伊朗	台	31 352	4 423.53
	美国	台	1 628 113	3 900.01
	沙特阿拉伯	台	211 550	2 817.43
	阿拉伯联合酋长国	台	85 049	2 414.36
	哈萨克斯坦	台	6 955	2 370.61

2012年石油钻采设备主要进口国家(地区)量值表

税号	设备名称及主要进口国家(地区)	进口量单　位	进口量	进口额（万美元）
84131100	分装燃料或润滑油的计量泵,加油站或车库用	台	3 283	489.36
	其中:法国	台	9	139.32
	新加坡	台	4	74.05
	日本	台	1 460	66.70
	荷兰	台	3	65.96
	美国	台	633	59.26
84131900	其他装有或可装计量装置的液体泵	台	384 070	16 045.54
	其中:德国	台	116 675	5 376.98
	日本	台	8 194	2 341.19
	美国	台	43 206	1 727.03
	意大利	台	18 849	993.70
	奥地利	台	46	847.12
	英国	台	4 454	817.04
84135010	气动往复式排液泵	台	83 034	4 714.90
	其中:美国	台	21 774	2 787.41
	日本	台	6 719	549.14
	德国	台	2 602	508.31
	中国台湾	台	2 902	147.57
	意大利	台	2 634	124.06
	法国	台	943	113.92
84135020	电动往复式排液泵	台	6 346 302	22 469.07
	其中:德国	台	75 226	6 445.92
	美国	台	38 179	4 348.22
	意大利	台	3 229 175	2 093.37
	荷兰	台	1 520	1 749.34
	日本	台	132 924	1 695.90

（续）

税号	设备名称及主要进口国家(地区)	进口量单位	进口量	进口额（万美元）
	法国	台	112 038	1 048.59
84135090	未列名往复式排液泵	台	1 043 165	11 221.87
	其中:日本	台	196 526	3 364.59
	韩国	台	16 520	2 731.60
	德国	台	11 538	2 678.13
	美国	台	2 939	1 577.87
	意大利	台	795 670	553.51
84136090	其他回转式排液泵	台	1 581 322	12 379.18
	其中:德国	台	297 261	3 353.21
	日本	台	200 077	2 999.94
	美国	台	39 328	1 120.27
	韩国	台	361 863	1 035.06
	意大利	台	503 410	966.40
84137010	转速在 10 000r/min 及以上的离心泵	台	397 027	2 815.74
	其中:美国	台	2 324	1 440.80
	德国	台	33 782	430.13
	日本	台	196 110	225.30
	挪威	台	36	159.97
	英国	台	64 908	109.76
	丹麦	台	65	107.55
84138100	未列名液体泵	台	9 001 513	25 054.06
	其中:日本	台	243 204	7 608.05
	德国	台	272 528	3 196.20
	美国	台	31 763	2 860.11
	奥地利	台	13 567	1 684.02
	意大利	台	2 835 382	1 672.70
84138200	液体提升机	台	4 722	240.92
	其中:美国	台	348	97.71
	德国	台	3 306	72.50
	中国台湾	台	98	21.47
	西班牙	台	62	14.65
	爱尔兰	台	357	7.96
84139100	液体泵零件	台	27 984 251	63 463.69
	其中:日本	kg	4 177 384	13 920.09
	德国	kg	5 431 710	11 995.20
	美国	kg	3 760 271	8 513.36
	韩国	kg	4 676 491	5 955.44

（续）

税号	设备名称及主要进口国家(地区)	进口量单位	进口量	进口额（万美元）
	中国台湾	kg	3 257 139	3 540.08
84139200	液体提升机零件	kg	53 022	162.17
	其中:中国香港	kg	34 608	100.10
	美国	kg	4 110	20.86
	中华人民共和国	kg	1 050	11.39
	日本	kg	4 374	8.75
	德国	kg	1 046	8.63
84304119	未列名自推进的石油及天然气钻机	台	11	1 809.31
	其中:美国	台	11	1 809.31
84304122	履带式自推进的钻机,钻探深度<6 000m	台	30	2 755.18
	其中:澳大利亚	台	5	1 180.72
	德国	台	8	764.53
	美国	台	9	714.04
	日本	台	7	72.83
	韩国	台	1	23.05
84304129	其他自推进的钻机,钻探深度<6 000m	台	220	2 148.27
	其中:澳大利亚	台	10	1 366.24
	日本	台	71	217.93
	美国	台	121	176.75
	意大利	台	3	127.69
	加拿大	台	5	118.24
84304190	自推进的凿井机械	台	3	56.57
	其中:德国	台	2	42.63
	美国	台	1	13.94
84305010	其他自推进采油机械	台	44	241.28
	其中:美国	台	3	186.86
	加拿大	台	40	53.87
	中华人民共和国	台	1	0.55
84305031	牙轮直径在380mm及以上的采矿钻机	台	5	241.30
	其中:澳大利亚	台	1	232.34
	日本	台	4	8.97
84305039	其他采矿钻机	台	42	1 305.40
	其中:德国	台	4	513.67
	瑞典	台	7	252.68
	澳大利亚	台	1	210.91
	日本	台	24	162.91
	美国	台	4	145.24

（续）

税号	设备名称及主要进口国家(地区)	进口量单位	进口量	进口额（万美元）
	芬兰	台	2	20.00
84314310	石油或天然气钻机的零件	kg	11 287 009	43 140.46
	其中:美国	kg	3 344 256	12 523.25
	新加坡	kg	2 462 671	9 396.66
	挪威	kg	1 282 001	8 915.80
	德国	kg	1 000 172	2 771.93
	中国台湾	kg	431 810	2 565.24
	英国	kg	404 545	2 341.42
84743100	混凝土或砂浆混合机器	台	445	1 114.67
	其中:德国	台	141	291.77
	挪威	台	40	263.10
	美国	台	27	98.32
	中国台湾	台	18	82.86
	意大利	台	91	77.88
86061000	铁道及电车道非机动油罐货车及类似车	辆	1	0.34
	其中:日本	辆	1	0.34
87052000	机动钻探车	辆	3	615.81
	其中:美国	辆	3	615.81
87059080	石油测井车、压裂车、混沙车	辆	12	901.47
	其中:美国	辆	12	901.47
89012011	载重量不超过10万t的成品油船	艘	30	126.92
	其中:中国香港	艘	22	87.61
	中国澳门	艘	7	31.58
	中华人民共和国	艘	1	7.74
89012090	其他液货船	艘	1	70.00
	其中:中华人民共和国	艘	1	70.00
89052000	浮动或潜水式钻探或生产平台	座	3	9 990.70
	其中:韩国	座	1	9 170.75
	法国	座	1	671.58
	土耳其	座	1	148.37
90158000	其他大地及水道测量海洋气象地球物理用仪器	台	82 942	59 688.73
	其中:美国	台	18 508	21 643.51
	法国	台	2 921	11 252.35
	加拿大	台	1 499	5 736.94
	英国	台	3 129	3 399.38
	德国	台	34 743	3 177.21
	瑞士	台	1 689	3 125.33

2012年炼油化工设备主要出口国家(地区)量值表

税号	设备名称及主要出口国家(地区)	出口量单位	出口量	出口额(万美元)
84051000	煤气发生器;乙炔发生器等水解气体发生器	kg	8 576 330	3 315.30
	其中:印度	kg	1 360 498	572.31
	印度尼西亚	kg	1 996 308	502.88
	越南	kg	1 088 714	429.78
	俄罗斯联邦	kg	267 885	383.32
	塔吉克斯坦	kg	734 828	249.36
84059000	煤气发生器及乙炔发生器等的零件	kg	6 611 359	1 555.07
	其中:越南	kg	2 142 406	605.36
	印度	kg	1 633 374	302.35
	加纳	kg	957 424	194.35
	缅甸	kg	709 000	129.42
	印度尼西亚	kg	401 022	87.86
84161000	使用液体燃料的炉用燃烧器	kg	1 297 948	1 137.00
	其中:美国	kg	64 045	145.33
	南非	kg	285 507	118.09
	赞比亚	kg	5 549	94.62
	印度	kg	20 694	47.32
	德国	kg	82 104	46.52
	智利	kg	84 596	45.06
84162019	使用其他气体燃料的炉用燃烧器	kg	3 136 555	2 178.97
	其中:美国	kg	1 323 226	454.37
	中国香港	kg	68 117	330.76
	马来西亚	kg	273 362	195.88
	印度尼西亚	kg	335 572	174.12
	德国	kg	196 556	172.29
84193990	未列名干燥器	台	773 141	26 442.77
	其中:印度	台	7 104	3 204.52
	美国	台	223 652	2 333.54
	泰国	台	13 706	1 844.18
	印度尼西亚	台	13 489	1 755.81
	俄罗斯联邦	台	38 994	1 721.21
	日本	台	18 145	1 651.67
84194010	提净塔	台	422	1 538.48
	其中:墨西哥	台	15	237.48
	印度尼西亚	台	2	218.21
	土库曼斯坦	台	7	164.02
	土耳其	台	3	134.39

（续）

税号	设备名称及主要出口国家（地区）	出口量单位	出口量	出口额（万美元）
	印度	台	9	133.10
	澳大利亚	台	8	112.46
84194020	精馏塔	台	157	4 796.59
	其中：土库曼斯坦	台	12	2 772.98
	韩国	台	1	783.61
	哈萨克斯坦	台	6	453.84
	沙特阿拉伯	台	4	188.02
	越南	台	2	132.20
84194090	其他蒸馏或精馏设备	台	21 890	8 150.03
	其中：印度	台	1 218	1 997.50
	哈萨克斯坦	台	143	812.11
	越南	台	876	661.44
	泰国	台	118	534.69
	土耳其	台	152	461.62
84195000	热交换装置	台	804 538	45 131.92
	其中：美国	台	54 777	5 138.78
	印度	台	4 951	4 690.68
	土库曼斯坦	台	133	3 769.71
	韩国	台	44 664	3 286.23
	日本	台	74 110	2 373.09
	越南	台	1 196	2 304.19
84196011	制氧量≥15 000m^3/h 及以上的制氧机	台	40	2 121.68
	其中：新加坡	台	1	2 008.91
	伊拉克	台	1	39.73
	厄立特里亚	台	1	32.19
	伊朗	台	8	11.57
84196019	其他制氧机	台	3 216	7 497.75
	其中：俄罗斯联邦	台	22	1 947.50
	印度尼西亚	台	330	825.54
	印度	台	49	581.65
	菲律宾	台	43	450.24
	韩国	台	18	422.56
84196090	未列名液化空气或其他气体的机器	台	1 584	12 858.99
	其中：美国	台	55	2 123.05
	比利时	台	10	1 563.55
	乌克兰	台	6	1 533.48
	印度	台	107	1 458.31
	中国台湾	台	97	1 425.91
84198910	加氢反应器	台	165	1 597.87

（续）

税号	设备名称及主要出口国家(地区)	出口量单位	出口量	出口额(万美元)
	其中:印度尼西亚	台	2	929.70
	澳大利亚	台	2	479.06
	印度	台	134	160.12
	土耳其	台	10	11.91
	乌兹别克斯坦	台	5	5.44
84198990	未列名利用温度变化处理材料的机器、装置等	台	3 050 270	53 235.21
	其中:印度	台	65 668	4 050.30
	日本	台	38 016	3 485.30
	美国	台	758 447	3 242.40
	印度尼西亚	台	13 406	3 109.32
	泰国	台	43 302	2 590.67
	韩国	台	24 806	2 371.70
84211910	脱水机	台	197 262	1 486.56
	其中:菲律宾	台	66 116	174.00
	孟加拉国	台	123	104.31
	越南	台	264	102.62
	印度尼西亚	台	326	90.86
	韩国	台	32 837	85.83
	墨西哥	台	27 263	82.85
84212910	压滤机	台	1 387	5 101.72
	其中:印度	台	195	1 196.07
	马来西亚	台	57	321.12
	印度尼西亚	台	72	310.78
	民主刚果	台	23	289.11
	中国台湾	台	95	274.84
84212990	未列名液体过滤、净化机器及装置	台	62 216 549	40 956.87
	其中:日本	台	10 373 935	7 006.09
	美国	台	13 235 161	5 513.17
	印度	台	2 237 704	2 681.98
	土耳其	台	1 381 684	1 730.63
	印度尼西亚	台	523 032	1 188.55
84213923	工业用旋风式除尘器	台	5 616	750.56
	其中:印度	台	199	154.46
	韩国	台	76	91.43
	吉尔吉斯斯坦	台	5	89.56
	日本	台	639	89.31
	中国台湾	台	54	52.81
84772010	塑料造粒机	台	3 537	6 535.45
	其中:俄罗斯联邦	台	216	567.30

（续）

税号	设备名称及主要出口国家（地区）	出口量单位	出口量	出口额（万美元）
	印度	台	150	427.46
	越南	台	255	390.06
	泰国	台	113	328.04
	印度尼西亚	台	487	290.38
84772090	其他挤出机	台	8 492	27 267.45
	其中：俄罗斯联邦	台	1 983	2 621.74
	印度尼西亚	台	364	1 967.78
	泰国	台	320	1 677.33
	伊朗	台	411	1 489.06
	印度	台	425	1 452.10
84213923	工业用旋风式除尘器	台	5 616	750.56
	其中：印度	台	199	154.46
	韩国	台	76	91.43
	吉尔吉斯斯坦	台	5	89.56
	日本	台	639	89.31
	中国台湾	台	54	52.81
84772010	塑料造粒机	台	3 537	6 535.45
	其中：俄罗斯联邦	台	216	567.30
	印度	台	150	427.46
	越南	台	255	390.06
	泰国	台	113	328.04
	印度尼西亚	台	487	290.38
84772090	其他挤出机	台	8 492	27 267.45
	其中：俄罗斯联邦	台	1 983	2 621.74
	印度尼西亚	台	364	1 967.78
	泰国	台	320	1 677.33
	伊朗	台	411	1 489.06
	印度	台	425	1 452.10
84796000	蒸发式空气冷却器	台	1 464 747	9 500.50
	其中：土耳其	台	145 754	878.43
	印度尼西亚	台	117 224	759.04
	印度	台	86 652	731.30
	巴西	台	96 509	696.94
	日本	台	173 603	641.10
84798200	搅混、轧碎、研磨、筛选、均化或乳化机器	台	399 176	32 162.21
	其中：美国	台	83 352	2 830.32
	澳大利亚	台	21 370	2 691.39
	印度尼西亚	台	32 972	2 554.22
	日本	台	19 220	2 070.61

（续）

税号	设备名称及主要出口国家(地区)	出口量单位	出口量	出口额（万美元）
	泰国	台	13 903	1 801.94
84798999	未列名具有独立功能的机器及机械器具	台	140 235 230	108 689.28
	其中:美国	台	12 364 241	16 137.96
	中国香港	台	19 355 042	15 428.21
	俄罗斯联邦	台	5 339 609	8 656.70
	日本	台	4 698 871	6 264.13
	印度	台	9 408 615	4 743.34
	德国	台	3 560 382	4 306.85
84811000	减压阀	套	35 168 252	17 266.59
	其中:美国	套	5 239 961	4 270.81
	日本	套	1 883 200	2 975.97
	中国香港	套	3 375 072	1 209.64
	马来西亚	套	4 245 711	845.72
	韩国	套	474 346	782.66
	印度	套	312 896	749.39
84812010	油压传动阀	套	4 967 259	3 772.91
	其中:日本	套	1 817 049	678.79
	美国	套	212 690	647.90
	韩国	套	156 098	546.72
	巴西	套	56 407	277.08
	印度	套	56 309	177.78
84812020	气压传动阀	套	6 435 174	8 804.94
	其中:美国	套	1 122 469	2 679.58
	日本	套	754 792	1 815.71
	德国	套	574 604	1 122.02
	越南	套	647 137	416.78
	法国	套	1 222 511	402.41
84813000	止回阀	套	1 447 425 839	34 556.17
	其中:美国	套	239 915 986	7 020.07
	印度尼西亚	套	186 425 859	3 173.59
	韩国	套	36 439 013	1 943.59
	越南	套	100 985 335	1 308.34
	泰国	套	100 350 092	1 249.27
84814000	安全阀或溢流阀	套	8 627 089	8 635.01
	其中:美国	套	771 899	2 283.12
	日本	套	805 586	766.16
	中国台湾	套	1 103 601	454.68
	新加坡	套	39 144	442.70
	伊朗	套	6 836	440.48

（续）

税号	设备名称及主要出口国家(地区)	出口量单位	出口量	出口额(万美元)
84819010	阀门零件	kg	366 212 021	228 782.42
	其中:美国	kg	120 977 759	75 725.12
	日本	kg	22 779 591	25 630.41
	德国	kg	13 550 665	12 796.00
	韩国	kg	33 476 575	11 947.59
	意大利	kg	16 552 249	9 452.93

2012年炼油化工设备主要进口国家(地区)量值表

税号	设备名称及主要进口国家(地区)	进口量单位	进口量	进口额(万美元)
84051000	煤气发生器;乙炔发生器等水解气体发生器	kg	108 440	449.10
	其中:美国	kg	13 251	109.90
	日本	kg	22 836	87.56
	挪威	kg	11 765	64.71
	韩国	kg	34 979	50.10
	德国	kg	1 037	30.08
84059000	煤气发生器及乙炔发生器等的零件	kg	36 415	87.57
	其中:德国	kg	842	26.24
	捷克	kg	30 000	24.31
	美国	kg	1 116	14.76
	荷兰	kg	85	6.35
	法国	kg	20	4.36
84161000	使用液体燃料的炉用燃烧器	kg	1 615 923	5 503.64
	其中:丹麦	kg	214 950	1 246.36
	德国	kg	175 678	1 118.52
	日本	kg	671 051	1 029.42
	意大利	kg	269 238	653.10
	美国	kg	80 252	597.30
84162019	使用其他气体燃料的炉用燃烧器	kg	351 859	2 185.49
	其中:荷兰	kg	124 740	542.63
	意大利	kg	48 246	501.45
	芬兰	kg	28 581	341.73
	德国	kg	28 714	331.11
	法国	kg	56 924	141.78
	瑞士	kg	11 295	112.21
84193990	未列名干燥器	台	59 115	37 039.14
	其中:德国	台	2 768	10 594.23

（续）

税号	设备名称及主要进口国家（地区）	进口量单位	进口量	进口额（万美元）
	日本	台	21 967	7 828.52
	韩国	台	1 032	3 581.69
	意大利	台	20 507	2 545.20
	美国	台	3 905	2 224.76
	中国台湾	台	4 185	2 102.94
84194010	提净塔	台	5	303.54
	其中：加拿大	台	2	295.80
	阿根廷	台	1	6.61
	韩国	台	2	1.12
84194020	精馏塔	台	29	2 850.71
	其中：瑞士	台	3	1 269.86
	比利时	台	6	839.50
	日本	台	2	202.78
	中国台湾	台	8	190.58
	西班牙	台	2	177.13
84194090	其他蒸馏或精馏设备	台	2 235	9 680.64
	其中：德国	台	510	2 000.87
	日本	台	134	1 421.63
	奥地利	台	19	1 243.75
	法国	台	21	1 190.79
	美国	台	63	1 169.26
84195000	热交换装置	台	444 217	119 889.30
	其中：法国	台	1 246	30 035.66
	韩国	台	73 648	19 686.55
	德国	台	122 334	15 803.79
	美国	台	16 413	13 264.39
	日本	台	137 829	11 740.16
84196011	制氧量≥15 000m^3/h 及以上的制氧机	台	2	0.33
	其中：美国	台	2	0.33
84196019	其他制氧机	台	2 372	254.25
	其中：美国	台	1 847	165.83
	法国	台	11	36.45
	韩国	台	171	32.73
	德国	台	276	10.90
84196090	未列名液化空气或其他气体的机器	台	145	4 008.53
	其中：法国	台	4	1 443.06
	美国	台	10	712.57

（续）

税号	设备名称及主要进口国家(地区)	进口量单位	进口量	进口额（万美元）
	德国	台	13	555.56
	丹麦	台	2	368.12
	日本	台	6	311.85
84198910	加氢反应器	台	63	6 664.38
	其中:韩国	台	5	3 350.58
	德国	台	4	2 294.09
	比利时	台	1	405.01
	意大利	台	1	142.26
	法国	台	12	117.59
	丹麦	台	6	115.01
84198990	未列名利用温度变化处理材料的机器、装置等	台	176 587	95 026.25
	其中:德国	台	19 966	20 691.12
	奥地利	台	332	11 424.64
	日本	台	81 816	9 446.62
	中国台湾	台	3 237	8 885.74
	瑞士	台	843	8 469.49
	美国	台	9 095	8 040.73
84211910	脱水机	台	404	3 831.32
	其中:德国	台	79	1 363.44
	澳大利亚	台	68	988.55
	日本	台	94	470.77
	美国	台	58	418.23
	意大利	台	27	219.48
84212910	压滤机	台	524	6 440.08
	其中:德国	台	49	1 398.50
	美国	台	198	763.93
	中国台湾	台	79	748.01
	日本	台	20	682.00
	瑞典	台	6	655.98
84212990	未列名液体过滤、净化机器及装置	台	51 224 046	89 521.10
	其中:德国	台	8 612 155	21 247.39
	日本	台	19 339 749	20 956.30
	美国	台	9 915 121	13 273.18
	法国	台	2 798 532	6 376.81
	意大利	台	798 078	3 014.37
84213923	工业用旋风式除尘器	台	4 113	1 397.14
	其中:日本	台	836	349.16

（续）

税号	设备名称及主要进口国家(地区)	进口量单位	进口量	进口额(万美元)
	意大利	台	437	216.41
	美国	台	320	188.33
	德国	台	183	182.79
	韩国	台	1 179	142.75
84772010	塑料造粒机	台	275	20 206.83
	其中:德国	台	84	9 576.20
	日本	台	100	6 980.78
	中国台湾	台	43	1 604.16
	奥地利	台	25	1 413.58
	美国	台	2	257.04
84772090	其他挤出机	台	882	43 187.72
	其中:德国	台	212	18 669.70
	中国台湾	台	302	8 383.66
	日本	台	110	7 434.07
	美国	台	68	2 174.14
	韩国	台	46	2 173.17
84796000	蒸发式空气冷却器	台	3 010	585.30
	其中:美国	台	142	244.24
	新加坡	台	5	65.30
	德国	台	319	55.60
	法国	台	24	52.57
	日本	台	148	50.86
84798200	搅混、轧碎、研磨、筛选、均化或乳化机器	台	47 378	54 908.80
	其中:德国	台	12 694	15 936.12
	日本	台	3 377	7 012.52
	美国	台	9 031	6 409.45
	意大利	台	1 241	4 911.57
	中国台湾	台	4 163	4 272.84
84798999	未列名具有独立功能的机器及机械器具	台	167 111 551	456 209.01
	其中:日本	台	3 754 138	103 432.05
	德国	台	618 525	84 094.90
	美国	台	211 429	68 959.03
	韩国	台	6 226 366	53 773.73
	中国台湾	台	846 241	35 023.13
84811000	减压阀	套	29 372 703	34 666.91
	其中:德国	套	5 642 271	9 707.53
	美国	套	5 178 416	5 972.75

（续）

税号	设备名称及主要进口国家(地区)	进口量单位	进口量	进口额（万美元）
	意大利	套	1 650 530	4 360.39
	日本	套	2 702 580	3 656.88
	韩国	套	3 892 465	2 167.27
84812010	油压传动阀	套	25 747 732	92 538.11
	其中:日本	套	1 619 259	36 805.02
	德国	套	1 383 086	21 328.18
	韩国	套	13 360 792	10 038.96
	美国	套	4 247 874	7 065.70
	意大利	套	704 401	6 098.76
84812020	气压传动阀	套	10 714 802	51 084.93
	其中:日本	套	3 590 841	16 720.78
	德国	套	2 453 709	10 688.59
	美国	套	1 335 441	7 238.53
	法国	套	58 770	3 699.06
	意大利	套	413 369	2 400.17
84813000	止回阀	套	193 372 856	36 233.86
	其中:德国	套	10 512 866	7 209.06
	美国	套	17 491 830	6 051.58
	日本	套	57 430 385	4 896.15
	意大利	套	3 296 186	3 407.60
	英国	套	2 408 598	2 563.73
	韩国	套	7 316 091	2 546.22
84814000	安全阀或溢流阀	套	21 095 449	37 468.90
	其中:美国	套	2 194 622	9 974.57
	德国	套	3 734 579	9 522.19
	日本	套	3 386 369	3 717.67
	法国	套	289 203	3 393.42
	意大利	套	2 707 662	2 276.20
84819010	阀门零件	kg	23 638 054	84 587.77
	其中:日本	kg	4 632 112	21 068.00
	德国	kg	3 316 110	16 820.81
	韩国	kg	3 998 185	10 137.19
	美国	kg	2 265 103	9 891.01
	意大利	kg	1 131 979	3 126.57

2012年压力容器设备主要出口国家(地区)量值表

税号	设备名称及主要出口国家(地区)	出口量 (kg)	出口额 (万美元)
73071100	无可锻性铸铁管子附件	244 567 615	47 890.57
	其中:美国	102 797 962	19 197.89
	日本	10 333 806	2 606.75
	德国	8 500 313	1 731.19
	加拿大	8 130 516	1 620.23
	中国香港	8 470 906	1 454.84
	英国	7 000 186	1 436.84
73071900	可锻性铸铁及铸钢管子附件	244 838 242	55 872.61
	其中:美国	53 874 461	13 360.93
	韩国	14 255 866	2 776.35
	伊朗	13 718 648	2 526.31
	英国	9 593 273	2 171.37
	沙特阿拉伯	8 051 960	1 614.74
73072100	不锈钢制法兰	70 857 526	44 870.27
	其中:韩国	11 395 656	7 300.96
	日本	11 451 231	6 913.98
	德国	8 206 943	5 864.89
	美国	8 188 295	4 955.28
	意大利	3 453 008	2 063.71
	荷兰	2 968 990	2 061.72
73072200	不锈钢制螺纹肘管、弯管及管套	18 527 985	17 619.03
	其中:美国	4 800 949	4 522.66
	日本	2 760 068	3 095.33
	中国台湾	1 234 467	1 345.98
	德国	823 439	1 017.08
	西班牙	1 065 405	954.83
73072300	不锈钢制对焊件	13 864 266	14 609.44
	其中:美国	2 161 726	2 651.06
	日本	922 577	1 139.48
	荷兰	911 439	964.39
	意大利	845 711	797.83
	南非	629 361	654.34
	阿曼	491 901	627.39
73072900	不锈钢制其他管子附件	21 822 032	23 537.06
	其中:美国	5 158 452	5 437.87

（续）

税号	设备名称及主要出口国家(地区)	出口量(kg)	出口额(万美元)
	日本	1 536 391	2 308.84
	德国	886 511	1 729.36
	韩国	1 121 957	938.49
	荷兰	491 241	906.14
73079100	其他钢铁制法兰	426 756 230	71 253.89
	其中:韩国	70 663 797	10 365.69
	日本	43 286 982	7 380.75
	美国	21 897 910	5 573.01
	德国	22 211 932	4 114.35
	俄罗斯联邦	22 766 600	2 875.52
73079200	其他钢铁制螺纹肘管、弯管及管套	88 802 929	29 564.10
	其中:美国	35 019 029	11 912.56
	日本	3 685 187	3 167.93
	土库曼斯坦	965 475	1 434.08
	加拿大	1 710 406	703.87
	中国香港	4 389 889	644.99
	韩国	2 652 619	606.54
73079300	其他钢铁制对焊件	152 618 230	24 769.62
	其中:阿拉伯联合酋长国	8 594 693	1 698.41
	印度	14 317 094	1 660.68
	韩国	9 147 509	1 620.70
	巴西	8 910 626	1 454.90
	美国	6 928 662	1 342.87
73079900	未列名钢铁制管子附件	274 748 136	89 549.42
	其中:美国	78 907 552	25 345.22
	日本	6 844 988	4 025.80
	新加坡	9 547 958	3 408.64
	俄罗斯联邦	6 955 988	2 928.12
	加拿大	8 610 937	2 758.09
73110010	装压缩气体或液化气体的零售包装钢铁容器	1 316 294	509.57
	其中:日本	415 105	199.68
	中国香港	87 963	61.07
	中国台湾	150 584	50.57
	越南	120 412	46.98
	利比里亚	71 977	18.27
73110090	装压缩气体或液化气体的非零售包装钢铁容器	214 416 755	51 362.33
	其中:美国	27 090 495	7 534.50

（续）

税号	设备名称及主要出口国家（地区）	出口量（kg）	出口额（万美元）
	乌兹别克斯坦	15 451 987	3 397.68
	印度尼西亚	14 349 165	3 214.75
	韩国	10 344 506	3 099.31
	泰国	14 452 522	3 074.88
84841000	密封垫等，金属片与其他材料或多层金属片制	28 851 005	28 725.01
	其中：美国	6 041 514	5 295.49
	沙特阿拉伯	452 021	2 493.67
	德国	902 195	1 765.22
	日本	674 175	1 415.96
	泰国	892 775	1 224.73

2012年压力容器设备主要进口国家（地区）量值表

税号	设备名称及主要进口国家（地区）	进口量（kg）	进口额（万美元）
73071100	无可锻性铸铁管子附件	1 026 302	1 358.34
	其中：日本	216 220	326.62
	德国	229 919	292.57
	美国	162 956	172.13
	韩国	54 154	162.19
	意大利	87 111	101.67
73071900	可锻性铸铁及铸钢管子附件	1 879 381	3 979.78
	其中：日本	271 824	908.77
	德国	307 368	811.76
	美国	100 559	570.72
	韩国	382 892	450.12
	意大利	361 758	395.75
73072100	不锈钢制法兰	2 017 290	4 105.13
	其中：德国	361 290	953.55
	美国	116 558	587.89
	日本	673 065	572.47
	意大利	187 180	407.90
	法国	98 314	310.96
73072200	不锈钢制螺纹肘管、弯管及管套	810 618	3 885.55
	其中：德国	179 611	967.96
	美国	262 323	863.66

（续）

税号	设备名称及主要进口国家(地区)	进口量 (kg)	进口额 (万美元)
	日本	110 655	799.46
	法国	17 327	330.83
	韩国	52 278	226.36
73072300	不锈钢制对焊件	815 682	2 893.08
	其中:意大利	246 080	1 229.91
	德国	59 680	359.96
	韩国	109 325	251.54
	瑞典	5 227	175.41
	泰国	174 479	168.50
73072900	不锈钢制其他管子附件	2 384 029	13 942.66
	其中:美国	340 807	3 962.27
	德国	431 580	2 550.21
	日本	269 380	1 685.56
	韩国	449 742	1 250.13
	意大利	204 366	667.30
73079100	其他钢铁制法兰	7 752 704	7 100.26
	其中:德国	1 438 534	2 105.16
	日本	940 327	1 043.23
	韩国	2 503 155	836.92
	美国	522 218	748.81
	意大利	551 513	544.93
73079200	其他钢铁制螺纹肘管、弯管及管套	4 551 293	8 558.46
	其中:美国	748 107	2 143.39
	日本	1 194 899	1 663.30
	韩国	1 177 457	752.19
	马来西亚	150 997	699.65
	中华人民共和国	235 538	591.67
	德国	181 668	565.64
73079300	其他钢铁制对焊件	2 763 344	3 876.32
	其中:意大利	1 240 594	1 842.96
	奥地利	456 873	608.45
	日本	342 166	429.68
	韩国	338 981	317.64
	英国	89 036	295.50
73079900	未列名钢铁制管子附件	11 636 334	24 050.79
	其中:德国	1 582 174	5 292.48
	日本	2 262 707	4 732.66

（续）

税号	设备名称及主要进口国家(地区)	进口量(kg)	进口额(万美元)
	美国	1 258 148	4 088.63
	韩国	2 658 776	2 264.36
	法国	410 808	1 413.09
73110010	装压缩气体或液化气体的零售包装钢铁容器	6 247 723	1 042.01
	其中:中华人民共和国	5 125 600	552.34
	美国	351 889	334.54
	中国香港	451 465	49.42
	荷兰	69 789	22.29
	德国	34 103	19.96
	韩国	133 275	19.91
73110090	装压缩气体或液化气体的非零售包装钢铁容器	19 421 594	6 380.54
	其中:日本	1 863 329	1 410.59
	韩国	3 433 413	1 261.87
	德国	265 051	968.54
	美国	1 251 289	963.00
	中华人民共和国	10 414 470	715.22
84841000	密封垫等,金属片与其他材料或多层金属片制	3 211 743	20 247.43
	其中:日本	956 970	6 388.44
	美国	424 977	4 613.01
	德国	381 418	2 824.34
	韩国	560 695	1 380.09
	法国	44 255	1 300.27

2012 年输油管道设备主要出口国家(地区)量值表

税号	设备名称及主要出口国家(地区)	出口量(kg)	出口额(万美元)
73041110	不锈钢石油天然气管道管,215.9mm≤外径≤406.4mm	567 958	297.44
	其中:土库曼斯坦	126 393	97.13
	埃塞俄比亚	182 129	87.45
	巴西	41 728	30.84
	土耳其	53 802	17.03
	日本	76 743	13.02
73041120	不锈钢石油天然气管道管,114.3mm<外径<215.9mm	414 771	154.67
	其中:美国	87 849	81.13
	巴西	23 704	14.49

（续）

税号	设备名称及主要出口国家(地区)	出口量(kg)	出口额(万美元)
	印度	116 824	10.12
	沙特阿拉伯	106 407	9.71
	埃塞俄比亚	16 841	8.29
	土库曼斯坦	12 815	8.26
73041130	不锈钢石油天然气管道管，外径≤114.3mm	962 359	470.65
	其中：韩国	271 381	149.07
	土库曼斯坦	175 499	141.54
	沙特阿拉伯	244 184	22.22
	朝鲜	38 639	21.57
	民主刚果	40 801	20.49
73041190	不锈钢石油天然气管道管，外径>406.4mm	3 310 125	1 370.61
	其中：印度	1 956 993	717.51
	乌克兰	254 267	117.59
	泰国	177 526	94.83
	菲律宾	125 070	76.36
	阿拉伯联合酋长国	90 023	43.27
73041910	其他钢石油天然气管道管，215.9mm≤外径≤406.4mm	768 759 831	79 361.78
	其中：韩国	75 398 589	7 353.90
	阿拉伯联合酋长国	68 246 519	7 271.32
	伊拉克	51 169 382	6 934.07
	印度尼西亚	52 184 128	4 480.33
	伊朗	37 384 267	3 999.70
	加拿大	37 246 494	3 900.60
73041920	其他钢石油天然气管道管，114.3mm<外径<215.9mm	378 734 155	36 961.68
	其中：阿拉伯联合酋长国	49 401 757	5 261.60
	韩国	31 305 739	2 935.37
	科威特	22 377 770	2 545.08
	新加坡	22 342 762	2 158.52
	印度尼西亚	25 693 190	2 029.82
73041930	其他钢石油天然气无缝管道管，外径≤114.3mm	779 061 081	75 031.76
	其中：印度	91 225 879	8 682.25
	韩国	64 212 546	6 317.98
	阿拉伯联合酋长国	60 899 357	5 726.71
	印度尼西亚	51 517 402	4 230.52

（续）

税号	设备名称及主要出口国家(地区)	出口量 (kg)	出口额 (万美元)
	阿曼	35 172 681	3 696.44
73041990	其他钢石油天然气无缝管道管,外径>406.4mm	210 195 011	26 355.38
	其中:美国	21 749 581	2 920.77
	阿拉伯联合酋长国	16 025 084	2 282.34
	加拿大	14 460 874	1 817.29
	韩国	12 962 423	1 652.25
	印度	11 895 330	1 492.43
73042210	不锈钢制钻探石油天然气钻管,外径≤168.3mm	399 693	175.08
	其中:沙特阿拉伯	157 136	111.73
	土耳其	81 000	33.14
	印度尼西亚	100 000	14.57
	美国	19 530	11.02
73042290	不锈钢制钻探石油天然气钻管,外径>168.3mm	1 198 598	492.62
	其中:巴西	539 476	189.51
	阿曼	118 492	64.45
	加拿大	93 890	52.85
	克罗地亚	69 728	42.72
	挪威	75 000	36.93
73042310	其他钢制钻探石油天然气钻管,外径≤168.3mm	94 205 739	34 964.76
	其中:俄罗斯联邦	18 743 528	6 215.89
	加拿大	11 344 148	4 092.55
	新加坡	7 651 462	3 354.28
	土库曼斯坦	7 563 926	2 388.48
	沙特阿拉伯	3 111 252	1 816.25
73042390	其他钢制钻探石油天然气钻管,外径>168.3mm	4 362 266	996.85
	其中:土耳其	1 287 491	249.89
	伊朗	305 659	88.57
	蒙古	204 690	60.08
	日本	221 441	54.50
	新加坡	236 112	54.21
	加拿大	228 957	54.18
73042400	不锈钢制钻探石油或天然气用无缝套管、导管	132 137	60.42
	其中:中国香港	81 897	40.38
	中国台湾	18 029	10.36

（续）

税号	设备名称及主要出口国家(地区)	出口量(kg)	出口额(万美元)
	印度尼西亚	22 726	4.00
	厄瓜多尔	2 540	1.87
	乌兹别克斯坦	213	1.31
73042900	钻探石油及天然气用无缝钢铁套管及导管	2 038 571 693	251 362.85
	其中:伊朗	230 478 274	34 647.36
	委内瑞拉	228 818 270	26 895.53
	阿曼	140 147 447	16 229.51
	泰国	104 661 669	13 112.16
	埃及	110 650 291	12 544.16
73061100	不锈钢制石油或天然气焊缝管道管	15 140 442	8 742.67
	其中:阿曼	6 296 347	4 445.00
	阿拉伯联合酋长国	2 099 047	1 400.89
	智利	1 273 923	660.78
	新加坡	458 972	335.50
	巴西	501 919	176.12
73061900	其他钢铁制石油或天然气管道管	632 155 049	52 903.67
	其中:加拿大	141 578 639	10 322.12
	委内瑞拉	70 510 146	6 001.36
	澳大利亚	59 824 222	5 432.32
	智利	67 175 718	5 405.48
	苏丹	19 646 888	2 759.08
73062100	不锈钢制钻探石油或天然气用套管及导管	215 147	31.65
	其中:安哥拉	160 000	12.32
	智利	20 506	10.44
	日本	25 048	4.31
	沙特阿拉伯	5 221	2.65
	印度尼西亚	3 232	1.43
	赤道几内亚	1 140	0.51
73062900	其他钢铁制钻探石油或天然气套管及导管	63 752 663	9 224.76
	其中:委内瑞拉	16 260 182	2 546.50
	加拿大	12 580 847	1 655.24
	挪威	2 079 600	1 438.14
	澳大利亚	11 999 496	1 059.70
	越南	6 150 138	678.07

2012年输油管道设备主要进口国家(地区)量值表

税号	设备名称及主要进口国家(地区)	进口量 (kg)	进口额 (万美元)
73041110	不锈钢石油天然气管道管,215.9mm≤外径≤406.4mm	196 028	281.57
	其中:西班牙	157 586	215.75
	法国	9 424	23.29
	日本	18 481	22.55
	韩国	2 992	9.45
	澳大利亚	1 233	2.52
73041120	不锈钢石油天然气管道管,114.3mm<外径<215.9mm	217 533	271.78
	其中:韩国	15 495	105.53
	英国	120 010	67.19
	日本	40 178	40.82
	意大利	16 030	21.75
	西班牙	7 896	10.38
73041130	不锈钢石油天然气管道管,外径≤114.3mm	420 913	602.75
	其中:日本	213 656	220.78
	美国	20 407	82.42
	印度	72 121	72.57
	韩国	19 299	70.96
	德国	6 158	37.35
73041190	不锈钢石油天然气管道管,外径>406.4mm	92 467	155.10
	其中:西班牙	89 610	145.63
	美国	2 376	8.58
	韩国	439	0.78
	奥地利	42	0.10
73041910	其他钢石油天然气管道管,215.9mm≤外径≤406.4mm	6 279 555	1 576.60
	其中:日本	4 249 048	972.39
	罗马尼亚	774 328	190.17
	意大利	560 772	126.83
	印度尼西亚	95 676	121.95
	德国	141 229	64.77
73041920	其他钢石油天然气管道管,114.3mm<外径<215.9mm	1 365 975	243.67
	其中:罗马尼亚	1 000 348	128.97

（续）

税号	设备名称及主要进口国家（地区）	进口量（kg）	进口额（万美元）
	日本	105 457	33.05
	美国	53 358	13.98
	印度尼西亚	3 413	9.66
	中华人民共和国	64 063	9.65
73041930	其他钢石油天然气无缝管道管，外径≤114.3mm	2 139 666	631.37
	其中：意大利	397 769	163.74
	捷克	818 075	117.90
	阿根廷	230 005	108.23
	日本	72 970	44.83
	罗马尼亚	192 807	29.00
73041990	其他钢石油天然气无缝管道管，外径>406.4mm	424 995	185.00
	其中：印度尼西亚	29 488	42.99
	意大利	162 906	42.74
	美国	50 253	22.09
	罗马尼亚	109 267	20.17
	英国	7 638	20.09
73042210	不锈钢制钻探石油天然气钻管，外径≤168.3mm	215 316	293.45
	其中：美国	212 201	291.30
	日本	3 044	2.04
	奥地利	71	0.11
73042310	其他钢制钻探石油天然气钻管，外径≤168.3mm	11 319 648	2 398.46
	其中：日本	3 175 750	838.08
	美国	4 633 695	765.44
	阿根廷	1 133 949	230.54
	新加坡	886 390	142.59
	阿拉伯联合酋长国	275 073	130.91
73042390	其他钢制钻探石油天然气钻管，外径>168.3mm	650 384	183.10
	其中：美国	396 564	112.28
	日本	239 636	66.80
	德国	97	1.86
	瑞典	2 175	1.08
	印度	11 875	1.04
	新加坡	37	0.05

（续）

税号	设备名称及主要进口国家(地区)	进口量 (kg)	进口额 (万美元)
73042400	不锈钢制钻探石油或天然气用无缝套管、导管	9 619 008	6 592.50
	其中:日本	9 561 362	6 534.05
	美国	46 004	35.61
	法国	4 934	11.91
	奥地利	1 120	3.30
	英国	2 185	3.12
73042900	钻探石油及天然气用无缝钢铁套管及导管	51 937 853	14 380.67
	其中:日本	34 077 639	10 395.78
	阿根廷	5 662 347	1 453.44
	法国	4 729 051	770.30
	德国	4 544 477	755.66
	美国	1 420 786	548.27

标准和认证

详细介绍石油石化设备行业在2012—2013年制定的标准

2012年石油钻采行业国家和行业标准制修订进展情况及2013年工作计划

——全国石油钻采设备和工具标准化技术委员会五届五次年会工作报告(节选)

一、2012年工作情况

2012年，全国石油钻采设备和工具标准化技术委员会(简称标委会)在国家标准化管理委员会(简称国标委)和国家能源局的领导下，以全国、行业标准化工作会议精神为指导，按照“系统管理、重点突破、整体提升”和标委会五届四次年会的要求，创新发展，积极作为，充分发挥专业标准化工作部的职能作用，在标准制修订、标准体系建设、国际标准化等方面做了大量的工作，圆满完成了2012年标委会工作计划和国标委、国家能源局下达的各项任务，各方面工作都取得了明显进步。

(一)圆满完成了标准制修订等计划项目任务

1.超额完成年度标准制修订计划

2012年在运行标准项目42项，其中新立项24项(《2012年全国石油钻采设备和工具行业标准计划》)。2012年应完成标准制修订项目17项，全年实际完成25项，其中国家标准10项，行业标准15项，完成率147%。针对2012年需要完成审查的标准数量较多、国家标准所占比例较大、部分标准篇幅较长等特点，秘书处一是坚持抓好计划项目“三落实”，组织工作部和起草单位召开了起草工作协调会，全面协调落实了起草单位、起草人和计划进度；为普及标准化基础知识，提高标准起草人的水平，秘书处还借标准起草工作协调会议之机，邀请国家标准审查部专家，对标准起草人进行了GB/T 1.1和GB/T 20000.2等标准化基础知识的培训，对标准起草人遇到的问题进行了现场解答，收到了良好效果。二是坚持标准起草工作组制度，要求各项目主要承担单位与参加单位共同组成标准起草工作组，召开工作组会议，共同研究、起草标准草案，确保标准草案高起点、高水平。三是加强过程质量控制，一方面积极推进工作部秘书处初审、标委会秘书处组织专家会审的审查程序，对于问题较多的送审稿坚决退回修改重审，另一方面重点加强了对审查专家的筛选，严格落实起草单位、工作部推荐、秘书处最终协调的方针，并要求审查专家覆盖科研、生产和用户三方，同一厂家参与审查标准人数不超过两个人(含两人)，加强与三大公司工程技术部门的联系，由他们推荐标准最终用户作为审查专家，以确保标准审查质量。四是重点指导，提高运行效率。标委会秘书处着重对海上固定平台模块钻机、抽油杆以及单螺杆泵抽油系统等系列标准进行指导和协调，采用会审、函件等方式，先后与相关工作部、相关专家对相关标准进行了多轮沟通，很好地解决了标准编制方向、关键技术处理等问题，提高了标准编写的质量和进度。以上这些措施保证了2012年标准计划项目高质量完成。

2.完成了年度标准复审工作

根据年度计划和国标委要求，秘书处组织工作部及有关专家，对14项国家标准和37项行业标准进行了复审(《2012年国家和行业标准复审项目汇总表》)。秘书处按照石油钻采装备发展形势进行了复审前的市场调研和技术论证工作，在保证标准先进性方面提出了复审意见，并按程序完成了复审结论上报工作。复审的37项石油天然气行业标准中，继续有效的12项，需修订的16项，建议废止的7项，另有2项暂缓申报结论。复审的14项国家标准中，继续有效的6项，需修订的8项。

3.完成了年度重点标准宣贯工作

秘书处根据2012年标准宣贯计划，以工作部为主体、标委会秘书处协助的运行机制，采取宣讲与研讨相结合的方式，组织开展了《石油天然气工业　井下设备　人工举升用螺杆泵系统　第1部分：泵》行业标准的宣贯工作，圆满完成了年度重点标准宣贯计划。

（二）标准化体系建设取得新进展

根据标委会五届四次年会的要求，标委会秘书处组织工作部完成了本专业体系初稿，在此基础上，标委会秘书处认真研究了各专业的计划初稿，进行了汇总、提升和精练，形成了新版《全国石油钻采设备和工具标准体系》草案。新版标准体系表是以《“十二五”石油钻采设备和工具专业标准化发展规划》为基础，以综合标准化为理念，一是对标准归口进行调整分类，初步建立了海洋钻采设备标准化工作部、固井和压裂设备标准化工作部的标准工作体系；二是结合油标委提出的标准双归口的工作思路，不仅对钻采归口的标准进行梳理，而且对相关专业的一些标准进行研究探讨；三是对国家标准和行业标准进行了重新定位，提高了国家标准项目的比重；四是对未来3年的标准制修订项目进行规划，提高了标准体系表的系统性和协调性；五是加大了标准“同步采标”和“双语版”标准制定力度，进一步推进石油装备标准的国际化。体系表（讨论稿）目前列入了秘书处和9个工作部共计216项标准项目，均为推荐性标准，其中：国家标准项目共计55项，包括已发布标准44项，待制定标准11项；行业标准项目共计161项，包括已发布标准138项，待制修订和整合标准23项；采标项目80项；双语版项目12项。

（三）参与国际标准化活动取得新突破

2012年，标委会秘书处继续坚持“立足国内，着眼国际”的原则，大力推进标准国际化战略的实施，国际标准化工作取得实质性进展。

一是大力推进，完成了《海上固定平台模块钻机》ISO立项工作。由中海油研究总院、中海油田服务股份有限公司、中海油能源发展股份有限公司油田建设工程公司、石油工业标准化研究所、宝鸡石油机械有限责任公司等共同承担的《海上固定平台模块钻机》系列标准，已经完成国家标准中英文版的报批稿并上报国标委。在此基础上，标委会协助中海油提出的《海洋模块钻机》的国际标准提案，经ISO各成员国投票目前已正式立项。这也是国标委提出的战略性新兴产业领域海洋工程装备综合标准化试点中的一项重大突破。

二是发挥专家作用，完成了年度国际标准投票工作。标委会坚持“跟踪研究、提早介入、实质参与”的原则，组织开展了ISO/TC 67国际标准的投票和跟踪研究工作。截至2013年4月，累计处理ISO/TC 67 SC 4国际标准投票5项，ISO/TC 67直属工作组投票1项。

三是积极组织，高质量完成12项双语标准的翻译工作。根据国标委2011年底下达的第一批中英文双语版标准制修订计划要求，标委会2012—2013年两年需完成12项双语版标准（见《全国石油钻采设备和工具行业中英文双语版标准》表），目前已完成11项标准英文初稿，剩余1项标准的英文初稿计划在2013年4月完成。

四是协同工作，继续开展了API标准翻译出版工作。标委会秘书处2012年还组织协调了21项API标准（见《2012年全国石油钻采设备和工具行业API标准翻译项目》）的翻译工作，目前已经完成13项。

（四）重点领域标准化专项研究工作深入推进

1.成立石油特种车辆专项工作组

以车载工作部秘书处牵头，组建了由二机厂、四机厂、宝石机械等几个专用车辆制造企业参与的石油特种车辆标准化专项工作组，重点解决与国家汽车行业车辆标准有关的问题，并参与汽车行业标准的制修订工作，以反映石油行业的需求。2012年标委会在国标委的支持下，主动与全国汽车标准化委员会联系，介绍了石油行业特种车辆的需求，建立了与全国汽车标准化委员会秘书处的联络沟通机制，选派两名专家参加了GB1589—2004《道路车辆外廓尺寸、轴荷及质量限值》的制修订会议，所提意见已被采纳，彻底解决了多年来石油特种车辆的合法性问题。

2.着手组织了石油装备术语项目研究

积极开展石油工业术语标准的研究工作——《石油天然气工业术语标准 装备部分》的研究起草，对石油钻采设备、管材、仪器类共378个标准的4 864个词汇进行了研究分析，在术语词条的分析筛选、研究完善、术语概念分类等方面进行了深入的研究。确立分为36个大类、197个二级分类，共3 283个优先术语、208个许用术语。最终建立了层次分明、结构合理、专业全面、科学完善的石油装备术语体系，并形成了术语标准草案。目前该项目已申报2013年国标计划。

3.抽油杆标准化专项研究取得了重要进展

针对当前我国抽油杆产品和标准存在的问题开展了大量基础性研究：将API 11B中的引用的16项标准与国内标准进行了对比分析；开展实验研究，验证了T级接箍对D级和H级抽油杆的适应性问题；研究并确立了抽油杆接箍端面内外倒角的极限尺寸规范；开展抛丸实验并验证了抛丸工艺对提高抽油杆使用寿命的效果；开展疲劳试验并提出疲劳强度是评价抽油杆质量的重要指标。这些调研、实验数据和研究成果为《抽油杆》标准的修订奠定了坚实的基础。

4.建立了单螺杆泵抽油系统专项工作组

重点对目前我国单螺杆泵抽油系统（包括螺杆泵、螺杆泵专用杆、地面驱动装置等）产品和标准存在的问题进行了深入调研。2012年，建立了单螺杆泵抽油系统的标准体系；开展了《驱动螺杆泵专用抽油杆》标准中涉及的室内试验验证工作；组织生产企业、科研院所以及最终用户等多方专家对《螺杆泵直驱永磁伺服隔爆电动机》《石油天然气工业井下设备 人工举升用螺杆泵系统 第1部分：泵》《潜油电泵机组》《潜油电泵电缆系统的应用》等标准进行研讨，收集了有关企业及油田对以上标准的相关意见和建议，为这些标准的修订做了大量基础性研究工作。

（五）加强标准化管理取得新成效

1.根据标委会年会决议，完成了《全国石油钻采设备和工具标准化技术委员会标准制修订程序》的修订。此次修订，以“严立项，抓过程，重审查”为原则，细化了标准起草单位的构成，提高了起草人的资质要求，完善了标准立项、起草、审查工作的流程，明确了标准化工作部在标准制修订工作中的职责和任务。

2.完成了《全国石油钻采设备和工具标准化技术委员会工作部考评办法》的起草工作。该办法从标准计划申报、执行、工作质量以及日常工作四方面对各工作部进行考核，该办法不仅关注标准的制修订，还将标准宣贯作为工作部的一项重要工作来考核。并鼓励工作部多开展标准前期研究、参与国际标准化工作。通过考评办法的建立，力争加强对标准化工作部的考核和管理，增强工作部的责任心，提升标准制修订质量。

3.为确保今后标准的编制质量，标委会决定建立起草人资格审查制度。要求凡申报下一年度标准计划项目的主要起草人必须参加过标准化知识培训，并取得相应的资格证书，否则该项目不予立项。

4.初步建立了标准专家库，形成了包括标准起草人员、起草单位及审查专家的专家库。该专家库逐步收录钻采标委会归口的每项标准的起草单位、起草人、审查专家的具体信息，并对其专业水平、工作质量进行标识，实行动态管理。该专家库的建立将对提高标准质量、建立标准专家团队起到积极的作用。同时，秘书处还建立了一个黑名单，将不能保质保量完成制修订任务的起草单位和起草人列入黑名单。列入黑名单的起草单位三年内不能作为第一起草单位申请标准立项，列入黑名单的起草人三年内不能作为第一起草人。

二、2013年工作安排

2013年是本届标委会委员任期的最后一年，标委会工作任务繁重而艰巨。我们要认真学习贯彻全国标准化工作会议精神，坚持创新驱动、深化改革、求真务实，不断提高标准化发展整体质量效益，加快标准研制和体系建设，强化工作机制创新，加强管理和协调配合，着力提高标准化工作的适应性和有效性，为实现我国石油装备标准化整体水平又好又快发展发挥好基础和导向作用。这里，着重从六个“围绕”，强调2013年重点要做好的几项工作。

（一）围绕装备发展，充分发挥标准化的基础作用

2013年标委会工作的重中之重就是为石油装备业发展服好务，做好石油装备的技术支撑。重点抓好钻机装备、压裂设备、采油装备标准制修订工作。2013年在运行标准制修订项目共42项（见《2013年在运行国家标准和行业标准制修订计划项目》），其中国家标准12项，行业标准30项；2013年应完成31项，2014年计划完成11项。标准化制修订任务较上一年基本持平。且在未来几年内，标委会标准制修订任务基本不会有太大变化。为了做好标准的制修订工作，确保质量和进度，秘书处拟采取以下措施：

一是继续推行起草工作会议和工作部秘书长联席会议制度，加强计划项目的落实与协调，并适当提前标准制修订计划的上报时间，便于更广泛地征求广大专家的意见。

二是继续推行标准起草人资质认定及起草人、起草单位、审查专家准入制度以及黑名单制度，促进起草人员、起草单位、审查专家标准化水平的提高，确保标准编写质量。

三是为解决当前大量石油装备企业参与标准制修订的积极性与实质性参与程度的矛盾问题，将对重点标准项目引进竞争机制，适当控制标准起草单位数量，以利于起草工作组开展工作和标准草案水平的提高。

四是坚定不移地执行标准起草工作组制度，确保标准草案的公平、适用和科学性。

五是严格考核管理，继续推行标准项目进度季报制度，每季度上报一次标准制定工作进度，确保各项计划按时完成。

（二）围绕提升国际话语权，争取实现国际标准化活动能力的新突破

标准国际化是标委会一项长期而艰巨的任务。要站在维护我国石油装备发展的战略高度，统筹规划，明确重点，集中力量，积极推进，才能在国际标准化领域的竞争中获得有利位置。2013年的重点任务：

一是积极协调、推进《海洋平台模块钻机》国际标准的研究编制工作。

二是继续推进石油钻机顶部驱动装置国际标准提案的编制与申报工作。

三是积极开展ISO/TC 67国际标准的投票和跟踪研究工作。秘书处将探索国际标准跟踪研究机制，按照统一管理、工作部负责、企业参与的原则开展工作，增强国际标准化工作的针对性、实效性和主动性。

四是继续推进双语版标准的制修订工作。2013年，标委会一方面要保质保量地完成国标委于2011年底下达的第一批中英文双语版标准制修订计划；另一方面要严格遵循国标委的要求，制修订与出口密切相关的大型成套设备的标准，原则上一律采用双语版标准，否则不予立项和报批。

（三）围绕标准化与科技创新，建立与产业发展相结合的协同机制

标准化需要科技创新驱动，科技创新需要标准化支撑，科技创新是提升标准水平的手段和动力，两者互为支撑，密不可分。随着标准与科技互动的不断加深，我们正在推进建立标准化与科技紧密结合的长效机制。

一是随着国内新能源开发力度的加大，各企业对其相关配套的装备制造也有了更高的积极性。标委会秘书处今年重点针对页岩气、煤层气、致密气国内外相关配套设备进行调研，提出可执行的相关标准制修订计划。

二是标委会秘书处将继续组织开展单螺杆泵抽油系统系列标准和抽油杆疲劳试验方法与评定两个方面的专项研究。

三是对标委会归口标准的规范性引用文件进行清理和规范。一方面对引用的强制性标准进行统计，另一方面，对引用的非ISO所认可的其他国际标准和国外先进标准进行统计。并和其他相关机械行业标委会联合，将经常引用的材料、热处理、机械加工等方面的标准与国内相关标准进行对比分析。

（四）围绕推动先导产业大发展，不断拓宽完善标准体系。标准化工作要及时掌握科技产业发展的新方向，反映新成果，为培育我国石油装备先导产业提供标准技术支撑。2013年标委会重点是建立并进一步完善海洋石油钻采设备和固压设备标准体系。运用综合标准化理念对钻机体系、采油设备体系、井下工具体系标准进行优化，突出标准的功能性、协调性。对过分追求具体结构、形式、影响技术进步和创新的标准进行整合或者剔除。

（五）围绕促进标准的有效实施，加强标准宣贯力度

针对近几年，标准宣贯不积极、参与人数不多等情况，标委会今后将标准宣贯作为工作部考核指标中的重要一环，使工作部作为标准宣贯的主体，加强所归口专业的重点标准宣贯工作，组织好宣贯教材的编写和出版，制定年度重点标准宣贯计划，原则上每年应组织一次重点标准的宣贯，通过各种有效形式，更好地为广大标准使用者服务。

（六）围绕标委会能力建设，积极做好委员会换届筹备工作

本届标委会自2009年换届到2014年将届满五年。按照国标委《全国专业标准化技术委员会管理规定》的有关规定，标委会需要在2013年做好换届筹备工作。

一是按照“各方参与、协商一致”的原则，研究制定换届方案。

二是按照国标委“创新驱动、服务发展”的要求，秘书处将组织专家研讨和交流，结合石油装备标准化需求，创新工作机制，进一步完善修订标委会章程和相关制度，做好换届材料的准备工作。

三是开展本届委员构成和委员参加活动情况的梳理工作，梳理结果将直接影响下届委员会委员资格，真正实行委员退出机制。对不履行责任和义务的委员，换届中将予以调整。各工作部秘书处也应加强本工作部专家成员的管理，按程序及时调整专家成员。

四是鉴于国标委对委员人数有限制，委员会将大力扩展观察员队伍，最大程度地满足我国石油装备企事业单位和专家参与标委会的需求。

三、关于提请会议审议的五项提案说明

（一）关于2013年国家标准和行业标准制修订项目计划的编制

2013年标委会标准制修订计划项目仍然坚持“整合、提高、国际化”的方针，按照“整合修订项目与采标项目优先立项”的原则，经相关企事业单位自愿申报，工作部审查筛选，工作部秘书长联席会共同研究、协调，标委会秘书处审核后报主任办公会研究确认，最终形成标委会《2013年国家标准和行业标准制修订项目计划（草案）》。

本年度计划项目共24项。其中国家标准8项，行业标准16项。当年应完成14项，跨年度完成10项。本计划草案有如下特点：一是加大了修订项目立项力度，修订项目共19项，占年度计划项目的79%，整合修订有4项；二是国家标准项目比例增大，达到33%；三是新立项目主要以新技术与新装备为主，如《控压钻井系统》《遇油遇水自膨胀封隔器》等。

（二）关于秘书处工作经费（略）

（三）关于调整标委会委员的建议

因中国海洋石油总公司规划计划部何继强、中国石油天然气集团公司装备分公司刘津生、中国石油天然气集团公司钻井工程技术研究院王辉、四川宏华石油设备有限公司潘传波四名委员工作发生变动等原因，不再从事相关标准化工作。根据《全国石油钻采设备和工具标准化技术委员会章程》，经所在单位推荐和主任委员办公会审议，同意中国海洋石油总公司规划计划部刘喜传、中国石油天然

气集团公司装备分公司陈玉华、中国石油天然气集团公司钻井工程技术研究院邹连阳、四川宏华石油设备有限公司吕兰四名同志接替担任全国石油钻采设备和工具标准化技术委员会委员。何继强、刘津生、王辉、潘传波四名委员不再担任全国石油钻采设备和工具标准化技术委员会委员。

（四）关于《全国石油钻采设备和工具标准化技术委员会标准制修订程序》的修订说明

为适应新形势、新要求，保障全国石油钻采设备和工具标准化技术委员会标准制修订工作顺利开展，按照2012年年会要求，标委会秘书处在广泛征求各工作部、石油企事业单位和标准起草人意见的基础上，完成了《全国石油钻采设备和工具标准化技术委员会标准制修订程序》的修订工作。

〔撰稿人：全国石油钻采设备和工具标准化技术委员会秘书长高圣平〕

〔供稿单位：中国石油和石油化工设备工业协会〕

2012年全国石油钻采设备和工具行业标准计划

序号	项目编号	项目名称	制定或修订	完成年限	主要起草单位	采用的国际标准或国外先进标准编号及采标程度
1	能源20120197	石油天然气工业用钢丝绳	修订	2012	咸阳宝石钢管钢绳有限公司、宝鸡石油机械有限责任公司、中国石油天然气集团公司石油管材研究所	API Spec 9A : 2011 MOD
2	能源20120198	石油钻机传动滚子链	修订	2012	中国石油集团渤海石油装备制造有限公司、上海大龙链条厂、长春链传动研究所	API Spec 7F : 2010 IDT
3	能源20120199	石油钻机和修井机用水龙头	修订	2012	兰州兰石国民油井石油工程有限公司、宝鸡石油机械有限责任公司、南阳二机石油装备（集团）有限公司	API Spec.8A/8C 部分采用
4	能源20120200	石油钻机和修井机用转盘	修订	2012	南阳二机石油装备（集团）有限公司、宝鸡石油机械有限责任公司、南阳市南石力天传动件有限公司	
5	能源20120201	石油通井机	修订	2012	南阳二机石油装备（集团）有限公司、河南中原总机厂石油设备有限公司、南阳新成高架设备有限公司	
6	能源20120202	分级注水泥器	修订	2012	德州大陆架石油工程技术有限公司、中国石化石油工程技术研究院、华北油田井下工具质量检验中心	

（续）

序号	项目编号	项 目 名 称	制定或修订	完成年限	主要起草单位	采用的国际标准或国外先进标准编号及采标程度
7	能源 20120203	石油钻机用电器设备规范——主电动机	修订	2013	中国北车集团永济新时速电机电器有限责任公司、宝鸡石油机械有限责任公司、中国石油集团济柴动力总厂、南阳二机石油装备(集团)有限公司	
8	能源 20120204	阀门试验-耐火试验要求	制订	2013	中国石油集团钻井工程技术研究院江汉机械研究所、国家油气井口设备质量监督检验中心、方圆阀门集团有限公司、江苏苏盐阀门机械有限公司、天津百利展发集团有限公司	ISO 10497(2010),(IDT)
9	能源 20120205	钻采压缩机车	制定	2012	中国石化集团江汉石油管理局第三机械厂、中国石油化工股份有限公司江汉石油钻头股份有限公司江汉机械厂、天门市江汉石油三机特车有限公司	
10	能源 20120206	特种抽油泵	制定	2012	中国石油集团渤海石油装备制造有限公司、中国石油集团钻井工程技术研究院江汉机械研究所、三八八厂	API 11AX,MOD
11	能源 20120207	螺杆泵用直驱永磁伺服隔爆电动机	制定	2013	中国石油集团渤海石油装备制造有限公司、大庆石油学院、哈尔滨工业大学	
12	能源 20120208	连续油管井控设备系统	制定	2013	石油工业井控装置质量监督检验中心、中国石油集团钻井工程技术研究院、四川川庆石油钻采科技有限公司	API RP 16ST：2009, IDT
13	能源 20120209	驱动螺杆泵专用抽油杆	制定	2013	大庆油田有限责任公司采油工程研究院、中国石油集团渤海石油装备制造有限公司、铁岭中油机械设备制造有限公司、胜利油田孚瑞特石油装备有限责任公司、山东九环石油机械有限公司	
14	能源 20120210	分段压裂工具	制定	2013	德州大陆架石油工程技术有限公司、中国石化石油工程技术研究院、胜利油田钻井工艺研究院等	
15	能源 20120461	石油钻机现场安装及检验	修订	2013	石油工业井控装置质量监督检验中心、宝鸡石油机械有限责任公司、长城钻探工程公司	SY/T 6586—2011
16	能源 20120462	钻井液循环管汇	修订	2013	石油工业井控装置质量监督检验中心、宝鸡石油机械有限责任公司	SY/T 5244—2006

（续）

序号	项目编号	项 目 名 称	制定或修订	完成年限	主要起草单位	采用的国际标准或国外先进标准编号及采标程度
17	能源20120463	石油钻机和修井机出厂验收规范	修订	2013	宝鸡石油机械有限责任公司、南阳二机石油装备(集团)有限公司、中国石化集团江汉石油管理局第四机械厂、大庆石油管理局、胜利石油管理局、中国石油集团钻井工程技术研究院江汉机械研究所、辽河油田分公司、中油长城钻井公司、中国石油技术开发公司、兰石国民油井石油工程有限公司	SY/T 6680—2007
18	能源20120464	石油钻机液压盘式刹车	修订	2013	中国石油勘探开发研究院采油采气装备研究所、南阳二机石油装备(集团)有限公司、胜利石油管理局渤海钻井总公司、宝鸡石油机械有限责任公司、任丘市博科机电新技术有限公司	SY/T 6727—2008
19	能源20120465	石油天然气工业柴油/天然气双燃料发动机	修订	2013	中国石油集团济柴动力总厂、山东济柴绿色能源动力装备有限公司、新疆石油管理局钻井公司	SY/T 6728—2008
20	能源20120469	压裂固井泵设计规范	制定	2013	中国石化集团江汉石油管理局第四机械厂	
21	能源20120470	连续管作业车	制定	2013	胜利油田高原石油装备有限责任公司	
22	20120429—T—469	潜油电泵机组	修订	2014	大庆油田力神泵业有限公司、胜利油田胜利泵业有限责任公司、国家电动潜油泵质量监督检验中心	GB/T 16750—2008
23	20120430—T—469	石油天然气工业 水下生产系统的设计与操作 第4部分:水下井口装置和采油树设备	修订	2014	宝鸡石油机械有限责任公司、中国海洋石油总公司、石油工业井控装置质量监督检验中心	GB/T 21412. 4—2008(ISO 13628—4 : 2010)
24	20120431—T—469	石油天然气工业 钻井液净化系统评价	制定	2013	石油工业标准化研究所、中国石油集团钻井工程技术研究院江汉机械研究所	ISO 13501 : 2011

〔供稿单位:中国石油和石油化工设备工业协会〕

2012年全国石油钻采设备和工具行业完成标准项目汇总

序号	计划编号	项目名称	制修订	起草单位	审查结论
1	20110107—T—469	海上石油固定平台模块钻机　第3部分:海上安装、调试与验收	制定	中海油田服务股份有限公司、石油工业标准化研究所、宝鸡石油机械有限责任公司、南阳二机石油装备(集团)有限公司、中国石化集团江汉石油管理局第四机械厂、中国石油集团渤海石油装备制造有限公司	一致通过
2	20110108—T—469	海上石油固定平台模块钻机　第1部分:设计	制定	中国海洋石油总公司中海油研究总院、石油工业标准化研究所、宝鸡石油机械有限责任公司、中国石化集团江汉石油管理局第四机械厂、中国石油集团渤海石油装备制造有限公司、南阳二机石油装备(集团)有限公司	一致通过
3	20110109—T—469	海上石油固定平台模块钻机　第2部分:建造	制定	中海石油能源发展股份有限公司油田建设工程公司、宝鸡石油机械有限责任公司、石油工业标准化研究所、中国石化集团江汉石油管理局第四机械厂、中国石油集团渤海石油装备制造有限公司、南阳二机石油装备(集团)有限公司	一致通过
4	20111566—T—469	石油天然气工业钻井和采油设备　第1部分:海洋钻井隔水管设备的设计和操作	制定	宝鸡石油机械有限责任公司、石油工业井控装置质量监督检验中心、中海油田服务股份有限公司	一致通过
5	20101431—T—469	石油天然气工业钻井和采油提升设备	修订	宝鸡石油机械有限责任公司、兰州兰石国民油井石油工程有限公司、江苏如石机械有限公司、南阳二机石油装备(集团)有限公司、中国石油集团钻井工程技术研究院江汉机械研究所、北京石油机械厂	一致通过
6	能源20110218	石油低温钻机	制定	宝鸡石油机械有限责任公司、中国石化集团江汉石油管理局第四机械厂、南阳二机石油装备(集团)有限公司、宏华石油设备有限公司、兰州兰石国民油井石油工程有限公司、中国石油集团渤海石油装备制造有限公司	一致通过
7	能源20120197	石油天然气工业用钢丝绳	修订	咸阳宝石钢管钢绳有限公司、宝鸡石油机械有限责任公司、中国石油天然气集团公司石油管材研究所	一致通过

（续）

序号	计划编号	项目名称	制修订	起草单位	审查结论
8	能源 20120198	石油钻机传动滚子链	修订	中国石油集团渤海石油装备制造有限公司、上海大隆链条厂、吉林大学链条传动研究所	四分之三多数通过
9	能源 20120199	石油钻机和修井机用水龙头	修订	兰州兰石国民油井石油工程有限公司、宝鸡石油机械有限责任公司、南阳二机石油装备（集团）有限公司	一致通过
10	能源 20120200	石油钻机和修井机用转盘	修订	南阳二机石油装备（集团）有限公司、宝鸡石油机械有限公司、南阳市南石力天传动件有限公司、兰州兰石国民油井石油工程有限公司	一致通过
11	能源 20120463	石油钻机和修井机出厂验收规范	修订	宝鸡石油机械有限责任公司	一致通过
12	20111565—T—469	车装钻机	制定	南阳二机石油装备（集团）有限公司、宝鸡石油机械有限责任公司、四川宏华石油设备有限公司、中国石油集团渤海石油装备制造有限公司、中国石油集团济柴动力总厂、中国石化集团江汉石油管理局第四机械厂	一致通过
13	能源 20110213	石油天然气工业用柴油机	修订	中国石油集团济柴动力总厂、大庆石油管理局钻探集团钻井一公司、济柴河北分公司、南阳二机石油装备（集团）有限公司、宝鸡石油机械有限责任公司	一致通过
14	能源 20110215	石油钻机用柴油机耦合器机组	修订	中国石油集团济柴动力总厂、大连恒通液力机械有限公司、济柴液力传动事业部、南阳二机石油装备（集团）有限公司、宝鸡石油机械有限责任公司	一致通过
15	能源 20120201	石油通井机	修订	南阳二机石油装备（集团）有限公司、河南中原总机厂石油设备有限公司、南阳新成高架设备有限公司、宝石机械成都装备制造分公司、中国石油集团渤海石油装备制造有限公司、胜利油田孚瑞特石油装备有限责任公司、中国石化集团江汉石油管理局第四机械厂	一致通过
16	能源 20120205	钻采压缩机车	制定	中国石化集团江汉石油管理局第三机械厂、中国石油化工股份有限公司江汉石油钻头股份有限公司江汉机械厂、天门市江汉石油三机特车有限公司、宝石机械成都装备制造分公司、中原特种车辆有限公司	四分之三多数通过
17	20112179-T-469	石油天然气工业　钻井和采油设备　井口装置和采油树	修订	中国石油集团钻井工程技术研究院江汉机械研究所、宝鸡石油机械有限责任公司、石油工业井控装置质量监督检验中心、什邡慧丰采油机械有限责任公司、江苏宏泰石化机械有限公司、江苏金石机械集团有限公司、建湖县鸿达阀门管件有限公司、大庆油田装备制造集团、中国石油勘探开发研究院采油采气装备研究所	一致通过

（续）

序号	计划编号	项 目 名 称	制修订	起 草 单 位	审查结论
18	20112180-T-469	石油天然气工业管道输送系统　管道阀门	修订	中国石油集团钻井工程技术研究院江汉机械研究所、方圆阀门集团有限公司、石油工业井控装置质量监督检验中心、江苏金石机械集团有限公司、中国石油和石油化工设备工业协会	一致通过
19	2012 年申报国标	石油天然气工业 水下生产系统的设计与操作　第 4 部分：水下井口装置和采油树设备	修订	宝鸡石油机械有限责任公司、中国海洋石油总公司、石油工业井控装置质量监督检验中心、国家油气田井口设备质量监督检验中心	一致通过
20	能源 20110221	井下作业用井口防喷设备	制定	石油工业井控装置质量监督检验中心、河北华北石油荣盛机械制造有限公司、宝鸡石油机械有限责任公司	需重新审查
21	能源 20120204	阀门试验-耐火试验要求	制订	中国石油集团钻井工程技术研究院江汉机械研究所、国家油气井口设备质量监督检验中心、方圆阀门集团有限公司、江苏苏盐阀门机械有限公司、天津百利展发集团有限公司、石油工业井控装置质量监督检验中心、宝石机械成都装备制造分公司	一致通过
22	20112178—T—469	潜油电泵电缆系统的应用	修订	大庆油田力神泵业有限公司、胜利油田泵业有限公司、大庆油田有限责任公司采油工程研究院国家潜油电泵质检中心、渤海石油装备制造有限公司	一致通过
23	能源 20100058	水力泵抽油系统	修订	胜利油田胜利泵业有限责任公司、中国石油天然气股份有限公司大港油田分公司	需重新审查
24	能源 20110212	抽油杆	修订	中国石油天然气股份有限公司玉门油田分公司钻采工程研究院、铁岭中油机械设备制造有限公司、胜利油田孚瑞特石油装备有限责任公司、中国石油集团渤海石油装备制造有限公司、胜利油田高原石油装备有限责任公司、安东石油技术（集团）有限公司、中国石油勘探开发研究院采油采气装备所、国家油气田井口设备质量监督检验中心、大庆油田有限责任公司国家电动潜油泵质量监督检验中心	一致通过
25	能源 20110219	膨胀式尾管悬挂器及尾管回接装置	制定	中国石油集团钻井工程技术研究院钻井机械研究所、北京石油机械厂、北京华油油气工程科技有限公司、哈萨克北部扎奇联合作业公司、安东石油技术（集团）有限公司、德州大陆架石油技术有限公司、中国石油勘探开发研究院采油采气装备所、胜利油田孚瑞特石油装备有限责任公司、宝鸡石油机械有限责任公司	一致通过

（续）

序号	计划编号	项 目 名 称	制修订	起 草 单 位	审查结论
26	能源 20090697	连续抽油杆	修订	胜利油田高原石油装备有限责任公司、胜利油田孚瑞特石油装备有限责任公司、中国石油天然气股份有限公司玉门油田分公司钻采工程研究院、中国石油勘探开发研究院采油采气装备所、大庆装备制造集团	四分之三多数通过
27	能源 20120202	分级注水泥器	修订	德州大陆架石油工程技术有限公司、中国石化石油工程技术研究院、华北油田井下工具质量检验中心、宝鸡石油机械有限责任公司	一致通过
28	能源 20120206	特种抽油泵	制定	中国石油集团渤海石油装备制造有限公司、中国石油集团科学技术研究院江汉机械研究所、三八八厂、中国石油天然气股份有限公司玉门油田分公司钻采工程研究院、铁岭中油机械设备制造有限公司、胜利油田高原石油装备有限责任公司	需 重 新审查

〔供稿单位：中国石油和石油化工设备工业协会〕

2012 年国家和行业标准复审项目汇总表

序号	标准编号	标 准 名 称	复审结论
1	GB/T 22342—2008	石油天然气工业　井下安全阀系统　设计、安装、操作和维护	确认
2	GB/T 22512.2—2008	石油天然气工业　旋转钻井设备　第 2 部分：旋转台肩式螺纹连接的加工与测量	确认
3	GB/T 18607—2008	抽油泵及其组件规范	确认
4	GB/T 19831.2—2008	石油天然气工业　固井设备　第 2 部分：扶正器的放置和止动环测试	确认
5	GB/T 20972.2—2008	石油天然气工业　油气开采中用于含硫化氢环境的材料　第 2 部分：抗开裂碳素钢、低合金钢和铸铁	确认
6	GB/T 20972.3—2008	石油天然气工业　油气开采中用于含硫化氢环境的材料　第 3 部分：抗开裂耐蚀合金和其他合金	确认
7	GB/T 16750—2008	潜油电泵机组	修订
8	GB/T 17744—2008	石油天然气工业　钻井和修井设备	修订
9	GB/T 21410—2008	石油天然气工业　井下工具　锁定心轴与定位接头	修订

（续）

序号	标准编号	标准名称	复审结论
10	GB/T 21411.1—2008	石油天然气工业　井下设备　人工举升用螺杆泵系统　第1部分:泵	修订
11	GB/T 21412.4—2008	石油天然气工业　水下生产系统的设计与操作　第4部分:水下井口装置和采油树设备	修订
12	GB/T 22343—2008	石油工业用天然气内燃发电机组	修订
13	GB/T 22513—2008	石油天然气工业　钻井和采油设备　井口装置和采油树	修订
14	GB/T 8423—2008	石油钻采设备及专用管材词汇	修订
15	SY/T 5066—2008	地层测试器	确认
16	SY/T 5067—2008	安全接头	确认
17	SY/T 5114—2008	打捞公锥及母锥	确认
18	SY/T 5139—2008	立放井架车	确认
19	SY/T 5164—2008	三牙轮钻头	确认
20	SY/T 5686—1995	三缸单作用钻井泵可靠性考核评定规范	确认
21	SY/T 6347—2008	钻柱减震器	确认
22	SY/T 6400—1999	气举阀性能试验方法	确认
23	SY/T 6401—1999	气举井下装置	确认
24	SY/T 6724—2008	石油钻机和修井机基本配置	确认
25	SY/T 6745—2008	端部连接耐火试验规范	确认
26	SY/T 6746—2008	倒密封阀耐火试验规范	确认
27	SY/T 5073—2008	油田测井和试井绞车	修订
28	SY/T 5079—2008	油井测试设备	修订
29	SY/T 5226—2005	CJT 系列抽油机节能拖动装置	修订
30	SY/T 5235—2008	抽油杆吊卡	修订
31	SY/T 5250—2008	油田用背罐车	修订
32	SY/T 5715—1995	石油钻采机械产品用承压铸钢件通用技术条件	修订
33	SY/T 5721—1995	链条抽油机安装、使用和维护	修订
34	SY/T 5961—2008	清蜡设备	修订
35	SY/T 5962—2008	洗井机	修订
36	SY/T 6113—2008	修井用气动卡盘	修订
37	SY/T 6160—2008	防喷器的检查和维修	修订
38	SY/T 6416—1999	内燃机的安装、维护和操作推荐作法	修订
39	SY/T 6727—2008	石油钻机液压盘式刹车	修订
40	SY/T 6728—2008	石油天然气工业柴油/天然气双燃料发动机	修订
41	SY/T 6729—2008	无游梁式抽油机	修订
42	SY/T 6731—2008	不压井作业装备	修订
43	SY/T 5031—1999	油田用往复式内燃机规范	废止

（续）

序号	标准编号	标 准 名 称	复审结论
44	SY/T 5112—2008	钻井和采油提升设备规范(不规定级别)	废止
45	SY/T 5215—2005	钻具止回阀	废止
46	SY/T 5736—1995	增强塑料抽油杆(无厂家)	废止
47	SY/T 6185—1996	三缸单作用钻井泵主要易损件技术条件	废止
48	SY/T 6534—2002	双螺杆油田混输泵	废止
49	SY/T 6730—2008	钻通设备　旋转防喷器	废止
50	SY/T 5328—1996	热采井口装置	确认(暂缓上报)
51	SY/T 6726—2008	石油钻机顶部驱动装置	确认(暂缓上报)

〔供稿单位:中国石油和石油化工设备工业协会〕

全国石油钻采设备和工具行业中英文双语标准

序号	标准编号	标 准 名 称	负 责 单 位	目前进度
1	GB/T 16750—2008	潜油电泵机组	大庆油田力神泵业有限责任公司	完成初稿
2	20100274—T—469	石油天然气工业　游梁式抽油机	中国石油集团渤海石油装备制造有限公司	完成初稿
3	SY/T 6664—2006	石油钻井用柴油机偶合器机组	中国石油集团济柴动力总厂	完成初稿
4	SY/T 5030—2006	石油天然气工业用柴油机	中国石油集团济柴动力总厂	完成初稿
5	SY/T 5550—2012	空心抽油杆	铁岭中油机械设备制造有限公司	已完成
6	SY/T 6726—2008	石油钻机顶部驱动钻井装置	勘探开发研究院装备所	完成初稿
7	GB/T 23505—2009	石油钻机和修井机	宝鸡石油机械有限责任公司	完成初稿
8	SY/T 6586—2011	石油钻机现场安装及检验	石油工业井控装置质量监督检验中心	完成初稿
9	SY/T 5244—2006	钻井液循环管汇	石油工业井控装置质量监督检验中心	完成初稿
10	SY/T 6680—2007	石油钻机和修井机出厂验收规范	宝鸡石油机械有限责任公司	完成初稿
11	SY/T 6727—2008	石油钻机液压盘式刹车	勘探开发研究院装备所	完成初稿
12	SY/T 6728—2008	石油天然气工业柴油/天然气双燃料发动机	中国石油集团济柴动力总厂	2012 年 4 月完成

〔供稿单位:中国石油和石油化工设备工业协会〕

2012年全国石油钻采设备和工具行业API标准(翻译)

序号	标准名称（英文）	标准名称（中文）	负责单位
1	RP 11S	电潜泵装置的操作、维护和故障解决方法	大庆油田力神泵业有限公司
2	RP 11S1	电潜泵拆卸报告	大庆油田力神泵业有限公司
3	RP 11S2	电潜泵的检测	大庆油田力神泵业有限公司
4	RP 11S3	电潜泵装置的安装	大庆油田力神泵业有限公司
5	RP 11S4	电潜泵装置的尺寸确定与选择	大庆油田力神泵业有限公司
6	RP 11S5	电潜泵电缆系统的应用	大庆油田力神泵业有限公司
7	RP 11S6	电潜泵电缆系统的测试	大庆油田力神泵业有限公司
8	RP 11S7	电潜泵密封腔部分的应用与测试	大庆油田力神泵业有限公司
9	RP 11S8	电潜泵系统的振动	大庆油田力神泵业有限公司
10	Spec 20A	石油天然气工业用碳素钢、合金钢、不锈钢和镍基合金铸件	宝鸡石油机械有限责任公司研究院
11	Spec 20C	石油天然气工业用闭模锻件	宝鸡石油机械有限责任公司研究院
12	Spec 16R	海洋钻井隔水管接头规范	宝鸡石油机械有限责任公司研究院
13	Spec 16F	海洋钻井隔水管设备规范	宝鸡石油机械有限责任公司研究院

〔供稿单位：中国石油和石油化工设备工业协会〕

2013年在运行国家标准和行业标准制修订计划项目

序号	计划编号	标准名称	制修订	采标情况	代替标准	完成年限	主要起草单位
1	20110852—T—469	石油钻机顶部驱动装置	制定			2013	北京石油机械厂、中国石油西部钻探工程有限公司克拉玛依钻井技术研究院、中国石油勘探开发研究院采油

（续）

序号	计划编号	标准名称	制修订	采标情况	代替标准	完成年限	主要起草单位
1	20110852—T—469	石油钻机顶部驱动装置	制定			2013	采气装备所、中国石油勘探开发研究院标准化研究所、宝鸡石油机械有限责任公司、中国石油长城钻探工程公司顶驱技术分公司、中国石油集团川庆钻探工程有限公司国际工程公司、中国石油集团川庆钻探工程有限公司川东钻探公司、胜利油田孚瑞特石油装备有限责任公司、四川宏华石油设备有限公司
2	20120431—T—469	石油天然气工业　钻井液净化系统评价	制定	ISO 13501:2011		2013	石油工业标准化研究所、中国石油集团钻井工程技术研究院江汉机械研究所、宝鸡石油机械有限责任公司、四川宏华石油设备有限公司
3	申报 2013 年国标	石油天然气工业　钻井和修井设备	修订	API Spec 7K:2010,MOD	GB/T 17744—2008	2014	宝鸡石油机械有限责任公司、南阳二机石油装备(集团)有限公司、中国石化集团江汉石油管理局第四机械厂、石油工业井控装置质量监督检验中心、兰州兰石国民油井石油工程有限公司、四川宏华石油设备有限公司、中国石油西部钻探工程有限公司
4	申报 2013 年国标	石油天然气工业　钻井和修井设备　钻井泵	制订			2014	宝鸡石油机械有限责任公司、兰州兰石国民油井石油工程有限公司、南阳二机石油装备(集团)有限公司、四川宏华石油设备有限公司、中国石油集团渤海石油装备制造有限公司中成装备分公司、胜利油田高原石油装备有限责任公司、川庆钻探长庆钻井总公司
5	申报 2013 年国标	石油天然气工业　钻井和采油设备　钻井和修井井架、底座	修订		GB/T 25428—2010	2014	宝鸡石油机械有限责任公司、中石化石油工程机械有限公司第四机械厂、南阳二机石油装备(集团)有限公司、四川宏华石油设备有限公司、兰州兰石国民油井石油工程有限公司、石油工业井控装置质量监督检验中心、川庆钻探工程有限公司川西钻探公司、胜利油田高原石油装备有限责任公司

（续）

序号	计划编号	标准名称	制修订	采标情况	代替标准	完成年限	主要起草单位
6	能源 20120461	石油钻机现场安装及检验	修订		SY/T 6586—2012	2013	石油工业井控装置质量监督检验中心、宝鸡石油机械有限责任公司、四川宏华石油设备有限公司、南洋二机石油装备(集团)有限公司、兰州兰石国民油井石油工程有限公司
7	能源 20120464	石油钻机液压盘式刹车	修订		SY/T 6727—2008	2013	中国石油勘探开发研究院采油采气装备研究所、宝鸡石油机械有限责任公司、南阳二机石油装备(集团)有限公司、胜利石油管理局渤海钻井总公司、任丘市博科机电新技术有限公司、德泰克钻井装备有限公司
8	能源 20120462	钻井液循环管汇	修订		SY/T 5244—2006	2013	石油工业井控装置质量监督检验中心、川庆钻探工程有限公司企管计划处、宝鸡石油机械有限责任公司、四川宏华石油设备有限公司、中石化石油工程机械有限公司第四机械厂、长庆油田分公司机械制造总厂、兰州兰石国民油井石油工程有限公司
9	申报 2013 年行标	石油钻采机械产品用承压铸钢件通用技术条件	修订	API Spec 20A：2012，NEQ	SY/T 5715—1995	2014	宝鸡石油机械有限责任公司、兰州兰石国民油井石油工程有限公司、四川宏华石油设备有限公司、河北华北石油荣盛机械制造有限公司、南阳二机石油装备(集团)有限公司 、中国石化集团江汉石油管理局第四机械厂、西安理工大学材料科学与工程学院
10	申报 2013 年国标	石油工业用天然气内燃发电机组	修订		GB/T 22343—2008	2014	中国石油集团济柴动力总厂、宝鸡石油机械有限责任公司、中国石油长城钻探工程公司装备部、中石油西部钻探工程公司设备处、中国石油渤海钻探工程有限公司第一钻井工程公司、渤海钻探公司工程技术研究院华北分院
11	能源 20120203	石油钻机用电器设备规范—主电动机	修订			2013	中国北车集团永济新时速电机电器有限责任公司、中国石油集团济柴动力总厂、甘肃省天水电气传动研究所、宝鸡石油机械有限责任公司、南阳二机石油装备集团、渤海石油装备制造有限公司石油机械厂、四川宏华石油设备有限公司

（续）

序号	计划编号	标准名称	制修订	采标情况	代替标准	完成年限	主要起草单位
12	能源20120207	螺杆泵用直驱永磁伺服隔爆电动机	制定			2013	中国石油集团渤海石油装备制造有限公司、国家潜油电泵质检中心、大庆油田力神泵业有限公司、哈尔滨工业大学、东北石油大学、胜利油田高原石油装备有限责任公司
13	能源20120465	石油天然气工业柴油/天然气双燃料发动机	修订		SY/T 6728—2008	2013	中国石油集团济柴动力总厂、山东大学能源与动力工程学院、中国石油长城钻探工程公司装备部、中石油西部钻探工程公司设备处
14	申报2013年行标	石油天然气工业　内燃机的安装、维护和操作推荐作法	修订	API RP 7C—11F—1994(R2008), NEQ	SY/T 6416—1999	2013	中国石油集团济柴动力总厂、宝鸡石油机械有限责任公司、中国石油长城钻探工程公司装备部、中石油西部钻探工程公司设备处、中国石油渤海钻探工程有限公司第一钻井工程公司、渤海钻探公司工程技术研究院华北分院
15	申报2013年国标	石油钻采设备及专用管材词汇	修订		GB/T 8423—2008	2014	石油工业标准化所、中国石油集团钻井工程技术研究院江汉机械研究所、石油大学、宝鸡石油机械有限责任公司
16	申报2013年国标	石油天然气工业　井下工具　封隔器和桥塞	修订	ISO 14310:2008,MOD	GB/T 20970—2007	2014	大庆油田有限责任公司采油工程研究院、宝鸡石油机械有限责任公司、中国石油勘探开发研究院采油采气装备研究所、中国石油集团钻井工程技术研究院江汉机械研究所、石油工业井下工具质量监督检验中心、中国石化石油工程技术研究院德州大陆架石油工程技术有限公司
17	申报2013年国标	石油天然气工业　井下工具　锁定心轴和定位接头	修订	ISO 16070:2005,MOD	GB/T 21410—2008	2014	石油工业井下工具质量监督检验中心、北京丹诺科技有限公司、渤海钻探工程有限公司工程技术研究院
18	申报2013年行标	尾管悬挂器及回接装置	修订		SY/T 5083—2005	2013	中国石化石油工程技术研究院德州大陆架石油工程技术有限公司、中国石油集团钻井工程技术研究院钻井机械研究所、石油工业井下工具质量监督检验中心

（续）

序号	计划编号	标准名称	制修订	采标情况	代替标准	完成年限	主要起草单位
19	能源20120210	分段压裂工具	制定			2013	中国石化石油工程技术研究院、德州大陆架石油工程技术有限公司、中国石油勘探开发研究院采油采气装备研究所、安东石油技术（集团）有限公司、大庆油田有限责任公司采油工程研究院、胜利油田采油工艺研究院、胜利油田高原石油装备有限责任公司、中国石油化工股份有限公司华北分公司、中石化石油工程机械有限公司四机赛瓦石油钻采设备有限公司
20	申报2013年行标	石油天然气工业　井下工具　遇油遇水自膨胀封隔器	制定			2013	中国石油勘探开发研究院采油采气装备研究所、德州大陆架石油工程技术有限公司、安东石油技术（集团）有限公司、中国石油集团钻井工程技术研究院、中国石油冀东油田分公司、中国石油辽河油田分公司、中国石油塔里木油田分公司
21	能源20120208	连续油管井控设备系统	制定	API RP 16ST：2009，IDT		2013	石油工业井控装置质量监督检验中心、中国石油钻井工程技术研究院江汉机械研究所、宝鸡石油机械有限责任公司、四川川庆石油钻采科技有限公司、中石油川庆钻探工程有限公司井下作业公司、中海石油（中国）有限公司天津分公司、安东石油技术（集团）有限公司、河北华北石油荣盛机械制造有限公司
22	能源20110221	井下作业用井口防喷设备	制定			2012	石油工业井控装置质量监督检验中心、河北华北石油荣盛机械制造有限公司、宝鸡石油机械有限责任公司、川庆钻探工程有限公司井下作业公司
23	申报2013年行标	防喷器的检查和维修	修订		SY/T 6160—2008	2013	石油工业井控装置质量监督检验中心、河北华北石油荣盛机械制造有限公司、宝鸡石油机械有限责任公司广汉钻采设备厂、塔里木工程技术部井控欠平衡中心、川庆钻探工程有限公司川东钻探公司、川庆钻探工程有限公司川西钻探公司

（续）

序号	计划编号	标准名称	制修订	采标情况	代替标准	完成年限	主要起草单位
24	申报 2013 年行标	控压钻井系统	制定			2013	中国石油集团钻井工程技术研究院钻井工艺研究所、中国石油天然气集团公司工程技术分公司、北京石油机械厂、塔里木油田公司油气工程研究院、塔里木油田公司塔中勘探开发项目经理部、石油工业井控装置质量监督检验中心、中国石油集团川庆钻探工程有限公司钻采研究院
25	申报 2013 年国标	石油天然气工业 钻井和采油设备 第2部分：深水钻井隔水管的分析方法、操作和完整性技术报告	制定	ISO/TR 13624—2：2009，MOD		2014	宝鸡石油机械有限责任公司、国家油气钻井装备工程技术研究中心、中海油田服务股份有限公司钻井研究院、中海油能源发展股份有限公司管道工程分公司、中国石油集团钻井工程技术研究院钻井机械研究所、四川宏华石油设备有限公司、江苏省盐城市建湖县永维阀门钻件有限公司
26	申报 2013 年行标	海上油气井用隔水导管	修订		SY/T 6558—2003	2013	中国石油化工集团胜利石油管理局钻井工艺研究院海洋工程装备研究所、江苏省盐城市建湖县永维阀门钻件有限公司、宝鸡石油机械有限责任公司、国家油气钻井装备工程技术研究中心、中海油田服务股份有限公司钻井研究院、中海油能源发展股份有限公司管道工程分公司、中海油能源发展股份有限公司管道工程分公司
27	能源 20120469	固井压裂泵	制定			2013	中石化石油工程机械有限公司第四机械厂、中石化石油工程机械有限公司四机赛瓦、石油钻采设备有限公司、宝鸡石油机械有限责任公司、中国石油集团川庆钻探四川井下公司、中国石化胜利石油工程有限公司、四川宏华石油设备有限公司、中国石油集团渤海石油装备制造有限公司

（续）

序号	计划编号	标准名称	制修订	采标情况	代替标准	完成年限	主要起草单位
28	申报 2013 年行标	压裂成套设备	修订		SY/T 5211—2009	2013	中石化石油工程机械有限公司第四机械厂、中石化石油工程机械有限公司四机赛瓦公司、宝鸡石油机械有限责任公司、南阳二机石油装备（集团）有限公司、中石油川庆钻探长庆井下技术作业公司、中石化中原石油工程有限公司井下特种作业公司、中原特种车辆有限公司、胜利油田高原石油装备有限责任公司、烟台杰瑞石油服务集团股份有限公司
29	申报 2013 年行标	油井测试设备	修订		SY/T 5079—2008 SY/T 5073—2008	2013	南阳二机石油装备（集团）有限公司、宝鸡宝石特种车辆有限责任公司、南阳华美石油设备有限公司、中原特种车辆有限公司、中石化中原石油工程有限公司地球物理测井公司、中石化华北石油工程有限公司测井分公司
30	申报 2013 年行标	石油天然气工业 钻井和采油设备 移动式抽油装置	制定			2013	中原特种车辆有限公司、南阳二机石油装备（集团）有限公司、河南油田分公司第一采油厂、宝鸡石油机械有限责任公司、宝鸡宝石特种车辆有限责任公司
31	申报 2013 年行标	洗井机	修订		SY/T 5962—2008 SY/T 6115—2012	2013	中原特种车辆有限公司、中国石油集团钻井工程技术研究院江汉机械研究所、南阳二机石油装备（集团）有限公司、中原油田分公司采油一厂
32	申报 2013 年行标	清蜡设备	修订		SY/T 5961—2008	2013	中原特种车辆有限公司、南阳二机石油装备（集团）有限公司、中原油田装备处
33	申报 2013 年行标	不压井作业设备	修订		SY/T 6731—2008	2014	河北华北石油荣盛机械制造有限公司、中石化江汉石油管理局第四机械厂、石油工业井控装置质量监督检验中心、中国石油勘探开发研究院采油采气装备研究所、宝鸡石油机械有限责任公司、南阳二机石油装备（集团）有限公司、烟台杰瑞石油服务集团股份有限公司

（续）

序号	计划编号	标准名称	制修订	采标情况	代替标准	完成年限	主要起草单位
34	20112181—T—469	石油天然气工业　井下设备　人工举升用螺杆泵系统　第1部分:泵	修订	ISO 15136—1：2009,MOD	GB/T 21411.1—2008	2013	北京石油机械厂、大庆油田有限责任公司采油工程研究院、大庆油田力神泵业有限公司、中国石油勘探开发研究院采油采气装备所、中国石油集团渤海石油装备制造有限公司、华北石油管理局钻井工艺研究院、胜利油田高原石油装备有限责任公司、大庆机械产品质量监督检验站
35	20120429—T—469	潜油电泵机组	修订		GB/T 16750—2008	2014	大庆油田力神泵业有限公司、胜利油田胜利泵业有限责任公司、国家电动潜油泵质量监督检验中心
36	能源20120209	驱动螺杆泵专用抽油杆	制定			2013	国家电动潜油泵质量监督检验中心、中国石油勘探开发研究院采油采气装备所、中国石油天然气股份有限公司玉门油田分公司钻采工程研究院、中国石油集团渤海石油装备制造有限公司、铁岭中油机械设备制造有限公司、胜利油田孚瑞特石油装备有限责任公司、胜利油田高原石油装备有限责任公司、山东九环石油机械有限公司
37	能源20120470	连续管作业机	修订		SY/T 6761—2009	2013	中国石油集团钻井工程技术研究院江汉机械研究所、胜利油田高原石油装备有限责任公司、中石化江汉石油管理局第四机械厂、烟台杰瑞石油服务集团股份有限公司、四川宏华石油设备有限公司、中国石油集团川庆钻探工程有限公司井下作业公司、中国石油集团渤海钻探工程有限公司井下作业分公司、安东石油技术(集团)有限公司
38	能源20100058	水力泵抽油系统	修订		SY/T 5078.1—1991 SY/T 5078.2—1991 SY/T 5078.3—1991 SY/T 5189—1987	2011	胜利油田胜利泵业有限责任公司、中国石油天然气股份有限公司大港油田分公司

（续）

序号	计划编号	标准名称	制修订	采标情况	代替标准	完成年限	主要起草单位
39	能源20120206	特种抽油泵	制定			2012	中国石油集团渤海石油装备制造有限公司、中国石油集团钻井工程技术研究院江汉机械研究所、三八八厂、中国石油天然气股份有限公司玉门油田分公司钻采工程研究院、铁岭中油机械设备制造有限公司、胜利油田高原石油装备有限责任公司、咸阳宝石钢管钢绳公司
40	申报2013年行标	抽油机节能拖动装置	修订		SY/T 5226—2005	2013	中国石油集团渤海石油装备制造有限公司、中国石油集团济柴动力总厂、东北石油大学
41	申报2013年行标	无游梁式抽油机	修订		SY/T 6729—2008	2013	中国石油集团钻井工程技术研究院江汉机械研究所、胜利油田高原石油装备有限责任公司、唐山宏冶机械集团有限公司、鞍山市鑫宇机械有限公司、辽河油田物资管理部、大港油田物资装备处、成都厚信健科技有限公司、山东金威力石油装备制造有限公司
42	申报2013年行标	抽油杆吊卡	修订		SY/T 5235—2008	2013	中国石油集团钻井工程技术研究院江汉机械研究所、中石油玉门油田分公司钻采工程研究院、泰兴石油机械有限公司、中石油玉门油田分公司机械厂、中国石油化工股份有限公司中原分公司采油五厂

〔供稿单位：中国石油和石油化工设备工业协会〕

2012年国家标准和行业标准制修订计划汇总表

序号	专业	计划编号	标准名称	制修订	采标情况	代替标准	完成年限	主要起草单位	备注
1	钻机	20101431—T—469	石油天然气工业 钻井和采油提升设备	修订	ISO 13535 最新版，IDT	GB/T 19190—2003	2012	宝鸡石油机械有限责任公司、兰州兰石国民油井石油工程有限公司、江苏	

（续）

序号	专业	计划编号	标准名称	制修订	采标情况	代替标准	完成年限	主要起草单位	备注
1	钻机	20101431—T—469	石油天然气工业 钻井和采油提升设备	修订	ISO 13535 最新版，IDT	GB/T 19190—2003	2012	如石机械有限公司、南阳二机石油装备（集团）有限公司、中国石油集团钻井工程技术研究院江汉机械研究所、北京石油机械厂	
2	海洋	20110107—T—469	海上固定平台模块钻机 第3部分 海上安装、调试与验收	制定			2013	中海油田服务股份有限公司、石油工业标准化研究所、宝鸡石油机械有限责任公司	
3	海洋	20110108—T—469	海上石油固定平台模块钻机 第1部分 设计	制定			2013	中国海洋石油总公司中海油研究总院、石油工业标准化研究所、宝鸡石油机械有限责任公司	
4	海洋	20110109—T—469	海上石油固定平台模块钻机 第2部分 建造	制定			2013	中海石油能源发展股份有限公司油田建设工程公司、宝鸡石油机械有限责任公司、石油工业标准化研究所	
5	钻机	20110852—T—469	石油钻机顶部驱动装置	制定			2013	北京石油机械厂、中国石油西部钻探工程有限公司克拉玛依钻井技术研究院、宝鸡石油机械有限责任公司、中国石油勘探开发研究院采油采气装备所、中国石油勘探开发研究院标准化研究所、中国石油长城钻探工程公司顶驱技术分公司、中国石油集团川庆钻探工程有限公司国际工程公司、中国石油集团川庆钻探工程有限公司川东钻探公司	
6	车载	20111565—T—469	车装钻机	制定			2013	南阳二机石油装备（集团）有限公司、宝鸡石油机械有限责任公司、四川宏华石油设备有限公司	

（续）

序号	专业	计划编号	标准名称	制修订	采标情况	代替标准	完成年限	主要起草单位	备注
7	海洋	20111566—T—469	石油天然气工业　钻井和采油设备　第1部分：海洋钻井隔水管设备的设计和操作	制定	ISO 13624—1：2009		2013	宝鸡石油机械有限责任公司、石油工业井控装置质量监督检验中心	
8	采油	20112178—T—469	潜油电泵电缆系统的应用	修订	API RP 11S5：2008	GB/T 17389—1998	2013	大庆油田力神泵业有限公司、胜利油田泵业有限公司、国家潜油电泵质检中心、渤海石油装备制造有限公司	
9	井口	20112179—T—469	石油天然气工业　钻井和采油设备　井口装置和采油树	修订	ISO 10423：2009	GB/T 22513—2008	2013	中国石油集团钻井工程技术研究院江汉机械研究所、宝鸡石油机械有限责任公司、石油工业井控装置质量监督检验中心、什邡慧丰采油机械有限责任公司、江苏宏泰石化机械有限公司、江苏金石机械集团有限公司、建湖县鸿达阀门管件有限公司、大庆油田装备制造集团、中国石油勘探开发研究院采油采气装备研究所	
10	井口	20112180—T—469	石油天然气工业　管道输送系统　管道阀门	修订	ISO 14313：2007	GB/T 20173—2006	2013	中国石油集团钻井工程技术研究院江汉机械研究所、方圆阀门集团有限公司、石油工业井控装置质量监督检验中心、江苏金石机械集团有限公司、中国石油和石油化工设备工业协会	
11	采油	20112181—T—469	石油天然气工业　井下设备　人工举升用螺杆泵系统　第1部分：泵	修订	ISO 15136—1：2009	GB/T 21411.1—2008	2013	北京石油机械厂、大庆油田有限责任公司采油工程研究院、大庆油田力神泵业有限公司、中国石油集团渤海石油装备制造有限公司、华北石油管理局钻井工艺研究院、大庆机械产品质量监督检验站	

（续）

序号	专业	计划编号	标准名称	制修订	采标情况	代替标准	完成年限	主要起草单位	备注
12	井口	2012年申报国标	石油天然气工业 水下生产系统的设计与操作 第4部分：水下井口装置和采油树设备	修订	ISO 13628—4:2010,IDT	GB/T 21412.4—2008	2012	宝鸡石油机械有限责任公司、中国海洋石油总公司、石油工业井控装置质量监督检验中心	
13	井控	2012年申报国标	石油天然气工业 钻井和采油设备 钻通设备	修订	ISO 13533：2001 cor 1：2005	GB/T 20174—2006	2013	石油工业井控装置质量监督检验中心、河北华北石油荣盛机械制造有限公司、宝鸡石油机械有限责任公司	
14	采油	能源20100058	水力泵抽油系统	修订		SY/T 5078.1—1991 SY/T 5078.2—1991 SY/T 5078.3—1991 SY/T 5189—1987	2011	胜利油田胜利泵业有限责任公司、中国石油天然气股份有限公司大港油田分公司	
15	采油	能源20110212	抽油杆	修订	API Spec 11B：2010,MOD	SY/T 5029—2006	2012	中国石油天然气股份有限公司玉门油田分公司机械厂、铁岭中油机械设备制造有限公司、渤海装备制造公司、胜利油田孚瑞特、国家油气田井口设备质量监督检验中心、安东石油技术（集团）有限公司、中国石油勘探开发研究院采油采气装备所	
16	钻采动力	能源20110213	石油天然气工业用柴油机	修订		SY/T 5030—2006	2012	中国石油集团济柴动力总厂、大庆石油管理局钻探集团钻井一公司、济柴河北分公司、南阳二机石油装备（集团）有限公司、宝鸡石油机械有限责任公司	双语版

（续）

序号	专业	计划编号	标准名称	制修订	采标情况	代替标准	完成年限	主要起草单位	备注
17	钻采动力	能源20110215	石油钻机用柴油机耦合器机组	修订		SY/T 6664—2006	2012	中国石油集团济柴动力总厂、大连恒通液力机械有限公司、济柴液力传动事业部、南阳二机石油装备(集团)有限公司、宝鸡石油机械有限责任公司	双语版
18	钻机	能源20110218	石油低温钻机	制定			2012	宝鸡石油机械有限责任公司、中国石化集团江汉石油管理局第四机械厂、南阳二机石油装备(集团)有限公司、宏华石油设备有限公司	
19	井下工具	能源20110219	膨胀式尾管悬挂器及尾管回接装置	制定			2012	中国石油集团钻井工程技术研究院钻井机械研究所、北京石油机械厂、北京华油油气工程科技有限公司、哈萨克北部扎奇联合作业公司、安东石油技术(集团)有限公司、德州大陆架石油技术有限公司、中国石油勘探开发研究院采油采气装备所	
20	井控	能源20110221	作业用井口防喷设备	制定			2012	石油工业井控装置质量监督检验中心、河北华北石油荣盛机械制造有限公司、宝鸡石油机械有限责任公司	
21	钻机	2012年申报行标	石油天然气工业用钢丝绳	修订	API Spec 9A：2011 MOD	SY/T 5170—2008	2012	咸阳宝石钢管钢绳有限公司、宝鸡石油机械有限责任公司、中国石油天然气集团公司石油管材研究所	
22	钻采动力	2012年申报行标	石油钻机传动滚子链	修订	API Spec 7F：2010 IDT	SY/T 5595—2009	2012	中国石油集团渤海石油装备制造有限公司、上海大龙链条厂、长春链传动研究所	
23	钻机	2012年申报行标	石油钻机和修井机用水龙头	修订	API Spec 8A/8C 部分采用	SY/T 5530—2005	2012	兰州兰石国民油井石油工程有限公司、宝鸡石油机械有限责任公司、南阳二机石油装备(集团)有限公司	

（续）

序号	专业	计划编号	标准名称	制修订	采标情况	代替标准	完成年限	主要起草单位	备注
24	车载	2012年申报行标	石油钻机和修井机用转盘	修订		SY/T 5080—2004	2012	南阳二机石油装备（集团）有限公司、宝鸡石油机械有限公司、南阳市南石力天传动件有限公司	
25	车载	2012年申报行标	石油通井机	修订		SY/T 5376—2005	2012	南阳二机石油装备（集团）有限公司、河南中原总机厂石油设备有限公司、南阳新成高架设备有限公司	
26	采油	2012年申报行标	连续抽油杆	修订		SY/T 6585—2003	2012	胜利油田高原石油装备有限责任公司、胜利油田孚瑞特石油装备有限责任公司	
27	井下工具	2012年申报行标	分级注水泥器	修订		SY/T 5150—2000	2012	德州大陆架石油工程技术有限公司，中国石化石油工程技术研究院，华北油田井下工具质量检验中心	
28	车载	2012年申报行标	钻采压缩机车	制定			2012	中国石化集团江汉石油管理局第三机械厂、中国石油化工股份有限公司江汉石油钻头股份有限公司江汉机械厂、天门市江汉石油三机特车有限公司	
29	采油	2012年申报行标	特种抽油泵	制定	API 11AX，MOD		2012	中国石油集团渤海石油装备制造有限公司、江汉机械研究所、三八八厂	
30	车载	2012年申报行标	采油车	制定			2012	中原特种车辆有限公司、南阳二机石油装备（集团）有限公司、河南油田分公司第一采油厂	
31	钻采动力	2012年申报行标	石油钻机用电器设备规范—主电动机	修订		SY/T 6725.1—2008	2013	中国北车集团永济新时速电机电器有限责任公司、宝鸡石油机械有限责任公司、中国石油集团济柴动力总厂、南阳二机石油装备（集团）有限公司	

（续）

序号	专业	计划编号	标准名称	制修订	采标情况	代替标准	完成年限	主要起草单位	备注
32	井口	2012年申报行标	阀门试验—耐火试验要求	制订	ISO 10497（2010），(IDT)		2013	中国石油集团钻井工程技术研究院江汉机械研究所、国家油气井口设备质量监督检验中心、方圆阀门集团有限公司、江苏苏盐阀门机械有限公司、天津百利展发集团有限公司	
33	钻采动力	2012年申报行标	螺杆泵用直驱永磁伺服隔爆电动机	制定			2013	中国石油集团渤海石油装备制造有限公司、大庆石油学院、哈尔滨工业大学	
34	井控	2012年申报行标	连续油管井控设备系统	制定	API RP 16ST：2009，IDT		2013	石油工业井控装置质量监督检验中心、钻井工程技术研究院、四川川庆石油钻采科技有限公司	
35	采油	2012年申报行标	驱动螺杆泵专用抽油杆	制定			2013	大庆油田有限责任公司采油工程研究院、中国石油集团渤海石油装备制造有限公司、铁岭中油机械设备制造有限公司、胜利油田孚瑞特石油装备有限责任公司、山东九环石油机械有限公司	
36	井下工具	2012年申报行标	分段压裂工具	制定			2013	德州大陆架石油工程技术有限公司，中国石化石油工程技术研究院，胜利油田钻井工艺研究院等	
37	井下工具	2012年申报行标	油、水激发自膨胀封隔器	制定			2013	中国石油勘探开发研究院采油采气装备所、安东石油技术（集团）有限公司、德州大陆架石油技术有限公司、中石油钻井总院、华北石油橡胶研究所、辽河油气田分公司、中国石油冀东油田分公司	

〔供稿单位：中国石油和石油化工设备工业协会〕

2012 年行业标准复审项目汇总表

序号	专业	标准编号	标 准 名 称
1	采油	SY/T 5235—2008	抽油杆吊卡
2	采油	SY/T 6400—1999	气举阀性能试验方法
3	采油	SY/T 6401—1999	气举井下装置
4	采油	SY/T 5721—1995	链条抽油机安装、使用和维护
5	采油	SY/T 6534—2002	双螺杆油田混输泵
6	采油	SY/T 6729—2008	无游梁式抽油机
7	采油	SY/T 5736—1995	增强塑料抽油杆
8	车载	SY/T 5073—2008	油田测井和试井绞车
9	车载	SY/T 5079—2008	油井测试设备
10	车载	SY/T 5139—2008	立放井架车
11	车载	SY/T 5250—2008	油田用背罐车
12	车载	SY/T 5961—2008	清蜡设备
13	车载	SY/T 5962—2008	洗井机
14	车载	SY/T 6113—2008	修井用气动卡盘
15	车载	SY/T 6731—2008	不压井作业装备
16	井控	SY/T 6160—2008	防喷器的检查和维修
17	井控	SY/T 6730—2008	钻通设备旋转防喷器
18	井控	SY/T 5215—2005	钻具止回阀
19	井口	SY/T 5328—1996	热采井口装置
20	井口	SY/T 6745—2008	端部连接耐火试验规范
21	井口	SY/T 6746—2008	倒密封阀耐火试验规范
22	井下工具	SY/T 5066—2008	地层测试器
23	井下工具	SY/T 5067—2008	安全接头
24	井下工具	SY/T 5114—2008	打捞公锥及母锥
25	井下工具	SY/T 5164—2008	三牙轮钻头
26	井下工具	SY/T 6347—2008	钻柱减震器
27	钻采动力	SY/T 5031—1999	油田用往复式内燃机规范
28	钻采动力	SY/T 6416—1999	内燃机的安装、维护和操作推荐作法
29	钻采动力	SY/T 6728—2008	石油天然气工业柴油/天然气双燃料发动机
30	钻机	SY/T 5112—2008	钻井和采油提升设备规范(不规定级别)

（续）

序号	专业	标准编号	标 准 名 称
31	钻机	SY/T 6724—2008	石油钻机和修井机基本配置
32	钻机	SY/T 6726—2008	石油钻机顶部驱动装置
33	钻机	SY/T 6727—2008	石油钻机液压盘式刹车
34	钻机	SY/T 5686—1995	三缸单作用钻井泵可靠性考核评定规范

〔供稿单位：中国石油和石油化工设备工业协会〕

2012年国家标准计划项目进展汇总表

序号	专业	计划编号	标 准 名 称	制修订	标准类别	采标情况	代替标准	完成年限	主要起草单位	计划进度
1	钻机	20110852—T—469	石油钻机顶部驱动装置	制定	产品			2013	北京石油机械厂、中国石油西部钻探工程有限公司克拉玛依钻井技术研究院、中国石油勘探开发研究院采油采气装备所、中国石油勘探开发研究院标准化研究所、宝鸡石油机械有限责任公司、中国石油长城钻探工程公司顶驱技术分公司、中国石油集团川庆钻探工程有限公司国际工程公司、中国石油集团川庆钻探工程有限公司川东钻探公司、胜利油田孚瑞特石油装备有限责任公司	征求意见

（续）

序号	专业	计划编号	标准名称	制修订	标准类别	采标情况	代替标准	完成年限	主要起草单位	计划进度
2	钻机	20120431—T—469	石油天然气工业 钻井液净化系统评价	制定	方法	ISO 13501：2011		2013	石油工业标准化研究所、中国石油集团钻井工程技术研究院江汉机械研究所、宝鸡石油机械有限公司	征求意见
3	井口	20101431—T—469	石油天然气工业 钻井和采油提升设备	修订	产品	API 8C，IDT	GB/T 19190—2003	2012	宝鸡石油机械有限责任公司、兰州兰石国民油井石油工程有限公司、江苏如石机械有限公司、南阳二机石油装备（集团）有限公司、中国石油集团钻井工程技术研究院江汉机械研究所、北京石油机械厂	报批稿
4	井口	20112179—T—469	石油天然气工业 钻井和采油设备 井口装置和采油树	修订	产品	ISO 10423：2009	GB/T 22513—2008	2013	中国石油集团钻井工程技术研究院江汉机械研究所、宝鸡石油机械有限责任公司、石油工业井控装置质量监督检验中心、什邡慧丰采油机械有限责任公司、江苏宏泰石化机械有限公司、江苏金石机械集团有限公司、建湖县鸿达阀门管件有限公司、大庆油田装备制造集团、中国石油勘探开发研究院采油采气装备研究所	报批稿

（续）

序号	专业	计划编号	标准名称	制修订	标准类别	采标情况	代替标准	完成年限	主要起草单位	计划进度
5	井口	20112180—T—469	石油天然气工业 管道输送系统 管道阀门	修订		ISO 14313：2007	GB/T 20173—2006	2013	中国石油集团钻井工程技术研究院江汉机械研究所、方圆阀门集团有限公司、石油工业井控装置质量监督检验中心、江苏金石机械集团有限公司、中国石油和石油化工设备工业协会	报批稿
6	井口	20120430—T—469	石油天然气工业 水下生产系统的设计与操作 第4部分：水下井口装置和采油树设备	修订	产品	ISO 13628—4：2010，IDT	GB/T 21412.4—2008	2013	宝鸡石油机械有限责任公司、中国海洋石油总公司、石油工业井控装置质量监督检验中心、国家油气田井口设备质量监督检验中心	报批稿
7	海洋	20110107—T—469	海上固定平台模块钻机 第3部分 海上安装、调试与验收	制定	方法			2013	中海油田服务股份有限公司、石油工业标准化研究所、宝鸡石油机械有限责任公司、南阳二机石油装备（集团）有限公司、中国石化集团江汉石油管理局第四机械厂、中国石油集团渤海石油装备制造有限公司	报批稿
8	海洋	20110108—T—469	海上石油固定平台模块钻机 第1部分 设计	制定	方法			2013	中国海洋石油总公司中海油研究总院、石油工业标准化研究所、宝鸡石油机械有限责任公司、中国石化集团江汉石油管理局第四机械厂、中国石油集团渤海石油装备制造有限公司、南阳二机石油装备（集团）有限公司	报批稿

（续）

序号	专业	计划编号	标准名称	制修订	标准类别	采标情况	代替标准	完成年限	主要起草单位	计划进度
9	海洋	20110109—T—469	海上石油固定平台模块钻机 第2部分 建造	制定	方法			2013	中海石油能源发展股份有限公司油田建设工程公司、宝鸡石油机械有限责任公司、石油工业标准化研究所、中国石化集团江汉石油管理局第四机械厂、中国石油集团渤海石油装备制造有限公司、南阳二机石油装备（集团）有限公司	报批稿
10	海洋	20111566—T—469	石油天然气工业 钻井和采油设备 第1部分:海洋钻井隔水管设备的设计和操作	制定	方法	ISO 13624—1：2009		2013	宝鸡石油机械有限责任公司、石油工业井控装置质量监督检验中心、中海油田服务股份有限公司	报批稿
11	车载	20111565—T—469	车装钻机	制定	产品			2013	南阳二机石油装备(集团)有限公司、宝鸡石油机械有限责任公司、四川宏华石油设备有限公司、中国石油集团渤海石油装备制造有限公司、中国石油集团济柴动力总厂、中国石化集团江汉石油管理局第四机械厂	报批稿
12	采油	20112178—T—469	潜油电泵电缆系统的应用	修订	产品	API RP 11S5：2008	GB/T 17389—1998	2013	大庆油田力神泵业有限公司、胜利油田泵业有限公司、大庆油田有限责任公司采油工程研究院国家潜油电泵质检中心、渤海石油装备制造有限公司	报批稿

（续）

序号	专业	计划编号	标准名称	制修订	标准类别	采标情况	代替标准	完成年限	主要起草单位	计划进度
13	采油	20112181—T—469	石油天然气工业井下设备人工举升用螺杆泵系统 第1部分：泵	修订	产品	ISO 15136—1：2009，MOD	GB/T 21411.1—2008	2013	北京石油机械厂、大庆油田有限责任公司采油工程研究院、大庆油田力神泵业有限公司、中国石油集团渤海石油装备制造有限公司、华北石油管理局钻井工艺研究院、大庆机械产品质量监督检验站、胜利油田高原石油装备有限责任公司、中国石油勘探开发研究院采油采气装备所	征求意见
14	采油	20120429—T—469	潜油电泵机组	修订	产品		GB/T 16750—2008	2014	大庆油田力神泵业有限公司、胜利油田胜利泵业有限责任公司、国家电动潜油泵质量监督检验中心	草案

2012年行业标准计划项目进展汇总表

序号	专业	计划编号	标准名称	制修订	标准类别	采标情况	代替标准	完成年限	主要起草单位	计划进度
1	钻机	能源20110218	石油低温钻机	制定	产品			2012	宝鸡石油机械有限责任公司、中国石化集团江汉石油管理局第四机械厂、南阳二机石油装备（集团）有	

（续）

序号	专业	计划编号	标准名称	制修订	标准类别	采标情况	代替标准	完成年限	主要起草单位	计划进度
1	钻机	能源 20110218	石油低温钻机	制定	产品			2012	限公司、宏华石油设备有限公司、兰州兰石国民油井石油工程有限公司、中国石油集团渤海石油装备制造有限公司	报批稿
2	钻机	能源 20120197	石油天然气工业用钢丝绳	修订	产品	API Spec9A：2011MOD	SY/T 5170—2008	2012	咸阳宝石钢管钢绳有限公司、宝鸡石油机械有限责任公司、中国石油天然气集团公司石油管材研究所	报批稿
3	钻机	能源 20120198	石油钻机传动滚子链	修订	产品	API Spec7F：2010 IDT	SY/T 5595—2009	2012	中国石油集团渤海石油装备制造有限公司、上海大隆链条厂、吉林大学链条传动研究所	报批稿
4	钻机	能源 20120199	石油钻机和修井机用水龙头	修订	产品		SY/T 5530—2005	2012	兰州兰石国民油井石油工程有限公司、宝鸡石油机械有限责任公司、南阳二机石油装备（集团）有限公司	报批稿
5	钻机	能源 20120200	石油钻机和修井机用转盘	修订	产品		SY/T 5080—2004	2012	南阳二机石油装备（集团）有限公司、宝鸡石油机械有限公司、南阳市南石力天传动件有限公司、兰州兰石国民油井石油工程有限公司	报批稿
6	钻机	能源 20120461	石油钻机现场安装及检验	修订	方法		SY/T 6586—2011	2013	石油工业井控装置质量监督检验中心、宝鸡石油机械有限责任公司、长城钻探工程公司	征求意见
7	钻机	能源 20120463	石油钻机和修井机出厂验收规范	修订	方法		SY/T 6680—2007	2013	宝鸡石油机械有限责任公司	报批稿

（续）

序号	专业	计划编号	标准名称	制修订	标准类别	采标情况	代替标准	完成年限	主要起草单位	计划进度
8	钻机	能源20120464	石油钻机液压盘式刹车	修订	产品		SY/T 6727—2008	2013	中国石油勘探开发研究院采油采气装备研究所、南阳二机石油装备(集团)有限公司、胜利石油管理局渤海钻井总公司、宝鸡石油机械有限责任公司、任丘市博科机电新技术有限公司	征求意见
9	钻采动力	能源20110213	石油天然气工业用柴油机	修订	产品		SY/T 5030—2006	2012	中国石油集团济柴动力总厂、大庆石油管理局钻探集团钻井一公司、济柴河北分公司、南阳二机石油装备(集团)有限公司、宝鸡石油机械有限责任公司	报批稿
10	钻采动力	能源20110215	石油钻机用柴油机耦合器机组	修订	产品		SY/T 6664—2006	2012	中国石油集团济柴动力总厂、大连恒通液力机械有限公司、济柴液力传动事业部、南阳二机石油装备(集团)有限公司、宝鸡石油机械有限责任公司	报批稿
11	钻采动力	能源20120203	石油钻机用电器设备规范—主电动机	修订	产品		SY/T 6725.1—2008	2013	中国北车集团永济新时速电机电器有限责任公司、宝鸡石油机械有限责任公司、中国石油集团济柴动力总厂、南阳二机石油装备(集团)有限公司、北京石油机械厂、中国石油集团渤海石油装备制造有限公司	征求意见

（续）

序号	专业	计划编号	标 准 名 称	制修订	标准类别	采标情况	代替标准	完成年限	主要起草单位	计划进度
12	钻采动力	能源20120207	螺杆泵用直驱永磁伺服隔爆电动机	制定	产品			2013	中国石油集团渤海石油装备制造有限公司、哈尔滨工业大学、大庆石油学院、大庆油田有限责任公司采油工程研究院国家潜油电泵质检中心、胜利油田高原石油装备有限责任公司、大庆油田力神泵业有限公司	征求意见
13	钻采动力	能源20120465	石油天然气工业柴油/天然气双燃料发动机	修订	产品		SY/T 6728—2008	2013	中国石油集团济柴动力总厂、山东济柴绿色能源动力装备有限公司、新疆石油管理局钻井公司	送审
14	井下工具	能源20110219	膨胀式尾管悬挂器及尾管回接装置	制定	方法			2012	中国石油集团钻井工程技术研究院钻井机械研究所、北京石油机械厂、北京华油油气工程科技有限公司、哈萨克北部扎奇联合作业公司、安东石油技术(集团)有限公司、德州大陆架石油技术有限公司、中国石油勘探开发研究院采油采气装备所、胜利油田孚瑞特石油装备有限责任公司、宝鸡石油机械有限责任公司	报批稿
15	井下工具	能源20120202	分级注水泥器	修订	产品		SY/T 5150—2000	2012	德州大陆架石油工程技术有限公司，中国石化石油工程技术研究院，华北油田井下工具质量检验中心、宝鸡石油机械有限责任公司	报批稿

（续）

序号	专业	计划编号	标准名称	制修订	标准类别	采标情况	代替标准	完成年限	主要起草单位	计划进度
16	井下工具	能源20120210	分段压裂工具	制定	方法			2013	德州大陆架石油工程技术有限公司，中国石化石油工程技术研究院，胜利油田钻井工艺研究院、安东石油技术（集团）有限公司、中国石油勘探开发研究院采油采气装备所、中国石化集团江汉石油管理局第三机械厂	征求意见
17	井口	能源20120204	阀门试验—耐火试验要求	制订	方法	ISO10497：2010，IDT		2013	中国石油集团钻井工程技术研究院江汉机械研究所、国家油气井口设备质量监督检验中心、方圆阀门集团有限公司、江苏苏盐阀门机械有限公司、天津百利展发集团有限公司、石油工业井控装置质量监督检验中心、宝石机械成都装备制造分公司	报批稿
18	井控	能源20110221	井下作业用井口防喷设备	制定	产品			2012	石油工业井控装置质量监督检验中心、河北华北石油荣盛机械制造有限公司、宝鸡石油机械有限责任公司	征求意见
19	井控	能源20120208	连续油管井控设备系统	制定	产品	API RP16ST：2009，IDT		2013	石油工业井控装置质量监督检验中心、钻井工程技术研究院、四川川庆石油钻采科技有限公司、宝鸡石油机械有限责任公司、安东石油技术（集团）有限公司	征求意见

（续）

序号	专业	计划编号	标准名称	制修订	标准类别	采标情况	代替标准	完成年限	主要起草单位	计划进度
20	固压	能源20120462	钻井液循环管汇	修订	产品		SY/T 5244—2006	2013	石油工业井控装置质量监督检验中心、宝鸡石油机械有限责任公司	征求意见
21	固压	能源20120469	压裂固井泵设计规范	制定	产品			2013	中国石化集团江汉石油管理局第四机械厂	征求意见
22	车载	能源20120201	石油通井机	修订	产品		SY/T 5376—2005	2012	南阳二机石油装备(集团)有限公司、河南中原总机厂石油设备有限公司、南阳新成高架设备有限公司、宝石机械成都装备制造分公司、中国石油集团渤海石油装备制造有限公司、胜利油田孚瑞特石油装备有限责任公司、中国石化集团江汉石油管理局第四机械厂	报批稿
23	车载	能源20120205	钻采压缩机车	制定	产品			2012	中国石化集团江汉石油管理局第三机械厂、中国石油化工股份有限公司江汉石油钻头股份有限公司江汉机械厂、天门市江汉石油三机特车有限公司、宝石机械成都装备制造分公司、中原特种车辆有限公司	报批稿
24	采油	能源20090697	连续抽油杆	修订	产品		SY/T 6585—2003	2012	胜利油田高原石油装备有限责任公司、胜利油田孚瑞特石油装备有限责任公司、中国石油天然气股份有限公司玉门油田分	报批稿

（续）

序号	专业	计划编号	标准名称	制修订	标准类别	采标情况	代替标准	完成年限	主要起草单位	计划进度
24	采油	能源20090697	连续抽油杆	修订	产品		SY/T 6585—2003	2012	公司钻采工程研究院、中国石油勘探开发研究院采油采气装备所、大庆装备制造集团	报批稿
25	采油	能源20100058	水力泵抽油系统	修订	产品		SY/T 5078.1—1991 SY/T 5078.2—1991 SY/T 5078.3—1991 SY/T 5189—1987	2011	胜利油田胜利泵业有限责任公司、中国石油天然气股份有限公司大港油田分公司	送审
26	采油	能源20110212	抽油杆	修订	产品	API Spec11 B：2010，MOD	SY/T 5029—2006	2012	中国石油天然气股份有限公司玉门油田分公司钻采工程研究院、铁岭中油机械设备制造有限公司、胜利油田孚瑞特石油装备有限责任公司、中国石油集团渤海石油装备制造有限公司、胜利油田高原石油装备有限责任公司、安东石油技术（集团）有限公司、中国石油勘探开发研究院采油采气装备所、国家油气田井口设备质量监督检验中心、大庆油田有限责任公司国家电动潜油泵质量监督检验中心	报批稿

（续）

序号	专业	计划编号	标准名称	制修订	标准类别	采标情况	代替标准	完成年限	主要起草单位	计划进度
27	采油	能源20120206	特种抽油泵	制定	产品			2012	中国石油集团渤海石油装备制造有限公司、江汉机械研究所、388厂、中国石油天然气股份有限公司玉门油田分公司钻采工程研究院、铁岭中油机械设备制造有限公司、胜利油田高原石油装备有限责任公司	送审
28	采油	能源20120209	驱动螺杆泵专用抽油杆	制定	产品			2013	国家潜油电泵质检中心、中国石油集团渤海石油装备制造有限公司、铁岭中油机械设备制造有限公司、胜利油田孚瑞特石油装备有限责任公司、山东九环石油机械有限公司、中国石油天然气股份有限公司玉门油田分公司钻采工程研究院、中国石油勘探开发研究院采油采气装备所、胜利油田高原石油装备有限责任公司	征求意见
29	采油	能源20120470	连续管作业车	修订	产品		SY/T 6761—2009	2013	中国石油集团钻井工程技术研究院江汉机械研究所、胜利油田高原石油装备有限责任公司、江汉石油管理局第四机械厂	征求意见

〔供稿单位：中国石油和石油化工设备工业协会〕

2012年国家能源局第5号公告公布的废止11项石油天然气行业标准编号和名称

序号	标准编号	标 准 名 称
1	JJG(石油)39—1995	石油专用计量器具校准方法编写规则
2	SY/T 0046—1999	油田注水脱氧设计规范
3	SY/T 0082.1—2006	石油天然气工程初步设计内容规范　第1部分:油气田地面工程
4	SY/T 0082.2—2006	石油天然气工程初步设计内容规范　第2部分:管道工程
5	SY/T 0082.3—2006	石油天然气工程初步设计内容规范　第3部分:天然气处理厂工程
6	SY/T 5025—1999	钻井和修井井架、底座规范
7	SY/T 5429—2000	小直径流量含水测试仪
8	SY/T 5997—1994	弹簧管式井下压力计
9	SY/T 6388—1999	TELSEIS—STAR 地震数据采集系统检验项目及技术指标
10	SY/T 6389—1999	ARAM—24 地震数据采集系统检验项目及技术指标
11	SY/T 6390—2007	G.DAPS—4/G.DAPS—4R 地震数据采集系统检验项目及技术指标

〔摘自国家能源局网站〕

2012年国家能源局第6号公告公布的169项石油天然气标准

序号	标准编号	标 准 名 称	代替标准	采标号	批准日期	实施日期
1	SY 0031—2012	石油工业用加热炉安全规程	SY 0031—2004		2012-08-23	2012-12-01
2	SY 5225—2012	石油天然气钻井、开发、储运防火防爆安全生产技术规程	SY/T 5225—2005		2012-08-23	2012-12-01
3	SY 5854—2012	油田专用湿蒸汽发生器安全规范	SY/T 5854—2005 SY 6024—1994		2012-08-23	2012-12-01
4	SY 6044—2012	浅(滩)海石油天然气作业安全应急要求	SY/T 6044—2004		2012-08-23	2012-12-01

（续）

序号	标准编号	标 准 名 称	代替标准	采标号	批准日期	实施日期
5	SY 6137—2012	含硫化氢油气生产和天然气处理装置作业安全技术规程	SY/T 6137—2005		2012-08-23	2012-12-01
6	SY 6326—2012	石油钻机和修井机井架底座承载能力检测评定方法及分级规范	SY/T 6326—2008 SY 6442—2010		2012-08-23	2012-12-01
7	SY 6604—2012	海上试油作业安全规范	SY/T 6604—2004		2012-08-23	2012-12-01
8	SY 6633—2012	海上石油设施应急报警信号规定	SY/T 6633—2005		2012-08-23	2012-12-01
9	SY 6634—2012	滩海陆岸石油作业安全规程	SY/T 6634—2005		2012-08-23	2012-12-01
10	SY 6879—2012	石油天然气建设工程施工质量验收规范滩海海堤工程			2012-08-23	2012-12-01
11	SY 6921—2012	煤层气井排采安全技术规范			2012-08-23	2012-12-01
12	SY 6922—2012	煤层气井下作业安全技术规范			2012-08-23	2012-12-01
13	SY 6923—2012	煤层气录井安全技术规范			2012-08-23	2012-12-01
14	SY 6924—2012	煤层气测井安全技术规范			2012-08-23	2012-12-01
15	SY 6925—2012	钻井用天然气发动机及供气站安全防火要求			2012-08-23	2012-12-01
16	SY/T 0009—2012	石油地面工程设计文件编制规程	SY/T 0009—2004		2012-08-23	2012-12-01
17	SY/T 0029—2012	埋地钢质检查片应用技术规范	SY/T 0029—1998		2012-08-23	2012-12-01
18	SY/T 0041—2012	防腐涂料与金属粘结的剪切强度试验方法	SY/T 0041—1997	ASTM D1002：2010，MOD	2012-08-23	2012-12-01
19	SY/T 0047—2012	油气处理容器内壁牺牲阳极阴极保护技术规范	SY/T 0047—1999		2012-08-23	2012-12-01
20	SY/T 0051—2012	岩土工程勘察报告格式规范	SY/T 0051—2003		2012-08-23	2012-12-01
21	SY/T 0073—2012	管道防腐层补伤材料评价试验方法	SY/T 0073—1993	ASTM G55：2007，MOD	2012-08-23	2012-12-01
22	SY/T 0085—2012	管道防腐层自然气候暴露试验方法	SY/T 0085—1994	ASTM G11：2004，MOD	2012-08-23	2012-12-01

（续）

序号	标准编号	标 准 名 称	代替标准	采标号	批准日期	实施日期
23	SY/T 0086—2012	阴极保护管道的电绝缘标准	SY/T 0086—2003		2012-08-23	2012-12-01
24	SY/T 0316—2012	新管线管的现场检验推荐作法	SY/T 0316—1997	API RP 5L8：1996,MOD	2012-08-23	2012-12-01
25	SY/T 0317—2012	盐渍土地区建筑规范	SY/T 0317—1997		2012-08-23	2012-12-01
26	SY/T 0319—2012	钢质储罐液体涂料内防腐层技术标准	SY/T 0319—1998		2012-08-23	2012-12-01
27	SY/T 0326—2012	钢质储罐内衬环氧玻璃钢技术标准	SY/T 0326—2002		2012-08-23	2012-12-01
28	SY/T 0407—2012	涂装前钢材表面处理规范	SY/T 0407—1997		2012-08-23	2012-12-01
29	SY/T 0452—2012	石油天然气金属管道焊接工艺评定	SY/T 0452—2002		2012-08-23	2012-12-01
30	SY/T 0538—2012	管式加热炉规范	SY/T 0538—2004		2012-08-23	2012-12-01
31	SY/T 10026—2012	海上地震采集定位辅助设备校准指南	SY/T 10026—2001		2012-08-23	2012-12-01
32	SY/T 10027—2012	海上高分辨率地震资料采集技术规程	SY/T 10027—2001		2012-08-23	2012-12-01
33	SY/T 4083—2012	电热法消除管道焊接残余应力热处理工艺规范	SY/T 4083—1995		2012-08-23	2012-12-01
34	SY/T 5027—2012	石油钻采设备用气动元件	SY/T 5027—2006		2012-08-23	2012-12-01
35	SY/T 5037—2012	普通流体输送管道用埋弧焊钢管	SY/T 5037—2000		2012-08-23	2012-12-01
36	SY/T 5038—2012	普通流体输送管道用直缝高频焊钢管	SY/T 5038—1992		2012-08-23	2012-12-01
37	SY/T 5089—2012	石油天然气钻井日报表	SY/T 5089—2004		2012-08-23	2012-12-01
38	SY/T 5124—2012	沉积岩中镜质体反射率测定方法	SY/T 5124—1995		2012-08-23	2012-12-01
39	SY/T 5132—2012	石油测井原始资料质量规范	SY/T 5132—2003 SY/T 6547—2003		2012-08-23	2012-12-01
40	SY/T 5146—2012	整体加重钻杆	SY/T 5146—2006		2012-08-23	2012-12-01
41	SY/T 5188—2012	抽油泵维护和使用推荐作法	SY/T 5188—1996	API RP 11AR：2000,MOD	2012-08-23	2012-12-01
42	SY/T 5257—2012	油气输送用钢制感应加热弯管	SY/T 5257—2004	ISO 15590-1：2001,NEQ	2012-08-23	2012-12-01
43	SY/T 5264—2012	油田生产系统能耗测试和计算方法	SY/T 5264—2006		2012-08-23	2012-12-01

（续）

序号	标准编号	标准名称	代替标准	采标号	批准日期	实施日期
44	SY/T 5268—2012	油气田电网线损率测试和计算方法	SY/T 5268—2006		2012-08-23	2012-12-01
45	SY/T 5275.3—2012	注水用配水器固定式配水器	SY/T 5275.3—1994		2012-08-23	2012-12-01
46	SY/T 5275—2012	偏心配水工具	SY/T 5275—2002		2012-08-23	2012-12-01
47	SY/T 5326.1—2012	井壁取心技术规范　第1部分:撞击式	SY/T 5326—2002		2012-08-23	2012-12-01
48	SY/T 5333—2012	钻井工程设计格式	SY/T 5333—1996		2012-08-23	2012-12-01
49	SY/T 5348—2012	钻井液电阻率仪	SY/T 5348—1989		2012-08-23	2012-12-01
50	SY/T 5369—2012	石油钻具的管理与使用方钻杆、钻杆、钻铤	SY/T 5369—1994		2012-08-23	2012-12-01
51	SY/T 5396—2012	石油套管现场检验、运输与贮存	SY/T 5396—2000		2012-08-23	2012-12-01
52	SY/T 5415—2012	钻头使用基本规则和磨损评定方法	SY/T 5415—2003		2012-08-23	2012-12-01
53	SY/T 5435—2012	定向井轨道设计与轨迹计算	SY/T 5435—2003		2012-08-23	2012-12-01
54	SY/T 5495—2012	长输管道敷设工程劳动定额	SY/T 5495—2006		2012-08-23	2012-12-01
55	SY/T 5507—2012	可控震源地震勘探劳动定额	SY/T 5507—2006		2012-08-23	2012-12-01
56	SY/T 5550—2012	空心抽油杆	SY/T 5550—2006		2012-08-23	2012-12-01
57	SY/T 5587.10—2012	常规修井作业规程　第10部分:水力喷砂射孔	SY/T 5587.10—1993		2012-08-23	2012-12-01
58	SY/T 5588—2012	注水井调剖工艺及效果评价	SY/T 5588—2003		2012-08-23	2012-12-01
59	SY/T 5599—2012	油气探井录井总结报告编写规范	SY/T 5599—2006		2012-08-23	2012-12-01
60	SY/T 5704—2012	地层倾角测井仪刻度规范	SY/T 5704—2004		2012-08-23	2012-12-01
61	SY/T 5729—2012	稠油热采井固井作业规程	SY/T 5729—1995		2012-08-23	2012-12-01
62	SY/T 5731—2012	套管柱井口悬挂载荷计算方法	SY/T 5731—1995		2012-08-23	2012-12-01
63	SY/T 5738—2012	采油设备修理劳动定额	SY/T 5738—1995		2012-08-23	2012-12-01
64	SY/T 5739—2012	变电设备检修劳动定额	SY/T 5739—1995		2012-08-23	2012-12-01
65	SY/T 5769—2012	陆上地震勘探辅助数据P1/90格式	SY/T 5769—1995		2012-08-23	2012-12-01

（续）

序号	标准编号	标准名称	代替标准	采标号	批准日期	实施日期
66	SY/T 5772—2012	可控源声频大地电磁法勘探技术规程	SY/T 5772—2002		2012-08-23	2012-12-01
67	SY/T 5783.1—2012	注入、产出剖面测井资料处理与解释规范 第1部分：直井	SY/T 5783—2002		2012-08-23	2012-12-01
68	SY/T 5807—2012	水力活塞泵起下作业与测试方法	SY/T 5807—1993 SY/T 5813—1993		2012-08-23	2012-12-01
69	SY/T 5826—2012	水力活塞泵检修规程	SY/T 5826—1993		2012-08-23	2012-12-01
70	SY/T 5847—2012	抽油机井动态控制图编制和使用方法	SY/T 5847—1993		2012-08-23	2012-12-01
71	SY/T 5864—2012	抽油机井示功图测试	SY/T 5864—1993		2012-08-23	2012-12-01
72	SY/T 5874—2012	油井堵水效果评价方法	SY/T 5874—2003		2012-08-23	2012-12-01
73	SY/T 5906—2012	配水嘴嘴损曲线图版制作方法	SY/T 5906—2003		2012-08-23	2012-12-01
74	SY/T 5911—2012	射孔优化设计规范	SY/T 5911—1994		2012-08-23	2012-12-01
75	SY/T 5922—2012	天然气管道运行规范	SY/T 5922—2003		2012-08-23	2012-12-01
76	SY/T 5923—2012	油井堵水作业方法 水玻璃-氯化钙堵水及调剖工艺作法	SY/T 5923—1993		2012-08-23	2012-12-01
77	SY/T 5925—2012	油田注水化学示踪剂的选择方法	SY/T 5925—1994		2012-08-23	2012-12-01
78	SY/T 5970—2012	复杂断块油田开发方案编制技术要求开发地质与油藏工程部分	SY/T 5970—1995		2012-08-23	2012-12-01
79	SY/T 5981—2012	常规试油试采技术规程	SY/T 5981—2000		2012-08-23	2012-12-01
80	SY/T 5988—2012	油管和套管转换接头	SY/T 5988—1994		2012-08-23	2012-12-01
81	SY/T 6012—2012	滩(浅)海试油作业规程	SY/T 6012—2000		2012-08-23	2012-12-01
82	SY/T 6027—2012	岩石矿物电子探针定量分析方法	SY/T 6027—1994		2012-08-23	2012-12-01
83	SY/T 6030—2012	钻杆及油管输送测井作业技术规范	SY/T 6030—2003		2012-08-23	2012-12-01
84	SY/T 6057—2012	塔型井架拆装与整体运移作业规程	SY/T 6057—1994 SY/T 6059—1994 SY/T 6060—1994		2012-08-23	2012-12-01
85	SY/T 6066—2012	原油输送管道系统能耗测试和计算方法	SY/T 6066—2003		2012-08-23	2012-12-01
86	SY/T 6081—2012	采油工程方案设计编写规范	SY/T 6081—1994		2012-08-23	2012-12-01

（续）

序号	标准编号	标准名称	代替标准	采标号	批准日期	实施日期
87	SY/T 6085—2012	油气水井作业用螺旋式泡沫发生器	SY/T 6085—1994		2012-08-23	2012-12-01
88	SY/T 6086—2012	热力采油蒸汽发生器运行技术规程	SY/T 6086—1994		2012-08-23	2012-12-01
89	SY/T 6087—2012	潜油电泵解卡打捞工艺作法	SY/T 6087—1994		2012-08-23	2012-12-01
90	SY/T 6089—2012	蒸汽吞吐作业规程	SY/T 6089—1994		2012-08-23	2012-12-01
91	SY/T 6096—2012	天然气田井史编制规范	SY/T 6096—1994		2012-08-23	2012-12-01
92	SY/T 6099—2012	断块油气藏储量计算细则	SY/T 6099—1994		2012-08-23	2012-12-01
93	SY/T 6101—2012	凝析气藏相态特征确定技术要求	SY/T 6101—1994		2012-08-23	2012-12-01
94	SY/T 6128—2012	套管、油管螺纹接头性能评价试验方法	SY/T 6128—1995 SY/T 6238.1—1996 SY/T 6238.2—2002		2012-08-23	2012-12-01
95	SY/T 6174—2012	油气藏工程常用词汇	SY/T 6174—2005		2012-08-23	2012-12-01
96	SY/T 6211—2012	表层调查地震勘探劳动定额	SY/T 6211—1996		2012-08-23	2012-12-01
97	SY/T 6252—2012	感应测井仪刻度及刻度装置技术规范	SY/T 6252—1996		2012-08-23	2012-12-01
98	SY/T 6308—2012	油田爆破器材安全使用推荐作法	SY/T 6308—1997	API RP 67：2007,MOD	2012-08-23	2012-12-01
99	SY/T 6332—2012	定向井轨迹控制	SY/T 6332—2004		2012-08-23	2012-12-01
100	SY/T 6351—2012	岩样声波特性的实验室测量规范	SY/T 6351—1998		2012-08-23	2012-12-01
101	SY/T 6371—2012	地震检波器测试仪通用技术条件	SY/T 6371—1998		2012-08-23	2012-12-01
102	SY/T 6436—2012	天然气开发规划编制技术要求	SY/T 6436—2000		2012-08-23	2012-12-01
103	SY/T 6450—2012	气举阀的修理、测试和调定推荐作法	SY/T 6450—2000	API RP 11V7：1999,MOD	2012-08-23	2012-12-01
104	SY/T 6462—2012	油田用注聚合物泵	SY/T 6462—2000		2012-08-23	2012-12-01
105	SY/T 6463—2012	采气工程方案设计编写规范	SY/T 6463—2000		2012-08-23	2012-12-01
106	SY/T 6518—2012	抽油机防护推荐作法	SY/T 6518—2001	API RP 11ER 2009,MOD	2012-08-23	2012-12-01
107	SY/T 6536—2012	钢质水罐内壁阴极保护技术规范	SY/T 6536—2002		2012-08-23	2012-12-01

（续）

序号	标准编号	标 准 名 称	代替标准	采标号	批准日期	实施日期
108	SY/T 6545—2012	脉冲中子测井仪刻度规范	SY/T 6545—2003 SY/T 5693—2008 SY/T 6619—2005		2012-08-23	2012-12-01
109	SY/T 6555—2012	易燃或可燃液体移动罐的清洗	SY/T 6555—2003	API Publ 2013：1991，MOD	2012-08-23	2012-12-01
110	SY/T 6571—2012	酸化用铁离子稳定剂性能评价方法	SY/T 6571—2003		2012-08-23	2012-12-01
111	SY/T 6581—2012	高压油气井测试工艺技术规程	SY/T 6581—2003		2012-08-23	2012-12-01
112	SY/T 6587—2012	电子式井斜仪校准方法	SY/T 6587—2003		2012-08-23	2012-12-01
113	SY/T 6588—2012	电法测井仪校准方法	SY/T 6588—2006		2012-08-23	2012-12-01
114	SY/T 6595—2012	油田商业评估技术规范	SY/T 6595—2004		2012-08-23	2012-12-01
115	SY/T 6606—2012	石油工业工程技术服务承包商健康安全环境管理规范	SY/T 6606—2004		2012-08-23	2012-12-01
116	SY/T 6630—2012	承包商安全绩效过程管理推荐作法	SY/T 6630—2005	API RP 2220：2005，MOD	2012-08-23	2012-12-01
117	SY/T 6637—2012	天然气输送管道系统能耗测试和计算方法	SY/T 6637—2005		2012-08-23	2012-12-01
118	SY/T 6638—2012	天然气输送管道和地下储气库工程设计节能技术规范	SY/T 6638—2005		2012-08-23	2012-12-01
119	SY/T 6650—2012	石油、化学、天然气工业用往复式压缩机	SY/T 6650—2006	API Std 618：2007，IDT	2012-08-23	2012-12-01
120	SY/T 6662.1—2012	石油天然气工业用非金属复合管　第1部分：钢骨架增强聚乙烯复合管	SY/T 6662—2006		2012-08-23	2012-12-01
121	SY/T 6662.2—2012	石油天然气工业用非金属复合管　第2部分：柔性复合高压输送管	SY/T 6716—2008		2012-08-23	2012-12-01
122	SY/T 6662.3—2012	石油天然气工业用非金属复合管　第3部分：增强MC尼龙管和尼龙-钢复合管	SY/T 6701—2007		2012-08-23	2012-12-01
123	SY/T 6666—2012	石油天然气工业用钢丝绳的选用和维护的推荐作法	SY/T 6666—2006	API RP 9B：2005，MOD	2012-08-23	2012-12-01

（续）

序号	标准编号	标 准 名 称	代替标准	采标号	批准日期	实施日期
124	SY/T 6858.3—2012	油井管无损检测方法 第3部分：钻具螺纹磁粉检测	SY/T 5448—1992		2012-08-23	2012-12-01
125	SY/T 6858.4—2012	油井管无损检测方法 第4部分：钻杆焊缝超声波检测	SY/T 5446—1992		2012-08-23	2012-12-01
126	SY/T 6880—2012	高含硫化氢气田钢质材料光谱检测技术规范			2012-08-23	2012-12-01
127	SY/T 6881—2012	高含硫气田水处理及回注工程设计规范			2012-08-23	2012-12-01
128	SY/T 6882—2012	石油天然气建设工程交工技术文件编制规范			2012-08-23	2012-12-01
129	SY/T 6883—2012	输气管道工程过滤分离设备规范			2012-08-23	2012-12-01
130	SY/T 6884—2012	油气管道穿越工程竖井设计规范			2012-08-23	2012-12-01
131	SY/T 6885—2012	油气田及管道工程雷电防护设计规范			2012-08-23	2012-12-01
132	SY/T 6886—2012	油田含聚及强腐蚀性采出水处理设计规范			2012-08-23	2012-12-01
133	SY/T 6887—2012	泡沫分流酸化设计与施工规范			2012-08-23	2012-12-01
134	SY/T 6888—2012	微生物驱油技术规范			2012-08-23	2012-12-01
135	SY/T 6889—2012	管道内检测		NACE SP 0102：2010，MOD	2012-08-23	2012-12-01
136	SY/T 6890.1—2012	流量计运行维护规程 第1部分：液体容积式流量计			2012-08-23	2012-12-01
137	SY/T 6891.1—2012	油气管道风险评价方法 第1部分：半定量评价法			2012-08-23	2012-12-01
138	SY/T 6892—2012	天然气管道内粉尘检测方法			2012-08-23	2012-12-01
139	SY/T 6893—2012	原油管道热处理输送工艺规范			2012-08-23	2012-12-01
140	SY/T 6894—2012	岩性地层区带评价技术规范			2012-08-23	2012-12-01
141	SY/T 6895—2012	连续油管		API Spec 5ST：2010，MOD	2012-08-23	2012-12-01

（续）

序号	标准编号	标准名称	代替标准	采标号	批准日期	实施日期
142	SY/T 6896.1—2012	石油天然气工业特种管材技术规范　第1部分：套管钻井管柱			2012-08-23	2012-12-01
143	SY/T 6897—2012	钻具螺纹上卸扣试验评价方法			2012-08-23	2012-12-01
144	SY/T 6898—2012	火烧油层基础参数测定方法			2012-08-23	2012-12-01
145	SY/T 6899—2012	天然气水露点的测定电容法			2012-08-23	2012-12-01
146	SY/T 6900—2012	Sercel 400 系列地震数据采集系统检验项目及技术指标			2012-08-23	2012-12-01
147	SY/T 6901—2012	海上地震资料采集海底检波点二次定位技术规程			2012-08-23	2012-12-01
148	SY/T 6902—2012	海洋可控源电磁法勘探技术规程			2012-08-23	2012-12-01
149	SY/T 6903—2012	磁性测量仪器量值溯源与传递			2012-08-23	2012-12-01
150	SY/T 6904—2012	生产测井地面系统校准方法			2012-08-23	2012-12-01
151	SY/T 6905—2012	液体电阻率仪校准方法			2012-08-23	2012-12-01
152	SY/T 6906—2012	多极子阵列声波测井仪			2012-08-23	2012-12-01
153	SY/T 6907—2012	伽马随钻测井仪			2012-08-23	2012-12-01
154	SY/T 6908—2012	感应电阻率随钻测井仪			2012-08-23	2012-12-01
155	SY/T 6909—2012	石油电子压力计测试装置			2012-08-23	2012-12-01
156	SY/T 6910—2012	石油岩石润湿性测定仪			2012-08-23	2012-12-01
157	SY/T 6911—2012	石油钻修井电子指重表			2012-08-23	2012-12-01
158	SY/T 6912—2012	阵列侧向测井仪			2012-08-23	2012-12-01
159	SY/T 6913—2012	海洋钻井隔水管设备规范		API Spec 16F：2004，MOD	2012-08-23	2012-12-01
160	SY/T 6914—2012	煤层气钻机			2012-08-23	2012-12-01
161	SY/T 6915.1—2012	石油天然气工业井下工具　第1部分:偏心工作筒		ISO 17078-1：2004,MOD	2012-08-23	2012-12-01
162	SY/T 6916—2012	石油天然气工业井下工具防砂筛管		ISO 17824：2009,MOD	2012-08-23	2012-12-01

（续）

序号	标准编号	标 准 名 称	代替标准	采标号	批准日期	实施日期
163	SY/T 6917—2012	石油天然气工业钻井和采油设备海洋钻井隔水管接头		ISO 13625：2002，MOD	2012-08-23	2012-12-01
164	SY/T 6918—2012	石油天然气工业钻井和修井设备钻井泵			2012-08-23	2012-12-01
165	SY/T 6919—2012	石油钻机和修井机涂装规范			2012-08-23	2012-12-01
166	SY/T 6920—2012	海洋钻井设计规范			2012-08-23	2012-12-01
167	SY/T 6926—2012	常压和低压储罐检验的推荐作法		API RP 575：2005，MOD	2012-08-23	2012-12-01
168	SY/T 6927—2012	煤层气管道输送安全技术规范			2012-08-23	2012-12-01
169	SY/T 7550—2012	原油中蜡、胶质、沥青质含量的测定	SY/T 7550—2004		2012-08-23	2012-12-01

〔摘自国家能源局网站〕

2012年国家能源局第9号公告公布的37项石油天然气标准

序号	标准编号	标 准 名 称	代替标准	采标号	批准日期	实施日期
1	SY/T 0439—2012	石油天然气工程建设基本术语	SYJ 4039—1989		2012-11-09	2013-03-01
2	SY/T 10023.1—2012	海上油（气）田开发项目经济评价方法　第1部分：自营油（气）田	SY/T 10023.1—1999		2012-11-09	2013-03-01
3	SY/T 10023.2—2012	海上油（气）田开发项目经济评价方法　第2部分：合作油（气）田	SY/T 10023.2—2000		2012-11-09	2013-03-01
4	SY/T 10046—2012	船舶靠泊海上设施作业规范	SY/T 10046—2003		2012-11-09	2013-03-01
5	SY/T 4085—2012	滩海油田油气集输设计规范	SY/T 4085—1995		2012-11-09	2013-03-01

（续）

序号	标准编号	标 准 名 称	代替标准	采标号	批准日期	实施日期
6	SY/T 4086—2012	滩海结构物上管网设计与施工技术规范	SY/T 4086—1995		2012-11-09	2013-03-01
7	SY/T 4094—2012	浅海钢质固定平台结构设计与建造技术规范	SY/T 4094—1995		2012-11-09	2013-03-01
8	SY/T 4096—2012	滩海油田井口保护装置技术规范	SY/T 4096—1995		2012-11-09	2013-03-01
9	SY/T 4100—2012	滩海工程测量技术规范	SY/T 4100—1995		2012-11-09	2013-03-01
10	SY/T 4101—2012	滩海岩土工程勘察技术规范	SY/T 4101—1995		2012-11-09	2013-03-01
11	SY/T 5232—2012	石油工业应用软件工程规范	SY/T 5232—1999		2012-11-09	2013-03-01
12	SY/T 5697—2012	采油生产管理数据项名称规范	SY/T 5697—1995		2012-11-09	2013-03-01
13	SY/T 5703—2012	石油测井数据项名称规范	SY/T 5703—1995		2012-11-09	2013-03-01
14	SY/T 5705—2012	井下作业数据项名称规范	SY/T 5705—1995		2012-11-09	2013-03-01
15	SY/T 5706—2012	油气储量成果数据属性规范值	SY/T 5706—1995		2012-11-09	2013-03-01
16	SY/T 5708—2012	油气田地面工程建设施工及管理数据项名称规范	SY/T 5708—1995		2012-11-09	2013-03-01
17	SY/T 5713—2012	采气工程数据项名称规范	SY/T 5713—1995		2012-11-09	2013-03-01
18	SY/T 5751—2012	石油地质岩石名称及颜色代码	SY/T 5751—2002		2012-11-09	2013-03-01
19	SY/T 5752—2012	石油录井数据项名称规范	SY/T 5752—1996		2012-11-09	2013-03-01
20	SY/T 5806—2012	油(气)层层位代码	SY/T 5806—2000		2012-11-09	2013-03-01
21	SY/T 5844.1—2012	油气地质实验数据项名称规范　第 1 部分:地球化学	SY/T 5844.1—1995		2012-11-09	2013-03-01
22	SY/T 5844.2—2012	油气地质实验数据项名称规范　第 2 部分:沉积岩矿	SY/T 5844.2—1995		2012-11-09	2013-03-01
23	SY/T 5867—2012	油气资源评价方法分类编码	SY/T 5867—1993		2012-11-09	2013-03-01
24	SY/T 5950—2012	石油工业计划统计指标代码	SY/T 5950—1994		2012-11-09	2013-03-01
25	SY/T 6025—2012	油气储量数据项名称规范	SY/T 6025—1994		2012-11-09	2013-03-01

（续）

序号	标准编号	标 准 名 称	代替标准	采标号	批准日期	实施日期
26	SY/T 6183—2012	石油行业数据字典管道分册	SY/T 6183—1996		2012-11-09	2013-03-01
27	SY/T 6192—2012	石油钻井工程数据项名称规范	SY/T 6192—1996		2012-11-09	2013-03-01
28	SY/T 6236—2012	油藏工程数据项名称规范	SY/T 6236—1996		2012-11-09	2013-03-01
29	SY/T 6330—2012	油田油气集输数据项名称规范	SY/T 6330—1997		2012-11-09	2013-03-01
30	SY/T 6392—2012	油田注水管理数据项名称规范	SY/T 6392—1999		2012-11-09	2013-03-01
31	SY/T 6769.4—2012	非金属管道设计、施工及验收规范　第4部分：钢骨架增强塑料复合连续管			2012-11-09	2013-03-01
32	SY/T 6770.4—2012	非金属管材质量验收规范　第4部分：钢骨架增强塑料复合连续管			2012-11-09	2013-03-01
33	SY/T 6928—2012	液化天然气接收站运行规程			2012-11-09	2013-03-01
34	SY/T 6929—2012	液化天然气码头操作规程			2012-11-09	2013-03-01
35	SY/T 6930—2012	海上构筑物的保护涂层腐蚀控制		NACE SP 0108：2008，MOD	2012-11-09	2013-03-01
36	SY/T 6931—2012	石油地质绘图软件符号规范			2012-11-09	2013-03-01
37	SY/T 6932—2012	石油地质图形数据交换规范			2012-11-09	2013-03-01

〔摘自国家能源局网站〕

2013年石油天然气国家标准复审项目汇总表

序号	专业	标准编号	标 准 名 称
1	储运	GB/T 24259—2009	石油天然气工业 管道输送系统
2	建设	GB/T 16805—2009	液体石油管道压力试验

（续）

序号	专业	标准编号	标 准 名 称
3	建设	GB/T 23258—2009	钢质管道内腐蚀控制规范
4	设备	GB/T 24257—2009	石油天然气工业　功能规范的内容与编写
5	设备	GB/T 24258—2009	石油天然气工业　技术规范的内容与编写
6	设备	GB/T 17386—2009	潜油电泵装置的规格选用
7	设备	GB/T 21411.2—2009	石油天然气工业井下设备　人工举升用螺杆泵系统　第2部分:地面驱动装置
8	设备	GB/T 23505—2009	石油钻机和修井机
9	设备	GB/T 23506—2009	石油采油井场燃气动力机组
10	设备	GB/T 23507.3—2009	石油钻机用电气设备规范　第3部分:电动钻机用柴油发电机组
11	仪器	GB/T 24260—2009	石油地震检波器
12	仪器	GB/T 24261.1—2009	石油海上数字地震采集拖缆系统　第1部分:水听器技术条件
13	仪器	GB/T 24262—2009	石油物探仪器环境试验及可靠性要求
14	仪器	GB/T 24263—2009	石油钻井指重表
15	仪器	GB/T 23804—2009	岩心常规分析仪器通用技术条件
16	计量	GB/T 17280—2009	原油蒸馏标准试验方法　15-理论板蒸馏柱
17	计量	GB/T 17606—2009	原油中硫含量的测定　能量色散X-射线荧光光谱法
18	计量	GB/T 11146—2009	原油水含量测定 卡尔·费休库仑滴定法
19	计量	GB/T 17288—2009	液态烃体积测量　容积式流量计计量系统
20	计量	GB/T 17289—2009	液态烃体积测量　涡轮流量计计量系统
21	计量	GB/T 23256—2009	石油液体管线自动取样　测定石油液体中水含量的自动取样器性能的统计学评估
22	海工	GB/T 21412.3—2009	石油天然气工业　水下生产系统的设计与操作　第3部分:过出油管(TFL)系统
23	海工	GB/T 21412.6—2009	石油天然气工业　水下生产系统的设计与操作　第6部分:水下生产控制系统
24	海工	GB/T 21412.9—2009	石油天然气工业　水下生产系统的设计与操作　第9部分:遥控操作工具（ROT）维修系统
25	海工	GB/T 23511—2009	石油天然气工业　海洋结构的一般要求
26	海工	GB/T 23803—2009	石油和天然气工业　海上生产平台管道系统的设计和安装

〔摘自国家能源局网站〕

2013年石油天然气行业标准复审项目汇总表

序号	专业	标准编号	标 准 名 称
1	物探	SY/T 5481—2009	地震勘探资料解释技术规程
2	物探	SY/T 5928—2009	石油地震勘探资料归档保管规范
3	物探	SY/T 5938—2000	地震反射层地质层位标定
4	物探	SY/T 5939—2009	重力仪使用与维护
5	物探	SY/T 6289—2006	连续电磁剖面法勘探技术规程
6	物探	SY/T 6539—2002	BOX 地震数据采集系统检验项目及技术指标
7	物探	SY/T 6550—2003	地震勘探数据转储
8	物探	SY/T 6589—2004	建场测深法勘探技术规程
9	物探	SY/T 6749—2009	陆上多波多分量地震资料解释技术规范
10	地质	SY/T 5118—2005	岩石中氯仿沥青的测定
11	地质	SY/T 5121—1986	岩石有机质及原油红外光谱分析方法
12	地质	SY/T 5161—2002	岩石中金属元素原子吸收光谱测定方法
13	地质	SY/T 5368—2000	岩石薄片鉴定
14	地质	SY/T 5434—2009	碎屑岩粒度分析方法
15	地质	SY/T 5477—2003	碎屑岩成岩阶段划分
16	地质	SY/T 5478—2003	碳酸盐岩成岩阶段划分
17	地质	SY/T 5483—2005	常规地层测试技术规程
18	地质	SY/T 5516—2000	碳酸盐岩化学分析方法
19	地质	SY/T 5520—2005	圈闭评价技术规范
20	地质	SY/T 5601—2009	天然气藏地质评价方法
21	地质	SY/T 5710—2002	试油测试工具性能检验技术规程
22	地质	SY/T 5718—2004	试油成果报告编写规范
23	地质	SY/T 5777—1995	岩石可溶有机物和原油的核磁共振氢谱与碳谱分析方法
24	地质	SY/T 5913—2004	岩石制片方法
25	地质	SY/T 5915—2000	孢粉分析鉴定
26	地质	SY/T 5969—2005	油气探井油气水层录井综合解释规范
27	地质	SY/T 5980—2009	探井试油设计规范
28	地质	SY/T 6013—2009	试油资料录取规范
29	地质	SY/T 6129—1995	岩石中烃类气体扩散系数测定
30	地质	SY/T 6132—1995	煤岩中甲烷吸附量测定　容量法

（续）

序号	专业	标准编号	标 准 名 称
31	地质	SY/T 6154—1995	岩石比表面和孔径分布测定　静态氮吸附容量法
32	地质	SY/T 6189—1996	岩石矿物能谱定量分析方法
33	地质	SY/T 6243—2009	油气探井工程录井规范
34	地质	SY/T 6336—1997	沉积岩重矿物分离与鉴定方法
35	地质	SY/T 6439—2000	石油地质实验室样品管理及保存规范
36	地质	SY/T 6750—2009	录井现场数据格式
37	地质	SY/T 6109—1994	石油天然气储量报告图表格式
38	地质	SY/T 6028—1994	探井化验项目取样及成果要求
39	地质	SY/T 6009.9—2003	油气化探试样测定方法　第9部分:芳烃及其衍生物总量测定　紫外光谱法
40	地质	SY/T 6009.8—2003	油气化探试样测定方法　第8部分:稠环芳烃测定　荧光法
41	地质	SY/T 6009.7—2003	油气化探试样测定方法　第7部分:热释汞测定
42	地质	SY/T 6009.6—2003	油气化探试样测定方法　第6部分:蚀变碳酸盐(△C)测定
43	地质	SY/T 6009.5—2003	油气化探试样测定方法　第5部分:游离烃测定 气相色谱法
44	地质	SY/T 6009.4—2003	油气化探试样测定方法　第4部分:热释烃测定　气相色谱法
45	地质	SY/T 6009.3—2003	油气化探试样测定方法　第3部分:顶空间轻烃测定　气相色谱法
46	地质	SY/T 6009.2—2003	油气化探试样测定方法　第2部分:溶解烃测定　气相色谱法
47	地质	SY/T 6009.1—2003	油气化探试样测定方法　第1部分:酸解烃测定　气相色谱法
48	地质	SY/T 5748—1995	岩石中气体突破压力测定
49	钻井	SY/T 10025—2009	海洋钻井装置作业前检验规范
50	钻井	SY/T 5061—1993	钻井液用石灰石粉
51	钻井	SY/T 5091—1993	钻井液用磺化栲胶
52	钻井	SY/T 5092—2002	钻井液用磺化褐煤 SMC
53	钻井	SY/T 5234—2004	优选参数钻井基本方法及应用
54	钻井	SY/T 5347—2005	钻井取心作业规程
55	钻井	SY/T 5350—2009	钻井液用发泡剂评价程序
56	钻井	SY/T 5373—2009	钻井井下工具与作业用图形符号
57	钻井	SY/T 5412—2005	下套管作业规程
58	钻井	SY/T 5426—2000	岩石可钻性测定及分级方法
59	钻井	SY/T 5444—1992	钻井液用评价土
60	钻井	SY/T 5490—1993	钻井液试验用钠膨润土
61	钻井	SY/T 5504.6—2009	油井水泥外加剂评价方法　第6部分:减轻剂
62	钻井	SY/T 5560—1992	钻井液用消泡剂评价程序

（续）

序号	专业	标准编号	标 准 名 称
63	钻井	SY/T 5596—2009	钻井液用处理剂命名规范
64	钻井	SY/T 5613—2000	泥页岩理化性能试验方法
65	钻井	SY/T 5619—2009	定向井下部钻具组合设计方法
66	钻井	SY/T 5623—2009	地层压力预(监)测方法
67	钻井	SY/T 5668—1995	钻井液用页岩抑制剂 KAHm
68	钻井	SY/T 5677—1993	钻井液用滤纸
69	钻井	SY/T 5678—2003	钻井完井交接验收规则
70	钻井	SY/T 5679—1993	钻井液用褐煤树脂
71	钻井	SY/T 5695—1995	钻井液用两性离子聚合物降粘剂 XY27
72	钻井	SY/T 5702—1995	钻井液用铁铬木质素磺酸盐
73	钻井	SY/T 5946—2002	钻井液用聚丙烯胺钾盐
74	钻井	SY/T 5954—2004	开钻前验收项目及要求
75	钻井	SY/T 5955—2004	定向井井身轨迹质量
76	钻井	SY/T 5956—2004	钻具报废技术条件
77	钻井	SY/T 5972—2009	钻机基础选型
78	钻井	SY/T 6058—2004	自升式井架起放作业规程
79	钻井	SY/T 6093—1994	钻井液用解卡剂评价程序
80	钻井	SY/T 6094—1994	钻井液用润滑剂评价程序
81	钻井	SY/T 6199—2004	钻井设施基础规范
82	钻井	SY/T 6223—2005	钻井净化设备配套、安装、使用和维护
83	钻井	SY/T 6394—2009	油井水泥与外加剂(外掺料)干混作业与气力输送规程
84	钻井	SY/T 6396—2009	钻井井眼防碰技术要求
85	钻井	SY/T 6466—2000	油井水泥石抗高温性能评价方法
86	钻井	SY/T 6540—2002	钻井液完井液损害油层室内评价方法
87	钻井	SY/T 6543.2—2009	欠平衡钻井技术规范　第2部分:气相
88	钻井	SY/T 6613—2005	钻井液流变学与水力学计算程序推荐作法
89	钻井	SY/T 6614—2005	钻井液振动筛筛布标识推荐作法
90	钻井	SY/T 6616—2005	含硫油气井钻井井控装置配套、安装和使用规范
91	钻井	SY/T 6427—1999	钻柱设计和操作限度的推荐作法
92	钻井	SY/T 6335—1997	钻井液用页岩抑制剂评价方法
93	钻井	SY/T 5725—1995	钻井液用超细碳酸钙
94	钻井	SY/T 5660—1995	钻井液用包被剂 PAC141、降滤失剂 PAC142、降滤失剂 PAC143
95	钻井	SY/T 5559—1992	钻井液用处理剂通用试验方法

（续）

序号	专业	标准编号	标 准 名 称
96	测井	SY/T 5252—2002	岩样的自然伽马能谱分析方法
97	测井	SY/T 5254—2009	测井数据处理符号
98	测井	SY/T 5299—2009	电缆式桥塞、倒灰作业规程
99	测井	SY/T 5360—2004	裸眼井单井测井数据处理流程
100	测井	SY/T 5464—2009	测井与射孔质量指标的计算方法
101	测井	SY/T 5633—2009	石油测井图件格式
102	测井	SY/T 5880.4—1995	石油测井仪器刻度　声速测井仪
103	测井	SY/T 5945—2004	测井解释报告编写规范
104	测井	SY/T 6161—2009	天然气测井资料处理及解释规范
105	测井	SY/T 6163—1995	油气井射孔弹 模拟运输振动试验
106	测井	SY/T 6446—2000	油气井射孔弹检验用质量控制靶制作规范
107	测井	SY/T 6449—2000	固井质量检测仪刻度及评价方法
108	测井	SY/T 6488—2000	电、声成像测井资料处理解释规范
109	测井	SY/T 6489—2000	水平井测井资料处理解释规范
110	测井	SY/T 6492—2000	声速测井仪器刻度装置技术规范
111	测井	SY/T 6493—2000	核测井仪器量值传递规程
112	测井	SY/T 6528—2002	岩样介电常数测量方法
113	测井	SY/T 6549—2003	复合射孔施工技术规程
114	测井	SY/T 6582.1—2003	石油核测井仪刻度　第 1 部分:总则
115	测井	SY/T 6582.2—2003	石油核测井仪刻度　第 2 部分:自然伽马测井仪刻度
116	测井	SY/T 6582.3—2003	石油核测井仪刻度　第 3 部分:补偿密度/岩性密度测井仪刻度
117	测井	SY/T 6582.4—2003	石油核测井仪刻度　第 4 部分:补偿中子测井仪刻度
118	测井	SY/T 6593—2004	核磁共振成像测井仪刻度规范
119	测井	SY/T 6594.1—2004	电、声成像测井作业质量监控规范　第 1 部分:测井仪刻度
120	测井	SY/T 6594.2—2004	电、声成像测井作业质量监控规范　第 2 部分:测井作业
121	测井	SY/T 6617—2005	核磁共振测井资料处理及解释规范
122	测井	SY/T 6618—2005	碳氧比测井资料处理及解释规范
123	测井	SY/T 6751—2009	欠平衡测井作业技术规范
124	测井	SY/T 6752—2009	核磁共振成像测井作业技术规范
125	测井	SY/T 6753—2009	油气井用传爆管通用技术条件及检测方法
126	测井	SY/T 6754—2009	油气井用回声弹通用技术条件及检测方法
127	开发	SY/T 5440—2009	天然气井试井技术规范
128	开发	SY/T 5503—2009	岩石氯盐含量测定方法

（续）

序号	专业	标准编号	标 准 名 称
129	开发	SY/T 5542—2009	油气藏流体物性分析方法
130	开发	SY/T 5842—2003	砂岩油田开发方案编制技术要求　开发地质油藏工程部分
131	开发	SY/T 5851—2005	油田开发调整方案编制技术要求
132	开发	SY/T 6103—2004	岩石孔隙结构特征的测定　图像分析法
133	开发	SY/T 6105—2009	油田开发可行性评价技术要求
134	开发	SY/T 6169—1995	油藏分类
135	开发	SY/T 6177—2009	气田开发方案及调整方案经济评价技术要求
136	开发	SY/T 6219—1996	油田开发水平分级
137	开发	SY/T 6225—1996	油田动态分析技术要求
138	开发	SY/T 6366—2005	油田开发主要生产技术指标及计算方法
139	开发	SY/T 6573—2003	最低混相压力细管实验测定法
140	开发	SY/T 6574—2003	油田开发新区产能建设项目后评估技术要求
141	开发	SY/T 6575—2003	提高采收率方法筛选技术规范
142	开发	SY/T 6576—2003	用于提高石油采收率的聚合物评价的推荐作法
143	采油	SY/T 0600—2009	油田水结垢趋势预测
144	采油	SY/T 0601—2009	水中乳化油、溶解油的测定
145	采油	SY/T 5107—2005	水基压裂液性能评价方法
146	采油	SY/T 5183—2000	油井防砂效果评价方法
147	采油	SY/T 5273—2000	油田采出水用缓蚀剂性能评价方法
148	采油	SY/T 5274—2000	树脂涂敷砂
149	采油	SY/T 5372—2005	注水井分注施工作业规程及质量评价方法
150	采油	SY/T 5587.11—2004	常规修井作业规程　第 11 部分:钻铣封隔器、桥塞
151	采油	SY/T 5587.12—2004	常规修井作业规程　第 12 部分:打捞落物
152	采油	SY/T 5587.4—2004	常规修井作业规程　第 4 部分:找串漏、封串堵漏
153	采油	SY/T 5587.5—2004	常规修井作业规程　第 5 部分:井下作业井筒准备
154	采油	SY/T 5590—2004	调剖剂性能评价方法
155	采油	SY/T 5673—1993	油田用防垢剂性能评定方法
156	采油	SY/T 5733—2009	注水井偏心配水管柱分层测试调配规程
157	采油	SY/T 5734—1995	分采、分注井井下封隔器验封测试规程
158	采油	SY/T 5744—1995	抽油机井环空测压规程
159	采油	SY/T 5746—2009	潜油电泵井动态控制图编制和使用方法
160	采油	SY/T 5762—1995	压裂酸化用粘土稳定剂性能测定方法
161	采油	SY/T 5765—1995	酸化用氟硼酸检测方法

（续）

序号	专业	标准编号	标 准 名 称
162	采油	SY/T 5790—2002	套管整形与密封加固工艺作法
163	采油	SY/T 5792—2003	侧钻井施工作业及完井工艺要求
164	采油	SY/T 5797—1993	水包油乳状液破乳剂使用性能评定方法
165	采油	SY/T 5810—2003	连续气举采油井设计及施工作业
166	采油	SY/T 5832—2009	抽油杆扶正器
167	采油	SY/T 5849—2002	油水井化学剂解堵经济效果评价方法
168	采油	SY/T 5873—2005	有杆泵抽油系统设计、施工推荐作法
169	采油	SY/T 5904—2004	潜油电泵选井原则及选泵设计方法
170	采油	SY/T 5971—1994	注水用粘土稳定剂性能评价方法
171	采油	SY/T 6121—2009	封隔器解卡打捞工艺作法
172	采油	SY/T 6126—1995	抽油机和电动潜油泵油井生产指标统计方法
173	采油	SY/T 6130—2009	注蒸汽井参数测试及吸汽剖面解释方法
174	采油	SY/T 6258—1996	有杆抽油系统（常规型）设计计算方法
175	采油	SY/T 6260—1996	采油井站磁处理装置
176	采油	SY/T 6265—1996	抽油机井工况诊断方法
177	采油	SY/T 6300—2009	采油用清、防蜡剂技术条件
178	采油	SY/T 6302—2009	压裂支撑剂充填层短期导流能力评价推荐方法
179	采油	SY/T 6465—2000	泡沫排水采气用起泡剂评价方法
180	采油	SY/T 6485—2000	聚合物驱采油工程方案设计编写规范
181	采油	SY/T 6486—2000	注水井酸化中粘土防膨与微粒防运移工艺规范
182	采油	SY/T 6487—2000	液态二氧化碳吞吐推荐作法
183	采油	SY/T 6525—2002	泡沫排水采气推荐作法
184	采油	SY/T 6526—2002	盐酸与碳酸盐岩动态反应速率测定方法
185	采油	SY/T 6570—2003	油井举升工艺设计编写规范
186	采油	SY/T 6572—2003	防砂用树脂性能评价方法
187	采油	SY/T 6596—2004	气田水回注方法
188	采油	SY/T 6213—1996	酸化用氟硼酸技术条件
189	采油	SY/T 5908—1994	驱油用石油磺酸盐性能测定方法
190	采油	SY/T 5888—1993	浮选剂浮选效果评定方法　转子吸气法
191	采油	SY/T 5811—1993	硅酸盐系列堵剂通用技术条件
192	采油	SY/T 5796—1993	絮凝剂评定方法
193	采油	SY/T 5763—1995	絮凝剂 JX—Ⅱ
194	采油	SY/T 5761—1995	排水采气用起泡剂 CT5—2

（续）

序号	专业	标准编号	标准名称
195	采油	SY/T 5756—1995	SL—2 系列缓蚀阻垢剂
196	采油	SY/T 5755—1995	压裂酸化用助排剂性能评价方法
197	采油	SY/T 5754—1995	油田酸化互溶剂性能评价方法
198	采油	SY/T 5753—1995	油井增产水井增注措施用表面活性剂的室内评价方法
199	采油	SY/T 5694—1995	酸化用酸液稠化剂 CT1—6
200	采油	SY/T 5672—1993	注蒸汽用高温起泡剂评定方法
201	采油	SY/T 5587.1—1993	油水井常规修井作业　注水井调配作业规程
202	采油	SY/T 5510—1992	油田化学常用术语
203	采油	SY/T 5405—1996	酸化用缓蚀剂性能试验方法及评价指标
204	采油	SY/T 5281—2000	原油破乳剂使用性能检测方法(瓶试法)
205	采油	SY/T 5280—2000	原油破乳剂通用技术条件
206	采油	SY/T 5276—2000	化学防砂人工岩心抗折强度、抗压强度及气体渗透率的测定
207	采油	SY/T 6610—2005	含硫化氢油气井井下作业推荐作法
208	储运	SY/T 5536—2004	原油管道运行规程
209	储运	SY/T 5767—2005	管输原油降凝剂技术条件及输送工艺规范
210	储运	SY/T 5919—2009	埋地钢质管道阴极保护技术管理规程
211	储运	SY/T 6151—2009	钢质管道管体腐蚀损伤评价方法
212	储运	SY/T 6382—2009	输油管道加热设备技术管理规定
213	储运	SY/T 6578—2009	输油管道减阻剂减阻效果室内测试方法
214	储运	SY/T 6621—2005	输气管道系统完整性管理
215	储运	SY/T 6755—2009	在役油气管道对接接头超声相控阵及多探头检测
216	储运	SY/T 6756—2009	油气藏改建地下储气库注采井修井作业规范
217	建设	SY 4064—1993	常压立式储罐抗震鉴定技术标准
218	建设	SY 4210—2009	石油天然气建设工程施工质量验收规范　道路工程
219	建设	SY 4211—2009	石油天然气建设工程施工质量验收规范　桥梁工程
220	建设	SY/T 0033—2009	油气田变配电设计规范
221	建设	SY/T 0042—2002	防腐蚀工程经济计算方法
222	建设	SY/T 0048—2009	石油天然气工程总图设计规范
223	建设	SY/T 0095—2000	埋地镁牺牲阳极试样试验室评价的试验方法
224	建设	SY/T 0321—2000	钢质管道水泥沙浆衬里技术标准
225	建设	SY/T 0323—2000	玻璃纤维增强热固性树脂压力管道施工及验收规范
226	建设	SY/T 0325—2001	钢质管道穿越铁路和公路推荐作法
227	建设	SY/T 0328—2004	管道焊口内喷焊防腐技术标准

（续）

序号	专业	标准编号	标 准 名 称
228	建设	SY/T 0329—2004	大型油罐基础检测方法
229	建设	SY/T 0330—2004	现役管道的不停输移动推荐作法
230	建设	SY/T 0546—1996	腐蚀产物的采集与鉴定
231	建设	SY/T 0602—2005	甘醇型天然气脱水装置规范
232	建设	SY/T 0603—2005	玻璃纤维增强塑料储罐规范
233	建设	SY/T 0604—2005	工厂焊接液体储罐规范
234	建设	SY/T 4073—1994	储罐抗震用金属软管和波纹补偿器选用标准
235	建设	SY/T 4074—1995	钢制管道水泥砂浆衬里涂敷机涂敷工艺
236	建设	SY/T 4075—1995	钢质管道粉煤灰水泥砂浆衬里离心成型施工工艺
237	建设	SY/T 4076—1995	钢质管道液体涂料内涂层风送挤涂工艺
238	建设	SY/T 4077—1995	钢质管道水泥砂浆衬里风送挤涂工艺
239	建设	SY/T 4078—1995	钢质管道内涂层液体涂料补口机补口工艺
240	建设	SY/T 4105—2005	钢制储罐无溶剂聚氨酯涂料内防腐层技术规范
241	建设	SY/T 4106—2005	管道无溶剂聚氨酯涂料内外防腐层技术规范
242	建设	SY/T 4107—2005	复合防腐涂层各层厚度破坏性测量方法
243	建设	SY/T 5262—2009	火筒式加热炉规范
244	建设	SY/T 5298—2002	港口装卸用输油臂
245	建设	SY/T 6771—2009	砂石人工岛总平面设计规范
246	建设	SY/T 6772—2009	气体防护站设计规范
247	建设	SY/T 4103—2006	钢质管道焊接及验收
248	建设	SY/T 0447—1996	埋地钢质管道环氧煤沥青防腐层技术标准
249	建设	SY/T 0059—1999	控制钢制设备焊缝硬度防止硫化物应力开裂技术规范
250	建设	SY/T 0032—2000	埋地钢质管道交流排流保护技术标准
251	建设	SY/T 0422—2010	油气田集输管道施工技术规范
252	建设	SY/T4123—2012	石油天然气钢质管道环向对接接头全自动超声波检测标准
253	建设	SY/T 0091—2006	油气田及管道计算机控制系统设计规范
254	设备	SY/T 5049—2009	钻井卡瓦
255	设备	SY/T 5051—2009	钻具稳定器
256	设备	SY/T 5059—2009	组合泵筒管式抽油泵
257	设备	SY/T 5068—2009	钻修井用打捞筒
258	设备	SY/T 5069—2009	钻修井用打捞矛
259	设备	SY/T 5110—2000	套管刮削器
260	设备	SY/T 5147—2000	磁力打捞器

（续）

序号	专业	标准编号	标 准 名 称
261	设备	SY/T 5217—2000	金刚石钻头及金刚石取心钻头
262	设备	SY/T 5236—2000	抽油杆吊钩
263	设备	SY/T 5323—2004	节流和压井系统
264	设备	SY/T 5525—2009	旋转钻井设备　上部和下部方钻杆旋塞阀
265	设备	SY/T 5533—2002	石油钻机用 DS 系列电磁涡流刹车
266	设备	SY/T 5552—2009	地锚车
267	设备	SY/T 5557—2009	固井成套设备规范
268	设备	SY/T 5562—2000	油气井用射孔枪
269	设备	SY/T 5618—2009	套管用浮箍、浮鞋
270	设备	SY/T 5641—2009	石油天然气工业　天然气发动机
271	设备	SY/T 5687—1995	石油钻采设备的可靠性通用规则
272	设备	SY/T 5716.7—1995	石油钻机大修理技术条件　电磁涡流刹车
273	设备	SY/T 5812—1996	环空测试井口设备
274	设备	SY/T 6072—2009	钻修井用磨铣鞋
275	设备	SY/T 6155—1995	石油装备可靠性考核评定规范编制导则
276	设备	SY/T 6198—1996	爆炸松扣井口工具
277	设备	SY/T 6327—2005	石油钻采机械产品型号编制方法
278	设备	SY/T 6367—2009	钻井设备的检验、维护、修理和修复程序
279	设备	SY/T 6409—2009	石油企业物资供应主要技术经济指标及计算方法
280	设备	SY/T 6598—2004	潜油电泵保护器的使用与检验推荐作法
281	设备	SY/T 6599—2004	潜油电泵离心泵试验推荐作法
282	设备	SY/T 6600—2004	承荷探测电缆
283	设备	SY/T 6725.2—2009	石油钻机用电气设备规范　第 2 部分:控制系统
284	管材	SY/T 5198—1996	钻具螺纹脂
285	管材	SY/T 5447—1992	油井管无损检测方法　超声测厚
286	管材	SY/T 5711—1995	钻具螺纹电刷镀镀铜和磷化方法
287	管材	SY/T 6266—2004	低压玻璃纤维管线管和管件
288	管材	SY/T 6417—2009	套管、油管和钻杆使用性能
289	管材	SY/T 6419—2009	玻璃纤维管的使用与维护
290	管材	SY/T 6445—2000	石油管材常见缺陷术语
291	管材	SY/T 6475—2000	石油天然气输送钢管尺寸和单位长度重量
292	管材	SY/T 6478—2000	油管自催化镍—磷镀层技术条件
293	管材	SY/T 6508—2000	油井管无损检测方法　非铁磁体螺纹渗透探伤

（续）

序号	专业	标准编号	标 准 名 称
294	管材	SY/T 6531—2002	油井泵体用直缝电阻焊钢管
295	管材	SY/T 6601—2004	耐腐蚀合金管线钢管
296	管材	SY/T 6764—2009	钻柱构件螺纹超声波检测方法
297	仪器	SY/T 5046—2005	地震检波器
298	仪器	SY/T 5378—2009	钻井液含砂量测定仪技术条件
299	仪器	SY/T 5382—2009	钻井液固相含量测定仪
300	仪器	SY/T 5428—1991	磁测井仪
301	仪器	SY/T 5722—1995	连续测斜仪通用技术条件
302	仪器	SY/T 6205—1996	地化—气测综合录井仪技术条件
303	仪器	SY/T 6206—1996	数控测井下井仪器系列通用技术条件
304	仪器	SY/T 6235—1996	数控测井地面仪通用技术条件
305	仪器	SY/T 6452—2000	岩心油水相对渗透率测定仪
306	仪器	SY/T 6453—2000	水泥浆高温高压失水测定仪
307	仪器	SY/T 6454—2000	数控射孔取心仪
308	仪器	SY/T 6481—2000	原油高压物性分析仪
309	仪器	SY/T 6482—2000	数传电缆测试仪
310	仪器	SY/T 6483—2009	石油勘探数控测井系统数据记录格式
311	仪器	SY/T 6542—2003	岩心粒度分析仪
312	仪器	SY/T 6602—2004	海底电缆地震数据采集系统
313	仪器	SY/T 6603—2004	地面岩心能谱测定仪
314	仪器	SY/T 6625—2005	成像测井地面仪通用技术条件
315	仪器	SY/T 6626—2005	电子单多点测斜仪
316	仪器	SY/T 6737.2—2009	生产测井下井仪系列通用技术条件　第 2 部分:注入剖面
317	仪器	SY/T 6766—2009	井中垂直地震剖面系统
318	仪器	SY/T 6370—1998	岩心气体渗透率测定仪
319	仪器	SY/T 6369—1998	岩心油水饱和度测定仪
320	仪器	SY/T 6146—1995	钻井参数仪表　司钻操作组合台
321	仪器	SY/T 5320—2000	JZ 系列指重表
322	计量	SY/T 0541—2009	原油凝点测定法
323	计量	SY/T 0543—2009	稳定轻烃取样方法
324	计量	SY/T 6042—1994	液化石油气、稳定轻烃动态计量计算方法
325	计量	SY/T 7508—1997	油气田液化石油气中总硫的测定　氧化微库仑法
326	校准	JJG(石油) 29—1992	钻井液切力计

（续）

序号	专业	标准编号	标 准 名 称
327	校准	JJG（石油）52—2000	补偿中子测井仪检定规程
328	校准	SY/T 6532—2002	激发极化仪校准方法
329	校准	SY/T 6679.2—2009	综合录井仪校准方法　第 2 部分：录井气相色谱仪
330	校准	SY/T 6679.3—2009	综合录井仪校准方法　第 3 部分：数据采集系统
331	校准	SY/T 6757—2009	井下压力计检定装置校准方法
332	校准	SY/T 6758—2009	岩性密度测井仪校准方法
333	校准	SY/T 6759—2009	示功仪校准装置校准方法
334	校准	SY/T 6579—2003	密度测井仪校准方法
335	天然气	SY/T 0529—1993	油田气中 C1～C12，N2，CO2 组分分析 关联归一气相色谱法
336	天然气	SY/T 6537—2002	天然气净化厂气体及溶液分析方法
337	天然气	SY/T 6538—2002	配方型选择性脱硫溶剂
338	天然气	SY/T 7506—1996	天然气中二氧化碳含量的测定　氢氧化钡法
339	天然气	SY/T 7507—1997	天然气中水含量的测定　电解法
340	海工	SY/T 0308—1996	滩海石油工程注水技术规范
341	海工	SY/T 0309—1996	滩海石油工程采出水处理技术规范
342	海工	SY/T 0311—1996	滩海石油工程通信技术规范
343	海工	SY/T 0312—1996	滩海石油工程舾装技术规范
344	海工	SY/T 0314—1996	滩海混凝土平台结构设计与建造技术规范
345	海工	SY/T 10006—2000	海上井口地面安全阀和水下安全阀规范
346	海工	SY/T 10007—1996	海底管道的稳定性设计
347	海工	SY/T 10009—2002	海上固定平台规划、设计和建造的推荐作法 荷载和抗力系数设计法（增补 1）
348	海工	SY/T 10029—2004	浮式生产系统规划、设计与建造的推荐作法
349	海工	SY/T 10030—2004	海上固定平台规划、设计和建造的推荐作法 工作应力设计法
350	海工	SY/T 10031—2000	寒冷条件下结构和海管规划、设计和建造的推荐作法
351	海工	SY/T 10032—2000	单点系泊装置建造与入级规范
352	海工	SY/T 10034—2000	敞开式海上生产平台防火与消防的推荐作法
353	海工	SY/T 10036—2001	海洋石油工程设计文件编制规程
354	海工	SY/T 10038—2002	海上固定平台直升机场规划、设计和建造的推荐作法
355	海工	SY/T 10041—2002	石油设施电气设备安装一级一类和二类区域划分的推荐作法
356	海工	SY/T 10042—2002	海上生产平台管道系统设计和安装的推荐作法
357	海工	SY/T 10043—2002	卸压和减压系统指南
358	海工	SY/T 10045—2003	工业生产过程中安全仪表系统的应用
359	海工	SY/T 10047—2003	海上油（气）田开发工程环境保护设计规范

（续）

序号	专业	标准编号	标准名称
360	海工	SY/T 10048—2003	腐蚀管道评估的推荐作法
361	海工	SY/T 10049—2004	海上钢结构疲劳强度分析推荐作法
362	海工	SY/T 10050—2004	环境条件和环境荷载规范
363	海工	SY/T 10051.1—2004	海上结构用改良韧性的碳锰钢板规范
364	海工	SY/T 4098—1995	滩海环壁式钢模—混凝土人工岛结构设计与施工技术规范
365	海工	SY/T 4093—1995	滩海石油设施上起重机选用与安装技术规范
366	海工	SY/T 4092—1995	滩海石油工程保温技术规范
367	海工	SY/T 4091—1995	滩海石油工程防腐蚀技术规范
368	海工	SY/T 4089—1995	滩海石油工程电气技术规范
369	海工	SY/T 4088—1995	滩海石油工程给水排水技术规范
370	海工	SY/T 4087—1995	滩海石油工程通风空调技术规范
371	海工	SY/T 4084—1995	滩海环境条件与载荷技术规范
372	海工	SY/T 10044—2002	炼油厂压力泄放装置的尺寸确定、选择和安装的推荐作法
373	海工	SY/T 10040—2002	浮式结构物定位系统设计与分析的推荐作法
374	海工	SY/T 10037—2002	海底管道系统规范
375	海工	SY/T 10033—2000	海上生产平台基本上部设施安全系统的分析、设计、安装和测试的推荐作法
376	海工	SY/T 10028—2002	海洋石油工程制图规范
377	海工	SY/T 10024—1998	井下安全阀系统的设计、安装、修理和操作的推荐作法
378	海工	SY/T 10012—1998	海上油气钻井井名命名规范
379	安全	SY 6277—2005	含硫油气田硫化氢监测与人身安全防护规程
380	安全	SY/T 5087—2005	含硫化氢油气井安全钻井推荐作法
381	安全	SY/T 5737—2004	原油管道输送安全规程
382	安全	SY/T 6553—2003	管道检验规范　在用管道系统检验、修理、改造和再定级
383	安全	SY/T 6631—2005	危害辨识、风险评价和风险控制推荐作法
384	安全	SY/T 6632—2005	海洋石油警示标志
385	安全	SY 6355—2010	石油天然气生产专用安全标志
386	安全	SY 6348-2010	地录井作业安全规程
387	安全	SY/T 6340—2010	防静电推荐作法
388	安全	SY/T 6356—2010	液化石油气储运
389	安全	SY/T 6344—2010	易燃和可燃液体规范
390	安全	SY 5445—2010	石油机械制造企业安全生产规范
391	安全	SY/T 6014—2010	石油地质实验室安全规程

（续）

序号	专业	标准编号	标 准 名 称
392	安全	SY/T 6455—2010	陆上石油工业安全术语
393	安全	SY 6430—2010	浅海石油起重船舶吊装作业安全规程
394	安全	SY 6500—2010	滩(浅)海石油设施检验规程
395	安全	SY/T6459—2010	执行承包商和业主安全计划
396	安全	SY 5856—2010	油气田电业带电作业安全规程
397	安全	SY 6779—2010	高含硫化氢气田集气站场安全规程
398	安全	SY 6780—2010	高含硫化氢气田集输管道安全规程
399	安全	SY 6781—2010	高含硫化氢天然气净化厂公众安全防护距离
400	安全	SY 6778—2010	石油天然气工程项目安全现状评价报告编写规则
401	安全	SY 6429—2010	浅海石油天然气作业消防规定
402	安全	SY 6777—2010	滩海人工岛安全规则
403	节能	SY/T 5267—2009	油田原油损耗的测定
404	节能	SY/T 6473—2009	石油企业节能技措项目经济效益评价方法
405	节能	SY/T 6636—2005	游梁式抽油机用电动机规范
406	节能	SY/T 6767—2009	石油企业余热资源量测试与计算规范
407	节能	SY/T 6768—2009	油气田地面工程项目可行性研究及初步设计节能节水篇(章)编写通则
408	信息	SY/T 6227—2005	石油工业数据库设计规范
409	信息	SY/T 5759—1995	石油计算机网络及其节点名称代码规定与 IP 地址分配方式
410	信息	SY/T 6032—1994	中国石油天然气总公司企、事业单位代码
411	环境	SY/T 6628—2005	陆上石油天然气生产环境保护推荐作法
412	环境	SY/T 6629—2005	陆上钻井作业环境保护推荐作法

〔摘自石油工业标准化信息网〕

2012 年石油天然气行业标准复审建议继续有效项目汇总表

序号	标准编号	标 准 名 称	备注
1	JJG(石油) 07—1999	机械式井下压力计检定规程	
2	SY 5131—2008	石油放射性测井辐射防护安全规程	
3	SY 5747—2008	浅(滩)海钢质固定平台安全规则	

（续）

序号	标准编号	标 准 名 称	备注
4	SY/T 0026—1999	水腐蚀性测试方法	
5	SY/T 0030—2008	油气田及管道腐蚀与防护工程基本词汇	
6	SY/T 0045—2008	原油电脱水设计规范	
7	SY/T 0062—2000	管道防腐层针入度试验方法	
8	SY/T 0063—1999	管道防腐层检漏试验方法	
9	SY/T 0064—2000	管道防腐层水渗透性试验方法	
10	SY/T 0065—2000	管道防腐层耐磨性能试验方法（滚筒法）	
11	SY/T 0066—1999	钢管防腐层厚度的无损测量方法（磁性法）	
12	SY/T 0067—1999	管道防腐层耐冲击性试验方法（石灰石落下法）	
13	SY/T 0069—2008	原油稳定设计规范	
14	SY/T 0076—2008	天然气脱水设计规范	
15	SY/T 0077—2008	天然气凝液回收设计规范	
16	SY/T 0080—2008	油气田柴油机发电站设计规范	
17	SY/T 0083—2008	除油罐设计规范	
18	SY/T 0094—1999	管道防腐层阴极剥离试验方法（粘结电解槽法）	
19	SY/T 0448—2008	油气田油气处理用钢制容器施工技术规范	
20	SY/T 0516—2008	绝缘接头与绝缘法兰技术规范	
21	SY/T 0520—2008	原油粘度测定　旋转粘度计平衡法	
22	SY/T 0521—2008	原油析蜡点测定　显微观测法	
23	SY/T 0522—2008	原油析蜡点测定　旋转粘度计法	
24	SY/T 0523—2008	油田水处理过滤器	
25	SY/T 0525.2—1993	石油储罐回转接头	
26	SY/T 0528—2008	原油中砷含量的测定　原子荧光光谱法	
27	SY/T 0536—2008	原油盐含量的测定　电量法	
28	SY/T 0537—2008	原油中蜡含量的测定	
29	SY/T 0542—2008	稳定轻烃组分分析　气相色谱法	
30	SY/T 0610—2008	地下水封洞库岩土工程勘察规范	
31	SY/T 5066—2008	地层测试器	
32	SY/T 5067—2008	安全接头	
33	SY/T 5098—1991	石油下井仪表用计时器技术条件	
34	SY/T 5114—2008	打捞公锥及母锥	
35	SY/T 5119—2008	岩石中可溶有机物及原油族组分分析	
36	SY/T 5139—2008	立放井架车	
37	SY/T 5164—2008	三牙轮钻头	
38	SY/T 5182—2008	绕焊不锈钢筛管	
39	SY/T 5204—1997	石油下井仪器金属绝热瓶通用技术条件	
40	SY/T 5238—2008	有机物和碳酸盐岩碳、氧同位素分析方法	
41	SY/T 5247—2008	钻井井下故障处理推荐方法	
42	SY/T 5327—2008	放射性核素载体法示踪测井技术规范	
43	SY/T 5363—1997	含油气层系划分	
44	SY/T 5366—2000	油田开发井取心资料技术要求	

（续）

序号	标准编号	标 准 名 称	备注
45	SY/T 5379—1991	钻井液切力计技术条件	
46	SY/T 5387—2000	常规油藏试采地质技术要求	
47	SY/T 5390—1991	钻井液腐蚀性能检测方法　钻杆腐蚀环法	
48	SY/T 5398—1991	原油天然气和稳定轻烃交接计量站计量器具配备规范	
49	SY/T 5423—1991	SKC 3700 数控测井仪	
50	SY/T 5453—2008	地震数据交换记录格式	
51	SY/T 5504.3—2008	油井水泥外加剂评价方法　第 3 部分:减阻剂	
52	SY/T 5504.4—2008	油井水泥外加剂评价方法　第 4 部分:促凝剂	
53	SY/T 5517—1992	野外石油天然气地质调查规范	
54	SY/T 5521—2008	油藏评价技术规范	
55	SY/T 5579.1—2008	油藏描述方法　第 1 部分:总则	
56	SY/T 5579.2—2008	油藏描述方法　第 2 部分:碎屑岩油藏	
57	SY/T 5579.3—2008	油藏描述方法　第 3 部分:碳酸盐岩潜山油藏	
58	SY/T 5579.4—2008	油藏描述方法　第 4 部分:特殊岩性油藏	
59	SY/T 5625—2008	静液压封隔器	
60	SY/T 5628—2008	水力锚	
61	SY/T 5680—2008	钢丝绳千牛·米仪技术条件	
62	SY/T 5686—1995	三缸单作用钻井泵可靠性考核评定规范	
63	SY/T 5724—2008	套管柱结构与强度设计	
64	SY/T 5735—1995	陆相烃源岩地球化学评价方法	
65	SY/T 5745—2008	采油采气工程词汇	
66	SY/T 5778—2008	岩石热解录井规范	
67	SY/T 5779—2008	石油和沉积有机质烃类气相色谱分析方法	
68	SY/T 5788.2—2008	油气探井气测录井规范	
69	SY/T 5814—2008	钻井液用腐植酸类处理剂中腐植酸含量的测定	
70	SY/T 5815—2008	岩石孔隙体积压缩系数测定方法	
71	SY/T 5933—2008	地震反射层地震地质层位代号确定原则	
72	SY/T 5934—2008	地震勘探构造成果钻井符合性检验	
73	SY/T 5982—1994	原子吸收光谱法测定油气田水中金属元素	
74	SY/T 6062—2008	石油与天然气地表地球化学勘探技术规范	
75	SY/T 6144—2008	中子寿命测井仪技术条件	
76	SY/T 6145—2008	石油浅层勘探地震仪	
77	SY/T 6171—2008	气藏试采地质技术规范	
78	SY/T 6182—2008	生产井产出剖面测井仪刻度	
79	SY/T 6268—2008	套管和油管选用推荐作法	
80	SY/T 6292—2008	探井试油测试资料解释规范	
81	SY/T 6293—2008	勘探试油工作规范	
82	SY/T 6294—2008	录井分析样品现场采样规范	
83	SY/T 6298—1997	岩心孔隙度测量仪	
84	SY/T 6299—1997	岩心碳酸盐含量分析仪	
85	SY/T 6306—2008	常压储罐的灭火处理	

（续）

序号	标准编号	标 准 名 称	备注
86	SY/T 6347—2008	钻柱减震器	
87	SY/T 6358—2008	石油野外作业体力劳动强度分级	
88	SY/T 6376—2008	压裂液通用技术条件	
89	SY/T 6377—2008	鱼顶打印作业方法	
90	SY/T 6380—2008	压裂用破胶剂性能试验方法	
91	SY/T 6395—1999	重盐水测试程序	
92	SY/T 6397—1999	钻井液用杀菌剂评价方法	
93	SY/T 6400—1999	气举阀性能试验方法	
94	SY/T 6401—1999	气举井下装置	
95	SY/T 6403—1999	几丁石分析鉴定方法	
96	SY/T 6512—2000	三次采油可行性方案编制技术要求　化学驱部分	
97	SY/T 6543.1—2008	欠平衡钻井技术规范　第1部分:液相	
98	SY/T 6708—2008	石油天然气钻井液日报表	
99	SY/T 6709—2008	膏盐层钻井技术规程	
100	SY/T 6710—2008	石油行业建设项目安全验收评价报告编写规则	
101	SY/T 6712—2008	岩样复电阻率实验室测量方法	
102	SY/T 6713—2008	管道公众警示程序	
103	SY/T 6714—2008	基于风险检验的基础方法	
104	SY/T 6715—2008	钢管管接头焊接	
105	SY/T 6717—2008	油管和套管内涂层技术条件	
106	SY/T 6719—2008	含缺陷钻杆适用性评价方法	
107	SY/T 6720—2008	自然伽马能谱测井刻度器校准方法	
108	SY/T 6721—2008	油田生产系统水平衡测试和计算方法	
109	SY/T 6724—2008	石油钻机和修井机基本配置	
110	SY/T 6733—2008	NZ系列浅层勘探地震仪检验项目及技术指标	
111	SY/T 6737.1—2008	生产测井下井仪系列通用技术条件　第1部分:产出剖面	
112	SY/T 6738—2008	岩心毛管压力测量仪器通用技术条件	
113	SY/T 6739—2008	钻井参数监测仪技术条件	
114	SY/T 6740—2008	井径仪校准方法	
115	SY/T 6742—2008	套管钳扭矩仪校准方法	
116	SY/T 6743—2008	自然伽马测井仪校准方法	
117	SY/T 6744—2008	油气藏数值模拟应用技术规范	
118	SY/T 6745—2008	端部连接耐火试验规范	
119	SY/T 6746—2008	倒密封阀耐火试验规范	
120	SY/T 6748—2008	油气井岩心扫描规范	
121	SY/T 7502—1999	油田气组成分析　低温冷凝取样气相色谱法	
122	SY/T 7504—2008	原油中正辛烷及以前烃组分分析　气相色谱法	
123	SY/T 7549—2000	原油粘温曲线的确定　旋转粘度计法	

〔摘自石油工业标准化信息网〕

2012年石油天然气行业标准复审建议修订项目汇总表

序号	标准编号	标准名称	备注
1	JJG(石油) 03—1999	石油钻井指重表检定规程	
2	JJG(石油) 47—1999	补偿中子刻度器检定规程	
3	JJG(石油) 48—1999	自然伽玛刻度器检定规程	
4	SY 4116—2008	石油天然气管道工程建设监理规范	
5	SY 4208—2008	石油天然气建设工程施工质量验收规范　输油输气管道线路工程	
6	SY 4209—2008	石油天然气建设工程施工质量验收规范　天然气净化厂建设工程	
7	SY 5436—2008	石油射孔、井壁取心民用爆炸物品安全规程	
8	SY 6279—2008	大型设备吊装安全规程	
9	SY 6303—2008	海上石油设施动火作业安全规程	
10	SY 6307—2008	浅海钻井安全规程	
11	SY 6320—2008	陆上油气田油气集输安全规程	
12	SY 6321—2008	浅海采油与井下作业安全规程	
13	SY 6345—2008	浅海石油作业人员安全资格	
14	SY 6346—2008	浅海移动式平台拖带与系泊安全规范	
15	SY 6349—2008	地震勘探钻机作业安全规程	
16	SY 6350—2008	油气井射孔用多级安全自控系统安全技术规程	
17	SY 6353—2008	油气田变电站(所)安全管理规程	
18	SY 6354—2008	稠油注汽热力开采安全技术规程	
19	SY 6360—2008	油田注聚合物开采安全规程	
20	SY 6503—2008	石油天然气工程可燃气体检测报警系统安全技术规范	
21	SY/T 0021—2008	油气田和管道工程建筑设计规范	
22	SY/T 0524—2008	导热油加热炉系统规范	
23	SY/T 0605—2008	凝液气田地面工程设计规范	
24	SY/T 0611—2008	高含硫化氢气田集输管道系统内腐蚀控制要求	
25	SY/T 0612—2008	高含硫化氢气田地面集输系统设计规范	
26	SY/T 4114—2008	天然气输送管道干燥施工技术规范	
27	SY/T 4115—2008	油气输送管道工程建设施工组织设计编制规则	
28	SY/T 5073—2008	油田测井和试井绞车	
29	SY/T 5079—2008	油井测试设备	
30	SY/T 5088—2008	钻井井身质量控制规范	
31	SY/T 5094—2008	钻井液用磺甲基酚醛树脂	
32	SY/T 5154—1999	油气藏流体取样方法	
33	SY/T 5158—2008	石油勘探数控测井系统技术条件	
34	SY/T 5185—2008	砾石充填防砂水基携砂液性能评价方法	

（续）

序号	标准编号	标 准 名 称	备注
35	SY/T 5192—2008	地震勘探专用电缆	
36	SY/T 5203—1991	石油勘探开发仪器基本环境试验　总则	
37	SY/T 5218—1991	石油勘探开发仪器基本环境试验方法　试验 A：高温试验	
38	SY/T 5221—1991	石油勘探开发仪器基本环境试验方法　试验 B：冲击试验	
39	SY/T 5226—2005	CJT 系列抽油机节能拖动装置	
40	SY/T 5230—1991	石油勘探开发仪器基本环境试验方法　试验 C：盐雾试验	
41	SY/T 5233—1991	钻井液用絮凝剂评价程序	
42	SY/T 5235—2008	抽油杆吊卡	
43	SY/T 5241—1991	水基钻井液用降滤失剂评价程序	
44	SY/T 5242—1991	钻井液用处理剂中磺基含量的测定方法	
45	SY/T 5243—1991	水基钻井液用降粘剂评价程序	
46	SY/T 5250—2008	油田用背罐车	
47	SY/T 5289—2008	油、气、水井压裂设计与施工及效果评估方法	
48	SY/T 5318—1991	200—J 型压力计	
49	SY/T 5331—2008	石油地震勘探解释图件	
50	SY/T 5337—2008	砾石充填工具	
51	SY/T 5395—1991	粘土阳离子交换容量及盐基分量测定方法	
52	SY/T 5402—2008	原油含水量的测定　电脱法	
53	SY/T 5408—1991	沉积岩中粘土颗粒含量测定	
54	SY/T 5420—1991	石油勘探开发仪器基本环境试验方法　试验 D:低温试验	
55	SY/T 5421—1991	石油勘探开发仪器基本环境试验方法　试验 E:恒定湿热实验	
56	SY/T 5422—1991	石油勘探开发仪器基本环境试验方法　试验 F:自由跌落实验	
57	SY/T 5431—2008	井身结构设计方法	
58	SY/T 5522—1992	微体化石(介形类 腹足类 轮藻类)分析鉴定方法	
59	SY/T 5561—2008	摩擦焊接钻杆	
60	SY/T 5602—2008	碎屑岩油藏评价井录取资料技术要求	
61	SY/T 5626—2008	滑套喷砂器	
62	SY/T 5627—2008	钢球投送器	
63	SY/T 5692—2008	电缆式地层测试器作业规范	
64	SY/T 5715—1995	石油钻采机械产品用承压铸件通用技术条件	
65	SY/T 5721—1995	链条抽油机安装、使用和维护	
66	SY/T 5788.3—2008	油气井地质录井规范	
67	SY/T 5820—1999	石油大地电磁测深法技术规程	
68	SY/T 5862—2008	驱油用聚合物技术要求	
69	SY/T 5961—2008	清蜡设备	
70	SY/T 5962—2008	洗井机	
71	SY/T 5978—1994	含油气盆地构造单元划分	
72	SY/T 5979—1994	石油天然气藏(田)命名规范	
73	SY/T 6068—2008	油气管道架空部分及其附属设施维护保养规程	
74	SY/T 6106—2008	气田开发方案编制技术要求	
75	SY/T 6110—2008	气藏描述方法	

（续）

序号	标准编号	标 准 名 称	备注
76	SY/T 6113—2008	修井用气动卡盘	
77	SY/T 6160—2008	防喷器的检查和维修	
78	SY/T 6162—2008	射孔与井壁取心图件格式	
79	SY/T 6188—1996	岩石热解气相色谱分析方法	
80	SY/T 6240—2008	重晶石化学分析推荐作法	
81	SY/T 6273—2008	油气井用电雷管检测方法	
82	SY/T 6284—2008	石油企业职业病危害工作场所监测、评价规范	
83	SY/T 6319—2008	防止静电、闪电和杂散电流引燃的措施	
84	SY/T 6373—2008	油气田电网经济运行规范	
85	SY/T 6374—2008	机械采油系统经济运行规范	
86	SY/T 6375—2008	石油企业能源综合利用技术导则	
87	SY/T 6381—2008	加热炉热工测定	
88	SY/T 6385—1999	覆压下岩石孔隙度和渗透率测定方法	
89	SY/T 6393—2008	输油管道工程设计节能技术规范	
90	SY/T 6404—1999	沉积岩中金属元素的电感耦合等离子体原子发射光谱分析方法	
91	SY/T 6411.1—2008	油气井用导爆索通用技术条件及检测方法　第1部分:通用技术条件	
92	SY/T 6411.2—2008	油气井用导爆索通用技术条件及检测方法　第2部分：检测方法	
93	SY/T 6416—1999	内燃机的安装、维护和操作推荐作法	
94	SY/T 6420—2008	油田地面工程设计节能技术规范	
95	SY/T 6422—2008	石油企业节能产品节能效果测定	
96	SY/T 6510—2000	稠油油田注蒸汽开发方案设计技术要求	
97	SY/T 6520—2001	原油脱水实验法 压力釜法	
98	SY/T 6690—2008	井下作业井控技术规程	
99	SY/T 6707—2008	海洋井场调查规范	
100	SY/T 6722—2008	石油企业耗能用水统计指标与计算方法	
101	SY/T 6723—2008	原油输送管道经济运行规范	
102	SY/T 6727—2008	石油钻机液压盘式刹车	
103	SY/T 6728—2008	石油天然气工业柴油/天然气双燃料发动机	
104	SY/T 6729—2008	无游梁式抽油机	
105	SY/T 6731—2008	不压井作业装备	
106	SY/T 6732—2008	陆上多波多分量地震勘探资料处理技术规程	
107	SY/T 6734—2008	地震勘探遥控爆炸同步系统检验项目及技术指标	
108	SY/T 6735—2008	ARAM · ARIES 地震数据采集系统检验项目及技术指标	
109	SY/T 6741—2008	石油专用计量器具校准方法编写规则	
110	SY/T 6747—2008	油气探井核磁共振录井规范	
111	SY/T 7509—1996	液化石油气残留物测定法	
112	SY/T 7547—1996	原有屈服值测定　旋转粘度计法	

〔摘自石油工业标准化信息网〕

2012年石油天然气行业标准复审建议废止项目汇总表

序号	标准编号	标 准 名 称	废 止 理 由
1	SY/T 0053—2004	油气田及管道岩土工程勘察规范	该标准内容已被 GB/T 50568—2010《油气田及管道岩土工程勘察规范》涵盖
2	SY/T 0074—1993	管道防腐层补口绝缘密封性试验方法标准	方法落后
3	SY/T 0512—1996	石油储罐阻火器	该标准内容已被 GB 5908—2005《石油储罐阻火器》涵盖
4	SY/T 0525.3—1993	石油储罐空气泡沫产生器	该标准属于消防产品、不用属于储罐附件的系列标准
5	SY/T 5031—1999	油田用往复式内燃机规范	所采用的 API Spec 7B—11C—1994 国际标准,经实践不适用于国内油田井场
6	SY/T 5112—2008	钻井和采油提升设备规范(不规定级别)	该标准所采用的 API Spec 8A:1997 已废止
7	SY/T 5122-1999	岩石中有机质碳、氢、氧元素分析方法	该标准内容已被 GB/T 19143—2003《岩石有机质中碳、氢、氧元素分析方法》涵盖
8	SY/T 5215—2005	钻具止回阀	该标准内容已被 GB/T 25429—2010《钻具止回阀规范》涵盖
9	SY/T 5240—1991	照相测斜仪	设备已淘汰
10	SY/T 5258—1991	生物标致物色谱-质谱分析鉴定方法	该标准内容已被 GB/T 18606—2001《气相色谱—质谱法测定沉积物和原油中生物标志物》涵盖
11	SY/T 5418—1991	油管放射性测井仪通用技术条件	设备已淘汰
12	SY/T 5593—1993	钻井取心质量指标	各石油公司各自规定自己的指标,该行业标准已没有必要存在
13	SY/T 5736—1995	增强塑料抽油杆	该标准所采用的 API Spec11C:1988 已废止
14	SY/T 6021-1994	石油天然气勘探工作规范	各石油公司各自规定自己的工作规范,该行业标准已没有必要存在
15	SY/T 6028-1994	探井化验项目取样及成果要求	各石油公司各自规定自己的工作规范,该行业标准已没有必要存在
16	SY/T 6035-1994	探井化验报告格式	各石油公司各自规定自己的工作规范,该行业标准已没有必要存在
17	SY/T 6168—2009	气藏分类	该标准内容已被 GB/T 26979—2011《气藏分类》涵盖

（续）

序号	标准编号	标 准 名 称	废 止 理 由
18	SY/T 6185—1996	三缸单作用钻井泵主要易损件技术条件	该标准已不适应当前钻井泵技术，失去指导意义
19	SY/T 6328—1997	石油天然气工业 套管、油管、钻杆和管线管性能计算	该标准内容已被GB/T 20657—2011《石油天然气工业套管、油管、钻杆和用作套管或油管的管线管性能公式及计算》涵盖
20	SY/T 6244—1996	油气探井井位设计规程	各石油公司各自规定自己的设计规程，该行业标准已没有必要存在
21	SY/T 6405—1999	地球物理勘探工区地质设计规范	各石油公司各自规定自己的设计规范，该行业标准已没有必要存在
22	SY/T 6421—1999	设备及管道散热损失的测定	该标准内容已被GB/T 17357—2008《设备及管道绝热层表面热损失现场测定 热流计法和表面温度法》涵盖
23	SY/T 6534—2002	双螺杆油田混输泵	该标准内容已被GB/T26507—2011《石油天然气工业 钻井和采油设备 地面油气混输泵》涵盖
24	SY/T 6730—2008	钻通设备 旋转防喷器	该标准内容已被GB/T 25430—2010《钻通设备 旋转防喷器规范》涵盖
25	SY/T 6736.1—2008	石油海上数字地震采集拖缆系统 第1部分:水听器技术条件	应废止已被GB/T 24261系列代替
26	SY/T 6736.2—2008	石油海上数字地震采集拖缆系统 第2部分:水听器拖缆技术条件	应废止已被GB/T 24261系列代替
27	SY/T 6736.3—2008	石油海上数字地震采集拖缆系统 第3部分:中央记录系统	应废止已被GB/T 24261系列代替
28	SY/T 7551—2004	原油倾点测试方法	该标准内容已被GB/T 26985—2011《原油倾点的测定》涵盖
29	SY/T 7552—2005	原油水的测定 卡尔·费休电位滴定法	该标准内容已被GB/T 26986—2011《原油水含量测定 卡尔·费休电位滴定法》涵盖

〔摘自石油工业标准化信息网〕

中国石油石化设备工业年鉴2013

政策法规

解读国家发布的与石化装备相关的政策、法规，为行业、企业的发展指明方向

政策法规

关于出台页岩气开发利用补贴政策的通知

财建〔2012〕847 号

各省、自治区、直辖市、计划单列市财政厅(局)、发展改革委(能源局),新疆生产建设兵团财务局、发展改革委:

为大力推动我国页岩气勘探开发,增加天然气供应,缓解天然气供需矛盾,调整能源结构,促进节能减排,中央财政安排专项资金,支持页岩气开发利用。现将有关事项通知如下:

一、页岩气界定标准及补贴条件

页岩气是指赋存于富有机质泥页岩及其夹层中,以吸附或游离态为主要存在方式的非常规天然气。具体界定标准为:

(一)赋存于烃源岩内。具有较高的有机质含量(TOC>1.0%),吸附气含量大于 20%。

(二)夹层及厚度。夹层粒度为粉砂岩以下(包括粉砂岩)或碳酸盐岩,单层厚度不超过 1m。

(三)夹层比例。气井目的层夹层总厚度不超过气井目的层的 20%。

页岩气补贴条件为:

(一)已开发利用的页岩气;

(二)企业已安装可以准确计量页岩气开发利用的计量设备,并能准确提供页岩气开发利用量。

二、补贴标准

中央财政对页岩气开采企业给予补贴,2012—2015 年的补贴标准为 0.4 元/m^3,补贴标准将根据页岩气产业发展情况予以调整。地方财政可根据当地页岩气开发利用情况对页岩气开发利用给予适当补贴,具体标准和补贴办法由地方根据当地实际情况研究确定。

三、补贴金额

中央财政安排的页岩气补贴资金按以下方式计算:

补贴资金=开发利用量×补贴标准

四、申请程序

(一)每年 1 月底前,页岩气开发利用企业(包括中央直属企业)向项目所在地财政部门和能源主管部门提出资金申请报告,并提供上年页岩气开发利用数量,以及录井、岩心分析数据、测井、压裂施工数据、压后监测数据和试采数据等勘探资料。

(二)企业的资金申请报告,由所在地财政部门和能源主管部门核实汇总后上报省级财政部门和能源主管部门。省级财政部门和能源主管部门审核汇总后于 2 月底联合上报财政部和国家能源局。

(三)财政部、国家能源局将组织专家对地方上报的资金申请报告和审核情况进行复审,对符合补贴条件的项目在财政部和国家能源局网站上予以公示(公示时间 1 周),对无异议的下达补贴资金。

五、监督检查

申请中央财政补贴的页岩气开发企业,必须提供真实材料。各级财政部门和能源主管部门应按有关政策要求,严格把关,认真审核,采取书面审查、现场审核、专家审核、查阅原始凭证等方式,重点审核企业所提供的资料是否真实、开发利用的页岩气是否符合政策规定等。对提供虚假材料、虚报冒领财政补贴资金的，各级财政部门应扣回相关补贴资金，情节严重的，按照《财政违法行为处罚处分条例》（国务院令第427号）规定，依法追究有关单位和人员责任。

六、本实施意见由财政部会同国家能源局负责解释。

七、本办法自印发之日起实施。

财政部　国家能源局

2012年11月1

页岩气产业政策

为全面贯彻落实科学发展观，合理、有序开发页岩气资源，推进页岩气产业健康发展，提高天然气供应能力，促进节能减排，保障能源安全，根据国家相关法律法规，特制定本政策。

第一章　总　　则

第一条　页岩气是指赋存于富有机质泥页岩及其夹层中，以吸附或游离状态为主要存在方式的非常规天然气。

第二条　页岩气勘探开发利用按照统一规划、合理布局、示范先行、综合利用的原则。依靠科技进步，走资源利用率高、经济效益好、环境污染少的可持续发展道路，为全面建设小康社会提供清洁能源保障。

第三条　通过规划引导，逐步形成与环境保护、储运、销售和利用等外部条件相适应、与区域经济发展相协调的页岩气开发布局。

第四条　加快页岩气勘探开发利用，鼓励包括民营企业在内的多元投资主体投资页岩气勘探开发，通过规范产业准入和监管，确保页岩气勘探开发健康发展。

第五条　加强页岩气关键技术自主研发，立足实际，结合国情，形成具有自主知识产权的关键技术体系，促进页岩气发展。

第六条　依靠科技进步，推进井场集约化建设和无水、少水储层改造及水资源循环使用，实现安全、高效、清洁生产，建设资源节约、环境友好、协调发展的页岩气资源勘探开发利用体系。

第二章　产业监管

第七条　从事页岩气勘探开发的企业应具备与项目勘探开发相适应的投资能力，具有良好的财务状况和健全的财务会计制度，能够独立承担民事责任。页岩气勘探开发企业应配齐地质勘查、钻探开采等专业技术人员。从事页岩气建设项目勘查、设计、施工、监理、安全评价等业务，应具备相应资质。

第八条　建立健全监管机制，加强页岩气开发生产过程监管。页岩气勘探开发生产活动必须符合现行页岩气相关技术标准和规范；如无专门针对页岩气的相关管理标准和规范，参照石油天然气行业管理规范执行。

第九条　鼓励从事页岩气勘探开发的企业与国外拥有先进页岩气技术的机构、企业开展技术合作或勘探开发区内的合作，引进页岩气勘探开发技术和生产经营管理经验。

第十条 鼓励页岩气资源地所属地方企业以合资、合作等方式，参与页岩气勘探开发。

第三章 示范区建设

第十一条 鼓励建立页岩气示范区。示范区应具有一定的规模和代表性，示范的理论、方法和技术应具有推广应用前景。鼓励页岩气生产企业多家联合进行示范区建设。做好示范区经验总结推广工作。

第十二条 支持在国家级页岩气示范区内优先开展页岩气勘探开发技术集成应用，探索工厂化作业模式，完善页岩气勘探开发利用的理论和技术体系，推动页岩气低成本规模开发，为新技术推广应用奠定基础。

第十三条 加快示范区用地审批，支持示范区其他相关配套设施建设。

第十四条 加强对示范区页岩气勘探开发一体化管理，实现安全生产和资源高效有序开发。

第四章 产业技术政策

第十五条 鼓励页岩气勘探开发企业应用国际成熟的高新、适用技术提高页岩气勘探成功率、开发利用率和经济效益。包括页岩气分析测试技术、水平井钻完井技术、水平井分段压裂技术、增产改造技术、微地震监测技术、开发环境影响控制技术等关键技术。

第十六条 鼓励页岩气勘探开发技术自主化，加快页岩气关键装备研制，形成适合我国国情的轻量化、车载化、易移运、低污染、低成本、智能化的页岩气装备体系，促进油气装备制造业转型升级。

第十七条 发展以企业为主体、产学研用相结合的页岩气技术创新机制。加强国家能源页岩气研发(实验)中心和其他研发平台的建设，推进页岩气勘探开发理论与技术攻关。

第十八条 加强国家页岩气专业教学、基地建设和人才培养。鼓励企业开展全方位、多层次的职工安全、技术教育培训。

第十九条 为促进页岩气资源有序开发，国家能源主管部门负责制定页岩气勘探开发技术的行业标准和规范。

第五章 市场与运输

第二十条 鼓励各种投资主体进入页岩气销售市场，逐步形成以页岩气开采企业、销售企业及城镇燃气经营企业等多种主体并存的市场格局。

第二十一条 页岩气出厂价格实行市场定价。制定公平交易规则，鼓励供、运、需三方建立合作关系，引导合理生产、运输和消费。

第二十二条 鼓励页岩气就近利用和接入管网。鼓励企业在基础设施缺乏地区投资建设天然气输送管道、压缩天然气(CNG)与小型液化天然气(LNG)等基础设施。基础设施对页岩气生产销售企业实行非歧视性准入。

第六章 节约利用与环境保护

第二十三条 加强节能和能效管理。页岩气勘探开发利用项目必须按照节能设计规范和标准建设，推广使用符合国家能效标准、经过认证的节能产品。引进技术、设备等应达到国际先进水平。

第二十四条 坚持页岩气勘探开发与生态保护并重的原则。钻井、压裂等作业过程和地面工程建设要减少占地面积、及时恢复植被、节约利用水资源，落实各类废弃物处置措施，保护生态环境。

第二十五条 钻井液、压裂液等应做到循环利用。采取节水措施，减少耗水量。鼓励采用先进的工艺、设备，开采过程逸散气体禁止直接排放。

第二十六条 加强对地下水和土壤的保护。

钻井、压裂、气体集输处理等作业过程必须采取各项对地下水和土壤的保护措施，防止页岩气开发对地下水和土壤的污染。

第二十七条 页岩气勘探开发利用必须依法开展环境影响评价，环保设施与主体工程要严格实行项目建设“三同时”制度。

第二十八条 加强页岩气勘探开发环境监管。页岩气开发过程排放的污染物必须符合相关排放标准，钻井、井下作业产生的各类固体废物必须得到有效处置，防止二次污染。

第二十九条 国家对页岩气勘探开发利用开展战略环境影响评价或规划影响评价，从资源环境效率、生态环境承载力及环境风险水平等多方面，优化页岩气勘探开发的时空布局。禁止在自然保护区、风景名胜区、饮用水源保护区和地质灾害危险区等禁采区内开采页岩气。

第七章 支持政策

第三十条 页岩气开发纳入国家战略性新兴产业，加大对页岩气勘探开发等的财政扶持力度。

第三十一条 依据《页岩气开发利用补贴政策》，按页岩气开发利用量，对页岩气生产企业直接进行补贴。对申请国家财政补贴的页岩气生产企业年度报告实行审核制度和公示制度。对于存在弄虚作假行为的企业，国家将收回补贴并依法予以处置。

第三十二条 鼓励地方财政根据情况对页岩气生产企业进行补贴，补贴额度由地方财政自行确定。

第三十三条 对页岩气开采企业减免矿产资源补偿费、矿权使用费，研究出台资源税、增值税、所得税等税收激励政策。

第三十四条 页岩气勘探开发等鼓励类项目下进口的国内不能生产的自用设备(包括随设备进口的技术)，按现行有关规定免征关税。

第八章 附　　则

第三十五条 本政策由国家能源局负责解释。

第三十六条 本政策自发布之日起实施。

国家能源局

2013年10月22日

〔本文来源:国家能源局网站〕

中国石油石化设备工业年鉴2013

大事记

从政策、工程项目、企业、市场和技术等方面记录2012年行业发生的重大事件

2012年石油和石油化工设备行业大事记

2012年石油和石油化工设备行业大事记

1月

19日　中国石油大庆油田ERP运行维护组正式并入油田勘探开发数据中心。经过3年全面系统试点和推广项目建设，大庆油田ERP系统实现整体上线及单轨运行，标志着大庆油田信息化建设迈上新台阶。

2月

3日　中国石油吐哈油田水平段最长的水平井吉4井开钻。这口井设计水平段长1 000m，计划分层压裂超过10级，刷新了油田纪录。2月13日，吉4井已安全钻至396m井深。按照设计方案，吉4井将提高吐哈油田多项钻井、井下作业等技术指标，科技含量高、质量要求严、施工难度大。吐哈油田将与西部钻探公司展开技术协作，进行攻关，综合应用水平井旋转地质导向钻井等多项行业尖端技术，并通过提高单井产量和稳产周期，为规模开发致密砂岩油气寻找技术途径。

月内　中国石化石油工程技术研究院成功研制分段压裂完井工具——5寸套管内压裂桥塞及配套工具。该产品各项指标均达到设计和入井条件要求，打破了国外技术垄断，对促进页岩气开发具有重要意义。

3月

5日　经近一年的筹备，中国石油和石油化工设备工业协会海洋油气工程装备专业委员会在山东青岛召开成立暨第一次会员大会。共有45家会员单位的77名代表参加了会议。国家工信部装备工业司副司长李东、船舶处处长尤淑敏，中国海洋石油总公司总经理助理袁光宇应邀出席并分别发表了重要讲话。

12日　工业和信息化部发布了《船舶工业“十二五”发展规划》。

13日　国家发展和改革委员会、财政部、国土资源部、国家能源局联合发布《页岩气发展规划(2011—2015年)》。

18日　由江苏省建湖县委主办的《2012江苏建湖石油机械协会年会暨重大项目签约仪式》在北京昌平区中石化会议中心召开。建湖县委书记王荣携县委各部门主要领导及近30家建湖的企业代表参加了会议，中国石油和石油化工设备工业协会常务副理事长林钢、首席顾问赵志明等4人出席了会议，并见证了建湖与中国石油大学、中航飞机有限责任公司等单位的共6项重大项目的合作签约仪式。

20日　由中国石油和石油化工设备工业协会与海洋石油工程装备专业委员会主办的“中国海洋工程技术论坛”在北京临空皇家假日酒店举行，120多位嘉宾、代表出席了会议。

22日　工业和信息化部、国家发展和改革委员会、科学技术部、国务院国有资产监督管理委员会、国家海洋局联合发布的《海洋工程装备制造业中长期发展规划》引导企业加强深海资源开发所需装备的研制，形成我国开发深海资源装备的设计制造能力。

4月

26—28日　中国石化销售有限公司华北分公司与浙江佳力科技股份有限公司共同研制的中开式高扬程输油泵进行出厂验收。该泵是目前国内首台研制成功，额定扬程达1 300m，输送柴油时，额定进出口压差接近11MPa(该压力为API610标准规定的中开式泵结构的最高压力)的高扬程输油泵。

5月

7日　工业和信息化部、国家发展和改革委员会、财政部联合发布的《高端装备制造业“十二五”发展规划》(工信部联规

〔2012〕145号）

9日 中国首座自主设计、建造的第六代深水半潜式钻井平台“海洋石油981”在中国南海海域正式开钻。这是中国石油公司首次独立进行深水油气勘探开发，标志着中国海洋石油工业的深水战略迈出了实质性的步伐。“海洋石油981”于2008年4月28日开工建造，最大作业水深3 000m，钻井深度可达10 000m，平台自重超过3万t；从船底到井架顶高度为137m，相当于45层楼高。

29日 在四川磨溪参与酸化压裂作业的川庆钻探，为满足超高压作业要求，首次配套使用7台杰瑞2500型压裂车，该项施工历时287min，最大施工排量5.4 m^3/min，交替注入压裂液759.36m^3，施工最高压力达到130.03MPa，一举打破了同行业压裂作业“最高施工压力”和“最大排量”两项历史记录。在整个作业中，发动机、变速箱、大泵运行平稳，各项参数均显示正常。

6月

16日 国务院印发《“十二五”节能环保产业发展规划》（国发〔2012〕19号）。

7月

5—25日 中国石油和石油化工设备工业协会以通讯方式召开中石协七届四次常务理事会。此次会议主要议题为：1.审议和投票表决关于采油采气装备专委会负责人变更的提案；2.审议和投票表决关于石油钻采机械专委会负责人变更的提案；3.审议和投票表决关于建立重点企业联系制度的提案；4.审议和投票表决关于专家委员会工作管理办法的提案；5.审议和投票通过关于推进行业品牌建设和开展质量兴业活动的方案；6.审议和投票通过关于开展行业出口自律的建议；会议还通报了协会2012年上半年主要工作。

8月

8日 中国机械工业成长型中小企业之星宣讲活动在北京隆重举行，会上发布了“振兴装备制造业中小企业之星”171家明星企业及143名明星企业家榜单，中国石油和石油化工设备工业协会的通化石油化工机械制造有限责任公司及韩一泉董事长，濮阳市信宇石油机械化工有限公司及杜振宇董事长被评选为“振兴装备制造业中小企业之星”明星企业和明星企业家。

14日 工业和信息化部发布《海洋工程装备科研项目指南（2012年）》。该指南围绕海洋资源勘探、开采、存储运输和服务四大环节需求，有针对性选择了《海洋工程装备制造业中长期发展规划》明确的部分急需海工装备重点产品和关键技术，在海洋资源勘探、开采、作业装备；关键系统和设备；基础共性技术和标准三个领域形成18个2012年海洋工程装备研发的重点方向，引导企业加强深海资源开发所需装备的研制，加快提升设计建造能力。

23日 中国石油和石油化工设备工业协会与莱芜高新区管委会签订了战略合作协议。主要合作内容包括：结合莱芜当地实际情况，为莱芜在石油石化装备制造方面制定发展规划，引荐合适的项目、技术、人才到莱芜高新区落户；为莱芜石油石化装备制造行业的技术革新、项目开发、员工培训等方面工作提供技术性服务支持；定期邀请国内外石油石化大企业、大集团和业内专家学者到莱芜参观考察，召开“石油石化装备制造业高层论坛”；吸纳莱芜的相关行业企业加入协会；帮助莱芜的相关行业企业开拓国内、国际市场，吸引同行业生产要素向莱芜聚集，培植产业集群。

9月

19日 工业和信息化部、科学技术部、财政部三部门联合发文推进工业节能减排技术成果，首批应用在钢铁、化工、建材等11个重点行业，筛选出600余项节能减排先进适用技术，完成了工业节能减排技术信息管理平台建设。

10月

22日 国家发展和改革委员会印发《天然气发展“十二五”规划》（发改能源〔2012〕3383号）。

12月

1日 国家发展和改革委员会公布《天然气利用政策》。本政策中天然气是指国产天然气、页岩气、煤层气（煤矿瓦斯）、煤制气、进口管道天然气和液化天然气（LNG）等。